dumont kunst-taschenbücher

Herbert Alexander Stützer, geboren 1909, studierte an den Universitäten Breslau und Bonn Philosophie, Geschichte, Kunstgeschichte und Archäologie und promovierte 1931 zum Dr. phil. Stützer lebt als freiberuflicher Kunsthistoriker in München, arbeitet an Einrichtungen der Erwachsenenbildung und an italienischen Kulturinstituten mit. Er wurde bekannt durch seine Vorträge, Seminare, Kunstreisen, Fernsehsendungen und Bücher.

Herbert Alexander Stützer

Die Etrusker

und ihre Welt

Verlag M. DuMont Schauberg

Umschlagabbildung Vorderseite: Tomba dei Leopardi, Tarquinia. Rechte Langwand
Umschlagabbildung Rückseite: Tomba del Barone, Tarquinia. Rückwand, linke Seite

Zeichnungen im Text: Ursula Plag, Tübingen
Alle farbigen und der größte Teil der einfarbigen Fotos:
Leonard von Matt, Buochs/Schweiz

Druck: Gebr. Rasch & Co., Bramsche

Printed in Germany ISBN 3-7701-0785-3

Inhalt

Fachbegriffe

Akroterion (Akroter) Plastischer (oft farbiger) Schmuck über der Mitte und den Ecken der Tempelgiebel

Antefix Am unteren Rande des Daches aufstehender Stirn- oder Abschlußziegel mit Figuren- oder Palmettenschmuck

Augur Zeichendeuter, dem die Vogelschau zur Erforschung des göttlichen Willens obliegt

Aulos (griech.), Tibiae (lat.) Doppelflöte

auspicium Vogelschau (siehe Augur)

Bucchero-Ware Schwarze, spezifisch etruskische Keramik

Cardo und Decumanus Von Norden nach Süden verlaufende Linie (Cardo), die eine von Osten nach Westen verlaufende Linie (Decumanus) rechtwinklig kreuzt. Ordnungssystem zur Anlage einer Stadt, aber auch zur Aufteilung des Himmels für die Zeichendeuter

Chiton Hemdartiges Kleid nach griechischer Art

Cippus Plastisches Gebilde in der Form eines Phallus. Im weiteren Sinne für mancherlei Grabzeichen gebraucht

Ciste Zylindrischer oder kistenförmiger Behälter aus Bronze zur Aufbewahrung von Toilettengegenständen

Decumanus siehe Cardo

Fibel Gewandspange, gelegentlich auch Schmuck einer Kopfbedeckung

Fossa-Grab Rechteckige, längliche Grube zur Leichenbestattung

Haruspex Zeichendeuter, der mittels der Eingeweideschau und der Blitzbeobachtung den göttlichen Willen erkundet und die Zukunft voraussieht

Kanope Gefäß mit Menschenkopf (bei den Ägyptern zur Aufnahme der Eingeweide, bei den Etruskern zur Aufbewahrung der Totenasche)

Kline Liege

Kratér (griech.) Gefäß zum Mischen von Wasser und Wein

Kylix Trinkschale

Lituus Krummstab der Auguren

Loculus Grabnische

mundus 1. Grube mit Erstlingen als Gründungsopfer im Mittelpunkt einer neugegründeten Stadt. 2. Verbindung zur Unterwelt

Peripteros Tempel, der an allen vier Seiten von Säulen umgeben ist

Pozzo-Grab (Pozzetto-Grab) Grube zur Aufnahme einer Urne

Pronaos Vorhalle eines Tempels

Tänie farbige Wollbinde

Tumulus Kegelförmiger, bewachsener Hügel über einer oder mehreren Grabkammern

Einleitung

In unserem Jahrhundert begegnet man einem besonders starken Interesse an der Kunst der Etrusker. Vielleicht erklärt es sich aus einer neuen Betrachtungsweise der Malerei und Plastik. Während man im vorigen Jahrhundert allzusehr geneigt war, alle Kunst an der klassisch-griechischen zu messen, hat man durch die moderne Kunst neue Maßstäbe gewonnen.

Malerei und Plastik sind auch fast die einzigen Zeugen etruskischer Kunsttätigkeit. Von den Griechen und Römern sind – wenn auch als Ruinen – Häuser, Tempel oder gar Städte auf uns gekommen; das Etruskerland hat nichts dieser Art zu bieten. Die Etrusker bauten mit vergänglichem Material wie Holz, so daß von ihren Architekturen bis auf ein paar Fundamente nichts mehr erhalten ist. Nur ihre Grabhäuser schlugen sie in das Gestein der Erde hinein, oder sie fügten sie aus Steinen zusammen. Darum sind auch diese noch zum großen Teil erhalten. Sie geben jedoch nicht nur Zeugnis vom Reich der Toten, sondern auch von dem der Lebenden.

Die Etrusker waren davon überzeugt, daß die Toten mit einem Teil ihrer Individualität in ihren Gräbern weiterlebten. Darum bauten sie ihnen Häuser, die aus beständigerem Material als die der Lebenden waren. Sie gaben ihnen alles mit, was sie zu Lebzeiten besaßen: Speisen, Geräte, Waffen, Gefäße, Götterbilder und dergleichen mehr. Was man den Toten nicht materiell mitgeben konnte – wie Spiele, Gastmähler, Gesang und Tanz –, das gab man ihnen im Bild mit, das man an die Wände ihrer Grabhäuser malte. So vermittelt uns das Reich der Toten eine genaue

Vorstellung vom Reich der Lebenden. Damit sind die Gräber aber auch Schatzkammern der etruskischen Malerei.

Die Plastik ist ebenfalls eng mit dem Grabkult verbunden. Die Etrusker kannten nicht nur die Erdbestattung der Toten, sondern auch die Verbrennung. Um das Bild des Verbrannten zu erhalten, banden sie anfangs Gesichtsmasken vor die Urnen, oder sie gaben den Urnen Menschengestalt. Aus dem Bemühen, die Gestalt und vor allem das Gesicht eines Toten nachzubilden, entwickelte sich eine Porträtplastik, die manches Meisterwerk der Weltkunst hervorbrachte.

Doch nicht nur um ihrer Kunst willen wirken die Etrusker anziehend auf die Menschen unserer Zeit. Auch das Geheimnis, das ihre Herkunft und ihre Sprache immer noch umgibt, weckt das Interesse vieler; und deshalb soll hiervon zuerst die Rede sein.

Herkunft, Sprache und Geschichte

Die Frage nach der Herkunft der Etrusker bewegte schon die Menschen im Altertum. Der griechische Schriftsteller Herodot, der im 5. Jahrhundert v. Chr. lebte und als ›Vater der Geschichtsschreibung‹ bezeichnet wird, schrieb in seinen *Historien*:

»Zur Zeit des Königs Atys, des Sohnes des Manes, habe in ganz Lydien eine gewaltige Lebensmittelknappheit geherrscht; die Lyder hätten zwar fürs erste geduldig ausgeharrt, danach aber, als sie nicht aufhörte, hätten sie Abhilfe gesucht, und der eine habe dies, der andere jenes ersonnen. Damals also seien das Würfelspiel, das Knöchelspiel, das Ballspiel und alle anderen Spiele außer dem Brettspiel erfunden worden; die Erfindung des letzteren nämlich nehmen die Lyder nicht in Anspruch. Folgendermaßen hätten sie gegen den Hunger angekämpft, nachdem sie sie erfunden. Den einen ganzen Tag hindurch spielten sie, um nicht nach Essen zu verlangen, den nächsten Tag hörten sie mit dem Spielen auf und aßen. Auf diese Weise hätten sie achtzehn Jahre lang gelebt. Als das Übel aber nicht nachgelassen, sondern sie immer mehr bedrängt habe, da habe der König aus allen Lydern zwei Gruppen gebildet und sie losen lassen, die einen zum Bleiben, die anderen zum Auszug aus dem Land, und zu der einen Gruppe, die das Daheimbleiben erloste, habe der König sich selber gesellt, zu der aber, die sich von der Heimat löste, seinen eigenen Sohn namens Tyrsenos. Die von ihnen, die das Los getroffen hatte, aus dem Land zu gehen, seien nach Smyrna hinuntergezogen und hätten Fahrzeuge gebaut; nachdem sie in diese alles verladen, was ihnen zur Seefahrt nötig war, seien sie auf Suche nach Lebensmöglichkeit und Land abgefahren. Nachdem sie an vielen Völkern vorbeigekommen, seien sie zu den Ombrikern (Umbrern) gelangt; dort hätten sie Städte gegründet und wohnten noch heute dort. Statt Lyder hätten sie sich nach des Königs Sohn genannt, der sie dorthin geführt habe. Nach ihm hätten sie ihren Namen gebildet und sich also Tyrsener genannt.«[1]

Bei den Griechen hießen die Etrusker *Tyrsenoí* oder *Tyrrhenoí*, nach denen auch das Tyrrhenische Meer an den Küsten Etruriens seinen Namen trägt. Die Römer bezeichneten sie als *Tusci* oder *Etrusci*. Sich selbst nannten die Etrusker *Rasenna* oder *Rasna*.

Trotz der märchenhaften Einkleidung behielt der Bericht Herodots in der Antike weitaus seine Gültigkeit. Auch sollen sich die Lyder noch in der römischen Kaiserzeit ihrer Verwandtschaft zu den Etruskern gerühmt haben. Das geht aus einem Bericht des römischen Historikers Tacitus (ca. 55–120 n. Chr.) hervor, der davon erzählt, daß sich die Gesandten Kleinasiens im Senat darum gestritten hätten, wer dem Kaiser Tiberius einen Tempel in seiner Stadt errichten dürfe. Die Bewohner der ehemaligen lydischen Königsstadt Sardes hätten dabei auf ihre Verwandtschaft mit den Etruskern verwiesen. Wörtlich heißt es bei Tacitus: »Die Sardianer verlasen ein Dekret der Etrusker, um ihre Stammverwandtschaft mit den Etruskern zu erweisen. Die Söhne des Königs Atys, Tyrrhenus und Lydus, hätten den Volksstamm wegen seiner Größe geteilt. Lydus sei im Heimatlande geblieben; Tyrrhenus sei durch das Los zum Gründer einer neuen Heimat ausersehen worden. Von diesen Führern hätten die beiden Volksstämme ihren Namen erhalten, die in Asien bleibenden Lyder, die nach Italien gewanderten Tyrrhener.«[2]

Dennoch blieb der Bericht Herodots in der Antike nicht unangefochten. Ihm widersprach Dionysios von Halikarnassos, ein griechischer Geschichtsschreiber und Rhetoriklehrer, der zur Zeit des Kaisers Augustus in Rom lebte. Er schrieb in seinen *Antiquitates Romanae*, seiner »Römischen Altertumskunde«: »Ich glaube nicht, daß die Tyrrhener aus Lydien eingewandert sind. Sie sprechen auch nicht dieselbe Sprache wie die Lyder, und niemand kann behaupten, daß sie irgendein Merkmal aufweisen, das aus ihrem angeblichen Heimatland stammen könnte. Sie beten nicht zu denselben Göttern wie die Lyder. Sie haben nicht dieselben Gesetze, und zumindest in dieser Hinsicht unterscheiden sie sich stärker von den Lydern als von den Pelasgern[3]. Daher stimme ich denjenigen bei, die meinen, die Etrusker seien nicht aus der Fremde gekommen, sondern ein einheimischer Stamm; meiner Ansicht nach scheint dafür die Tatsache zu sprechen, daß sie ein sehr altes Volk sind, das in Sprache und Sitte keinem anderen gleicht.«[4]

Dionysios von Halikarnassos meint also, die Etrusker seien nicht eingewandert, sondern einheimisch, ureingesessen, autochthon.

Diese beiden unterschiedlichen Standpunkte bestimmen im Prinzip auch heute noch die gegensätzlichen Meinungen der Forscher. Die einen beharren auf dem Zuzug, nicht gerade aus Lydien, aber aus dem Osten, aus Kleinasien; die anderen halten die Etrusker für Einheimische, für Autochthone.

Die Wissenschaftler, welche die These der kleinasiatischen Herkunft vertreten, verweisen auf alles, was in Sprache, Religion, Sitte und Kunst auf eine Verwandtschaft zwischen den Etruskern und den orientalischen Völkern hindeutet.

Die Vertreter der anderen These, daß nämlich die Etrusker Einheimische, Autochthone, seien, erklären, sie gehörten zu jenen Völkern oder Volksgruppen, die von der großen indogermanischen Invasion kurz vor oder um 1000 v. Chr. überrollt wurden. Sie hätten aber überlebt und im 8.–7. Jahrhundert v. Chr. neue Bedeutung erlangt.

Um 1900 kam zu diesen beiden Thesen noch eine dritte hinzu: Man versuchte nachzuweisen, daß die Etrusker über die Alpen aus dem Norden gekommen seien, wobei man die Räter mit den Etruskern in Verbindung brachte, die sich selbst ja Rasenna nannten. Diese These ist inzwischen überholt, so daß wir hier nicht mehr auf sie eingehen wollen. Die Frage aber, ob die Etrusker aus dem Osten eingewandert oder Autochthone seien, wird noch immer lebhaft diskutiert.

In der Auseinandersetzung um die Herkunft der Etrusker spielt eine Grabstele eine Rolle, die 1885 bei französischen Ausgrabungen in der Nähe des Dorfes Kaminia auf der Insel Lemnos gefunden wurde. Die Stele zeigt einen barhäuptigen Krieger, der eine Lanze hält. Sie ist beschriftet mit einem Text, der – wie auch später aufgefundene Inschriftenfragmente – in einer Sprache abgefaßt ist, die Ähnlichkeit mit dem Etruskischen aufweist. Es handelt sich um ein Monument, das entstand, ehe die Griechen Lemnos unter Miltiades gegen Ende des 6. Jahrhunderts v. Chr. eroberten.

Vertreter der These von der Einwanderung der Etrusker aus dem Osten sahen ihre Auffassung bestätigt, da die Stele den Schluß zuließ, daß von denen, die nach Westen aufgebrochen waren, etliche in Lemnos zurückgeblieben sind. Doch auch die, welche die Etrusker für autochthon hielten, fanden eine Erklärung: Warum sollte es nicht »ein vorindogermanisches gesamtmittelmeerländisches Substrat« gegeben haben, dem die Etrusker, aber auch die Lemner entstammten und die sich dann beide zur Zeit der großen indogermanischen Invasion zunächst einmal zurückgezogen hatten?

So brachten die Stele von Lemnos und die übrigen lemnischen Inschriften-Fragmente auch keine Klarheit. Allmählich kam man zu dem Schluß, daß die Frage nach der *Herkunft* der Etrusker wohl nie befriedigend beantwortet werden wird, ebenso wie man nach Meinung des italienischen Etruskologen Massimo Pallottino auch nicht fragen könne, woher die Franzosen oder die Italiener gekommen seien.

Nach Auffassung Pallottinos sollte man nicht nach der Herkunft der Etrusker, sondern nach dem Werden ihrer Nation fragen. Dann nämlich wird man erkennen, daß die Etrusker weder eingewandert noch autochthon sind, sondern daß sie – ähnlich wie die Franzosen in Frankreich – erst auf italischem Boden zu Etruskern geworden sind[5]. Dieser Prozeß vollzog sich seit dem 8. Jahrhundert v. Chr. Der deutsche Altertumsforscher Franz Altheim, der ähnliche Vorstellungen wie Pallottino entwickelt hat, sagt ausdrücklich: »Es soll nun keinesfalls bestritten werden, daß Tyrrhener aus Kleinasien herübergekommen und zum Aufbau Etruriens und seiner Kultur beigetragen haben.«[6] Aber die Tyrrhener sind nicht die Etrusker. Diese gibt es erst seit jener Zeit, in der sich verschiedene ethnische – auch tyrrhenische –, sprachliche, politische und kulturelle Elemente vereinigt haben und so auf dem Boden Italiens das Etruskertum entstehen ließen.

In diesem Sinn versteht auch der Verfasser des vorliegenden kleinen Buches die Etrusker als eine Nation, die vom 8. bis 1. Jahrhundert v. Chr. auf italischem Boden lebte und wirkte.

Zu den Geheimnissen der Etrusker gehört auch ihre *Sprache.* In beinahe regelmäßigen Zeitabständen kann man in der Presse lesen, ein Wissenschaftler habe die etruskische Sprache enträtselt. Jedesmal erweist sich die Nachricht als Falschmeldung, wenigstens wenn man unter ›Enträtselung‹ das Auffinden eines Schlüssels versteht, mit dessen Hilfe man das Etruskische ebenso übersetzen kann wie das Griechische oder Lateinische. Es wäre aber auch falsch zu behaupten, wir wüßten von der etruskischen Sprache gar nichts. Wir können die etruskische Schrift mühelos lesen. Wir kennen das etruskische Alphabet und den Lautwert der Buchstabenzeichen, denn die Etrusker haben ihr Alphabet von den Westgriechen übernommen und verwandten es bereits im 7. Jahrhundert v. Chr.[7], was eine aus dieser Zeit stammende elfenbeinerne Schreibtafel beweist (Abb. 1). Die Tafel, die man in Marsiliana d'Albegna fand und im Archäologischen Museum in Florenz aufbewahrt, weist noch Wachsreste und Schreibspuren auf und ist von einem Rand umschlossen, in den das etruskische Alphabet eingeritzt ist.

Dieses wandelte sich allerdings im Laufe der Jahrhunderte. Ein Schema macht dies deutlich (Abb. 2): Der Wandel in der Schreibart der Buchstaben zeigt sich beispielsweise beim Theta (Th), beim My (M), beim Ny (N) und beim Rho (R). Manche Buchstaben fehlen auch im Etruskischen, zum Beispiel das Beta (B), das Delta (D) und das Omikron (O). Offensichtlich brauchten die Etrusker diese Buchstaben nicht, weil die entsprechenden Laute bei ihnen nicht vorkamen. Einen Buchstaben haben sie im 6. Jahrhundert v. Chr. auch selbst hinzugefügt: das F, das wie eine 8 aussieht.

1 Schreibtafel aus Marsiliana d'Albegna. 7. Jh. v. Chr., Florenz, Archäologisches Museum

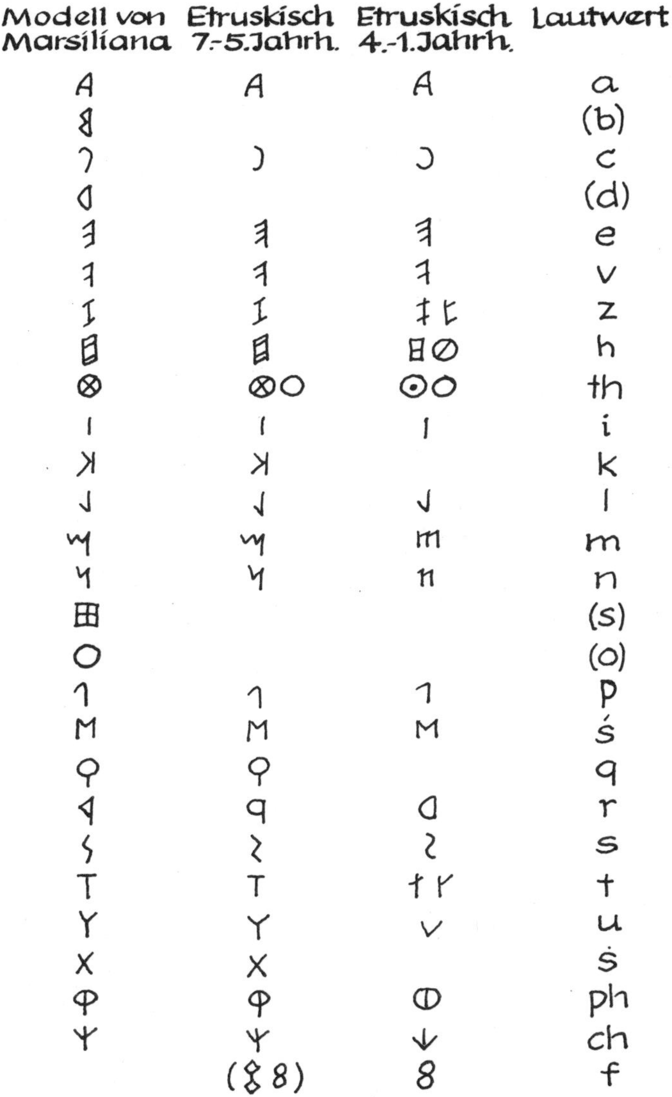

2 Das Modell von Marsiliana nach griechischem Vorbild und das etruskische Alphabet

Was nun die Sprache angeht, so wäre festzuhalten, daß man unter den bekannten Sprachen bisher noch keine gefunden hat, die mit dem Etruskischen verwandt ist. Darum läßt sich auch bei der Erforschung nicht die *etymologische*, das heißt: die sprachvergleichende, Methode anwenden. Es gibt auch keine Bilinguen, keine zweisprachigen Texte, wenigstens keine brauchbaren. Gewiß, man hat etwa 25 Inschriften mit etruskischem und lateinischem Text gefunden, aber es handelt sich dabei um Grabinschriften, die vor allem aus Eigennamen bestehen, so daß sie der Sprachforschung kaum weiterhelfen.

Auch bei dem Fund, den man 1964 in Pyrgi, dem heutigen Santa Severa, gemacht hat, kann man nicht von einer echten Bilingue sprechen. Dort hat man zwischen zwei neu ausgegrabenen Tempeln drei Goldbleche (Abb. 3) aus der Zeit um 500 v. Chr. gefunden, von denen zwei eine etruskische und eines eine punische Inschrift tragen. Die etruskischen Texte sind von verschiedener Länge. Der längere entspricht dem punischen Text, und er berichtet von Thefarie Velianas, dem König von Caere, daß er der punischen Göttin Astarte, die der etruskischen Uni gleichgesetzt wird, aus Dank für ihren Schutz einen Tempel geweiht habe. Im Gegensatz zur, wohl später entstandenen, kürzeren etruskischen Inschrift, die Kultfragen behandelt, stammen die längere etruskische und die punische offensichtlich aus derselben Zeit. Trotzdem kann man nicht von einer Bilingue sprechen. Der punische und der etruskische Text sagen zwar das gleiche aus, aber der eine ist nicht die Übersetzung des anderen. Es handelt sich also nur um eine Quasi-Bilingue.

Bis zu einem gewissen Grade ist die Wissenschaft dennoch in das Etruskische eingedrungen, und zwar durch die sogenannte *kombinatorische* Methode. Sie »schließt von der Art des Denkmals auf den Inhalt des Textes und kombiniert die Belegstellen einzelner Wörter und Formeln, bis sich ein befriedigender Sinn ergibt«[8]. Als hilfreich erweisen sich dabei jene etwa 60 etruskischen Wörter, die man in den verschiedensten griechischen und

3 Goldbleche aus Pyrgi. Um 500 v. Chr., Rom, Villa Giulia: ▷

a) mit punischer Inschrift

b) mit längerer etruskischer Inschrift

c) mit kürzerer etruskischer Inschrift

lateinischen Texten gefunden hat, in denen auch ihre Übersetzung angegeben wird, wie zum Beispiel bei Livius, wo es heißt: »Im Etruskischen wird ein Schauspieler ›Hister‹ genannt. Darum bekamen auch die einheimischen Künstler den Namen ›Histrio‹.«[9] Als weiteres Beispiel sei eine Stelle aus Sueton angeführt, die von den Todesvorzeichen für den Caesar Augustus berichtet: »Zur gleichen Zeit wurde durch einen Blitzstrahl aus der Inschrift seiner Statue der erste Buchstabe seines Namens weggeschmolzen. Die befragten Zeichendeuter gaben zur Antwort, er werde nur noch hundert Tage leben, denn diese Zahl bedeutet der Buchstabe C, und er werde unter die Götter aufgenommen werden; *aesar* nämlich, der Rest des Namens Caesar, heißt auf etruskisch so viel wie Gott.«[10]

Da es keinen Schlüssel für das Etruskische gibt, müssen die Wissenschaftler mit Fleiß und unendlicher Geduld die griechische und römische Literatur nach Übersetzungen und Erklärungen einiger etruskischer Worte durchsuchen, sie müssen aber vor allem die etruskischen Texte selbst prüfen, alles aus Geschichte, Archäologie und römischer wie griechischer Literatur heranziehen, was von der Sache her zur Aufklärung beitragen kann; sie müssen die Wörter und Texte vergleichen, kombinieren und das Gefolgerte immer wieder überprüfen. Auf diese Weise ist man in der Erkenntnis der etruskischen Sprache ein gutes Stück vorangekommen. Von mehr als 160 Wörtern weiß man heute – teils genau, teils ungefähr –, was sie bedeuten. Auch dringt man ständig mehr in die Gesetze der Grammatik ein.

Die Sprachforschung kann sich auf nur wenige Texte stützen. Es gibt keine Literatur; sie ist vollständig verloren. Was wir besitzen, sind vor allem etwa 10 000 Epigraphe – Inschriften –, die man in Gräbern aller Art, auf Urnen, Plastiken, Vasen und Ziegeln gefunden hat. Sie sind meist kurz und für die Forschung darum nicht sehr ergiebig. Es gibt auch einige längere Texte, von denen sich die längsten und bedeutsamsten auf dem Cippus von Perugia und auf der Tontafel von Capua befinden.

4 Cippus von Perugia. Perugia, Archäologisches Museum ▷

Die Inschrift auf dem Cippus von Perugia (Abb. 4) verteilt sich auf die Vorder- und eine Seitenfläche und besteht aus 46 Zeilen mit 130 Wörtern. Offensichtlich geht es um eine juristische Angelegenheit, vielleicht um eine Schenkungsurkunde oder um einen Kaufvertrag zwischen den Familien Velthina und Afuna. Jedenfalls spielt das Grab der Velthina dabei eine Rolle.

Die Tontafel von Capua, die sich heute in Berlin befindet, enthält sogar trotz ihrer starken Zerstörung noch 62 Zeilen mit etwa 300 lesbaren Wörtern. Es handelt sich hier um einen schwerverständlichen Text, anscheinend ein Opferverzeichnis.

Das seltsamste und längste Schriftendokument aber besteht in einer Leinenrolle, die man in Ägypten in ptolemäischer oder römischer Zeit zum Einwickeln einer weiblichen Mumie (Abb. 5) verwandt hat. Zu diesem Zweck zerschnitt man die Rolle in Teile, wobei einige Stücke verlorengingen. Es blieb aber immer noch so viel übrig, daß wir über einen Text von 1200 Wörtern verfügen (Abb. 6). Im 19. Jahrhundert wurde die Mumie von einem kroatischen Reisenden nach Europa gebracht und schließlich dem Nationalmuseum in Agram geschenkt. Erst hier entdeckte man, daß die Schrift auf der Binde etruskisch ist. Nach Agram bekam die Mumienbinde auch ihren Namen. Eigentlich handelt es sich um ein *liber linteus*, ein Buch auf Leinwand, und zwar um ein Buch rituellen Inhalts, genauer: um ein Ritual in Kalenderform, das die Zeremonien für bestimmte Gottheiten an festgelegten Daten beschreibt.

Damit ist in großen Zügen das Wesentlichste über Schrift und Sprache gesagt. Es soll noch ein kurzer Überblick über die etruskische Geschichte folgen, der aber nur auf die Gesamtentwicklung gerichtet ist. (Einzelheiten verzeichnet die Zeittafel im Anhang.)

Die etruskische *Geschichte* beginnt – wie bereits erwähnt – frühestens im 8. Jahrhundert v. Chr. Über verläßliche Daten ver-

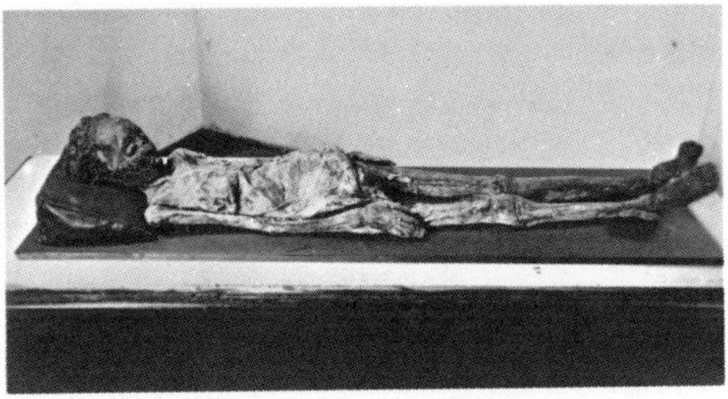

5 Agramer Mumie. Zagreb, Nationalmuseum

6 Agramer Mumienbinde mit etruskischem Text. Zagreb, Nationalmuseum

Ortsnamen in

italienisch	lateinisch	etruskisch
Arezzo	Arretium	?
Bologna	Bononia	felsina
Bolsena	Volsinii	velzna –
Capua	Capua/Volturnum	capeva
Cerveteri	Caere	chaisr(i)e
Chiusi	Clusium	clevsin-/camars
Civita Castellana	Falerii Veteres	
Cortona	Cortona	curtun –
Fiesole	Faesulae	vi(p)sul –
Mantova	Mantua	manthva – ?
Marzabotto	?	misa ?
Modena	Mutina	mutina ?
Orvieto	Urbs vetus	?
Palestrina	Praeneste	
Perugia	Perusia	per(u)sna, phersna ?
Populonia	Populonia	pupluna/fufluna
Roma	Roma	ruma
Roselle	Rusellae	?
S. Severa	Pyrgi	?
Siena	Saena	saena ?
Tarquinia	Tarquinii	tarchna, tarchuna
Tuscania	Tuscana	tusc(a)na ?
Veio	Veii	veia ?
Vetulonia	Vetulonia	vatluna, vetluna
Volterra	Volaterrae	velathri
Vulci	Volci	velc(a)l, velch

7 Die Apenninen-Halbinsel mit den Hauptorten etruskischer Kultur

fügen wir aber erst seit der Zeit um 600. Damals herrschte in Rom ein etruskischer König. In der 1. Hälfte des 6. Jahrhunderts wurde vermutlich auch der etruskische Zwölfstädtebund gegründet, zu dem wahrscheinlich folgende Städte gehörten: Veii, Caere, Tarquinii, Volci, Rusellae, Vetulonia, Volaterrae, Arretium, Cortona, Perusia, Clusium, Volsinii (Abb. 7).

Bei den Etruskern war jede Stadt – oder sagen wir besser: jeder Stadtstaat – politisch selbständig. An der Spitze eines solchen Stadtstaates stand ein Priesterkönig, den die Römer *lucumo* nannten und dessen Gewand mit einem Purpurstreifen verziert war. Im Amt saß er auf einen Elfenbeinsessel, und auf der Straße begleiteten ihn Liktoren, welche zum Zeichen seiner Macht *fasces* trugen: Rutenbündel mit einem Beil.

Die Repräsentanten der Stadtstaaten trafen sich alljährlich bei Volsinii, also bei Bolsena, um ihr Bundesoberhaupt zu wählen und um über Fragen, die alle angingen, zu beraten. Treffpunkt war das *fanum voltumnae,* das Heiligtum des Voltumna, einer Gottheit, die bei den Römern als Vortumnus oder Vertumnus verehrt wurde. So hatte die Zusammenkunft auch religiösen Charakter und stellte sich als großes Fest dar, bei dem Wettkämpfe, Spiele und Aufführungen stattfanden.

Die Macht der Etrusker nahm im 6. Jahrhundert beständig zu. Sie beherrschten das Tyrrhenische Meer, gewannen nach dem Sieg bei Alalia (Aleria) Einfluß auf Korsika, drangen im Norden in die Po-Ebene und bis an die Adria vor, während sie im Süden ihre Macht bis Capua, ja darüber hinaus, ausdehnten. Nach dem Vorbild des Städtebundes in Mittelitalien entstanden ähnliche Zusammenschlüsse nun auch im Norden und im Süden.

Die Vertreibung der etruskischen Tarquinierkönige aus Rom um 510 v. Chr. und die Umwandlung der Monarchie in eine Republik waren auch für die übrigen Etrusker von großer Bedeutung. Diese begannen nun, ihre von Königen regierten Stadtstaaten ebenfalls in Republiken umzubilden. Außerdem war das Ende des etruskischen Königtums in Rom, das sich auch durch die vorübergehende Machtergreifung Porsennas, des Königs von Clusium, nicht abwenden ließ, der Anfang des Niedergangs etruskischer politischer Macht.

Zuerst ging die bis dahin eindeutige Vorherrschaft der Etrusker im Tyrrhenischen Meer verloren. Im Jahre 474 wurden sie in der Seeschlacht von Cumae, in der Nähe von Neapel, von den Großgriechen unter Hieron I. von Syrakus geschlagen. Dieser Sieg ermöglichte es den Syrakusanern etwa 20 Jahre später, die Küsten Etruriens und Korsikas zu plündern.

Waren zur See die Griechen Unteritaliens und Siziliens die Feinde Etruriens, so waren es zu Lande die immer mehr erstarkenden Römer. Schon 438 begann der erste Krieg zwischen Rom und dem nahe gelegenen etruskischen Veii. Die im Süden ansässigen Etrusker dagegen wurden von den italischen Samniten bedroht, so daß sie Capua nicht über das Jahr 421 hinaus halten konnten.

Das 4. und 3. Jahrhundert v. Chr. stand im Zeichen der Eroberung mittelitalischer Etruskerstädte durch die Römer, auch wenn die meisten von ihnen sich durch Bündnisse mit Rom oder auch mit dessen Gegnern am Leben zu erhalten versuchten, was ihnen jedoch nur für kurze Zeit gelang. Ihr Schicksal teilten die drei bedeutendsten etruskischen Zentren. 396 fiel Veii, Tarquinii unterwarf sich 280 und Caere 273 den Römern.

Zur Zeit der Eroberung von Veii drangen die Kelten in Norditalien ein, so daß auch hier die etruskische Macht gebrochen wurde. Spätere Bündnisse mit keltischen Stämmen änderten daran nichts.

Bündnisse sind immer zeitbedingt. Mit den Machtverhältnissen wechseln auch die Partner. Endete im Jahre 310 das lange bestehende Bündnis mit den Karthagern, so unterstützten die Etrusker etwa 100 Jahre später im Zweiten Punischen Krieg die Römer, als diese ihre Schiffe gegen Karthago auslaufen ließen, sogar mit Waffen und Lebensmitteln.

Wenn auch die Etrusker in den letzten zwei Jahrhunderten vor Christi Geburt noch bedeutende kulturelle Leistungen hervorbrachten, so hatten sie ihre Rolle auf politischem Gebiet ausgespielt. Rom beherrschte die Apenninen-Halbinsel. Die Etrusker teilten das Schicksal der Italiker. Mit ihnen bekamen sie aber auch nach dem Bundesgenossenkrieg 91–88 v. Chr. das römische Bürgerrecht. In dem sich daran anschließenden Bürgerkrieg zwischen den Optimaten unter Sulla und den Popularen unter Marius kämpften viele Etrusker als Freiwillige auf der Seite von Marius, wofür sich Sulla nach seinem Sieg bitter rächte.

Durch Augustus wurde Etrurien fest in das Römische Imperium eingefügt. Bei seiner Aufteilung Italiens in 11 Regionen machte er Etruria zur Regio VII.

Leben bei den Toten

Im Land der Etrusker wurden bisher weder Städte noch Stadtreste, wie bei den Griechen und Römern, ausgegraben. Eine Ausnahme bildet Marzabotto, das um 500 v. Chr. entstanden ist und das in der Antike vermutlich Misa hieß (vgl. Abb. 7). Was zutage gefördert wurde, waren allerdings nicht mehr oder weniger gut erhaltene Häuser, sondern nur Grundmauern, aus denen man die Anlage der Wohnungen und der gesamten Stadt erschlie-

8 Reste von Marzobotto (Misa)

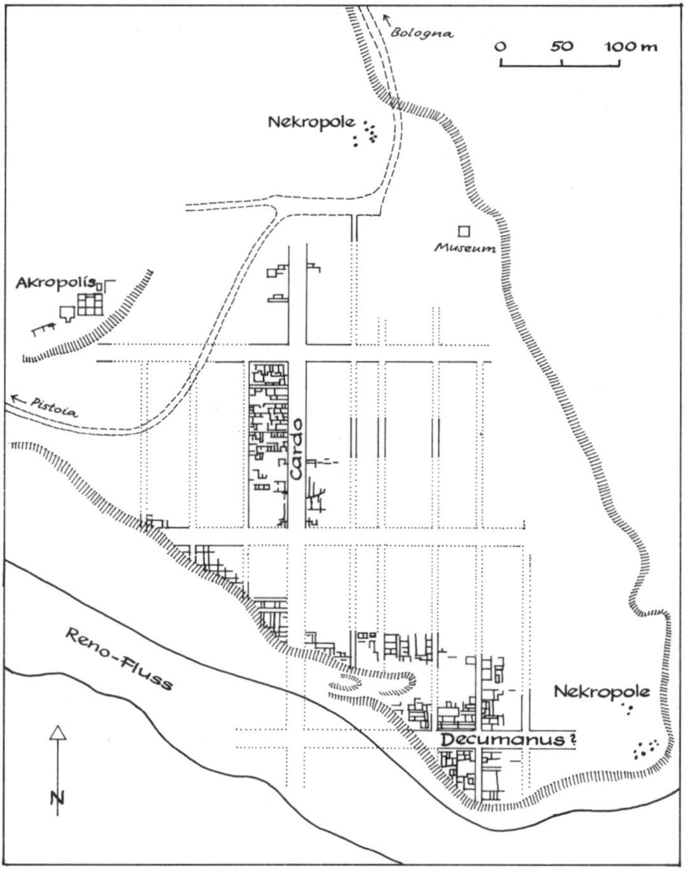

9 Stadtplan vom alten Misa

ßen kann. Eine neue Pflasterung, die den Fundort markiert, läßt deutlich erkennen, daß das Straßennetz streng rechtwinklig angelegt ist (Abb. 8). Es ist eingefügt in das Achsenkreuz von Cardo und Decumanus – wir kommen noch im Zusammenhang mit der etruskischen Religion darauf zurück (vgl. das Kapitel *Leberschau und Blitzdeutung*) –, wobei sich im Fall von Marzabotto nicht genau sagen läßt, ob jene Straße der Decumanus ist,

10 Tempelfundament, genannt »Ara della Regina«, auf der Pian di Civita von Tarquinia. 4.–3. Jh. v. Chr.

der den Cardo dort kreuzte, wo später der Abbruch zum Reno-Fluß hin erfolgte, oder ob man ihn in einer der nördlicheren Querstraßen zu suchen hat (Abb. 9).

Die Ausgrabungen lassen das Schema noch erkennen, nach dem die Häuser gebaut waren. Die Mitte des Hauses bildete zumeist ein Hof, um den herum die einzelnen Zimmer angelegt waren. Es zeichnet sich ab, welche Räume als Werkstätten und Magazine verwendet wurden. Ja sogar Reste eines Keramikofens und der alten Kanalisation hat man gefunden.

Auf der Akropolis konnte man die Fundamente von drei Tempeln und einen Altar ausgraben, aber solche Reste findet man gelegentlich noch in anderen Etrusker-Orten. Auch wenn die aus Holz gebauten Tempel die Jahrtausende nicht überdauerten, so blieben doch ihre steinernen Podien und Fundamente erhalten.

Seit 1966 bemüht man sich auch um die Erforschung der alten Stadt Tarquinia. Sie liegt nicht unter dem heutigen Tarquinia, das bis in unser Jahrhundert hinein Corneto hieß, sondern in einiger Entfernung auf einer Hochebene, der Pian di Civita. Bei den Etruskern trug sie den Namen Tarchna oder Tarchuna, bei den Römern den Namen Tarquinii.

Trotz modernster Forschungsmethoden sind jedoch auch hier die Möglichkeiten begrenzt. Da die Gebäude aus vergänglichem Material errichtet waren, kann man nur noch die Anlage und die Ausmaße der Stadt ergründen. Was sonst blieb, sind einzig Reste der Stadtmauer und ein Tempelfundament aus verhältnismäßig später Zeit, dem 4. bis 3. Jahrhundert v. Chr., das von den Einheimischen »Ara della Regina – Altar der Königin« genannt wird (Abb. 10).

Anders als mit den Häusern der Lebenden verhält es sich in Tarquinia mit den Häusern der Toten. Sie wurden aus dem Stein herausgeschlagen und haben sich bis in die Gegenwart hinein erhalten. Die weit ausgedehnten Nekropolen liegen außer-

11 Heutige Eingänge zu etruskischen Tomben in Tarquinia

halb der alten Stadt. Die Grabhäuser, die Tomben, sind unterirdisch angelegt. Eine Treppe führt zu ihnen hinab. Früher war das unterirdische Grabhaus oberirdisch durch einen Tumulus, eine kegelförmige Erdaufschüttung, gekennzeichnet. Heute erkennt man die Eingänge zu den bedeutendsten Tomben an Häuschen, die man über den Treppeneingängen errichtet hat (Abb. 11).

Es ist ganz erstaunlich, wie groß die Totenstadt von Tarquinia war. Schon 1839 waren bereits 2000 Gräber erforscht. Bis 1971 wurden weitere 5735 Tomben entdeckt, dank der seit etwa 20 Jahren angewandten geophysikalischen Methode. Bei dieser Methode wird der elektrische Widerstand des Bodens gemessen, um festzustellen, wo sich unter der Erde Hohlräume, also Grabkammern, befinden. Dann wird ein Periskop mit einer Lampe in den Boden eingelassen, so daß man die jeweilige Tomba von allen Seiten ansehen kann, ohne sie zu öffnen. Eine Ausgrabung wird vor allem dann begonnen, wenn durch das Periskop Wandmalereien entdeckt wurden. Es gibt sie – gemessen an der Gesamtzahl der aufgefundenen Tomben – nur in wenigen Grabkammern. Sie setzten schließlich auch einen gewissen Wohlstand der Grabbesitzer voraus.

Alle Tomben haben den Charakter eines Hauses, weil man davon überzeugt war, daß der Tote mit einem Teil seiner Individualität hier weiterlebe. Man schlug es zwar in das unterirdische Kalkgestein, gab ihm aber die Form eines oberirdisch gebauten Hauses, so daß wir durch die unvergänglichen Totenhäuser wissen, wie die vergänglichen Häuser der Lebenden ausgesehen haben.

Ein treffliches Beispiel dafür bildet die Tomba del Barone (Abb. 12), die nach dem deutschen Baron Kestner benannt wurde, der als Hannoverscher Gesandtschaftssekretär beim Vatikan war und im Jahre 1827 zusammen mit dem Baron Stackelberg die Tomba ausgegraben hat. Der Vater Kestners war übrigens mit Charlotte Buff verheiratet, mit Goethes Lotte, die den Anlaß zum *Werther* gegeben hat.

Die Tomba del Barone, die am Ende des 6. Jahrhunderts v. Chr. angelegt wurde, stellt sich als großer, viereckiger Raum

12 Tomba del Barone. Ende 6. Jh. v. Chr., Tarquinia

dar, der mit einem Satteldach gedeckt ist. Dadurch ist ein Giebelfeld entstanden, in das hinein Hippokampen gemalt sind, Seepferde, die durch den wunderbaren Rhythmus ihrer Linien auffallen. Sie werden von Delphinen umspielt. Von dem Friesstreifen wird noch in anderem Zusammenhang die Rede sein. Zu beachten bleibt der breite rote Deckenstreifen, der den hölzernen Firstbalken in den Häusern der Lebenden imitieren sollte.

Doch nicht alle Tomben bestehen nur aus *einem* Raum. In der Tomba dei Tori (Farbabb. 1) beispielsweise gliedern sich einem großen, trapezförmig geschnittenen Hauptraum zwei Kammern an; und in der Tomba della Caccia e Pesca (Abb. 23) folgt einem ersten ein fast gleich großer zweiter Raum.

Noch aufschlußreicher ist die Art, in der sich die Architektur der Lebenden in der Nekropole von Cerveteri widerspiegelt. Ehe wir uns aber einzelnen Totenhäusern zuwenden, wollen wir einen Blick auf die Gesamtanlage richten. In Cerveteri gibt es zwar auch Brandgräber aus dem 8. Jahrhundert v. Chr. und Fossa-Gräber, die der Körperbestattung dienten, aus dem 7. Jahrhundert v. Chr., aber vorherrschend sind die Kammergräber, die in der Zeit vom 7. bis zum 5. Jahrhundert v. Chr. zumeist mit Tumuli bedeckt waren (Abb. 13). Ein Tumulus besteht aus einem runden Sockel und einer Erdaufschüttung. Den Sockel hat man aus dem Tuffgestein herausgeschlagen oder aufgemauert; er ist oft mit einem Schmuckfries verziert. Die Erdaufschüttung wurde bepflanzt und fügte sich so organisch in die Landschaft ein (Farbabb. 11). Die Tumuli waren verschieden groß und bargen jeweils eine oder, was häufiger zutraf, mehrere Totenkammern.

Typisch für eine große Grabanlage mit mehreren Tomben ist der Tumulus II in der Denkmalzone auf der Banditaccia. In ihm befinden sich vier Totenwohnungen: die Tomba della Casa

13 Teilansicht der Nekropole von Cerveteri

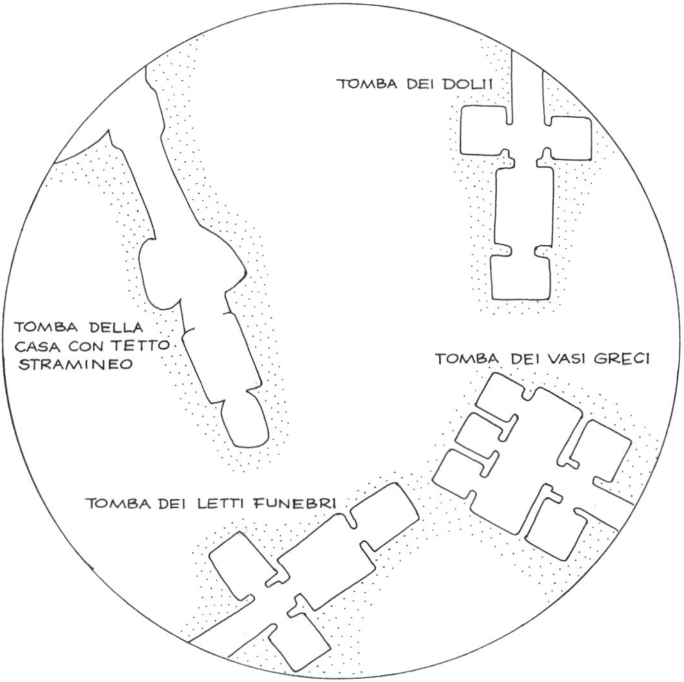

14 Tumulus II der Nekropole von Cerveteri. Grundriß

con tetto stramineo, die Tomba dei Letti funebri, die Tomba dei Dolii und die Tomba dei Vasi greci (Abb. 14).

Wohl aus dem 7. Jahrhundert v. Chr. stammt die Tomba della Casa con tetto stramineo (Abb. 15). Sie ist, wie ihr Name besagt, einem Haus mit einem Strohdach nachgestaltet und erinnert somit an die Bauweise Italiens in der Frühzeit. Sie gibt Zeugnis von den Wohnungen der Lebenden im 8. und wohl auch noch im 7. Jahrhundert v. Chr. Wenn auch die Bänke an den Wänden hier als Totenbetten gedient haben, entspricht die Gesamtanlage doch einem zeitgenössischen Haus in Hüttenform, wie man es in Südetrurien und Latium baute. Sein Gerüst bestand aus Holzstämmen, seine Wände zumeist aus einem Weidengeflecht, das mit Lehm beworfen war, während das Dach mit Stroh gedeckt wurde.

15 Tomba della Casa con tetto stramineo. 7. Jh. v. Chr. Im Tumulus II der Nekropole von Cerveteri

Eine gute Vorstellung von einem solchen Haus in Hüttenform geben die Aschenurnen des 8. Jahrhunderts v. Chr. wie jene aus der Nekropole dell'Osteria in Vulci (Abb. 16). Über das Dach ragen die Balken hinweg, die Wände sind mit geometrischen Mustern verziert, und die Tür ist herausnehmbar. Schon in der Zeit also, als man die Toten noch verbrannte, schuf man für ihre Asche kleine Häuser, die jenen der Lebenden glichen. Sogar auf die Dachöffnungen, die in den primitiven Behausungen zur Lüftung und zum Abziehen des Rauches dienten, verzichtete man bei den Hausurnen nicht.

Wie die Entwicklung im etruskischen Hausbau weitergegangen ist, erkennt man, wenn man sich im Tumulus II eine Kammer der Tomba dei Letti funebri, der Tomba der Totenbetten, ansieht, die vermutlich im beginnenden 6. Jahrhundert v. Chr. entstanden ist (Abb. 17). Aus der Hütte ist ein Haus mit nahezu rechteckigem Grundriß geworden. Es trägt ein flaches Satteldach, und der große hölzerne Firstbalken ist in Stein nachgebildet. Auch Tür und Fenster wurden den Häusern der Lebenden dieser Zeit nachgeformt; aber an die Stelle der Betten sind Totenbetten getreten.

Die hier sichtbaren Totenbetten waren für Frauen bestimmt. Für sie schlug man aus dem Tuffgestein große Kästen mit kompakten Giebeln heraus, die ein Haus symbolisieren sollten. War-

16 Hüttenurne aus der Nekropole dell'Osteria in Vulci. 8. Jh. v. Chr.

17 Tomba dei Letti funebri. Anfang 6. Jh. v. Chr. Im Tumulus II der Nekropole von Cerveteri

18 Cippen vor einer Tomba in Cerveteri

um schuf man aber für die Frauen in den großen Totenhäusern noch einmal kleinere Häuser als letzte Ruhestätte? Offensichtlich, weil das Haus das besondere Symbol der Frau war. Das Haus galt als ihr Bereich, während der Mann außerhalb des Hauses seinen Wirkungskreis hatte. Darüber hinaus sah man im Haus wohl auch ein weibliches Geschlechtssymbol, das auf den Uterus hindeutete.

Das Symbolbild des Hauses befand sich auch noch einmal vor dem Tomben-Eingang. Es wurde nämlich in Cerveteri mit der Zeit üblich, vor den Grabeingängen Steinkästen mit Eintiefungen aufzustellen, in die hinein Cippen gesetzt wurden (Abb. 18), die den Namen der Toten trugen. Dabei hatte der Cippus einer Frau die Gestalt eines Häuschens, während der eines Mannes die Form einer kleinen Säule aufwies. Es handelt sich auch hier offensichtlich um ein Geschlechtssymbol, um das Sinnbild des Phallus, in dem der *genius* als männliche Zeugungskraft anschaulich wird.

Das Totenbett des Mannes läßt nichts Symbolhaftes erkennen. Man gestaltete es nach dem Vorbild des häuslichen Bettes: Es besteht aus einem Bettkasten mit vier säulenförmigen Beinen; auf der Liegefläche zeichnet sich ein Halbkreis für das Kopfkissen ab (Abb. 20).

Die beiden übrigen Tomben im Tumulus II interessieren uns vor allem wegen der hier aufgefundenen Grabbeigaben. Weil man glaubte, daß die Menschen mit einem Teil ihrer Individualität im Grab weiterlebten, gab man ihnen das, was sie im Leben besessen und gebraucht hatten, in ihr Totenhaus mit: Speise und Trank, Geschirr, Hausgerät, Schmuck, Waffen, manchmal sogar Wagen, Weihebilder, Thronsessel und dergleichen mehr. Fast alles, was heute in etruskischen Museen aufbewahrt wird, stammt aus Gräbern.

In der Tomba dei Dolii im Tumulus II, die nach den Dolien, den großen, hier aufgefundenen Vorratsgefäßen, benannt wurde, konnte man bis zum Grabraub im Jahre 1964 noch wunderschöne Krüge und Weinamphoren an Ort und Stelle betrachten.

Was man aber in der Kammer links vom Eingang bei ihrer Öffnung im Jahre 1910 vorfand, zeigt, was alles man einer vornehmen Dame ins Grab mitgab. Es befanden sich hier außer vielerlei Vasen kleine ägyptische Figuren, Schmuck und Geräte aus Gold, Parfümbehälter, Schmuckdosen, Küchengeräte und all das, was man zum Decken einer festlichen Tafel brauchte.

In der vierten Tomba des Tumulus II, der Tomba dei Vasi greci, war, wie schon der Name besagt, eine ganze Sammlung griechischer Vasen den Bestatteten mitgegeben worden. Es handelt sich um ungefähr 150 attische schwarz- und rotfigurige Vasen des strengen Stils, von denen einige Stücke sogar von dem berühmten Meister Nikosthenes stammen.

Die Tomba dei Vasi greci, die am Ende des 6. Jahrhunderts v. Chr. entstand, zeigt, wie die Totenkammern immer mehr zu Totenwohnungen wurden. Betrachtet man den Grundriß von Tumulus II (Abb. 14) unter diesem Gesichtspunkt, so erkennt man, daß die Tomba della Casa con tetto stramineo aus dem 7. Jahrhundert v. Chr. im wesentlichen noch aus einer großen Kammer bestand, während die zu Beginn des 6. Jahrhunderts v. Chr. ausgehauenen Tomben dei Letti funebri und dei Dolii, abgesehen von je einer Hinterkammer, jeweils drei Kammern vereinigten, zu denen man vom Korridor aus gelangte. Bei der Tomba dei Vasi greci aber führt der Korridor zu zwei Seitenkammern und einem Hauptraum nach Art eines Atriums, von dessen Rückwand drei kleine Kammern ausgehen, so daß die Gesamtanlage eine beinahe quadratische Form hat.

Dieses Schema wiederholt sich, allerdings in abgewandelter Form, in der Tomba dei Capitelli, die ebenfalls in der 2. Hälfte des 6. Jahrhunderts v. Chr. entstanden und von einem kleinen Tumulus überdeckt ist (Abb. 19). Vom Vestibül gehen rechts und links zwei Kammern ab, die mit steinernen Bänken für Diener ausgestattet sind. Dann betritt man das Atrium, in dem Totenbetten für Männer stehen. An seiner Rückseite befinden sich drei Räume, in denen jeweils links ein Totenbett für einen Mann und rechts eines für eine Frau aus dem Felsgestein herausgeschlagen sind. Offensichtlich war die mittlere Kammer für den Familienvater und seine Gattin bestimmt.

Den Hauptraum des etruskischen Hauses bildete das Atrium. Hier stand der Herd, weshalb man *atrium* von *ater* = rauchge-

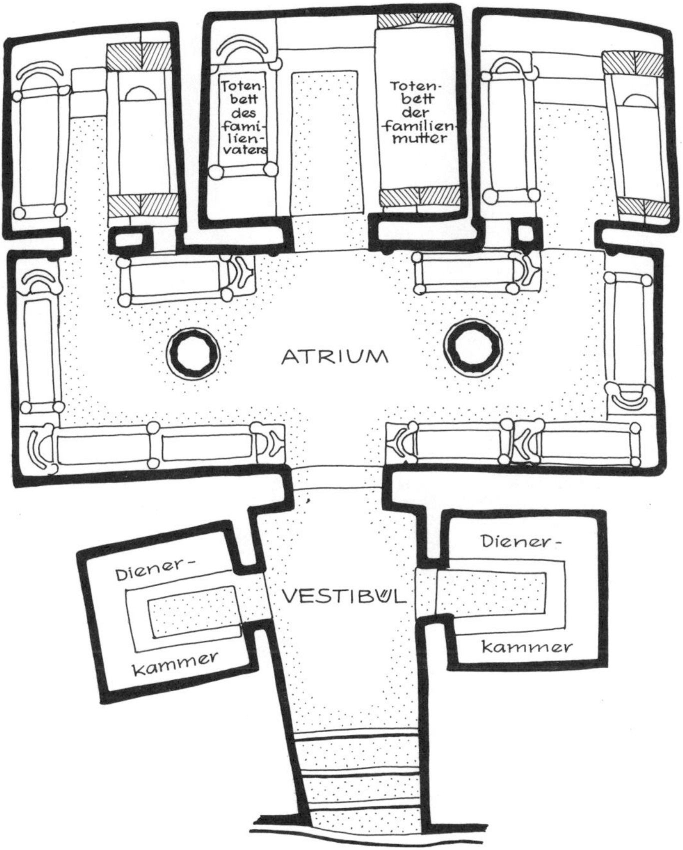

19 Tomba dei Capitelli. Grundriß. 2. Hälfte 6. Jh. v. Chr., Nekropole von Cerveteri

schwärzt ableitete, während andere den Namen auf die etruskische Stadt Atria zurückführten.[11] Auch den Toten, die aus vornehmen Häusern stammten, schuf man ihr Atrium; und man stattete es genauso schön aus wie die Atrien der Wohnhäuser in der Stadt. Wie die Tomba dei Capitelli zeigt (Abb. 20), hatten die Türen portalartige Umrahmungen. In die Wände waren Fenster eingeschnitten; und die Decke ahmte in Stein das nach,

20 Tomba dei Capitelli. Blick vom Atrium in die Hauptkammer. Cerveteri

was man daheim als Holzkonstruktion besaß. Es fehlten auch nicht die Deckenverzierung und die Säulen, die die großen Holzbalken abstützten und die von Kapitellen – daher der Name, den man der Tomba gegeben hat – mit Voluten in äolischem Stil gekrönt waren.

Als weiteres Bild eines Atriums in der Nekropole des alten Caere soll jenes in der Tomba degli Scudi e delle Sedie, der Tomba der Schilde und Sessel, gezeigt werden (Abb. 21). In diesem Atrium befindet sich sogar in Stein nachgebildetes Mobiliar. Rechts und links von der Mitteltür stehen Sessel mit einer halbkreisförmigen Rückenlehne und einem Fußschemel, während die Wände durch große, kreisrunde Schilde dekoriert sind. Die in der 1. Hälfte des 6. Jahrhunderts v. Chr. angelegte Tomba weist auch noch Farbspuren auf, was in der Nekropole von Cerveteri verhältnismäßig selten ist.

21 Atrium der Tomba degli Scudi e delle Sedie. 1. Hälfte 6. Jh. v. Chr., Nekropole von Cerveteri

So gewinnt man beim Besuch etruskischer Grabhäuser eine ziemlich genaue Vorstellung von den Häusern der Lebenden, besonders von jenen der Oberschicht.

Allein die Türen der Tomben werden eine nur sehr entfernte Ähnlichkeit mit den Wohnhaustüren gehabt haben. Die Grabtüren waren nicht dazu bestimmt, oftmals geöffnet zu werden wie Haustüren. Vor allem beim Einzug eines neuen Toten sollten sie sich auftun. Sonst hatten sie das Grabhaus zu verschließen. Darum waren sie massiv und schwer zu bewegen. Wir können uns eine Vorstellung von solchen Grabtüren machen; denn die Tür der Tomba del Colle in Chiusi, die im 5. Jahrhundert v. Chr. angelegt wurde, ist noch erhalten (Abb. 22). Sie wirkt schmucklos und besteht aus zwei schweren Monolithen aus Travertingestein. Wenn man durch sie hindurchgeht, verspürt man noch etwas von der stummen Würde etruskischer Gräber.

22 Grabtür der Tomba del Colle. 5. Jh. v. Chr., Chiusi

Von Alltag, Mythos und Erotik umgeben

Man konnte dem Toten ein Haus nach der Art seines eigenen Hauses aus dem Felsgestein schlagen, man konnte ihm vielerlei von den Dingen mitgeben, die er im Leben gebraucht, benutzt und geschätzt hatte. Aber es gab auch manches, was sich dem Toten nicht in das Grab legen ließ, so die Welt seiner Arbeit, die Gastmähler mit Musik und Tanz und die verschiedenartigen Spiele, an denen er so gern teilgenommen hatte. Und doch wußte man es so einzurichten, daß der Tote nicht darauf verzichten mußte. Was man ihm nicht materiell mitgeben konnte, das gab man ihm imaginär, im Bild, mit, indem man es an die Wände seiner Tomba malte. Dabei ist zu bedenken, daß im Bild dargestellte Dinge für die alte Welt viel mehr Realität besaßen als für uns heute.

Die Welt der Arbeit und des täglichen Berufslebens spiegelt sich in der Wandmalerei der Tomba della Caccia e Pesca, der Tomba der Jagd und des Fischfangs, in Tarquinia, die um 510 v. Chr. angelegt wurde (Abb. 23). Das Grabhaus besteht aus zwei Kammern. Vor dem Eintritt von der ersten in die zweite blickt man auf ein Giebelfeld, das eine Heimkehr von der Jagd zeigt. Da die Malerei sehr beschädigt ist, wollen wir uns an einer Nachzeichnung orientieren (Abb. 24).

Von rechts nach links betrachtet, sehen wir zuerst Hunde, die von einem Diener getrieben werden und denen noch weitere folgen. Hauptfiguren sind zwei – anscheinend noch junge – Männer auf Pferden, hinter denen zwei Diener kräftig ausschreiten, von denen der erste über der Schulter eine Stange mit

23 Tomba della Caccia e Pesca. Um 510 v. Chr., Tarquinia

24 Heimkehr von der Jagd. Detail der Wandmalerei in der Tomba della Caccia e Pesca. Tarquinia. Nachzeichnung

erlegtem Wild trägt, während der andere Stöcke mit sich führt, die zur Hasenjagd gebraucht wurden.

In der zweiten Kammer ist auf dem Giebelfeld der Rückwand das Gastmahl eines Paares mit Dienern, Dienerinnen und einem Flötenspieler dargestellt. Schwärme farbiger Wildenten, die über dem Meer aufflattern, beherrschen die Wände (Abb. 25). Sie

25 Hintere Kammer der Tomba della Caccia e Pesca. Tarquinia

wollen aber nicht als Naturerscheinung verstanden werden, sondern sie gehören zum Erwerbsbereich der Bewohner; denn an der Rückwand steht auf einem Felsen ein Mann, der sich als Vogeljäger mit einer Schleuder betätigt (Abb. 26).

Die Bewohner von Tarquinia betrieben nicht nur Ackerbau und Viehzucht, sie gingen auch auf die Jagd und auf Vogelfang. Außerdem ernährten sie sich von der Fischerei; und so sieht man auf der rechten Wand der Tomba della Caccia e Pesca, wie ein Mann vom Heck einer Barke eine Harpune schleudert, während auf der Mittelwand vier Männer im Boot gezeigt werden, von denen der linke eine Angel herabgelassen hat (Abb. 26). An den Bug des Bootes ist ein Auge gemalt, das apotropäisch, das heißt: unheilabwehrend, wirken soll.

An der linken Wand der Tomba zeigt sich ein Taucher bei seinem Sprung ins Meer (Abb. 27). Kerzengerade, mit ausgestreckten Beinen und einander angenäherten Armen springt er

26 Rückwand der hinteren Kammer der Tomba della Caccia e Pesca. Tarquinia

ins Wasser, während ein Mann auf dem Felsen ihm nachblickt und den linken Arm zu einer beschwörenden Geste erhoben hat, damit dem Taucher kein Unheil von dämonischen Mächten widerfahre.

So gab man Etruskern aus Tarquinia, deren Lebenselement Jagd und Fischfang waren, beides bildhaft als Wandmalereien in ihr Totenhaus mit. Bewohnern von Meeresküsten obliegt aber auch die Schiffahrt, und so ist es nicht erstaunlich, daß man in einer Tomba Tarquinias aus der Mitte des 5. Jahrhunderts v. Chr., der Tomba della Nave, ein Schiff dargestellt hat (Abb. 28). Es handelt sich um einen Zweimaster, von dessen Heck zwei große Steuerruder ins Wasser greifen, indes die Besatzung um das Anlegen des Schiffes bemüht ist.

Die Etrusker haben in ihrer Geschichte nicht wenige Kriege geführt, anfangs als Eroberer, später als Verteidiger ihrer Rechte und ihres Besitztums. Zum Leben des Mannes gehörten Rüstung und Waffen, weshalb man ihm diese oft in sein Grab mitgab. In späterer Zeit beließ man es aber zuweilen bei der Mitgabe gemalter Waffenbilder, wie die nach einem italienischen Archäologen benannte Tomba Giglioli in Tarquinia zeigt (Abb. 29).

Diese erst zu Ende des 3. oder zu Anfang des 2. Jahrhunderts v. Chr. entstandene Tomba hat ihre besondere Eigenart. Die Decke ist trotz der rotbemalten Rillen nicht mit Hilfe malerischer Mittel einer Wohnhausdecke angeglichen. Längs- und Querbalken sind plastisch aus dem Felsen herausgeschlagen. Die früher gebräuchlichen Totenbetten sind durch Sarkophage ersetzt, die ebenfalls aus dem natürlichen Gestein gemeißelt wurden. Ein beschädigter Sarkophagdeckel liegt noch auf dem Boden der Tomba.

Die Waffen und Rüstungen sind aber gemalt, und zwar so, daß es aussieht, als seien sie an die Wand gehängt, wofür allein

27 Linke Wand der hinteren Kammer der Tomba della Caccia e Pesca. Tarquinia

28 Schiff. Detail der Wandmalerei in der Tomba della Nave. Mitte 5. Jh. v. Chr., Tarquinia, Museum

29 Tomba Giglioli. Ende 3. oder Anfang 2. Jh. v. Chr., Tarquinia

schon die perspektivisch gemalten Nägel sorgen. Panzer, Beinschienen und Helme, Rundschilde, Schwerter und Schleudern sind zu sehen und bereichern unsere Kenntnis in etruskischer Waffenkunde.

In der Tomba dei Relievi in Cerveteri, die im 3. Jahrhundert v. Chr. angelegt wurde (Abb. 30), hat man den Toten Waffen und Rüstungen in Form von bemalten Stuckreliefs mitgegeben, nach denen man den Grabraum benannt hat. So sieht man an den Wänden über den Grabnischen Schilde, Schwerter, Beinschienen und Hörner.

Die Tomba dei Relievi unterscheidet sich von älteren Grabanlagen Cerveteris nicht unerheblich. Sie ist nicht mit einem Tumulus bedeckt, liegt tief in der Erde und besteht nicht aus mehreren Kammern, sondern aus einem einzigen großen Raum. Die Toten lagen in *loculi,* in Wandnischen oder auf Betten,

30 Tomba dei Relievi. 3. Jh. v. Chr., Cerveteri

deren steinerner Unterbau die ausgesparte Fußbodenmitte umrahmt. Aus Inschriften in den Loculi und auf einem Cippus können wir entnehmen, daß die Tomba Grabstätte der Familie Matuna war.

Nicht nur Waffen sind in Form farbiger Reliefs den Toten mitgegeben worden, sondern auch Haus- und Küchengeräte, die man an den großen Pfeilern scheinbar aufgehängt hat. Es handelt sich um Krüge, Kellen, Löffel, Messer, Beile, Stöcke, Tornister, Küchenbretter, Seile in jeweils einem oder in mehreren Exemplaren. Auch Marder, Gans und Wildkatze sind vorhanden.

Am interessantesten ist aber der Loculus in der Mitte der Rückwand (Farbabb. 2). Der Inschrift nach lag hier Ramta Matunai Canatnei begraben. Man hat ihr ein geradezu idyllisches Schlafgemach eingerichtet. Das Bett hat schön ›geschnitzte‹ Beine und zwei übereinandergelegte Kopfkissen. Auf einer kleinen Bank vor dem Bett stehen zierliche Sandalen, und links daneben befindet sich ein Schränkchen, auf dem Wäsche bereitgelegt ist. An den Pilastern, die den Loculus auf beiden Seiten begrenzen, ›hängen‹ Gefäße, ein Stock, ein Halsband und ein Fächer. Auch Reste von Büsten erkennt man an der rechten und linken Seite. Was aber ganz und gar nicht in diese so private Welt hineinpassen will, ist die Reliefdarstellung an der Außenseite des Bettes. Sie zeigt ein Ungeheuer – halb Mensch, halb Fisch – und Kerberos, den Wachhund im Hades, der griechischen Unterwelt, die für die Etrusker erst im 4. Jahrhundert v. Chr. Bedeutung bekommen hat.

Sonst ist Etrurien dem griechischen Mythos von seinen Anfängen an verbunden. Auch in der Grabkunst findet man gelegentlich mythologische Szenen, und zwar schon in einer der ältesten Tomben Tarquinias: der Tomba dei Tori (Farbabb. 1). Dort ist in der Vorderkammer an der Wand zwischen den Durchgängen in die beiden Hinterkammern ein Ereignis aus dem Trojanischen Krieg dargestellt (Abb. 31). Links hinter einem Brunnen, auf dem zwei Löwen liegen, von denen der rechte Wasser in eine Schale speit, steht der griechische Held Achilleus mit einem Schwert in der Linken und lauert dem Troilos auf, dem jüngsten Sohn des trojanischen Königs Pria-

31 Achilleus lauert dem Troilos auf. Detail der Wandmalerei in der Tomba dei Tori. Um 550 v. Chr., Tarquinia

mos. Troilos sitzt nackt, lediglich mit Schuhen und einer Kopfbedeckung bekleidet, auf einem Pferd, das er zur Tränke reitet. Nichtsahnend hält er den Speer in der Linken – eine adlige Jünglingsgestalt, die den arglistigen Achilleus an Schönheit der Gestalt weit übertrifft. Die Szene ist durch eine stilisierte Palme zweigeteilt. Im unteren Bildabschnitt sind Bäume mit Kränzen und Tänien (Wollbinden) geschmückt, was auf die Feierlichkeit des Ortes hindeutet.

Man fragt sich, warum man wohl gerade die Geschichte von Achilleus und Troilos in einer Grabstätte dargestellt hat. Könnte es sein, daß ein hier Begrabener vielleicht auch sein Leben durch jemanden, der ihm auflauerte, verloren hat? Es gibt in dieser Tomba manches, was sich schwer deuten läßt. Im großen Friesstreifen der Rückwand ist zweimal ein Geschlechtsakt dargestellt,

32 Linke obere Wandseite der Tomba dei Tori. Tarquinia

und man fragt sich, warum man sich für solche Bilder gerade ein Grabhaus ausgesucht hat (Abb. 32 und 33).

Wenn man dem Toten alles, was er im Leben schätzte, wirklich oder im Bild in sein Grab mitgab, warum sollte man ihm dann nicht auch Eros und Sexus mitgeben?[12] Es kann natürlich sein, daß man noch eine weitere Sinngebung damit verband. Vielleicht wollte man den Toten für sein Fortleben im Grabe noch einmal durch die Kraft der Lebenszeugung stärken. Fruchtbarkeit und Hoffnung auf das Fortleben nach dem Tode sind in der Vorstellungswelt der Antike eng miteinander verbunden. Selbst im Neuen Testament heißt es im Hinblick auf das ewige Leben: »Wenn das Weizenkorn nicht in die Erde fällt und stirbt, bleibt es für sich allein. Wenn es aber stirbt, bringt es viele Frucht.«

33 Rechte obere Wandseite der Tomba dei Tori. Tarquinia

(Joh. 12,24) Die antik-heidnischen Fruchtbarkeits- und Vegetationsgottheiten waren gleichzeitig auch Gottheiten des Fortlebens und Wiederauferstehens; mit ihnen starb die Natur in jedem Winter, um im Frühling ein neues Leben zu beginnen. Auch Dionysos war ein Vegetationsgott, und wer weiß, ob er sich nicht in den Stieren verbirgt, die jeweils links von den erotisch-sexuellen Szenen dargestellt sind und von denen der Name der Tomba herrührt. Nicht selten nämlich nahm Dionysos Stiergestalt an. Fruchtbarkeit könnte dazu noch in der Ornamentik zu Füßen der Stiere und der Paare symbolisiert sein. Die Kügelchen mit den Kreuzchen sind Granatäpfel, die in der Antike wegen ihrer Samenfülle Sinnbilder der Lebenskraft und der Vegetationsgottheiten waren.

34 Tomba delle Leonesse. Um 520 v. Chr., Tarquinia

35 Mann beim Bankett. Detail der Wandmalerei in der Tomba delle Leonesse. Tarquinia

Gastmähler mit Musik und Tanz

Bankette haben die Etrusker immer sehr geschätzt. Auch die Toten sollten auf ihre Weise noch an ihnen teilnehmen können. In vielen Tomben findet man daher Bilder von Gastmählern.

Sehen wir uns unter diesem Gesichtspunkt zuerst die Tomba delle Leonesse an, die in der Zeit um 520 v. Chr. entstanden ist (Abb. 34). Unter einer malerisch imitierten Kassettendecke erscheinen im Giebelfeld der Rückwand Raubtiere, die man für Löwinnen hielt. Deshalb nannte man den Grabraum Tomba delle Leonesse. Es handelt sich aber um weibliche Panther. Die Raubtiere, die man gern in Giebelfeldern zeigte, sollten vermutlich Unheil abwenden und alles Dämonische von den Toten fernhalten. Daß man weibliche Tiere mit prallen Gesäugen bevorzugte, läßt darauf schließen, daß man auch die Kraft der Fortbestand verheißenden Fruchtbarkeit heraufbeschwören wollte.

An den Seitenwänden der Tomba sind vier Männer beim Bankett dargestellt. In der Mitte der Rückwand steht ein blattbekränzter Kratér, in dem Wein mit Wasser gemischt wurde. Er ist flankiert von zwei Musikanten mit Leier und Flöte, denen sich nach links eine Tänzerin und nach rechts ein Tanzpaar anschließen.

Von den vier Männern wollen wir jenen genauer betrachten, der an der rechten Wand als erster seinen Platz hat (Abb. 35). Von rotbrauner Körperfarbe, unter grüner Decke – so präsentiert sich dieser Teilnehmer am Gastmahl. Sein linker Arm ist auf ein gemustertes, terrafarbenes Kissen gestützt, und die Hand hält eine flache Kylix, eine Trinkschale. Sein mandelförmig geschnittenes Auge mit betont weißer Sklera beherrscht das archaisch unbewegliche Gesicht und blickt ernst und aufmerksam auf die Hauptwand des Raumes.

Wenn ein Bankettteilnehmer sehr betont ein Ei zwischen Daumen und Zeigefinger hochhält, dann handelt es sich nicht um ein gewöhnliches Gastmahl, sondern um ein Totenmahl; denn das Ei galt schon in der alten Welt als Symbol des jungen Lebens, der Erneuerung, des immerwährenden Fortbestehens, dessen man besonders an den Orten der Toten gedachte. Die Szenerie ist nicht ohne Feierlichkeit. An der Wand hängen Kränze und Tänien, breite, verschlungene Bänder, ein Festschmuck, den man von den Griechen übernommen hat.

In der Tomba dei Leopardi, die in der 1. Hälfte des 5. Jahrhunderts v. Chr. angelegt wurde und der man ihren Namen nach den Leoparden im Giebelfeld gegeben hat, liegen Männer und Frauen gemeinsam beim Mahle (Abb. 36). Ihre drei Klinen

36 Tomba dei Leopardi. 1. Hälfte 5. Jh. v. Chr., Tarquinia

37 Zwei Paare auf ihren Klinen. Detail der Wandmalerei in der Tomba dei Leopardi. Tarquinia

füllen die ganze Hauptwand; die Musikanten kommen von der Seite. Alle Tafelnden sind mit einem bunten Mantel zugedeckt. Während aber die Frau einen Chiton, ein hemdartiges Kleid, trägt, liegt der Mann mit bloßem Oberkörper da. Seine Hautfarbe ist braun, dunkel, ihre dagegen hell. In der griechischen und etruskischen Kunst sind Mann und Frau immer so verschiedenfarbig dargestellt, wahrscheinlich weil in der Wirklichkeit die im Haus arbeitende Frau hellhäutiger war als der Mann, der seine Tätigkeit im Freien ausübte. Braun sind ebenfalls die nackten Diener, welche die Paare beim Mahl bedienen (Farbabb. 3).

Auch das Mahl in der Tomba dei Leopardi ist ein Totenmahl. Der Mann an der äußersten Rechten hebt ein Ei in die Höhe;

38 Diener und Musikanten. Detail der Wandmalerei in der Tomba dei Leopardi. Tarquinia

und seine Partnerin wie das Paar auf der sich links anschließenden Kline blicken gebannt zu ihm hin (Abb. 37).

Aus einem Garten mit stilisierten, blühenden Bäumen kommen die festlich gekleideten und bekränzten Musikanten; mit ausholendem, energischem Schritt streben sie auf die Tafelnden zu (Abb. 38 und Farbabb. auf der Umschlag-Vorderseite). Geleitet und gleichzeitig ›präsentiert‹ werden sie von einem kräftigen Diener, der mit einem roten, schalartigen Umhang bekleidet ist und eine Kylix trägt. Ihm folgt der Musikant, der die Doppelflöte bläst, welche die Griechen Aulos und die Römer Tibiae nannten. Seine Wangen sind leicht gebläht, fest ist sein Blick. Riesenhaft groß erscheinen seine Hände, deren Finger sich den Löchern der Flöte entsprechend geformt haben. Über der rechten Schulter des Mannes sieht man ein Stück von der Tunica, während über der linken ein Zipfel des vom Schreiten in Bewegung geratenen Mantels nach hinten flattert. Dieser leuchtet in Gelb und ist von roten und hellblauen Streifen umrandet.

Der andere Musiker trägt keine Tunica, sondern nur einen gelb und grün umrandeten Mantel, der beim Ausschreiten über dem linken Oberschenkel aufspringt. Mit der linken Hand greift er in seine Leier, zu der hin er auch den Blick lenkt.

Hier haben die Musikanten – und mit ihnen die Musik – etwas Forsches, Zündendes. In der Tomba del Triclinio, die ungefähr aus der gleichen Zeit wie die Tomba dei Leopardi stammt, bieten sich andere Bilder (Abb. 39 und 40). In ihnen begegnen wir der Welt der Töne als einem Reich der Seele.

Der Leierspieler schreitet durch eine lebensvolle Gartenlandschaft mit blühenden Bäumen und bunten Vögeln. Seine Finger sind fast deformiert vom Saitenspiel. Dem Gesicht mit dem wunderschönen Auge sieht man an, wie alles in ihm den Tönen lauscht, die er dem Instrument entlockt. Seine Füße setzt er wie im Tanzschritt voreinander; denn er vermag sich nur im Rhythmus seiner Weisen fortzubewegen.

Die Leier ist das Instrument des Gottes Apoll. Sie bedeutet also Wohlklang und Gemessenheit. Der Klang der Flöte – dem Gott Dionysos geweiht – ist weit gefühlsbetonter, und so nimmt es nicht wunder, daß der Spieler der Doppelflöte noch hingebungsvoller seiner Musik lauscht und ganz im Banne seiner Töne steht. Der Umhang ist dem Musikanten auf die Unterarme herabgeglitten. Mit leichtem, behutsamem Tanzschritt durchmißt er eine blühende Landschaft, an deren Bäumen Tänien hängen.

Wir kennen nur Bilder von Musikern, nicht aber die etruskische Musik. Wenn man diesen Flötenspieler anschaut, möchte man der Vermutung des italienischen Etruskologen Massimo Pallottino[13] zustimmen, daß die Etrusker sich nicht der schweren und feierlichen dorischen Tonart bedient hätten, sondern der lydischen und phrygischen. Die lydische Tonart ist klagend, die phrygische orgiastisch, erregend.

Wir haben in den Bildern zwei etruskische Instrumente kennengelernt, die ebenso bei den Griechen bekannt waren: die Flöte und die Leier, die als Lyra oder als Zither gespielt wurde.

39 Leierspieler. Detail der Wandmalerei in der Tomba del Triclinio. 2. Jahrzehnt 5. Jh. v. Chr., Tarquinia, Museum

40 Flötenspieler. Detail der Wandmalerei in der Tomba del Triclinio. Tarquinia, Museum

Den Etruskern war auch die Trompete vertraut. Man blies sie zu militärischen, vielleicht auch zu religiösen Anlässen. Bevorzugt wurde aber die Flöte, die aus Asien stammt und besonders in Lydien beliebt war. Der Flöte entlockt der Mensch mit sanftem Atem, dem Hauch seiner Seele, weiche, verströmende Töne. Das entspricht der Gefühlswelt der Etrusker und ihrem Sinn für das Seelenvolle.

Von den antiken Schriftstellern erfahren wir, bei welchen Anlässen etruskisches Flötenspiel ertönte. Daß es beim Opfer, beim Bankett, beim Tanz und beim Leichenbegängnis geschah, überrascht uns nicht. Mit Erstaunen lesen wir aber, daß bei Flötenspiel Faustkämpfe ausgetragen wurden, daß bei seinen Tönen und Rhythmen die Herren ihre Sklaven auspeitschten und die Bäcker und Köche ihre Arbeit verrichteten.[14]

Auch für die Jagd nutzten die Etrusker das Flötenspiel. So schrieb Claudius Aelianus, der in der Zeit um 200 n. Chr. lebte, in seiner Tierkunde: »Man sagt, daß die Etrusker Hochwild und Keiler nicht nur mit Netzen und Hunden fangen, wie es der übliche Jagdbrauch ist, sondern noch häufiger mit Hilfe der Musik. Das geschieht so: Auf allen Seiten legen sie Netze und andere Jagdgeräte aus, um den Tieren Fallen zu stellen. Ein erfahrener Flötenspieler stellt sich auf und spielt die reinsten und harmonischsten Melodien, die süßesten Töne, die seine Flöte hervorbringt. In der Ruhe und Stille der Natur dringen die Töne bis zu den Bergeshöhen, bis in die Täler und Wälder und finden ihren Weg in die Schlupfwinkel der Tiere. Wenn die Klänge deren Ohren erreichen, sind sie zunächst verwundert und erschreckt, dann werden sie von der unwiderstehlichen Gewalt der Musik hingerissen und überwältigt und vergessen ihre Jungen und ihre Verstecke. Wenn sich die Tiere auch nur ungern weiter von ihren Schlupfwinkeln entfernen, so werden sie doch, wie von einem Zauber gebannt, immer näher herangelockt, und als Opfer der Musik verstricken sie sich in die Netze.«[15]

Mag der Bericht auch märchenhaft klingen, er macht deutlich, welche magischen Kräfte dem etruskischen Flötenspiel zugeschrieben wurden, und zwar noch zu einer Zeit, in der die etruskische Kultur weitgehend in der römischen aufgegangen war.

Tomba dei Tori. Um 550 v. Chr., Tarquinia

Tomba dei Relievi. 3. Jh. v. Chr., Cerveteri

3 Banketteilnehmer und Diener. Detail der Wandmalerei in der Tomba dei Leopard
1. Hälfte 5. Jh. v. Chr., Tarquinia

Tänzer. Detail der Wandmalerei in der Tomba del Triclinio. 2. Jahrzehnt des 5. Jh. v. Chr., Tarquinia, Museum

Reiter. Detail der Wandmalerei in der Tomba del Barone. Ende 6. Jh. v. Chr., Tarquinia

Dame beim Bankett. Detail der Wandmalerei in der Tomba degli Scudi. Um 300 v. Chr., Tarquinia

7 Apollo von Veii, Oberteil. Ende 6. Jh. v. Chr., Rom, Villa Giulia

3 Bronze-Ciste aus Praeneste. 4.–3. Jh v. Chr., Rom, Villa Giulia

9 Große Schulterfibel aus dem Bernardini-Grab in Praeneste. 2. Hälfte 7. Jh. v. Chr., Rom, Villa Giulia

10 Zwei Porträtköpfe aus einer Prozession. Detail der Wandmalerei in der Tomba del Convegno. Um 100 v. Chr., Tarquinia

11 Tumulus der Nekropole von Cerveteri

Hinsichtlich des Flötenspiels und des Tanzes hatten die Römer den Etruskern manches zu verdanken. Livius, Geschichtsschreiber zur Zeit des Kaisers Augustus, berichtet, daß im Jahre 364 v. Chr. in Rom die Pest gewütet habe. Es sei alles getan worden, um die Götter zu versöhnen, aber ohne Erfolg. Schließlich sei man auf den Gedanken gekommen, als Sühne auch das Bühnenspiel einzuführen. »Dies bedeutete etwas ganz Neues für ein so kriegerisches Volk, das bisher nur die Spiele auf der Rennbahn kannte. Diese Bühnenspiele waren anfangs, wie es immer ist, nur klein und dazu fremdländisch. Es gab dabei keinen Gesang, auch keine Darstellung des Gesungenen durch Gesten. Die Spieler holte man aus Etrurien, und sie machten nur leichte Bewegungen in tuskischen Tänzen, von einer Flöte begleitet. Die jungen Männer taten es ihnen nach, und untereinander dichteten sie scherzhafte, freigestaltete Verse, zu deren Vortrag ihre Bewegungen nicht schlecht paßten. Diese Sache fand Beifall und verbesserte sich durch die Übung. Auf tuskisch heißt ein Schauspieler ›Hister‹, und so erhielten auch die einheimischen Künstler den Namen ›Histrio‹.«[16]

Wenn Livius von »leichten Bewegungen in tuskischen Tänzen« spricht, dann mag er an Tänzer gedacht haben wie jenen in der Tomba del Triclinio, der mit gebeugten Knien beinahe schreitet, so daß sein übergeworfenes, gelb eingefaßtes weißes Gewand ohne jede Bewegung herabfällt (Farbabb. 4). Er hat den Kopf zu seiner Partnerin gewendet, von der er durch ein Bäumchen getrennt ist, und treibt ein wunderbares, vielleicht symbolhaftes Spiel mit seinen Händen.

Schreitend zeigt sich auch die Tänzerin, die auf der linken Seite der Rückwand in der Tomba delle Leonesse dargestellt ist (Abb. 41). Sie trägt einen Chiton von rötlicher Farbe mit kleinen Mustern, ein Untergewand, durch das die stämmigen Beine hindurchscheinen. Typisch für die Kleidung einer Etruskerin sind die Schnabelschuhe und der Tutulus, der hohe Hut. Alles an dieser Frau ist mächtig: der sich weit öffnende rote Mantel mit den blauen Aufschlägen – die Halskette wirkt fast zu zierlich –, die starken Arme und schließlich die Bewegung. Mit gewaltigem Schritt durchmißt sie majestätisch tanzend den Raum.

41 Tänzerin. Detail der Wandmalerei in der Tomba delle Leonesse. Tarquinia

Wie wir aus den Werken der Malerei und Plastik wissen, kennen die Etrusker aber nicht nur den feierlich gemessenen Tanz. Temperamentvoll, wild bewegt, fast orgiastisch, verzückt, ekstatisch – so sieht man sie sich winden, sich drehen oder springen und stampfen.

Im Stampfschritt stehen sich die beiden Tanzenden gegenüber, die auf der rechten Seite der Rückwand in der Tomba delle Leonesse zu sehen sind (Abb. 42). Hier wird der Raum nicht tanzend durchmessen, hier ist er erfüllt von der Spannung zwischen zwei Tanzenden, die mit unglaublicher Intensität aufeinander konzentriert sind. Der Mann trägt in der Hand eine Oinochoe, eine Kanne, mit der man Wein aus Mischkrügen in Trinkgefäße gießt, so daß es nicht ausgeschlossen ist, daß es sich bei ihm um einen Diener handelt. Jedenfalls ist er nicht der eigentlich aktive. Er wird von seiner Tänzerin fast magisch beherrscht, was sich nicht nur in Haltung und Blick, sondern auch darin ausdrückt, daß sie in der – leider stark beschädigten – Rechten ein Krotalon, eine Klapper, hält, mit der sie den Rhythmus angibt, während sie die Linke beschwörend erhoben hat. Der Zeige- und der kleine Finger sind ausgestreckt, was noch heute in Italien als Zeichen der Abwehr und der Beschwörung gilt.

Die Haut des Mannes ist wieder tiefbraun, und er tanzt nackt. Die Frau ist bekleidet, aber ihr Gewand ist so hauchdünn, daß der Reiz ihres Körpers dadurch nur noch gesteigert wird. Durch das Schleier-Gewand scheint die helle Haut hindurch.

Es ist hochinteressant zu sehen, wie der etruskische Künstler die Figur gemalt hat: Der Maler hat die Tänzerin zuerst skizziert, um dann die Linien nachzuziehen oder aber durch neue und bessere zu ersetzen. Dabei löschte er die alten nicht. Sie überschneiden sich mit den neuen, was am rechten Arm der Tänzerin besonders deutlich wird.

Man hat oft darauf hingewiesen, daß die etruskische Malerei von der griechischen beeinflußt ist. Dennoch gibt es Unterschiede. Für den Griechen galt das Gesetz der Form. Er benutzte die Linie, um eine Gestalt eindeutig zu umreißen und durch eine klare Innenzeichnung den menschlichen Körper in seiner Struktur wohlproportioniert in Erscheinung treten zu lassen. Bestätigt

42 Tanzpaar. Detail der Wandmalerei in der Tomba delle Leonesse. Tarquinia

finden wir diese Auffassung durch die neuentdeckte griechische Wandmalerei in der Tomba del Tuffatore in Paestum.

Dem etruskischen Künstler kam es nicht in erster Linie auf die Form, sondern auf die Funktion an. Er wollte seine Gestalten mit Leben, mit Vitalität erfüllen, im Falle der Tänzerin noch mit Temperament und Dynamik. Die Linienführung vor allem diente dazu, diese Wirkung zu erreichen. Wo es nicht gelang, mußte eine neue Linie die alte korrigieren, die aber dabei nicht gelöscht wurde. Es ging dem Maler mehr um lebensvolle Wirklichkeit als um Schönheit und Vollendung.

Heitere und grausame Spiele

Was die Etrusker sehr liebten und was man ihnen darum oft im Bild ins Grab mitgab, waren Spiele verschiedenster Art.

Sportliche Wettkämpfe sind in der Tomba delle Olimpiadi dargestellt, die in der Zeit um 510 v. Chr. angelegt wurde. Da man die Tomba 1958 aufgefunden hat und 1960 die Olympiade in Rom stattfinden sollte, hat man den Grabraum nach dieser benannt, zumal sich Wandmalereien von olympischen Sportarten in der Tomba befinden. Leider sind die Wände und mit ihnen die Bilder schon ziemlich stark beschädigt. Um sie vor weiterem Verfall zu schützen, hat man sie – wie auch bei anderen gefährdeten Grabmalereien in Tarquinia – von den Wänden abgelöst, auf neue übertragen und diese wieder zu einer Tomba zusammengesetzt, die wir im Museum bewundern können.

43 Sportler beim Wettlauf, Weitsprung und Diskuswerfen. Detail der Wandmalerei in der Tomba delle Olimpiadi. Um 510 v. Chr., Tarquinia, Museum

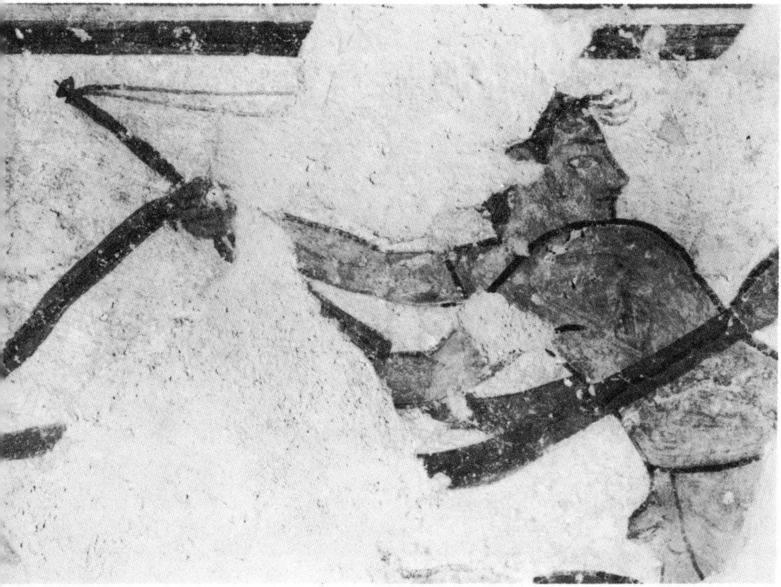

44 Wagenlenker. Detail der Wandmalerei in der Tomba delle Olimpiadi. Tarquinia, Museum

Voller Leben und Bewegung ist der Friesstreifen, der Sportler zeigt, die sich mit Wettlauf, Weitsprung und Diskuswerfen beschäftigen (Abb. 43). Noch dynamischer aber erscheint jener Wagenlenker, der vor mehreren anderen Wagen im Rennen vorn liegt und sich nach seinen Konkurrenten umblickt. In den Händen hält er Peitsche und Zügel, die hinter seinem Rücken zusammengefaßt sind, damit sie ihm nicht entgleiten können (Abb. 44). Anspannung und kämpferische Entschlossenheit liegen in seinen Zügen, und auch die temperamentvollen Pferde streben mit geradeaus gerichtetem Blick und siegeswilliger Kopfhaltung dem Ziel zu.

Wesentlich gemessener und beruhigter wirken die Wagenlenker, die in Chiusi in der Tomba del Colle[17] für ihre Biga, ihr Zweigespann, den Sieg erstreben (Abb. 45). Die Tomba, die in der 1. Hälfte des 5. Jahrhunderts v. Chr. entstand, ahmt die

45 Wagenrennen. Detail der Wandmalerei in der Tomba del Colle. 1. Hälfte 5. Jh. v. Chr., Chiusi

Holzteile eines Wohnhauses mit plastischen Mitteln nach. Die Malerei hat etwas vornehm Klassisches, was sich besonders in der Eleganz der Rennpferde ausdrückt.

Volkstümlicher dagegen gibt sich die Malerei in der Tomba della Scimmia in Chiusi, die ebenfalls aus der 1. Hälfte des 5. Jahrhunderts v. Chr. stammt. Da die Bilder ziemlich blaß geworden sind, zeigen wir sie zur Verdeutlichung in der Rekonstruktion von Professor Gatti.

Der interessanteste Teil des bemalten Friesstreifens beginnt mit zwei feingliedrigen Zirkuspferden (Abb. 46). Auf dem einen sitzt ein Mann mit einer Reitgerte, während von dem anderen ein Mädchen herabgleitet. Vor den Reitern findet ein Ringkampf unter der Aufsicht eines bekränzten Kampfrichters statt. Ein Äffchen – das der Tomba ihren Namen gab – sieht, an einen Baumstamm gebunden, dem Treiben interessiert zu.

Das nächste Bild zeigt links ein Kind und einen Mann, die das Taschenspiel spielen, dessen Regeln wir nicht kennen (Abb. 47).

46 Artisten und Ringer. Detail der Wandmalerei in der Tomba della Scimmia. 1. Hälfte 5. Jh. v. Chr., Chiusi. Rekonstruktion von Gatti

47 Spiel, Scheinkampf und Flötenduett. Detail der Wandmalerei in der Tomba della Scimmia. Chiusi. Rekonstruktion von Gatti

48 Die Herrin inmitten des bunten Treibens. Detail der Wandmalerei in der Tomba della Scimmia. Rekonstruktion von Gatti

Es folgen zwei Faustkämpfer, die ihren Sport parodieren. Dem entspricht ganz der Krieger mit Helm, Schild, Brustpanzer und Beinschienen, der in seiner schwankenden Haltung und mit der verzogenen, dünnen, spitzenlosen Lanze einen traurig-komischen Anblick bietet. Neben ihm stehen zwei Flötenspieler, von denen der linke als kleiner, bärtiger Zwerg erscheint. Es ist geradezu ein Jahrmarktstreiben. Man scheute sich also nicht, die Bildwelt des Grabes auch mit humorvollen und komischen Szenen zu beleben, vielleicht weil die Besitzerin des Grabraumes solche zu Lebzeiten sehr geschätzt hatte.

Die Herrin der Tomba erscheint selbst im Bild (Abb. 48). Sie sitzt auf einer tischartigen Bank und hat die Füße auf einen Schemel gestellt, auf den zwei Augen gemalt sind; sie blicken den Betrachter magisch an. Über einer Tunica trägt die Dame einen dunklen Mantel mit einer Kapuze und hält über sich einen Sonnenschirm. Vor ihr steht ein Brunnen, in dem einige Gelehrte einen *mundus*, eine Grube, die den Unterirdischen geweiht ist, vermuten.

Die unter dem Schirm dargestellte Tote blickt ernst und leicht melancholisch in die ihr bildhaft mitgegebene Jahrmarktswelt, zu der auch die Jongleurin und der Flötenspieler in ihrer unmittelbaren Nähe gehören. Was aber geht hinter ihrem Rücken vor? Ein nackter Jüngling, zu dem noch eine kleine Gestalt und ein Hund gehören, wendet sich im Weggehen mit beschwörender Geste gegen einen älteren Mann, der auf ihn zugeht. Anscheinend weist ein Kampfmeister einen jungen Athleten hinaus. Warum er es tut, ist nicht ersichtlich.

In der Tomba delle Bighe, der Tomba der Zweigespanne in Tarquinia, die Anfang des 5. Jahrhunderts v. Chr. ausgemalt wurde, gab man den Toten nicht nur ein Bankett und die verschiedensten Arten sportlicher Tätigkeit im Bild mit. Man vermittelte ihnen auch eine Erinnerung an die Zuschauer, zu denen sie einst selbst gehört hatten.

Wieder müssen wir eine Kopie zu Hilfe nehmen (Abb. 49); denn die Malereien der 1827 durch den Freiherrn von Stackel-

49 Zuschauertribüne. Detail der Wandmalerei in der Tomba delle Bighe. Anfang 5. Jh. v. Chr., Tarquinia. Zeichnung des Freiherrn von Stackelberg. Rom, Archiv des Deutschen Archäologischen Instituts

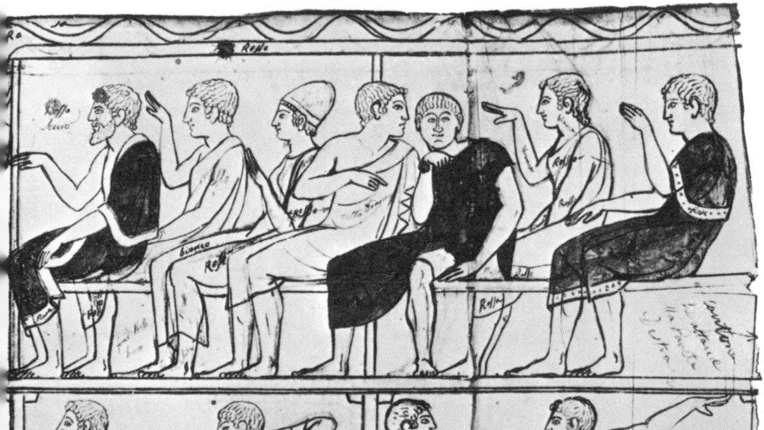

berg ausgegrabenen Tomba sind stark beschädigt. Man hat sie zwar von den Wänden gelöst und ihnen im Museum einen neuen Untergrund gegeben. Aber man konnte nur das Wenige retten, das noch vorhanden war; und so sind wir dankbar, daß es noch eine Zeichnung des Herrn von Stackelberg gibt, die uns zeigt, was er vorgefunden hat.

Die Zuschauer sitzen auf einer hölzernen Tribüne unter einem dachförmigen Velum, einer Zeltdecke. Die meisten schauen intensiv den Spielen zu und erheben die Hand zum Beifall. Einer allerdings wendet sich um und macht zu einem hinten Sitzenden eine Bemerkung, während der Mann neben ihm seinen Blick nicht auf die Spiele richtet, sondern umherschaut.

Die Tribüne vereint nur Zuschauer aus der Oberschicht. Die Diener liegen, teils nackt, in einem niedrigen Untergeschoß. Unter den Zuschauern befindet sich auch eine Dame; und das ist zu beachten. Im griechischen Olympia war es den Frauen bei Todesstrafe verboten, nackten Männern bei Sport und Spiel

50 Athleten. Detail der Wandmalerei in der Tomba delle Bighe. Tarquinia. Zeichnung des Freiherrn von Stackelberg. Rom, Archiv des Deutschen Archäologischen Instituts

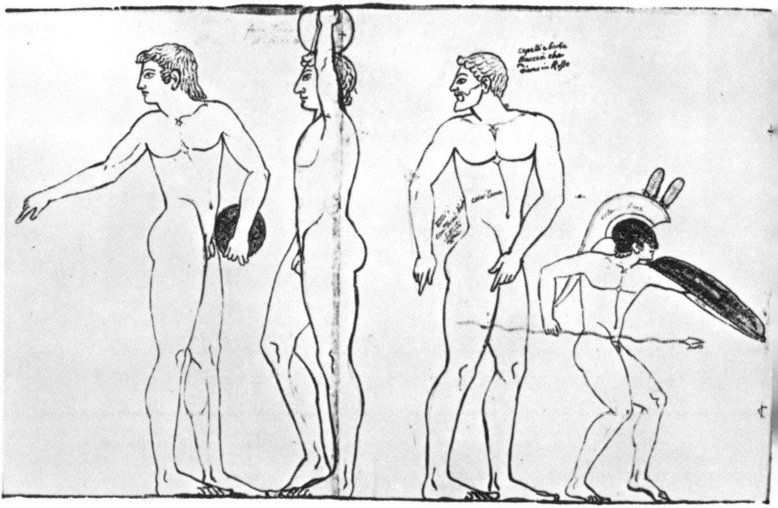

51 Tomba degli Auguri. 2. Hälfte 6. Jh. v. Chr., Tarquinia

zuzuschauen. Den Etruskerinnen war es offensichtlich gestattet, obwohl auch hier, wie die Bilder in der Tomba delle Bighe beweisen, die Athleten unbekleidet zum Kampf antraten (Abb. 50).

Zu der Athleten-Zeichnung des Freiherrn von Stackelberg sei noch bemerkt, daß sie den Stil des antiken Künstlers trefflich wiedergibt, was sich sogar noch beim Vergleich mit den stark beschädigten Malereien der Tomba delle Bighe erkennen läßt. Die gemalten Figuren weisen in ihrer klassischen Struktur und Wohlproportioniertheit auf die griechische Kunst hin, was darauf schließen läßt, daß es sich bei dem Künstler entweder um einen eingewanderten Griechen oder um einen von Griechen ausgebildeten Etrusker handelt.

Spielen ganz besonderer Art begegnet man in der Tomba degli Auguri in Tarquinia, die in der 2. Hälfte des 6. Jahrhunderts v. Chr. ausgehauen und bemalt worden ist (Abb. 51).

52 Ringkämpfer. Detail der Wandmalerei in der Tomba degli Auguri. Tarquinia

Das Grabhaus verdankt seinen Namen den beiden Männern, die auf der Rückwand dargestellt sind und in denen der Ausgräber der Tomba Auguren, priesterliche Zeichendeuter, zu erkennen meinte. Sie tragen eine weiße Tunica unter einem schwarzen Mantel und haben die eine Hand zum Zeichen der Trauer und Klage an den Kopf gelegt, während die andere grüßend zu einer Tür hin erhoben ist, die ebenfalls nur gemalt in Erscheinung tritt. Man hat diese Tür als Scheintür bezeichnet, auch als Pforte zum Jenseits, aber vermutlich sollte hier nur die Tombatür dargestellt werden, und zwar so, wie man sie nach ihrer Schließung zum Zeichen der Trauer und Ehrfurcht grüßt.

An der rechten Wand des Grabhauses sind zwei Ringer dargestellt, von denen der jüngere den älteren an den Handgelenken gepackt hat (Abb. 52). Es sind keine olympischen Kämpfer, sondern athletische, robuste Gestalten, massiv, derb und äußerst realistisch gemalt. Ihr Gesichtsausdruck ist dumpf, den mandelförmig geschnittenen Augen fehlt es an Glanz.

53 Phersu und sein Opfer. Detail der Wandmalerei in der Tomba degli Auguri. Tarquinia

54 Phersu und sein Opfer. Detail der Wandmalerei in der Tomba degli Auguri. Nachzeichnung

Die Ringer kämpfen um einen Preis, zu dem auch die drei Becken im Hintergrund gehören. Der Kampfrichter steht links im Bild. Er trägt den *lituus*, den Augurenstab, und gehört anscheinend zu den priesterlichen Zeichendeutern, denen die Beobachtung und Ausdeutung des Vogelfluges obliegt, worauf auch die beiden fliegenden Kormorane hinweisen.

An der gleichen Wand weiter rechts sehen wir eine grausame Szene (Abb. 53). Da die Malerei schon ziemlich zerstört ist, mag eine Nachzeichnung zur Verdeutlichung beitragen (Abb. 54).

Ein kräftig gebauter, bärtiger Maskierter mit einem spitzen Flügelhut hat eine Leine nach einem Mann ausgeworfen, der nur mit einem Lendenschurz bekleidet ist. Dieser hat sich bereits in der Leine verfangen, und Wunden bedecken seinen Körper. Sie stammen von einem Hund, dessen Halsband durch eine Art Klöppel, der einem Knochen gleicht, mit der Leine verbunden ist, so daß jedesmal, wenn der Maskierte an der Leine reißt, der Klöppel den Hund schlägt, der dann aus Wut und Schmerz den halbnackten Mann beißt. Dieser könnte sich zwar wehren, denn er hält in der Hand eine Keule. Doch auch sie ist bereits in die Leine des Maskierten verwickelt; zudem ist der Kopf des wehrlosen Opfers mit einem Sack verhüllt worden, so daß er gar nichts sehen kann.

Was bedeuten nun solche Darstellungen, von denen es noch zwei ähnliche in anderen Tomben von Tarquinia gibt? Offensichtlich kannten die Etrusker beim Tode eines Prominenten das Menschenopfer. Es gab Leichenspiele, die auf Tod und Leben geführt wurden, und der Getötete war das Opfer an die Götter. Das Blut, das in den Boden sickerte, sollte dem Toten Kraft und neues Leben schenken. Dabei schreckte man nicht vor den grausamsten Todesformen zurück.

In diesen Zusammenhang gehören auch die Gladiatorenspiele, die nach Rom von Etrurien aus gekommen sein sollen.[18] Im Jahre 264 v. Chr. veranstalteten die Brüder Marcus und Decimus Pera aus Anlaß des Begräbnisses ihres Vaters Decimus Kämpfe auf Leben und Tod zwischen bewaffneten Gladiatoren.[19] Andere vornehme Familien folgten ihrem Beispiel, bis im Jahre 105 v. Chr. der Senat den Konsuln gestattete, Gladiatorenspiele auch unabhängig von Leichenfeiern zu veranstalten, weil das römische Volk danach verlangte.[20]

Wir wissen auch, wie der Maskierte aus der Tomba degli Auguri heißt. Links neben seinem Kopf steht sein Name, zwar schon etwas verblaßt, aber dennoch leserlich.

Er heißt: Phersu.

Was besagt dieser Name? Die Silbe Pher ist wohlbekannt. Der Name der Gattin des Hades, des Unterweltgottes, beginnt mit ihr. Sie heißt bei den Etruskern Phersipnei, bei den Griechen Persephone, bei den Römern Proserpina. Phersu kommt also aus der Unterwelt. Er ist ein Unterweltsgott, ein Unterweltsdämon. Als solcher, das heißt: in *seiner* Maske, erscheint nun der Mann, der das grausame Spiel inszeniert, in welchem dem Toten zuliebe Blut fließt.

Ganz offensichtlich lebt das etruskische Wort *phersu* in dem lateinischen Wort *persona* fort. Und *persona* heißt *Maske*. Es bedeutet aber auch das, was wir unter dem Begriff *Person* verstehen. Es gibt eine Erklärung dafür: Weil die Maske von einem Schauspieler getragen wird und nach der jeweiligen Rolle verschieden ist, bedeutet *persona* auch soviel wie *Rolle*. Die Rolle wiederum bestimmt den jeweiligen Charakter des Schauspielers. Somit heißt *persona* auch *Charakter*. Von Charakter kann man jedoch nicht nur beim Schauspieler sprechen. Jeder Mensch hat einen bestimmten Charakter, und so erhielt der Begriff *persona* über den Bereich des Schauspielerischen hinaus Bedeutung als Begriff für einen bestimmten Charakter, eine bestimmte Individualität, ein einmaliges, ganz bestimmtes menschliches Wesen. Unser Wort *Person* geht also letzten Endes zurück auf das etruskische *phersu*.

Frauen – ihr Schmuck, ihre Kosmetik, ihr Hausrat

Wenn man in den Tomben immer wieder Bilder etruskischer Frauen sieht, stellt man sich die Frage, welche Stellung sie in Familie, Staat und Gesellschaft hatten.

Johann Jakob Bachofen, der berühmte Rechtshistoriker und Kulturphilosoph des 19. Jahrhunderts, vertrat die Ansicht, die Etrusker hätten ein Mutterrecht gekannt.[21] Dieser Standpunkt ist heute überwunden. Ein Matriarchat, eine Mutterherrschaft, hat es in Etrurien nicht gegeben, wenn auch die etruskische Frau eine einflußreichere Stellung besaß als die griechische und die römische.

Im Staat bestimmte eindeutig der Mann, doch die Geschichte berichtet von Fällen, in denen auch Frauen über ihre Männer und Söhne starken Einfluß auf die staatlichen Machtverhältnisse ausübten. Die rechtliche Stellung der Etruskerin war besser als die der Griechin und der Römerin. Das zeigen schon die Grabinschriften. Nach Altheim wird »der Geschlechtsname der Mutter entweder allein genannt oder zusammen mit dem Vornamen des Vaters«[22]. Pallottino schränkt diese Feststellung ein, wenn er sagt: »In Wirklichkeit aber herrscht in etruskischen Inschriften die Benennung nach dem Vater vor, auch wenn in vielen Grabinschriften der Familienname der Mutter verzeichnet ist und manchmal auch ihr Vorname.«[23] Doch auch das ist schon recht bedeutsam. Auf einer etruskischen Inschrift in Tarquinia heißt es beispielsweise: *Lars, Sohn des Arruns Pleco und der Ramtha Apatronia.* Bei einem Römer dagegen begnügt man sich mit Inschriften wie dieser: *M. Tullius M. F.*, also: Marcus Tullius, Sohn des Marcus. Diesen Vergleich stellt Heurgon an[24], der noch auf eine weitere wichtige Tatsache, die meist übersehen wird, hinweist: »Die (etruskischen) Frauen haben einen Vornamen. Auch die vornehme Römerin ist in lateinischen Inschriften nur eine Claudia, eine Cornelia oder – selbst als Kaiserin – eine Livia. Die etruskischen Frauen waren durch ihre Vornamen als Individuen gekennzeichnet. Sie hießen Ramtha, Tanaquil, Fasti, Velia.«

In der Malerei begegnet einem die Etruskerin zuweilen als Herrin. Das ist in der Tomba del Barone in Tarquinia der Fall (Abb. 12 und 55). Ein Mann, der einen flötenspielenden Knaben im Arm hält, grüßt mit der Kylix eine festlich gewandete Frau, welche die Huldigung mit geradezu priesterlicher Geste entgegennimmt. Mag es sich bei der Frau um die Verstorbene handeln oder nicht, mag sich der Künstler an eine Vorlage aus der

55 Huldigung an eine Herrin. Detail der Wandmalerei in der Tomba del Barone. Ende 6. Jh. v. Chr., Tarquinia

griechischen Vasenmalerei gehalten haben oder nicht, die Szene zeigt, daß die Frau als Herrin in der Vorstellung der Etrusker lebte. Sie erscheint hier in einer adligen Umwelt, die durch vornehme Jünglinge auf edlen Pferden gekennzeichnet ist (Farbabb. 6 und Umschlag-Rückseite).

Oft wurde die Etruskerin in den Tomben Tarquinias als Dame dargestellt. Beispielhaft dafür ist eine Frauengestalt, die sich in der Bildwelt jener Tomba aus der 2. Hälfte des 6. Jahrhunderts v. Chr. befindet, welche nach dem tarquinesischen Dichter Vincenzo Cardarelli benannt wurde (Abb. 56). Die Dame trägt ein Untergewand, eine Tunica und einen Mantel, auf dem Kopf dazu einen Tutulus und an den Füßen die typischen Schnabelschuhe. Sie nimmt an den Tänzen teil, die in der Tomba dargestellt sind – aber in betont hoheitsvoller Haltung und mit Beherrschung des Mienenspiels in einem schönen und gepflegten Gesicht. Es entspricht ihrem herrschaftlichen Auftritt, wenn ihr ein kleiner Diener vorangeht, der ihr mit einem Fächer kühle Luft zuwedelt.

Man ist nach der Betrachtung dieser Bilder doch einigermaßen erstaunt, wenn man liest, was der griechische Historiker Theopompos von Chios, der im 4. Jahrhundert v. Chr. lebte, über die etruskischen Frauen behauptete. Nach seinem Bericht gehörten sie allen Männern gemeinsam, so daß man oft nicht wußte, welche Kinder von welchem Vater stammten. Nach Theopomp widmeten die Etruskerinnen der Pflege ihres Körpers allzu viel Aufmerksamkeit. Sie trieben Gymnastik auch zusammen mit Männern und fanden nichts dabei, sich nackt zu zeigen. Bei Tisch suchten sie nicht die Seite ihres Ehemannes, sondern setzten sich neben jeden, so wie sie auch jedem zuprosteten. Im übrigen seien sie ebenso schön wie trinkfest.[25]

Es ist ratsam, den Mitteilungen Theopomps einiges Mißtrauen entgegenzubringen, da er sich als Berichterstatter nicht um Objektivität bemühte. Er arbeitete wie ein auf Sensation bedachter Journalist der Boulevardpresse, der gern übertreibt und verallgemeinert.

Doch auch bei anderen antiken Schriftstellern lesen wir Abträgliches über die Etruskerinnen. Der römische Komödiendichter

56 Dame im Tanzschritt. Detail der Wandmalerei in der Tomba Cardarelli. 2. Hälfte 6. Jh. v. Chr., Tarquinia

Plautus behauptet in seinem um 200 v. Chr. entstandenen Stück *Cistellaria*, die etruskischen Mädchen verdienten sich ihre Aussteuer durch Prostitution.[26] Ähnliches sagte man den lydischen Frauen nach, und es ist nicht ganz ausgeschlossen, daß Plautus es auf die jungen Etruskerinnen übertrug, weil man die Etrusker ja für ausgewanderte Lyder hielt.

Aristoteles, der große griechische Philosoph des 4. Jahrhunderts v. Chr., bemängelt, daß »die Etrusker mit den Frauen zusammen beim Mahl liegen und dazu noch unter demselben Mantel«[27]. Daß die Etrusker zweimal am Tag üppig tafelten, mißfiel Poseidonios, einem Stoiker, der um 135 v. Chr. in Syrien geboren wurde.[28] Nach seiner Mitteilung benutzten sie dabei bunt bestickte Decken und eine Menge Silbergeschirr. Die zahlreichen schönen Sklaven trügen Kleider, die für ihren Stand viel zu kostbar seien, meinte Poseidonios, während andere Kritiker an nackten Dienern und Dienerinnen Anstoß nahmen. Man empfand es auch als schockierend, daß die Etruskerin bei Wettspielen, in denen nackte Athleten zum Kampf antraten, auf der Tribüne saß und zuschaute, was in Olympia nur der Priesterin der Demeter gestattet war. Ganz allgemein rügte man an der etruskischen Frau ihre außerordentliche Vorliebe für Schmuck und Kosmetik, ja für jeglichen Luxus.

Alle diese Behauptungen und Anschuldigungen sind nur insoweit nachprüfbar, als Werke der Kunst über das jeweils in Frage Stehende Aufschluß geben. Wenn wir uns in den Tomben Tarquinias umschauen, dann wissen wir, daß die Etrusker mit ihren Frauen zwar nicht unter demselben Mantel, aber gemeinsam beim Mahl lagen (Abb. 36, 37, 57). Für einen Griechen war das ungewöhnlich; denn bei ihm zu Lande durften nur die gebildeten Halbweltdamen, die Hetären, an den Gastmählern der Männer teilnehmen. Auch den Römern haben Bankette dieser Art nicht zugesagt; und wenn in den späteren Jahrhunderten der etruskische Mann beim Mahle lag und seine Frau ihm zu Füßen saß, so geht das sicher auf römischen Einfluß zurück.

Eine Frau, die auf der Kline des Mannes sitzt, zeigt eine Darstellung in der Tomba degli Scudi, die in der Zeit um 300 v. Chr. ausgemalt wurde (Abb. 58). Dieses Bild läßt auch besonders

57 Mann und Frau beim Bankett. Detail der Wandmalerei in der Tomba dei Leopardi. 1. Hälfte 5. Jh. v. Chr., Tarquinia

deutlich erkennen, daß Poseidonios nicht zu Unrecht auf den Luxus der bunt bestickten Kline-Decken hinweist. Ob die Dienerin, die mit dem Fächer neben der Dame erscheint, aber für ihren Stand zu prächtig gekleidet ist, mag dahingestellt bleiben. Dagegen stimmt es, daß bei den Banketten nackte Sklaven bedienten, wie wir es in der Tomba dei Leopardi sehen (Farbabb. 3), während wir nirgends eine nackte Dienerin finden. Nicht abzuleugnen ist auch die Tatsache, daß Frauen bei Wettkämpfen nackter Athleten zusahen, wie die Bilder der Tomba delle Bighe in Tarquinia beweisen (Abb. 49 und 50).

Was nun die Vorliebe der Etruskerin für Schmuck und Kosmetik angeht, so war diese ganz gewiß stark entwickelt. Die Dame, die sich in der Tomba dei Leopardi fasziniert ihrem Partner zuwendet, trägt an beiden Armen dreiteilige Reifen (Abb.

58 Festliches Mahl. Detail der Wandmalerei in der Tomba degli Scudi. Um 300 v. Chr., Tarquinia

57). Ihr Haar ist blond, also gefärbt, und mit einem Kranz geziert.

Noch weitaus geschmückter zeigt sich die kostbar gekleidete Dame aus der Tomba degli Scudi (Abb. 58 und Farbabb. 5). Die Hand, in die hinein sie von ihrem Partner ein Ei empfängt, trägt einen Ring, während beide Unterarme mit Armreifen geziert sind. Um den Hals liegt eine Kette, den Kopf krönt ein Diadem, und die von einer gepflegten Frisur halb verdeckten Ohren sind mit einem mehrteiligen Goldschmuck behängt.

Betrachtet man die Gesichter der Damen, die an den Banketten teilnehmen, dann sieht man, daß sie nicht nur schön und reizvoll, sondern auch klug, erfahren und selbstbewußt sind. Wenn Etrurien auch kein Mutterrecht kannte, war die Etruskerin sicher emanzipierter als die Griechin und die Römerin. Darum legte man ihr manches als Untugend aus, was nur dort als solche gewertet wird, wo der Mann die Gesellschaft und ihre Sitten bestimmt. Damit soll nicht ausgeschlossen werden, daß es auch mancherlei an der Etruskerin zu kritisieren gab; denn wo die Freiheiten der Frau größer sind, werden diese sowohl im positiven wie im negativen Sinne mehr genutzt.

Die Kritik der Griechen und Römer galt im übrigen nicht nur der etruskischen Frau. Ganz allgemein warf man den Etruskern vor, daß sie verweichlicht und dem Luxus und dem Wohlleben verfallen seien. Man gab dafür auch zuweilen eine Erklärung. Der Stoiker Poseidonios beispielsweise, der viel Lobendes über die Etrusker geschrieben hat, erklärte »ihren übermäßigen Luxus und ihre Verweichlichung« damit, daß ihre Landwirtschaft überreiche Ernten erbrachte, weil der ertragreiche Boden Etruriens die verschiedensten Früchte reifen ließ und die Etrusker ihn mit größter Sorgfalt bebauten. Des Poseidonios Schlußfolgerung lautet: »Weil die Etrusker ihr Dasein mit Gastmählern und weichlich genußvoll zubringen, kann es nicht überraschen, daß ihnen das Ansehen, das ihre Vorfahren im Krieg errungen haben, verlorenging.«[29]

Wenden wir uns noch einmal dem Schmuck der Etruskerinnen zu, jetzt aber nicht dem auf Bildern gemalten, sondern den Schmuckstücken selbst. Da man den Etruskern viel von dem, was sie zu Lebzeiten besaßen, in ihr Totenhaus mitgab, vergaß man bei den wohlhabenden Frauen auch den Schmuck nicht. Die Amateur- und Berufsarchäologen haben in zahlreichen Gräbern Schmuck gefunden, obwohl nicht wenig schon durch Grabräuber

59 Goldene Plattenfibel aus dem Regolini-Galassi-Grab in Cerveteri. 1. Hälfte 7. Jh. v. Chr., Vatikanische Museen

entwendet worden war. Zu den beachtlichsten Funden gehört jener, den der Erzpriester Regolini und der General Galassi mit der Entdeckung des Sorbo-Tumulus in Cerveteri schon 1836 gemacht haben. Es handelt sich um Schmuckstücke aus dem 7. Jahrhundert v. Chr., aus jener Zeit also, deren Kunst man orien-

60 Goldenes Ohrgehänge aus dem Regolini-Galassi-Grab in Cerveteri. Mitte 7. Jh. v. Chr., Vatikanische Museen

talisierend nennt, weil in ihr starke Einflüsse aus dem Osten erkennbar sind.

Eines der schönsten Stücke aus dem Regolini-Galassi-Grab ist eine goldene Plattenfibel aus der 1. Hälfte des 7. Jahrhunderts v. Chr., die als Gewandspange oder als Schmuck einer Kopfbedeckung diente (Abb. 59). Sie besteht aus zwei verschiedenartigen Schilden, die durch zwei quergestellte, durch Scharniere verbundene Halbröhren zusammengehalten werden. Der obere Schild zeigt ein Feld mit fünf Löwen, das durch Schmuckleisten mit stilisierten Blütenranken gerahmt ist; beim unteren stehen vollplastisch gebildete Entchen auf einem Boden, aus dessen Grund flache Flügellöwen getrieben wurden.

Aus dem gleichen Grab in Cerveteri stammt auch ein Reifen, den man für ein Armband gehalten hat, der aber so federleicht und biegsam ist, daß er wahrscheinlich als Ohrgehänge diente (Abb. 60). Der Reifen ist in Felder aufgeteilt, deren oberes die Herrin der Tiere zwischen Palmen, Greifen und Männern zeigt. Im folgenden sieht man drei weibliche Figuren, vermutlich drei Gottheiten, mit Palmetten – ein Motiv, das sich anschließend mehrfach wiederholt. Den Rand ziert ein geometrisches Muster, bestehend aus Mäanderband, Zick-Zack-Ornament und Streifen. Die Figuren wurden in Treibarbeit geschaffen und durch Granulieren, das heißt, durch Aneinanderfügen winzig kleiner Goldkügelchen, geschmückt, während das geometrische Muster ganz durch Granulation entstanden ist (Abb. 61).

61 Drei weibliche Figuren. Detail des Ohrgehänges aus dem Regolini-Galassi-Grab in Cerveteri (vgl. Abb. 60)

62 Detail der großen goldenen Schulterfibel aus dem Bernardini-Grab in Praeneste. 2. Hälfte 7. Jh. v. Chr., Rom, Villa Guilia (vgl. Farbabb. 9)

Die Granulation spielte in der etruskischen Goldschmiedekunst eine große Rolle. Auch die Plattenfibel (Abb. 59) ist mit Granulationsschnüren überzogen. Die Technik haben die Etrusker aus dem Orient übernommen. Sie ist schwierig zu handhaben; denn die Goldkörnchen können beim Auftragen auf die Goldfläche wegen der Erhitzung leicht zerfließen, abgesehen davon, daß schon die Herstellung der Kügelchen selbst äußerst kompliziert ist. Eine genaue Beschreibung des Arbeitsvorgangs gibt der deutsche Etruskologe Vacano: »Büschel feinsten Golddrahtes werden abgeschnippelt, so daß die Teilchen in einen mit Kohlenstaub gefüllten Tiegel fallen, ohne sich gegenseitig zu berühren. Der Tiegel wird hoch erhitzt, und beim Durchwaschen des wieder erkalteten Staubes zeigt es sich, daß die Drahtstückchen zu gleichmäßigen Kügelchen geschmolzen sind. Diese müssen nun in geeigneter Weise mit Kupfersalzen zusammengebracht und dann mit Speichel oder Fischleim, jedenfalls mit einer sich im anschließenden Schmelzprozeß teilweise in Kohlenstoff verwandelnden Klebesubstanz auf den zu verzierenden Grund gebracht werden. Die endgültige Verbindung ergibt sich schließlich bei sorgsam gesteuerter Hitze als ein chemischer Prozeß.«[30]

Zu den Meisterwerken der Goldschmiedekunst gehört auch eine große Schulterfibel aus der 2. Hälfte des 7. Jahrhunderts v. Chr., die man im sogenannten Bernardini-Grab in Praeneste gefunden hat (Farbabb. 9). Diese Stadt, die heute Palestrina heißt, gehörte zwar zu Latium und zum latinischen Sprachbereich, besaß aber eine weitgehend etruskische Kultur. Auf die Fibel sind in kunstvoller Weise 131 vollplastische Tierfigürchen aufgesetzt, und zwar Sirenen, Pferde und Löwen, denen großenteils Menschen- oder Tierköpfe aus dem Rücken wachsen. Die Tierchen sind entstanden, indem sie in zwei Hälften gestanzt und dann zusammengelötet wurden. Die Ansatzstellen hat man durch Granulation überdeckt, durch welche die Tierchen ganz allgemein ihre kunstvolle Verzierung erhalten haben (Abb. 62).

Wenn wir in diesem Buch vom etruskischen Schmuck auch nur einige wenige Proben geben können, so wollen wir doch aus der frühen Zeit wenigstens noch die sogenannte Corsini-Fibel zeigen, die am Ende des 7. Jahrhunderts v. Chr. gearbeitet und

63 Sogenannte Corsini-Fibel aus einem Grab in Marsiliana d'Albegna, Ende 7. Jh. v. Chr., Florenz, Archäologisches Museum

64 Goldenes Ohrgehänge aus Vetulonia. Um 600 v. Chr., Florenz, Archäologisches Museum

65 Goldkette mit Acheloos-Kopf aus einem Grab in Praeneste. 4. Jh. v. Chr., Rom, Villa Giulia

in einem Grab in Marsiliana d'Albegna gefunden wurde (Abb. 63). Unsere Bewunderung erregen nicht nur die kleinen Löwen und Enten sowie die besonders kunstvolle Granulation, sondern auch die Komposition des Ganzen und die elegante Form. Schlangenförmig wölbt sich der Bogen mit der Nadel, die einer langen Schutzhülle zustrebt.

Die Etrusker verstanden sich als Goldschmiede auf die Grundtechniken des Hämmerns, Stanzens und Treibens. Darüber hinaus beherrschten sie in einmaliger Weise die Technik der Granulation, aber auch in der Filigranarbeit waren sie Meister von höchstem Rang. Beweis dafür mag ein Ohrgehänge aus Vetulonia aus der Zeit um 700 v. Chr. sein (Abb. 64). Nicht die getriebenen Frauenköpfe sind das Wunderbare, sondern die sieben Reihen Filigranarbeit, in denen aus allerfeinsten Drähten Ornamente in verschiedener Musterung geflochten sind.

In den späteren Jahrhunderten wurden kaum noch Stücke in den mühsamen Techniken der Frühzeit angefertigt. Dafür aber profitierte die Goldschmiedekunst von Fertigkeiten, welche sich die anderen Künste im Laufe der Zeit angeeignet hatten. Beispielhaft in dieser Hinsicht ist der Kopf des Acheloos, der an einer aus Golddraht geflochtenen Kette hängt (Abb. 65). Der Flußgott Acheloos kämpfte mit Herakles und verwandelte sich dabei in einen Stier. Deshalb stellte man ihn mit Hörnern dar. Auf dem Anhänger aus dem 4. Jahrhundert v. Chr., den man zusammen mit seiner Kette in einem Grab in Praeneste gefunden hat, zeichnet sich das gehörnte Haupt durch gute Modellierung und das Gesicht durch Natürlichkeit und Ausdruckskraft aus. Das hängt zweifellos mit der Entwicklung der Porträtkunst zusammen, die zu diesem Zeitpunkt ihrem Höhepunkt zustrebte.

So wie der in Gräbern gefundene Schmuck darauf hindeutet, daß man der Etruskerin nicht zu Unrecht Schmuckbedürfnis nachsagte, bestätigen ebenfalls in Gräbern aufgefundene Toilettengegenstände ihren Sinn für Körperpflege und Kosmetik.

Äußerst reizvoll ist eine kauernde Hirschkuh aus Holz, die aus Praeneste stammt und im 4. oder 3. Jahrhundert v. Chr. angefertigt wurde (Abb. 66). Das kleine Tier besteht aus zwei Teilen, von denen man den oberen als Deckel zur Seite drehen kann. Es erscheinen dann im Inneren Näpfchen, in denen Schminke aufbewahrt wurde.

In Praeneste grub man auch kostbare Cisten aus, die den Frauen zur Aufbewahrung von Toilettengegenständen dienten. Zu den besonders attraktiven zylindrischen Bronzebehältern gehört eine

66 Schminkdöschen in Form einer Hirschkuh aus Praeneste. 4.–3. Jh. v. Chr., Rom, Villa Giulia

Ciste aus dem 4. oder 3. Jahrhundert v. Chr., die, eingraviert, Szenen des Ödipus-Mythos und das Paris-Urteil zwischen Ornamentbändern von Lotos und Palmetten zeigt (Farbabb. 8). Diese klassisch schönen Gravierungen deuten darauf hin, daß bei den Praenestiner Cisten griechische Einflüsse von Unteritalien aus wirksam geworden sind.

Die Füße des zylindrischen Behälters sind denen von Löwen nachgebildet und stehen auf Kröten. Über ihnen sieht man Reliefs von puttenhaften Flügelwesen, die sich kämmen. Den Deckelgriff bilden zwei Amazonen in Rüstung, die eine tote Mitkämpferin forttragen (Abb. 67).

Zu den kosmetischen Gegenständen gehören auch die Spiegel, die man in unvorstellbarer Zahl in Frauengräbern gefunden hat. Die Spiegel bestehen aus Bronze, und während ihre Vorderseiten ihrem Zweck entsprechend geschliffen und poliert sind, finden sich auf den Rückseiten eingravierte Darstellungen meist mytho-

67 Amazonen tragen eine tote Mitkämpferin fort. Deckelgriff einer Ciste aus Praeneste. 4.–3. Jh. v. Chr., Rom, Villa Giulia (vgl. Farbabb. 8)

logischen Inhalts. Allein schon anhand dieser Bilder ließe sich eine kleine Kultur- und Religionsgeschichte schreiben.

Wir wollen uns mit einem Spiegel als Beispiel begnügen und zeigen jenen, der sich in der Eremitage in Leningrad befindet (Abb. 68). Er stammt aus dem 4. Jahrhundert v. Chr.; sein Fundort ist unbekannt. Der Spiegel ist etruskisch beschriftet, der

68 Bronzespiegel mit Turan und Atunis. 4. Jh. v. Chr., Leningrad, Eremitage. Nachzeichnung nach E. Gerhard

Stil seiner Gravierung dagegen ist stark von der späten griechischen Klassik beeinflußt; und auch im dargestellten Mythos klingt Griechisches an. Wie sich mühelos – jeweils von rechts nach links – lesen läßt, sind die beiden Hauptfiguren Turan und Atunis. Turan entspricht der griechischen Aphrodite, der Göttin von Schönheit und Liebe, die hier ihren geliebten Adonis umarmt, den die Etrusker Atunis nannten. Die etruskische Turan erscheint den Forschern meist hoheitsvoller und erhabener als die griechische Aphrodite, und sie weisen darauf hin, daß ihr Name dem griechischen *tyrannos* verwandt ist und als *Herrin* übersetzt werden muß. Der österreichische Archäologe Pfiffig dagegen verweist darauf, daß *tur* im Etruskischen *geben* heißt und Turan darum *die Gebende* bedeutet.[31]

Rechts von der Göttin sitzt eine geflügelte Frauengestalt, die in der Rechten eine Frisiernadel und in der Linken ein Alabastron, ein Salbgefäß, hält. Sie ist als Zirna bezeichnet und gehört zu den Lasen, engelhaften Geistern der etruskischen Mythologie, die man oft im Gefolge Turans findet. Geflügelte Geister schmükken auch den Rand des Spiegels, in dessen Mitte außer den drei Figuren noch ein riesiger Schwan erscheint, der sich der Liebesgöttin zuwendet. In der griechischen Mythologie finden wir bisweilen Darstellungen, in denen die Göttin auf einem Schwan reitet.

Zu den Aufgaben der Frau gehörten die Verwaltung und vermutlich auch die Beschaffung des Hausrates, von dem unübersehbar viel in Gräbern erhalten ist.

Besonders kostbar ist ein goldenes Trinkgefäß aus der Mitte des 7. Jahrhunderts v. Chr., das man im Bernardini-Grab in Praeneste gefunden hat (Abb. 69). In der Art eines Skyphos (Trinkgefäß mit waagerechten Henkeln) gearbeitet, hat es eine sehr edle, ganz einfache Form. Der Gefäßkörper zeigt keinerlei Ornament, aber die Henkel schmücken je zwei Sphingen, die aus Goldblech getrieben sind (Abb. 70). In ihrer hieratischen Ruhe und der Feierlichkeit ihres Granulationsschmucks gemahnen sie an Figuren des Orients, dessen Einflüsse in der Kunst des 7. Jahrhunderts v. Chr. überall spürbar sind.

69 Goldenes Trinkgefäß aus dem Bernardini-Grab in Praeneste. Mitte 7. Jh. v. Chr., Rom, Villa Giulia

Wenn man durch die kleinen und großen Museen etruskischer Kunst geht, vermerkt man mit Staunen, was alles an Keramik in etruskischen Gräbern gefunden worden ist. Es gibt sehr viel Importware, vor allem aus Griechenland. Unter den Erzeugnissen eigener etruskischer Kunsttätigkeit nehmen die Bucchero-Gefäße einen besonderen Rang ein. Während die frühe Keramik der Etrusker aus roh geknetetem und nicht gereinigtem Material bestand, wurde bei der Bucchero-Ware der Ton fein gesäubert und geschlämmt. Auch wurde die Brandtechnik weiterentwickelt, und es entstand jene Ware, die tiefschwarz und glänzend ist. Die schwarze Färbung, die sich auch im Bruch findet, dürfte durch reduzierenden Brand in dem eisenhaltigen Ton entstanden sein.

70 Sphingen auf einem Henkel des goldenen Trinkgefäßes aus dem Bernardini-Grab in Praeneste (vgl. Abb. 69)

71 Bucchero-Gefäße aus Cerveteri. Um 600 v. Chr., Vatikanische Museen

Zwei Bucchero-Gefäße, die beide in Cerveteri gefunden wurden und in der Zeit um 600 v. Chr. entstanden sind, mögen als Beispiele dienen (Abb. 71). Das rechte ist eine Schale, die nicht nur einen Fuß, sondern auch vier Stützen hat, von denen zwei aus Ornamenten bestehen und zwei aus geflügelten Frauenfiguren. Die Schale selbst ist mit Stäben, Stabband und gepunkteten Halbkreisen verziert.

Das andere Gefäß, eine Kanne, hat einen Leib wie der Vogel Strauß und zwei Köpfe von Vierfüßlern, deren durchlöcherte

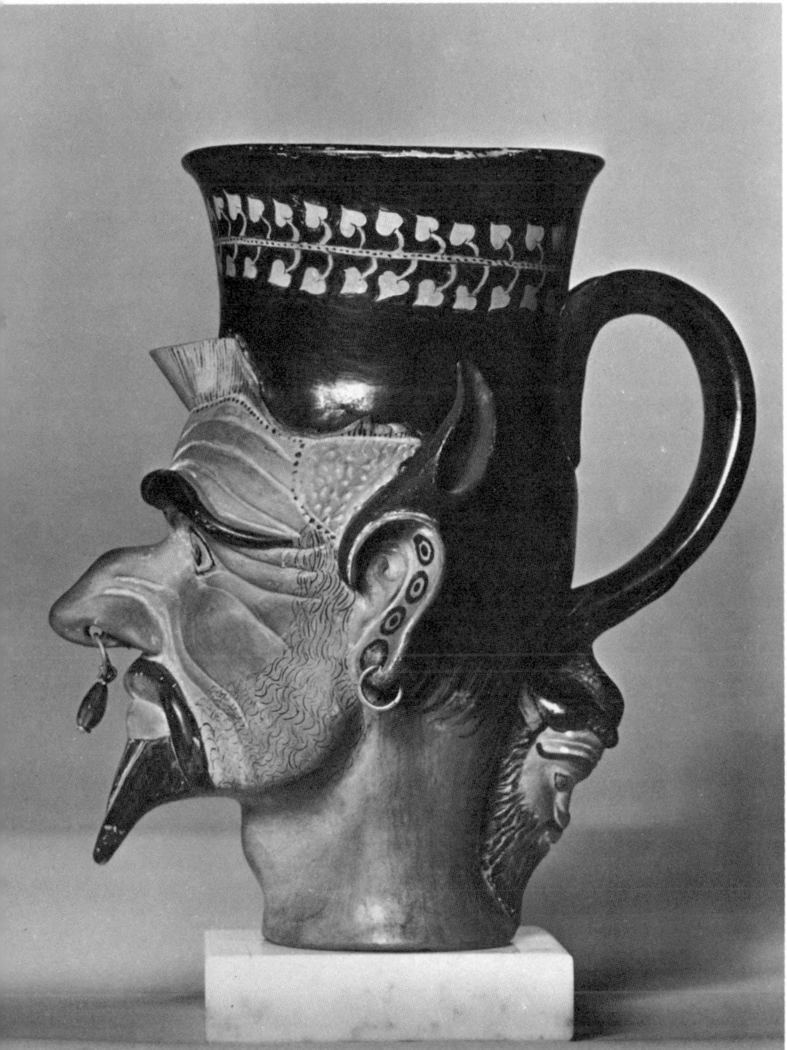

72 Kopfbecher mit Dömonengesicht. 4. Jh. v. Chr., München, Antikensammlungen

73 Bronzeleuchter aus dem 5. und 4. Jh. v. Chr., Rom, Villa Giulia

Mäuler als Tüllen der Kanne dienen und in deren Hirnen Stöpsel stecken, die stilisierten Blumen gleichen. Am seltsamsten jedoch ist der Henkel, welcher die Rückenstütze eines Mannes bildet, der auf dem Straußenrücken wie ein Wagenlenker steht und seine vermeintlichen Rosse zügelt.

An diesem skurrilen Gefäß sieht man, daß die Etrusker einen Sinn für das Absurde und Groteske – zeitgemäßer gesagt: für das Surrealistische – hatten. Bestätigt wird das durch einen Kopfbecher aus dem 4. Jahrhundert v. Chr., der ein Dämonengesicht zeigt (Abb. 72).

Wie aus Holz geschnitzt wirkt das Gesicht mit den tiefeingegrabenen Falten, den langgezogenen Brauen, den weit aufgerissenen Augen, der Hakennase, dem Spitzbärtchen und dem Hängeschnurrbart. Niedlich gekräuselte Härchen zieren die Wangen des komischen Dämons, während ihm seine Stehhaare eine gro-

74 Bronzener Räucherwagen aus der Nekropole dell'Olmo Bello in Bisenzio. Um 700 v. Chr., Rom, Villa Giulia

teske Autorität verleihen. Die Ohren sind verdoppelt, da aus dem ornamentierten Menschenohr jeweils noch ein Tierohr hervorgewachsen ist. Mag der Nasenschmuck auch erneuert sein, Löcher an Ohren und Nase lassen auf solche Anhänger schließen. Picassohaft gehört zu dem Dämon noch ein zweites Gesicht an der Rückseite seines Halses. Es trägt die Züge Pans, des arkadischen Wald- und Weidegottes.

Surrealistische Elemente lassen sich auch bei den etruskischen Bronzeleuchtern feststellen (Abb. 73). Nicht selten wachsen sie aus drei Menschen- oder Tierbeinen, wenn nicht gar aus einem menschlichen Unterkörper, hervor. Bisweilen winden sich Schlangen oder laufen Kleintiere und Vögel an ihren Schäften empor. Die Kandelaberschäfte können auch als Stengel gestaltet sein, die Blüten tragen. Sie wachsen nicht selten aus menschlichen Figuren hervor, die sich als Athleten oder Tänzer geben und denen man – so sie aus dem 5. Jahrhundert v. Chr. stammen – ansieht, daß die Etrusker lange im Spätarchaischen verharrten, weil ihnen das Klassische wenig lag.

Zum Schluß sei noch ein kleiner Bronzewagen gezeigt, der in der Nekropole dell'Olmo Bello in Bisenzio gefunden wurde, das zwischen Vulci und Bolsena liegt (Abb. 74). Das Wägelchen, das schon in der Zeit um 700 v. Chr. entstand, versammelt zwischen seinem Gestänge allerlei Volk: Frauen, Krieger und Bauern, diese noch mit Ochsen und Pflug. Es ist dazu bestimmt, ein Räucherbecken hin und her zu bewegen, das Wohlgerüche verbreitete. Ein Räuchergerät, auch Thymiaterion genannt, wurde beim Symposion, aber auch bei festlichen Umzügen und kultischen Handlungen verwendet.

Von der Villanova-Urne zum Porträt

Bisher war in diesem Buch stets nur von Gräbern die Rede. Dabei kannten die Etrusker außer der Bestattung auch die Totenverbrennung. Sie hängt mit der Villanova-Kultur zusammen, die ungefähr mit der frühen Eisenzeit begann und vom Anfang des 1. Jahrtausends bis in die Zeit um 600 v. Chr. datiert wird.

Die Villanova-Kultur wurde von Italikern, dann auch – besonders in bestimmten Gebieten – von Etruskern getragen. In ihrer ersten Phase kannte sie fast nur die Totenverbrennung. Ihren Namen erhielt sie nach einem Vorort von Bologna, wo Graf Gozzardini 1854 einen für diese Kultur typischen Urnenfriedhof ausgegraben hat.

Die einfache Villanova-Urne unterscheidet sich nicht von einem Wassergefäß aus dunklem Ton (Abb. 75). Sie verbreitert sich vom Boden aus nach der Mitte zu und wird zur Ausgußöffnung hin wieder schlanker. Geometrische Muster sind ihr Schmuck. Zum Tragen des Gefäßes dient ein einziger fester Griff. Den Deckel bildete ein Napf, der mit der Öffnung nach oben oder umgestülpt aufgelegt wurde.

Die Beisetzung der Urnen fand in einem Pozzo-Grab, auch Pozzetto-Grab genannt, statt, also in einer schachtartigen Grube. Man stellte die Urne dabei entweder in eine Custodia, in ein zweites größeres Gefäß, das meist aus festerem Material bestand (Abb. 76a), oder man setzte sie direkt in einen von Bruchsteinen eingefaßten Pozzo (Abb. 76b). Um die Urne herum füllte man alle Reste des Scheiterhaufens ein, damit nichts von dem, was mit dem Toten in Berührung stand, verlorenging.

75 Villanova-Urne. 8. Jh. v. Chr., Bologna, Museo Civico

76 Villanova-Urnen in Pozzetto-Gräbern: ▷
a) in einer Custodia
b) in einer Steineinfassung

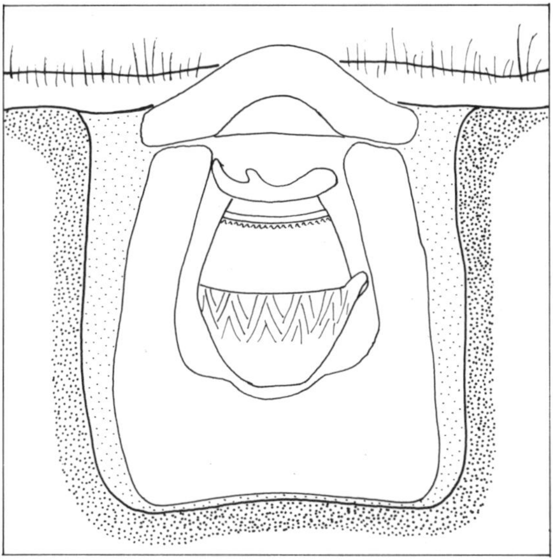

a)

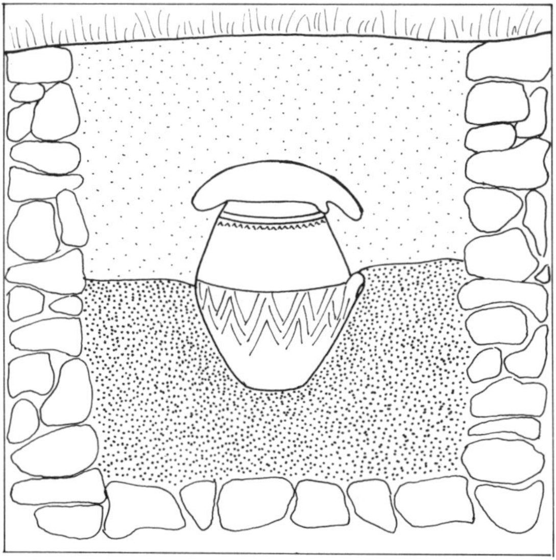

b)

77 Helmurne aus Tarquinia. 8. Jh. v. Chr., Florenz, Archäologisches Museum

So seltsam es klingt: Die Porträtkunst, in der die Etrusker Bedeutendes geleistet haben, entwickelte sich aus der Totenverbrennung und dem Bergen der Asche.

Wie der Bestattete sollte auch der Verbrannte mit einem Teil seiner Individualität weiterleben können, nicht zuletzt dadurch, daß man seinen Körper und vor allem seinen Kopf und sein Gesicht wiederherstellte.

Es begann im 8. Jahrhundert v. Chr. damit, daß man der Urne statt eines Napfes einen Helm aufsetzte (Abb. 77). Man wollte zeigen, daß in der Urne die Asche eines Kriegers ruht, und machte – noch in ganz abstrakter Weise – die Urne zu seinem Körper und ihren Deckel zu seinem Kopf.

Im 7. Jahrhundert v. Chr. ging man einen Schritt weiter: Man band den Urnen Gesichtsmasken vor (Abb. 78). Damit wollte man das Gesicht des Toten im Bild festhalten und es ihm auf diese Weise wiedergeben. Gewiß, alles ist noch sehr klischeehaft. Eine Maske sieht noch wie die andere aus. Dargestellt sind ganz einfach die Grundzüge des menschlichen Gesichts: Kinn, Mund, Nase, Augen und Brauen. Aber es sollte doch der Mensch sein, dessen Asche hinter der Maske aufbewahrt wurde. Und damit wurde der erste Schritt auf das Porträt hin getan.

Um zu demonstrieren, wie eine Urne mit Gesichtsmaske ausgesehen hat, band Leonard von Matt im Museum von Chiusi die in Abbildung 78 gezeigte Maske einer Urne vor und fotografierte sie so. Man erkennt deutlich, daß diese dadurch schon ein gewisses menschliches Aussehen bekommt (Abb. 79).

Es wurde jetzt Sitte, auch die Urne dem menschlichen Körper nachzubilden, wie ein bemaltes Aschengefäß aus Chiusi zeigt (Abb. 80). Die Urne hat Arme, aber das Gesicht ist viel primitiver als das Maskengesicht aus dem gleichen 7. Jahrhundert. Es besteht aus einer Andeutung von Nase und Augen in einem Kopf, der wie ein umgedrehter Topf wirkt. Im übrigen scheint das Gefäß die Asche eines angesehenen Toten bewahrt zu haben, da man sie auf einen Sessel gestellt hat.

Urnen, denen ein Kopf aufgesetzt ist, nennt man Kanopen. Der Ausdruck ist nicht ganz gerechtfertigt; denn Kanopen sind eigentlich die durch einen Kopf gekrönten Krüge der Ägypter,

78 Gesichtsmaske für eine Urne. 7. Jh. v. Chr., Chiusi, Etruskisches Museum

79 Gesichtsmaske von Abb. 78, einer Urne aus dem Museum von Chiusi vorgebunden und so fotografiert von Leonard von Matt

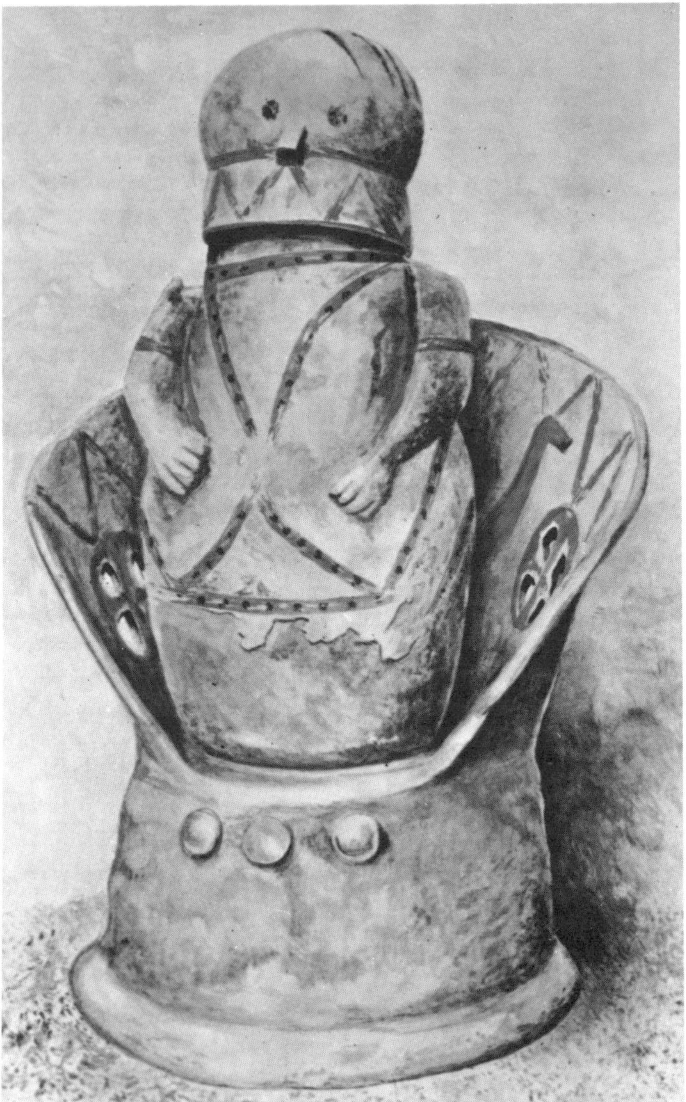

80 Bemalte Kanope aus Chiusi. 7. Jh. v. Chr., Florenz, Archäologisches Museum

81 Kanope mit Ohrring aus Castiglione del Lago. 7. Jh. v. Chr., Florenz, Archäologisches Museum

in denen aber nicht Aschenreste, sondern die Eingeweide der mumifizierten Toten aufbewahrt wurden.

Eine bessere Ausformung des Gesichtes als bei der bemalten Kanope von Chiusi finden wir bei einer tönernen Urne aus Castiglione del Lago, die ebenfalls im 7. Jahrhundert v. Chr. geschaffen wurde (Abb. 81). Der runde Kopf hat sogar Ohren mit bronzenen Ohrringen, von denen einer noch vorhanden ist.

82 Kanope aus dem Gebiet von Sarteano. Anfang 6. Jh. v. Chr., Arezzo. Archäologisches Museum

Es scheint sich also um die Aschenurne einer weiblichen Toten zu handeln, worauf auch die besonders markierten Brustwarzen hindeuten.

Betrachtet man die Kanope aus dem Gebiet von Sarteano, die etwa ein halbes Jahrhundert später entstand, dann erkennt man, wieviel weiter die Porträtkunst sich entwickelt hat (Abb. 82). Gewiß, noch handelt es sich nicht um ein individuelles Gesicht, aber man hat es bereits mit einem wirklich menschlichen Gesicht zu tun. Weit geöffnet sind die Augen. Über einem etwas streng geschlossenen Mund steht eine wohlgeformte Nase, welche die gut durchmodellierten Züge symmetrisch teilt. Auch die Ohren entsprechen den Proportionen. Um das Urnengefäß selbst an der ›Vermenschlichung‹ teilhaben zu lassen, hat man in die Henkel Arme mit exakt ausgearbeiteten Händen gesteckt.

Ebenfalls als Aschenurne diente der berühmte Ehegatten-Sarkophag aus Ton, der am Ende des 6. Jahrhunderts v. Chr. in Cerveteri entstand und heute zu den wertvollsten Kunstgegenständen der Villa Giulia in Rom gehört (Abb. 83).

Ein Ehepaar liegt auf einer Kline, einem Bett. Die Oberkörper sind aufgerichtet und gut ausgeformt, während die unteren Körperpartien bei der Gestaltung völlig vernachlässigt wurden. Das paßt ganz zu den Kanopen, bei denen alles Gewicht auf Kopf und Gesicht gelegt war, und entspricht der etruskischen Neigung zur Porträtdarstellung. Ausgearbeitet an den Unterkörpern sind einzig die nackten Füße des Mannes und die mit Schnabelschuhen bekleideten der Frau.

Nicht nur die Ausformung, auch die Komposition der beiden Oberkörper verdient Beachtung (Abb. 84). Der Mann hat seine Linke zur Opfergeste ausgestreckt, während seine Rechte auf der Schulter der Gattin ruht, und zwar so, daß die Hand freies Spiel hat. Die Hände der Frau aber scheinen eine Sprache zu sprechen, die wir nicht mehr verstehen. Vielleicht hielt die eine Hand ein Ei – das läßt sich nicht mehr feststellen.

Obwohl den Gesichtern die eingelegten Augen fehlen, wirken sie höchst lebendig. Der Ehegatten-Sarkophag ist zweifellos von der griechischen Kunst beeinflußt, was allein schon das Ornament der Kline-Füße beweist. Dennoch findet man bei grie-

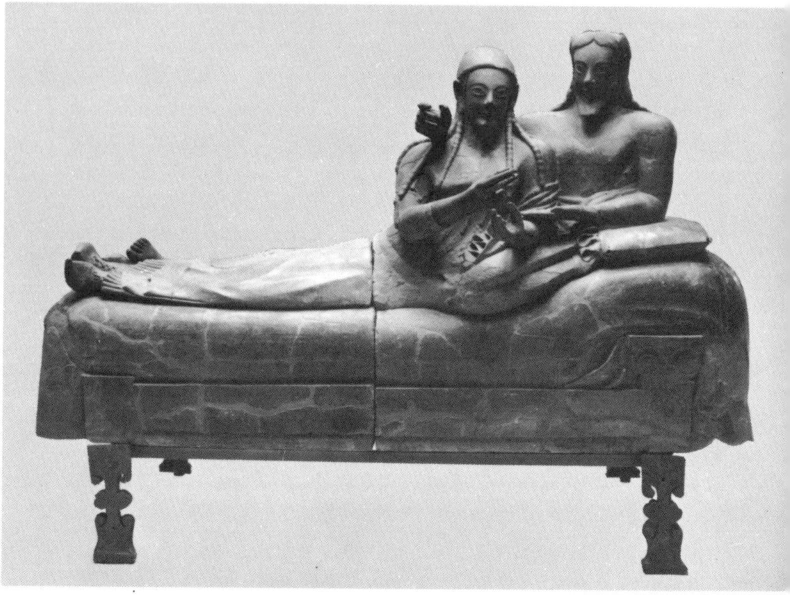

83 Sogenannter Ehegatten-Sarkophag aus Cerveteri. Ende 6. Jh. v. Chr., Rom, Villa Giulia

chischen Figuren im ausgehenden 6. Jahrhundert, also noch in der archaischen Zeit, selten so viel lebendige Ausdruckskraft in den Gesichtern wie bei den Ehegatten dieses Sarkophages. Was den Gesichtern noch fehlt, ist das Individuelle, das sie erst zu Porträts machen würde. Die Tendenz zur Individualisierung ist bereits vorhanden, bis zur Verwirklichung dauert es aber noch geraume Zeit. Es bedarf noch einer längeren Entwicklung, bis der Zustand erreicht ist, den wir auf einem anderen Ehegattensarkophag antreffen (Abb. 85).

Dieser Sarkophag, bei dem es uns ausschließlich auf den Deckel ankommt, stammt aus Vulci und befindet sich im Museum of Fine Arts in Boston. Seine Datierung ist umstritten. Bandinelli hat sich für die Zeit von 370 bis 360 entschieden[32], während das Museum von Boston das 3. Jahrhundert v. Chr. angibt. Für beide Datierungen gibt es vertretbare Gründe.

Ohne Zweifel sind in dem Relief der liegenden Ehegatten klassisch griechische Einflüsse erkennbar. Die Unterkörper sind – ganz gegen etruskische Gewohnheit – gut ausgearbeitet, so daß ihre schönen Formen durch die mit Falten überzogene Decke hindurchscheinen. Wurden die Vermählten bei der Hochzeit mit einem gemeinsamen Schleier bedeckt, so liegen sie jetzt hochzeitlich unter demselben Grabtuch. Die Oberkörper des Paares erscheinen in idealisierter Nacktheit, während die Gesichter an klassisch griechischer Schönheit teilhaben. Im 5. Jahrhundert v. Chr., in dem die griechische Klassik ihren Höhepunkt erlebte, standen die Etrusker verhältnismäßig unbeteiligt beiseite, weil

84 Das Ehepaar vom sogenannten Ehegatten-Sarkophag aus Cerveteri (vgl. Abb. 83)

85 Deckel eines Sarkophages aus Vulci. 4. oder 3. Jh. v. Chr., Boston, Museum of Fine Arts

ihnen das Gesetz der vollkommenen Form fremder war als die Freude an Fülle, Lebendigkeit und – bisweilen primitiver – Vitalität. Erst später fanden klassische Tendenzen bei ihnen Eingang, wie der Sarkophagdeckel von Vulci zeigt. Aber dennoch sind die Gesichter der Gatten trotz ihrer Schönheit nicht Ausdruck allgemeinen vollkommenen Menschentums. Sie tragen individuelle Züge und sind schon Porträts im Gegensatz zu den Gesichtern der Ehegatten auf dem Urnensarkophag von Cerveteri.

Auch unabhängig von der Grabkunst im eigentlichen Sinne entstanden im 3. Jahrhundert Porträtplastiken, und als die berühmteste aus dieser Zeit gilt der Knabenkopf, der früher zu einer Statue gehörte und sich heute im Archäologischen Museum in Florenz befindet (Abb. 86).

Betrachtet man den Kopf zum erstenmal, dann kann es sein, daß einem zwar das Realistische in der Behandlung der knabenhaft ungeordneten Haarsträhnen und der Augenbrauen auffällt, daß man sonst aber nur die große und klare Form, die zweifellos von griechischer Beeinflussung herrührt, wahrnimmt. Doch wieviel Neues und Andersartiges entdeckt man bei genauerem Hinsehen! Griechische Knabengesichter sind voller. Auch ist die Symmetrie hier mehr scheinbar als tatsächlich vorhanden. Die beiden Gesichtshälften weichen nicht wenig voneinander ab. Das linke Auge des Knaben sitzt höher als das rechte, was nicht nur durch die leichte Neigung des Kopfes nach rechts bedingt ist. Im übrigen erscheint der Schnitt des rechten Auges länglicher als der des linken, bei dem das Oberlid breiter und das Unterlid schmaler als beim rechten ausfällt. Die Mundlinie macht die Aufwärtsbewegung der Augenpartie von links nach rechts nicht mit und gibt – nicht zuletzt durch die schmalere Ober- und die breitere, leicht herabhängende Unterlippe – dem Gesichtsausdruck eine eigenwillige Note.

Was alles drückt sich darüber hinaus in den klaren und scheinbar eindeutigen Zügen dieses Gesichts aus: knabenhafte Anmut, ein bereits eigener Wille, früher Ernst und beginnendes Wissen, aber dennoch ein noch nicht enttäuschtes Vertrauen und ein Anflug von Trauer.

86 Knabenkopf. 3. Jh. v. Chr., Florenz, Archäologisches Museum

87 Prozession. Detail der Wandmalerei in der Tomba del Convegno. Um 100 v. Chr., Tarquinia

Der uns unbekannte etruskische Künstler hat mit diesem Kopfbildnis ein Knabenporträt geschaffen, das zu den besten der Weltkunst gehört.

Die Etrusker formten jedoch Bildnisse nicht nur als Skulpturen, sondern malten sie auch. Beispiele dafür finden sich in der Tomba del Convegno in Tarquinia, die diesen Namen bekam, weil sie 1970 anläßlich einer Zusammenkunft *(convegno)* von jungen Archäologen und Freunden der Archäologie entdeckt wurde.

In dieser Tomba, die am Ende des 2. oder Anfang des 1. Jahrhunderts v. Chr. ausgemalt wurde, sind zwei Leichenzüge dargestellt. Man sieht Männer in weißer Toga, von denen einige die etruskische Doppelaxt tragen (Abb. 87). Es muß sich um Prozessionen von ganz bestimmten Persönlichkeiten gehandelt haben, die der Maler hier darstellte; denn er gab jedem einzelnen sein ganz individuelles Gesicht. Betrachtet man diese Gesichter aus der Nähe, so entdeckt man, daß ihre rötlich braunen Flächen eigentlich wenig nuanciert erscheinen, und doch geben sie zusammen mit Auge, Haar und Profil individuell verschiedene, bestgelungene Porträts ab (Farbabb. 10).

In der Plastik zeigt sich an den Werken, die um 100 v. Chr. und später entstanden sind, daß die etruskischen Künstler sich nicht mehr um klassische Formen bemüht haben. Die politische Macht Etruriens war längst gebrochen. Als Herren traten die Römer auf, die allmählich auch kulturellen Einfluß auf die Unterworfenen auszuüben begannen. In der Kunst gab es seit einiger Zeit eine Wechselwirkung zwischen der etruskischen und der mittelitalischen, so daß sich bei manchen Werken die Frage stellt, ob sie primär der etruskischen oder der mittelitalischen Kunst zuzuschreiben sind. Bandinelli sagt, daß die mittelitalische Kunst »innerlich von einer Herbheit bestimmt war, wie sie den Bergbauern eignet«[33]. Was im letzten vorchristlichen Jahrhundert auf italischem Boden geschaffen wurde, ist von herbem Naturalismus. In seinem Zeichen stehen auch die Kunstwerke der Etrusker.

Unter diesen Werken wäre an erster Stelle die Bronzestatue eines Mannes aus der Zeit der Wende zum 1. Jahrhundert v. Chr. zu nennen, deren Herkunftsort nicht feststeht und die im Archäologischen Museum in Florenz aufgestellt ist (Abb. 88). Der etruskischen Inschrift am Saum seines Gewandes kann man entnehmen, daß der Mann Aule Meteli – auf lateinisch: Aulus Metellus – hieß. Vielleicht übte er ein politisches Amt in einer zu Etrurien gehörenden Stadt aus, die ihn nach seinem Tod durch eine Statue ehrte.

Aule Meteli trägt eine Tunica und eine römische Toga, jedoch nicht mit jener Würde, wie man sie von den ›echten‹ Römern her kennt. Die Toga ist unordentlich gelegt und zu eng um den Körper geschlungen, wodurch die scharfkantigen Falten unschön fallen, während ein faltenreicher Wulst ihren oberen Abschluß bildet.

Der Mann hat den Bauch vorgeschoben; und sein linkes Bein, das durch den hohen Schuh und den verhältnismäßig weit hinauf-

88 Der sogenannte Arringatore. Um 100 v. Chr., Florenz, Archäologisches Museum

reichenden Gewandsaum ohnehin nicht schön wirkt, zeichnet sich unvorteilhaft auf der Toga ab.

Wenn auch der Dargestellte auf sein Äußeres keinen großen Wert legt, so weiß er sich doch Ansehen, Geltung und vor allem Gehör zu verschaffen. Man hat Aule Meteli richtig eingeschätzt, wenn man ihn 1789 als Arringatore, als öffentlichen Redner, bezeichnete; denn alles an ihm – der erhobene Arm mit der geradezu redenden Hand, die Linke, die alle Energien zu sammeln und festzuhalten scheint, die sich präsentierende Haltung – ist Geste eines Menschen, der gewohnt ist, Massen anzusprechen, zu überzeugen und zu beherrschen.

Dem Gesicht fehlt das, was ein Menschengesicht anziehend macht (Abb. 89). Es ist für das Alter des Redners zu faltenreich, verknittert und eher häßlich als schön. Es wirkt nicht besonders sympathisch, nicht weise, nicht geistvoll, ja nicht einmal wirklich intelligent. Weder zu den Wissenden noch zu den Idealisten, noch zu den Verkündern ethischer Zielsetzung gehört dieser Mann. Und doch erkennt man deutlich, daß er seine Zuhörer in der Hand hat, daß er jeden sich regenden Widerspruch durch seine Bestimmtheit niederhält. Überlegen erhebt sich sein mittelmäßiger, runder Kopf über die Massen. Bedauerlich, daß die eingelegten Augen fehlen. Man kann sich ihren beherrschenden Blick gut vorstellen. Der Mund ist geschlossen. Anscheinend hat der Redner einen entscheidenden Satz beendet, der sich einprägen soll, ehe der nächste folgt. Der Arringatore ist kein Schreier, kein billiger Agitator, sondern ein Könner, ein geschulter Funktionär, ein meisterhafter Anwalt der von ihm vertretenen Sache.

In dieser Statue zeigt sich, wie sich die Etrusker in der Charakterisierung eines Menschen, in der Darstellung des Einmaligen, Individuellen beständig vervollkommnen. Dabei tritt das, was sie von altersher auszeichnete, immer deutlicher zutage: die Gabe, ihren Bildwerken lebendigen Ausdruck, ja expressive Kraft zu verleihen.

Ein Beispiel dafür ist nicht nur der Arringatore, sondern, in seiner Art, auch ein Ehepaar aus Ton, das auf dem Deckel einer Aschenurne liegt, die man in Volterra gefunden hat (Abb. 90). Die in der 1. Hälfte des 1. Jahrhunderts v. Chr. geschaffene

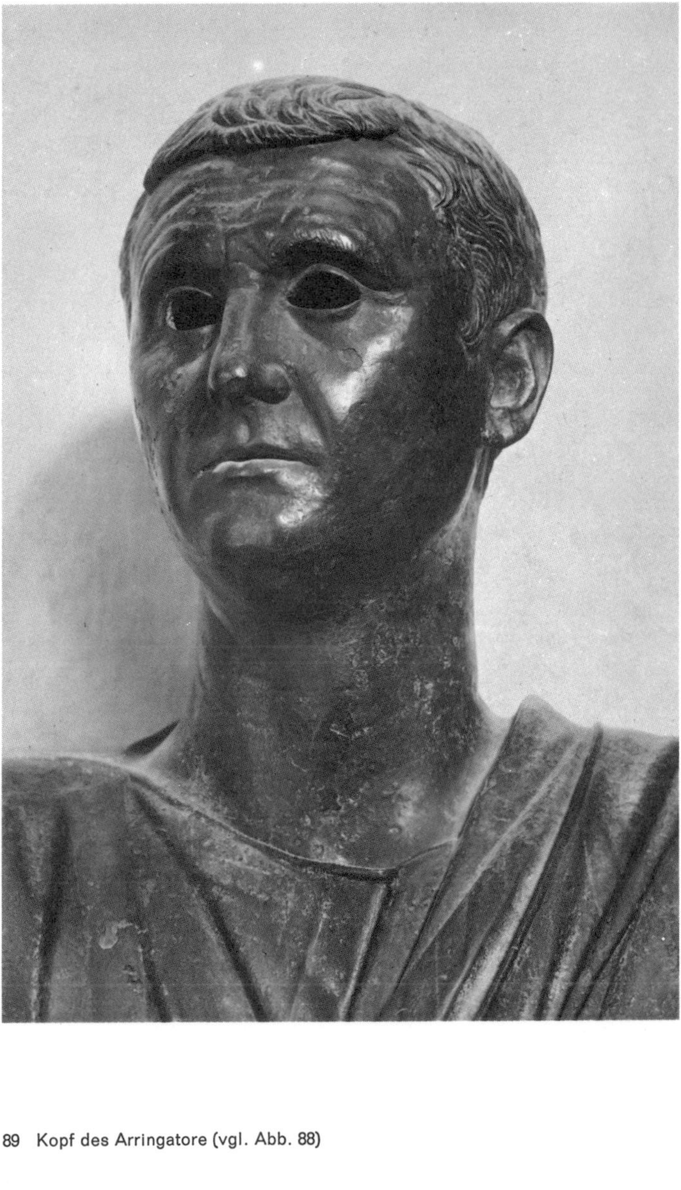

89 Kopf des Arringatore (vgl. Abb. 88)

90 Ehepaar auf einem Urnendeckel. 1. Hälfte 1. Jh. v. Chr., Volterra, Etruskisches Museum

Darstellung ist volkstümlich und so kraß naturalistisch, daß man fast schon von Verismus sprechen muß, weil die harte Wirklichkeit hier wahrheitsgetreu bis ins letzte geschildert wird.

Die Unterkörper des Paares sind noch schlechter ausgearbeitet, als es bei den Etruskern sonst schon üblich ist. Sie sind außerdem viel zu kurz, weil der Urnenkasten nur 71 cm lang ist und der Künstler allen Platz für die Oberkörper mit den großen Porträtköpfen zur Verfügung haben wollte.

Der Mann stammt aus einfachen Verhältnissen. Er könnte ein kleiner Handwerker sein. Das runzlige und durchfurchte Gesicht scheint mißvergnügt, ja schwermütig; und die Augen, bei denen die Iris vom Oberlid überschnitten wird, blicken nicht gerade zuversichtlich in die Ferne. Auch er trägt den Kranz der Verstorbenen, und zwar sehr betont. Wie ein aufgeblasener Gummiring liegt der wulstige Reifen eng um seine Haare. Es fehlt auch die Spendenschale nicht. Sie ist umgedreht und zeigt ein etwas plumpes Ornament. Der Mann hat seine verarbeitete Hand darauf gelegt; und es fällt auf, daß Zeige- und kleiner Finger

91 Gesicht der Ehefrau vom Deckel der Volterraner Urne (vgl. Abb. 90)

zu der gleichen beschwörenden oder abwehrenden Geste ausgestreckt sind, die wir schon von der Tänzerin in der Tomba delle Leonesse in Tarquinia kennen (Abb. 42).

Neben dem Mann liegt bäuchlings seine Frau (Abb. 91). Ihre Züge weisen gleich den seinen Spuren eines arbeitsreichen Lebens auf. Die welke Haut, Falten und Krähenfüße lassen erkennen, daß sie ihm altersmäßig entspricht. Ist er nachlässig angezogen, so ist ihr Kleidchen billig. Aber sie hofft, darin zu gefallen. Wie

92 Porträt eines Mannes aus Cerveteri. 50–40 v. Chr., Rom, Villa Giulia

eine Junge hat sie sich die Haare onduliert. Wenn man in ihr Gesicht schaut, glaubt man zu wissen, daß ihr Mann es nicht immer ganz leicht im Leben bei ihr hatte. Doch nun sind die Augen in diesem ausdrucksvollen Gesicht, losgelöst vom Irdischen, in weite Fernen gerichtet.

Im gleichen Jahrhundert, aber etwas später als die Urne von Volterra, entstand das Terrakotta-Porträt eines Mannes, das man beim Tempel von Manganello in Cerveteri gefunden hat (Abb. 92).

Der Dargestellte hat eine rotbraune Hautfarbe und graues Haar. Er ist nicht mehr ganz jung, und die Strapazen seines vermutlich bäuerlichen Lebens haben ihre Spuren hinterlassen. Tiefe Falten durchfurchen die Stirn, die verhältnismäßig schmalen, geschlossenen Lippen verraten Willensstärke und Entschlossenheit, während die Augen und ihr Blick auf einen realistischen Sinn schließen lassen. Das Nasenbein ist stark verbogen, und die Ohren stehen ab, doch der Künstler hat diese Schönheitsfehler nicht korrigiert. Es geht ihm um eine so radikale Porträttreue, wie wir sie bisher kaum erlebt haben. Das spätrepublikanische römische Porträt übte offensichtlich einen gewissen Einfluß auf die etruskische Bildnisplastik aus; und wir sind in dieser Zeit im Fluß der Entwicklung an dem Punkt angekommen, an dem die etruskische Porträtkunst in die römische einmündete.

Tempel und Götter

Die Etrusker bauten, ebenso wie die Griechen und Römer, auch ihren Göttern Häuser, also Tempel. Diesen erging es fast genauso wie den Häusern der Menschen. Da ihre Mauern aus Fachwerk oder luftgetrockneten Ziegeln errichtet waren, überstanden sie die Jahrtausende nicht. Aus Steinen gebaut wurde einzig der im 3. Jahrhundert v. Chr. entstandene Tempel in Fiesole, aber auch der ist eine Ruine. Wir kennen noch einigermaßen erhaltene oder restaurierte griechische und römische Tempel, aber keinen einzigen etruskischen. Außer den Fundamenten sowie einigem herabgefallenen und wiederausgegrabenen Terrakotta-Schmuck ist nichts mehr übriggeblieben.

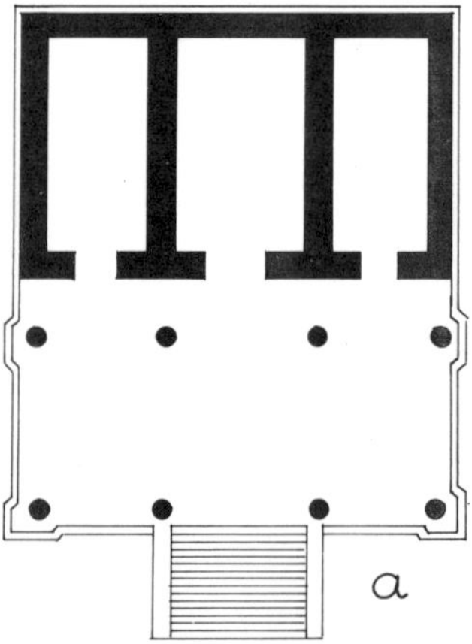
a

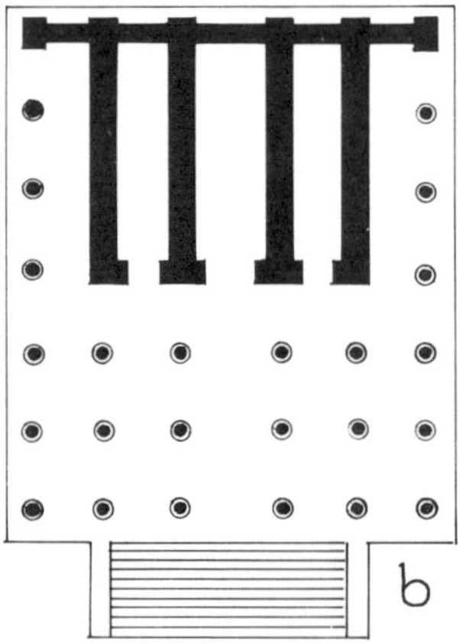
b

Und doch wissen wir recht genau, wie der etruskische Tempel ausgesehen hat. Vitruv, Baumeister und Ingenieur zur Zeit des Kaisers Augustus, hat eingehend beschrieben, wie ein etruskischer Tempel gebaut sein muß.[34] Dazu bieten noch vorhandene Fundamente brauchbares Anschauungsmaterial.

Wenn wir den Unterbau des Haupttempels von Orvieto betrachten, dann erkennen wir die Übereinstimmung mit den Angaben von Vitruv (Abb. 93a). Vermutlich stammt dieser *tempio augurale del Belvedere,* wie er genannt wird, aus dem 5. Jahrhundert v. Chr. Er hatte drei Cellen, in denen Kultbilder von Tinia, Menrva und Maris standen, denen Iuppiter, Minerva und – schon sehr abgewandelt – Mars entsprechen.

Eine gute Vorstellung von einem solchen etruskischen Tempel gibt ein Modell, das sich im Museum des Instituts für Etruskologie und italische Altertumskunde der Universität Rom befindet (Abb. 94). Der Tempel steht auf einem Podium und hat einen Pronaos, eine Vorhalle, die ebensoviel Raum einnimmt wie die drei Cellen, in denen die Statuen der im Tempel zu verehrenden Gottheiten stehen.

Der etruskische Tempel ist ein Richtungsbau insofern, als die ganze Anlage in Richtung auf die Cellen verläuft. Im weiträumigen Pronaos wirft das Licht malerische Schatten, die der

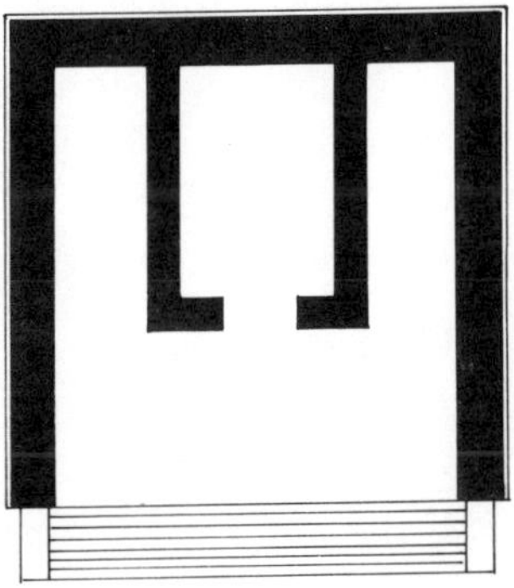

C

93 Grundrisse etruskischer Tempel:
a) dreizelliger Tempel (Orvieto, Belvedere)
b) dreizelliger Tempel (Rom, Kapitol)
c) Tempel mit einer Cella und 2 Flügeln (Veii, Portonaccio)

(Die Grundrisse sind nur in sich, aber nicht untereinander maßstabgerecht)

94 Idealkonstruktion eines dreizelligen etruskischen Tempels. Zeichnung eines Modells im Museum des Instituts für Etruskologie und italische Altertumskunde der Universität Rom

95 Tempel des Iuppiter auf dem Kapitol in Rom. 6. Jh. v. Chr., Rekonstruktion. Museo della Civiltà Romana

Säulenhalle ihre tektonische Wirkung nehmen. Auch beim Außenbau ist alles auf malerische Auflockerung angelegt; denn nicht nur die Sima, die Traufleiste, trägt reiches Ornament, auch das gesamte Dach ist geschmückt mit einer großen Zahl von Figuren.

Im Prinzip diesem Tempeltyp zugehörig und doch abgewandelt ist der Iuppiter-Tempel auf dem Kapitol in Rom (Abb. 93b und 95). Im Pronaos befindet sich statt einer doppelten eine dreifache Säulenreihe. Die drei Cellen sind dichter aneinandergerückt, so daß an jeder Seite noch eine Reihe von Säulen Platz hat. Dadurch bekommt das Heiligtum eine gewisse Ähnlichkeit mit dem griechischen Peripteros, bei dem die Cella auf allen vier Seiten von Säulen umgeben ist.

Der Iuppiter-Tempel geht bis auf die letzte Epoche der Königszeit zurück, in der ja etruskische Könige Rom regierten. Der Überlieferung nach hat ihn Tarquinius Priscus gelobt und Tarquinius Superbus fertiggestellt. Eingeweiht haben soll ihn aber erst der Praetor maximus M. Horatius Pulvillus, und zwar im Jahre 509 v. Chr., also am Anfang der Republik.

In den drei Zellen des Tempels standen Kultbilder von Iuppiter, Iuno und Minerva. Sie wurden auf dem Kapitol verehrt, solange das heidnisch-antike Rom bestand. Der Tempel freilich wurde mehrfach um- und neugebaut. Vom ersten Bau gibt es nur noch Podiumsmauern aus schweren Quadern, die allen Nachfolgebauten als Substruktionen dienten. Als Schöpfer dieses ersten Tempels nennt die Tradition Meister aus dem etruskischen Veii, zu denen auch der berühmte Bildhauer Vulca gehörte.[35]

Nicht alle etruskischen Tempel haben drei Cellen. Es gibt noch einen anderen Typ, dem die Tempel entsprechen, deren Reste man in Marzabotto, Fiesole, Bolsena und Veii gefunden hat. Bei diesem Typ hat das Heiligtum nur eine Cella und zwei Flügel.

Angesichts der bescheidenen Tempelreste im Bereich von Portonaccio in Veii glaubte man längere Zeit, es handle sich um einen dreizelligen Bau. Eingehende Untersuchungen haben aber ergeben, daß nur eine Cella mit zwei Flügeln bestand, in der vermutlich Menrva verehrt wurde, und zwar als Heilgottheit, der die römische Minerva Medica entsprach. Der erste Tempelbau enstand bereits im 6. Jahrhundert v. Chr. Interessanterweise hat man weder Reste noch Fundamentspuren von Säulen gefunden. Es fehlte also offensichtlich ein Säulenpronaos (Abb. 93c).

Im Umkreis des Tempels von Portonaccio fand man bei Grabungen – vor allem in den Jahren 1916 und 1944 – Terrakotta-Fragmente von Figuren, die man wieder zusammengesetzt hat. Dabei ergab sich, daß auf dem Dachfirst des Tempels fünf Figuren standen, die in der Zeit um 500 v. Chr. geschaffen worden waren, sehr wahrscheinlich in der Werkstatt des Bildhauers Vulca. Einen Tempel mit Firstfiguren zu schmücken, entsprach ganz den etruskischen Neigungen zum Dekorativen. Die Griechen, die ihre Tempel körperhaft, in sich geschlossen und formklar wollten, kannten solche Dachbekrönungen nicht.

Die beiden wichtigsten Firstfiguren sind Herakles und Apollo, von den Etruskern Hercle und Apulu genannt, weil sie zueinander in Beziehung gesetzt sind als Kämpfer um eine berühmte Hirschkuh. Während die Herakles-Figur nur sehr unvollkommen zusammengesetzt werden konnte, hat die Apollo-Statue ihre alte Gestalt weitgehend zurückgewonnen (Abb. 96).

Apollo, der wie alle Firstfiguren aus Veii in der Villa Giulia in Rom aufgestellt ist, bewegt sich auf seinen Gegner zu. Vielleicht hielt er einmal Pfeil und Bogen in den Händen. Gekleidet ist er nach Griechenart, aber sonst erinnert er wenig an einen Griechen, vor allem nicht an Apollon, an den Gott des Lichtes, des Maßes und der Ordnung. Er ähnelt mehr einem chthonischen, einem Naturgott. Muskulös sind seine Beine, ein kräftiger Körperbau zeichnet sich unter seinem leichten Gewand ab, die gedrehten Zöpfe liegen wie Taue auf den Schultern.

Das Gesicht dieser bemalten, spätarchaischen Tonfigur ist oval (Farbabb. 7). Die Nase verbreitert sich zur Stirn hin. Aus ihrer Wurzel wachsen fast architektonisch gerundete Brauenbögen, welche die mandelförmigen Augen überwölben. Durch die verkürzte Oberlippe bekommt die Mundpartie etwas Sprechendes. Der Blick scheint unergründlich. Das Gesicht wirkt so lebendig und ausdrucksvoll, wie man es bei gleichzeitigen Griechengesichtern vielleicht niemals findet.

Zu den Firstfiguren des Tempels in Veii gehörten außer Apollo und Herakles noch eine Frau mit einem Knaben, bei der

96 Apollo von Veii. Firstfigur des Tempels von Portonaccio. Um 500 v. Chr., Rom, Villa Giulia

97 Hermes von Veii. Kopf einer Firstfigur des Tempels von Portonaccio. Um 500 v. Chr., Rom, Villa Giulia

es sich um Leto, die Mutter Apollos, und diesen selbst als Kind handeln könnte. Außerdem hat man 1946 noch den Kopf einer männlichen Figur gefunden, die ebenfalls zu den Firstfiguren gehört, von der man aber nicht weiß, wen sie darstellt. Und schließlich stand auf dem Dachfirst noch eine Terrakotta-Statue des Götterboten Hermes, den die Etrusker Turms nannten und von dem ebenfalls nur der Kopf erhalten ist (Abb. 97).[36]

98 Antefix mit Gorgohaupt vom Tempel von Portonaccio in Veii. Um 500 v. Chr., Rom, Villa Giulia

Hermes wirkt freundlicher als Apollo. Der Flügelhut mit den Stirnlöckchen unter der Krempe gibt dem Gesicht etwas Gefälliges. Die verkürzte Oberlippe und die länglich geschnittenen Augen, die dem Apollo-Gesicht nachgebildet zu sein scheinen, unterscheiden sich dennoch von diesem. Die Augen – mit dickeren Lidern und dadurch etwas tiefer liegenden Augäpfeln – blikken weniger unergründlich und eher pfiffig, während der Mund eine verbindlichere Sprache zu sprechen scheint.

99 Silen und Mänade. Antefix vom Tempel der Mater Matuta in Conca (Satricum). 1. Hälfte 5. Jh. v. Chr., Rom, Villa Giulia

Vom Tempel von Portonaccio wurde auch ein Antefix mit einem Gorgo-Haupt gefunden (Abb. 98). Ein Antefix ist ein Stirnziegel, der zur Verzierung des Dachrandes diente. Hier trägt er das Gesicht der Gorgo, der Medusa, mit weitaufgerissenen Augen und ausgestreckter Zunge. Um die Schlangenhaare dieses besonders fratzenhaften Kopfes ist noch ein Blattkranz gelegt, der die Maske ornamental einbindet. Dennoch soll sie den Tempel nicht nur schmücken, sondern auch Dämonen und Unheil von ihm abwehren, also apotropäisch wirken.

Die Bildthemen der Antefixe sind von verschiedenster Art. Am Tempel der Mater Matuta im alten Satricum wurde im 5. Jahrhundert v. Chr. auf Stirnziegeln neunmal ein Thema dionysischen Inhalts variiert. Zum enthusiastischen Gefolge des Dionysos, den die Etrusker Fufluns nannten, gehörten die Mänaden, die von pferdeähnlichen Silenen verfolgt wurden. Auf einem der neun Ziegel sieht man, wie ein mit Rebblättern bekränzter Silen eine Mänade mit einer Schlange bedroht, die er in der linken Hand hält, während seine Rechte nach ihrer Brust greift (Abb. 99). Animalische Wildheit und geduldige Abwehr sind hier trefflich kontrastiert.

Es galt auch, die Giebel zu schmücken. Die Griechen taten es, indem sie ein Akroterion, einen Aufsatz, auf die Spitze und die beiden Ecken des Tempelgiebels setzten. Die Etrusker folgten diesem Beispiel; und unter den Stücken, die man von Tempeldekorationen in Museen aufbewahrt, befindet sich ein Eckakroter aus dem Anfang des 5. Jahrhunderts v. Chr., der vermutlich in Cerveteri gefunden wurde und in das Museo Gregoriano Etrusco der vatikanischen Sammlungen gelangte (Abb. 100).

Das Eckakroter besteht in dem Vorderteil eines Pferdes, bei dem vor allem Kopf und Bug in Erscheinung treten. Elegant geformt und bemalt ist der schwungvolle Flügel. Der Kopf aber wirkt so vital, so lebendig, wie man es fast nur bei etruskischen Tierplastiken findet.

Meisterhaft in dieser Hinsicht sind auch zwei Flügelpferde, die im Giebelfeld des Tempels von Tarquinia standen und nun im Nationalmuseum der kleinen Stadt zu besichtigen sind (Abb. 101). Wie der Tempelneubau stammen auch sie aus dem 4. bis 3. Jahr-

100 Flügelroß. Eckakroter, vermutlich von einem Tempel in Cerveteri. Anfang 5. Jh. v. Chr., Vatikanische Museen

hundert v. Chr., also aus der Zeit des beginnenden Hellenismus, in der die griechische Kunst und Kultur ihren Einfluß auf die gesamte alte Welt auszuüben begann. Die Pferde wirken schlank und elegant. Sie sind wohlgeformt und gut proportioniert. Die Gruppe ist geschickt komponiert. Das rechte Pferd ist bereits um eine Kopflänge voraus, und das linke blickt ein wenig zur Seite. So verdeckt das eine nicht das andere. Griechischer Schönheitssinn des etruskischen Meisters ist hier unverkennbar. Die Spannung in den Körpern, die natürliche Lebendigkeit in den

101 Flügelpferde aus dem Giebelfeld des Tempels von Tarquinia. 4.–3. Jh. v. Chr., Tarquinia, Museum

Köpfen und die Ausdruckskraft in den Gesichtern zeigen aber auch, daß die etruskischen Künstler ihre besondere Begabung für Tierplastiken nicht verloren haben.

Die Flügelpferde zogen vermutlich einen Götterwagen, der nicht erhalten ist. Es gibt aber noch Götterbilder aus etruskischen Tempelgiebeln, welche die Zeiten überdauert haben. Zu diesen gehört die Skulptur eines jugendlichen Gottes, die höchstwahrscheinlich Apollo darstellt und für den Tempel von Lo Scasato geschaffen wurde (Abb. 102).

Man sieht dem jungen Gott an, daß er aus der Tradition der griechischen Kunst hervorgegangen ist. Diese schuf im 5. Jahrhundert v. Chr. den Menschen mit einem vollendet schönen Körper von fester und klar erkennbarer Struktur. Im 4. Jahrhundert v. Chr. wurden die Formen gefälliger und die Modellierung weicher. Aus dem Menschen als Vorbild wurde der Mensch als Schaubild. Seit dem Hellenismus, der mit Alexander dem Großen begann und die ganze von ihm beherrschte Welt einschließlich der übrigen Mittelmeerländer beeinflußte, wurden die Formen üppiger, ja oft geradezu barock.

Im Banne der hellenistischen Kunst stand auch Etrurien. Mag der Apollo von Lo Scasato von einem griechischen oder einem einheimischen Künstler in der Zeit um 300 v. Chr. geschaffen sein, seine Form ist weitaus hellenistisch. Der Körper des jungen Gottes, von dem leider nur der obere Teil wiederherstellbar war, läßt die Struktur des Knochenbaus nur noch erahnen, da die Formen zu schwellen beginnen. Die Züge des von Locken gerahmten Gesichts sind sinnlicher und trotz aller Schönheit gröber geworden. Aus dem Blick spricht leuchtendes Pathos. Offensichtlich hat man das Bild dieses Gottes nach dem damals so beliebten Alexanderbild geschaffen.

Auch höchst lebendige Szenen waren an etruskischen Heiligtümern zu sehen. Vom Tempel von Sassi caduti in Civita Castellana wurde ein spätarchaisches Mittelakroter des Giebels mit einem Kämpferpaar gefunden, von dem der linke Kämpfer noch gut erhalten ist (Abb. 103).

Mit minuziöser Genauigkeit ist die Rüstung des Kämpfenden in Ton nachgebildet. Der Helm gibt nur wenig vom Gesicht frei, doch das reicht, um zu erkennen, daß der Dargestellte mit großen Augen und geöffnetem Mund zu seinem Gegner emporblickt, dem er unterlegen ist. Er ist auf das linke Knie gesunken und trotz seines Schwertes machtlos. Auch diese dramatische Szene

102 Götterbild, wahrscheinlich Apollo, aus dem Tempel Lo Scasato in Civita Castellana. Um 300 v. Chr., Rom, Villa Giulia ▷

103 Kämpfender Krieger. Bruchstück eines Mittelakroters aus dem Tempel von Sassi caduti in Civita Castellana. Anfang 5. Jh. v. Chr., Rom, Villa Giulia

zeigt, wie lebendig die etruskische Darstellungsweise im archaischen Zeitalter war.

Dieser Kämpfer stammt aus dem beginnenden 5. Jahrhundert v. Chr. In der gleichen Zeit entstand der Terracotta-Kopf eines Gottes, der unter den Resten des Tempels der Mater Matuta in Satricum gefunden wurde und der wahrscheinlich Teil eines

Akroterions war (Abb. 104). Das von Stirnlocken und Bart gerahmte Gesicht, dessen spätarchaische Formen in klaren Flächen und eindeutigen Linien bestehen, hat lebendig blickende Augen und unter dem Schnurrbart einen ausdrucksvollen Mund. Es wirkt so bedeutungsvoll und majestätisch, daß man es wohl nicht zu Unrecht für das Antlitz Tinias hält, zumal man Teile eines Blitzzeichens mitgefunden hat.

Tinia, auch Tin genannt, galt als der oberste Gott der Etrusker, wenigstens seit der klassischen Zeit. Ursprünglich war er nur der oberste der Blitzgötter. Aber immer standen über ihm die *dii involuti,* die verhüllten Gottheiten, von denen man weder Zahl noch Namen kennt, die Schicksalsgottheiten, die Tinia auch beim Schleudern seiner schrecklichsten Blitze beraten.

Überraschenderweise nannte Varro, der große römische Gelehrte im 1. Jahrhundert v. Chr., Voltumna den *deus Etruriae princeps,* den bedeutendsten Gott Etruriens.[37] Voltumnas Verehrung gehörte zwar zu den Aufgaben der Oberhäupter der zwölf etruskischen Stadtstaaten, die alljährlich bei Volsinii zusammenkamen. Ranghöher blieb aber Tinia.

Pallottino erklärt, wie Voltumna überhaupt eine so hohe Bedeutung bekommen konnte: »Typisch ist der Fall des *Veltha, Veltune* oder *Voltumna* (lateinisch *Vertumnus*), einer Gottheit von fremdartigem und widerspruchsvollem Charakter, die manchmal als scheußliches Ungeheuer, manchmal als Vegetationsgott von unbestimmtem Geschlecht, manchmal als große kriegerische Gottheit dargestellt wird. Hier läßt sich wirklich der Prozeß verfolgen, wie ein chthonischer, erdhafter Geist, der an einigen Orten Südetruriens verehrt wurde, in eine höhere Gottheit transformiert und sogar in den Nationalgott par excellence, in den *deus Etruriae princeps* umgebildet wurde.«[38]

Es wäre sehr reizvoll, wenn den kurzen Ausführungen über den obersten Gott Tinia und seinen Konkurrenten Voltumna eine Beschreibung der übrigen etruskischen Gottheiten und ihrer Aufgaben folgen könnte. Doch das würde den Rahmen dieses kleinen Buches sprengen. Einige Gottheiten wurden schon in anderem Zusammenhang erwähnt, viele müssen ungenannt bleiben. Abschließend soll aber wenigstens eine kleine Liste allge-

104 Götterkopf, vermutlich Tinia, vom Tempel der Mater Matuta in Conca (Satricum). Anfang 5. Jh. v. Chr., Rom, Villa Giulia

mein bekannter römischer und griechischer Gottheiten und ihrer etruskischen Entsprechungen zusammengestellt werden: So entspricht Tinia dem Iuppiter und Zeus, Uni der Iuno und Hera, Menrva der Minerva und Athene, Apulu dem Apollo und Apollon, Artumes der Diana und Artemis, Turan der Venus und Aphrodite, Turms dem Mercurius und Hermes, Sethlans dem Volcanus und Hephaistos, Nethuns dem Neptun und Poseidon, Fufluns dem Bacchus und Dionysos, Hercle dem Hercules und Herakles und schließlich Ani dem Ianus, der nur in Rom, nicht aber in Griechenland, ein Pendant hatte.

Leberschau und Blitzdeutung

Wenn wir das Wort *Tempel* hören, denken wir an das Haus einer Gottheit, ein Gebäude. Der Begriff *templum* ist aber viel weiter gefaßt. Er »betrifft den Himmel oder eine geheiligte Erdfläche, wie den Bezirk eines Heiligtums, einer Stadt, einer Akropolis usf.« Diese Definition gibt Pallottino[39], nach dessen Auffassung auch die Leber eines Tieres für die Etrusker ein *templum* war.

In der alten Welt galt die Leber – so wie bei uns das Herz – als Sitz des Lebens; und Babylonier, Chaldäer und Assyrer glaubten, man könne den Willen der Götter aus der Tierleber ersehen. Auch die Etrusker waren dieser Meinung. Sie haben eine eigene Lehre über die Eingeweideschau, die *haruspicina,* entwickelt, bei der es hauptsächlich um die Erforschung der Leber ging. Mitgeteilt sind diese Erkenntnisse in den Büchern der *Etrusca Disciplina* – wie sie die Römer nannten –, die aber nicht mehr erhalten sind. Dennoch kennen wir einen Teil ihres Inhalts durch römische Schriftsteller, die vieles den lateinischen Übersetzungen der heiligen etruskischen Bücher entnahmen.

Der Legende nach ist die Eingeweideschau durch Tages zu den Etruskern gekommen. Von ihm berichtet Cicero, der berühmte Redner und Schriftsteller des 1. Jahrhunderts v. Chr., in seinem Buch *De divinatione (Über die Weissagung):* »Ein gewisser Tages soll auf Tarquinischem Gebiet, als das Feld gepflügt wurde und eine Furche etwas tiefer gezogen war, plötzlich hervorgetreten sein und den Pflügenden angeredet haben. Dieser Tages aber, heißt es in den Büchern der Etrusker, soll in Knabengestalt

105 Pava Tarchies lehrt die Leberschau. Bronzespiegel aus Tuscania. 3. Jh. v. Chr. Florenz, Archäologisches Museum. Nachzeichnung

erschienen sein, aber die Klugheit eines Greises besessen haben. Als bei seinem Anblick der Rinderhirt erstaunte und vor Verwunderung ein lautes Geschrei erhob, sei ein Auflauf entstanden und ganz Etrurien binnen kurzer Zeit an jenem Orte zusammengekommen; darauf habe jener mehreres vor vielen Zeugen gesprochen, die alle seine Worte aufgefaßt und niedergeschrieben hätten; seine ganze Rede aber sei so gewesen, daß sie die ganze Wissenschaft der Opferschau umfaßt hätte; sie sei später durch neue Erfahrungen und deren Anwendung auf eben jene Grundsätze erweitert worden.«[40]

Wie Tages die Etrusker die Opferschau an der Leber gelehrt hat, zeigt ein Bronzespiegel aus dem 3. Jahrhundert v. Chr., den man in Tuscania gefunden hat (Abb. 105). Ein Jüngling, der an seinem Apex, seinem Hut, als Haruspex, als Zeichendeuter, zu erkennen ist, hat den linken Fuß auf einen Stein gestellt und hält in der einen Hand eine Leber, die er mit der anderen prüfend betastet. Der Beschriftung nach, die wir über seinem Kopf finden, heißt er Pava Tarchies. Er ist mit größter Wahrscheinlichkeit mit jenem Knaben identisch, der bei Cicero und anderen Schriftstellern Tages genannt wird. Der ältere Mann, der den Apex im Genick hängen hat und den Erklärungen des Jüngeren aufmerksam lauscht, ist als Avle Tarchunus bezeichnet, der als Gründer von Tarquinia galt.

Noch drei weitere Personen schauen dem jungen Haruspex zu: eine Frau namens Ucernei, ein schöner nackter Jüngling, der als Rathlth bezeichnet ist, und Veltune, also Voltumna, der hier in seinem Aussehen Tinia ähnelt. Über der Szene sieht man das Viergespann des Sonnengottes aufsteigen, was darauf schließen läßt, daß die Leberschau am frühen Morgen stattfindet.

Unter den verschiedensten Gesichtspunkten wurde die Tierleber untersucht, um so den Willen der Götter erforschen und einen Blick in die Zukunft werfen zu können. Als wichtig galt es auch, zu bedenken, daß die einzelnen Sektoren des in der Leber verkörperten Mikrokosmos ganz bestimmten Göttern und ihren Einflüssen zugeordnet sind. Die künftigen Haruspices mußten das lernen; und dazu gab es Lehrmodelle wie jenes, das unter dem Namen Bronzeleber von Piacenza bekannt ist (Abb. 106).

Es handelt sich bei diesem Modell aus dem 3. oder 2. Jahrhundert v. Chr. um die Nachbildung einer Schafsleber in stilisierter Form. Die obere Seite ist in 38 Felder aufgeteilt, von denen 16 den Rand und 22 das Innere ausmachen (Abb. 107). In jedem Feld steht der Name einer Gottheit; doch da manche Götter mehrere Felder beherrschen, beläuft sich ihre Gesamtzahl nur auf 21.

106 Bronzeleber. 3. oder 2. Jh. v. Chr., Piacenza, Museo Civico

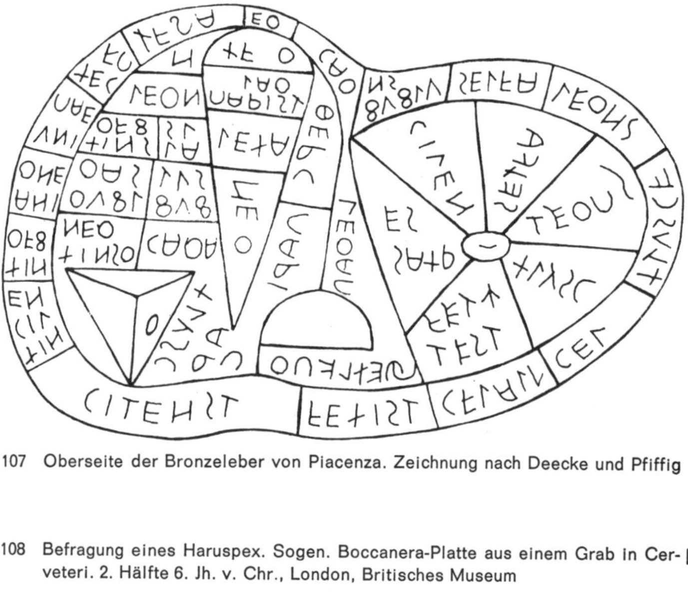

107 Oberseite der Bronzeleber von Piacenza. Zeichnung nach Deecke und Pfiffig

108 Befragung eines Haruspex. Sogen. Boccanera-Platte aus einem Grab in Cerveteri. 2. Hälfte 6. Jh. v. Chr., London, Britisches Museum ▷

Die Haruspices erhielten eine gute Ausbildung in der Etrusca Disciplina und waren hochgeachtet. Wie sehr man ihren Rat schätzte, zeigt eine der sogenannten Boccanera-Platten aus Terrakotta, die zur Dekoration einer Grabkammer in Cerveteri dienten und schon in der 2. Hälfte des 6. Jahrhunderts v. Chr. entstanden sind (Abb. 108). Ein Aristokrat erscheint in Begleitung einer festlich bekränzten Frauengestalt und erbittet theologische Auskunft bei einem Haruspex, der im Etruskischen übrigens *netsvis* heißt. Dieser trägt eine Tunica mit kurzen Ärmeln und eine Tebenna, ein Obergewand, das aus Argos und Arkadien kam und aus dem sich die Toga entwickelte. Auf dem Kopf hat er den Apex, den Haruspex-Hut, der nach oben spitz zuläuft. Er tritt würdig und selbstbewußt auf.

Von den Haruspices erwartete man theologische Belehrung. Selbst die Römer waren daran interessiert, die etruskische Zeichendeutung zu erlernen, so daß Cicero schreiben konnte: »Etrurien aber beobachtet das vom Blitz Getroffene mit großem Geschick und deutet ebenfalls alles, was durch irgendwelche wunderbare Erscheinungen und Anzeichen angekündigt wird. Daher hat auch bei unseren Vorfahren der Senat beschlossen, daß sechs Söhne von Vornehmen (nach Valerius Maximus waren es zehn) den einzelnen Völkerschaften Etruriens zum Unterricht übergeben werden sollten, damit nicht eine bedeutende Kunst durch die Niedrigkeit der Menschen vom Ansehen in der Religion zum Lohndienst und zum Erwerb herabgewürdigt würde.«[41]

Diese Sätze weisen darauf hin, daß die Römer eine große Hochachtung vor den etruskischen Haruspices hatten, während sie ihren eigenen mit Skepsis gegenüberstanden. Diese Skepsis ging nach Cicero bei dem freisinnigen Cato so weit, daß er erklärte, er sei verwundert, daß ein Haruspex nicht lacht, wenn er einen anderen Haruspex sieht[42].

Unter den verschiedenen Darstellungen von Haruspices gibt es zwei besonders interessante Bronzestatuetten (Abb. 109). Die beiden Männer tragen zum Zeichen ihres Amtes den Apex, in der Rechten halten sie ein Gefäß, während die Linke sehr betont die Innenfläche der Hand zeigt. Die Figuren sind gelängt und völlig entkörperlicht. Für welchen Zweck sie auch geschaf-

109 Zwei Haruspices. Bronzestatuetten. 4. oder 3. Jh. v. Chr., Rom, Villa Giulia

fen wurden, sie machen eher den Eindruck von abstrakten Zeichen als von Skulpturen.

Zur Etrusca Disciplina gehörten außer den *libri haruspicini,* die sich mit der Leberschau beschäftigten, die *libri fulgurales,* in denen es um die Blitzdeutung ging, und die *libri rituales,* die ein sehr weites Gebiet umfaßten, von dem noch die Rede sein wird.

Die etruskischen Fulguratoren, die Blitzdeuter, waren ebenfalls Haruspices. Ihnen oblag es, die Blitze zu erforschen und zu deuten, sie abzuwenden und herabzuziehen.

Zur Erforschung und Deutung der Blitze muß man das *templum* des Himmels genau kennen. Nach Cicero und Plinius[43] haben es die Etrusker in 16 Regionen eingeteilt, in denen die Götter wohnen, von denen wir heute aber nicht mehr genau sagen können, welche Region welchem Gott zugehörte. Will nun der Blitzschauer seiner Aufgabe gerecht werden, so muß er auf der Erde den Standort richtig wählen und das *templum* unten dem *templum* oben anpassen (Abb. 110).

Zunächst bezieht der Beobachter Stellung im Schnittpunkt des von Norden nach Süden verlaufenden *cardo* mit dem von Westen nach Osten verlaufenden *decumanus,* und zwar so, daß er nach Süden blickt, damit die *pars postica,* der hintere Teil, hinter ihm und die *pars antica,* der vordere Teil, vor ihm liegen. Dadurch hat er zu seiner rechten Seite die *pars hostilis,* den feindlichen Teil des Himmels, und zu seiner linken die *pars familiaris,* den freundlichen Teil.

Leuchtet nun am Himmel ein Blitz auf, dann ist es wichtig, zu sehen, in welcher Region dies geschieht. Bedeutsamer als die Frage, woher ein Blitz kommt, ist die, wohin er zurückgeht. Schlägt ein Blitz auf der Erde ein, dann ist der Ort des Einschlags wesentlich mitentscheidend für die Deutung.

Die Kenntnis über Blitzgötter, Blitzerscheinung, Blitzdeutung, Blitzsühnung und Blitzbeschwörung verlangte vom Fulgurator ein umfangreiches Studium. Die Blitzlehre war aber der Überlieferung nach nicht durch Tages zu den Etruskern gekommen, sondern durch die Lasa *vecui,* die von den Römern Vegoia genannt wurde.

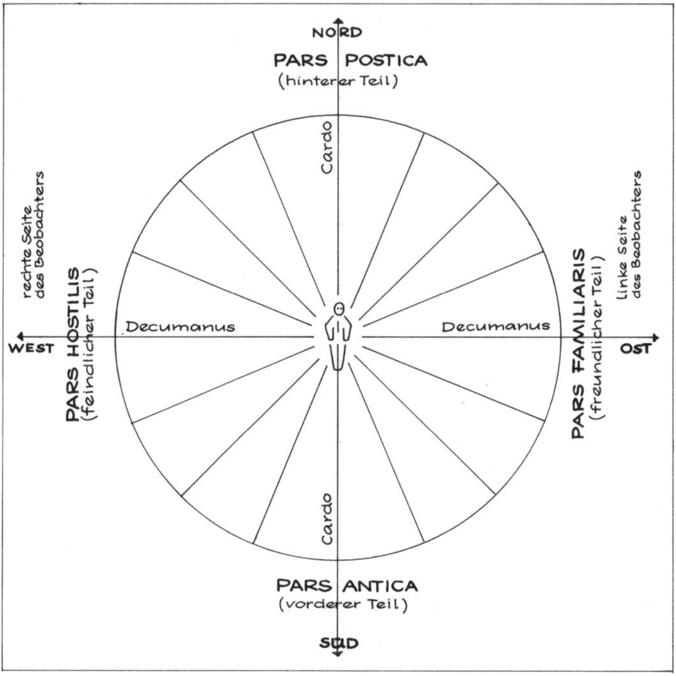

110 Der Himmel als *templum* mit seinen 16 Regionen. Schematische Darstellung

Das *auspicium*, die Vogelschau, spielte für die Etrusker bei der Erforschung des göttlichen Willens und der Weissagung eine geringere Rolle als für die Römer. Doch wurde auch sie in der Etrusca Disciplina behandelt. Es versteht sich, daß für die Beobachtung des Vogelfluges die Einteilung des Himmels in Regionen ebenfalls wichtig war.

In den *libri rituales*, dem dritten und letzten Teil der Etrusca Disciplina, wurde ein sehr ausgedehnter Themenbereich behandelt, so die Gründung einer Stadt und die Organisation des Staates sowie die Deutung, Sühnung und Beschwörung der *ostenta*, der wunderbaren Zeichen. Schließlich gehörten zu den *libri rituales* auch die *libri fatales*, die Schicksalsbücher, und die *libri Acheruntici*, die sich mit dem Jenseits befaßten.

111 Bronzegruppe eines pflügenden Bauern aus Arezzo. Um 400 v. Chr., Rom, Villa Giulia

Es ist nicht uninteressant, zu erfahren, wie nach etruskischem Ritus eine Stadtgründung vonstatten gehen sollte: Es war die Aufgabe des Gründers, einen Stier und eine weiße Kuh vor einen Pflug aus Erz zu spannen und das begrenzende Viereck der zu gründenden Stadt durch die Furche zu markieren. In deren Verlauf hatte die Anlage des Grabens zu erfolgen, während die nach innen aufgeworfenen Schollen anzeigten, wo die Mauer zu errichten sei. Wo man ein Tor wollte, mußte man den Pflug tragen. In der Mitte der Stadt – also dort, wo sich Cardo und Decumanus kreuzen – war der *mundus* anzulegen, eine Grube, in die man die Erstlinge von allen Dingen als Gründungsopfer versenkte.

Diese Schilderung mag Anlaß sein, einen etruskischen Pflug mit einem Gespann zu zeigen, hinter dem ein Bauer geht. Es handelt sich um ein interessantes Werk etruskischer Kleinkunst mit volkstümlicher Note, das um 400 v. Chr. in Arezzo oder in seiner Umgebung gearbeitet wurde (Abb. 111).

Tod und Jenseits

Es war oft davon die Rede, daß man bei den Etruskern den Toten all das, was sie im Leben geschätzt hatten, in ihre Grabkammer entweder materiell oder im Bild mitgab. In der Spätzeit aber malte man gelegentlich auch den Tod an die Tombenwände, das heißt: den Tod in der Gestalt von Todesdämonen.

In der Tomba degli Aninas, der Grabkammer der Familie Aninas, die im 3. oder 2. Jahrhundert v. Chr. in Tarquinia angelegt wurde, ist die Eingangstür von solchen Dämonen bewacht (Abb. 112).

Links steht Charun. Er trägt ein gegürtetes Hemd mit kurzen Ärmeln. Seine Nase steht wie ein Geierschnabel in dem bärtigen Gesicht. Er ist geflügelt und hält in der Rechten einen großen Hammer. Dieser erst macht ihn zum Tod. Wenn Charun zuschlägt, ist das Leben eines Menschen beendet. So wie das christliche Mittelalter den Tod als Schnitter darstellte, der mit der Sichel oder der Sense dem Leben ein Ende setzt, malten ihn die Etrusker als Mann mit dem Hammer.

Die Griechen sahen in Charon den Fährmann, der die Toten über den Unterweltstrom Styx geleitete, um ihnen so den Weg an die Pforten des Hades zu ermöglichen. Mit diesem Totenfergen hat der etruskische Charun kaum mehr als den Namen gemeinsam.

An der rechten Seite der Tür steht Vanth. Sie trägt Stiefel und einen kurzen Rock, der durch Bänder gehalten wird, die zwischen den Brüsten verlaufen. Auch sie ist geflügelt und hält in der Linken eine Fackel.

112 Charun und Vanth. Detail der Wandmalerei in der Tomba degli Aninas. 3.–2. Jh. v. Chr., Tarquinia

Welche Wirkung die beiden Todesdämonen auf die Menschen ausübten, zeigen viele Bilder und Plastiken. In der Tomba dell' Orco in Tarquinia findet man eine Darstellung aus dem 4. Jahrhundert v. Chr., die stark beschädigt ist, weswegen sie durch eine Rekonstruktion von Gatti verdeutlicht werden soll (Abb. 113 und 114). Hier schwingt Charun nicht nur den Hammer. Er führt auch eine Schlange mit sich, die als uraltes Todessymbol gilt. Die Haare des Dämons züngeln wie Schlangen empor, und die Haut zeigt die Farbe der Verwesung.

Man versteht angesichts dieses Bildes den Gesichtsausdruck der Frau aus dem Hause Velcha, die mit Arnth Velcha am Bankett teilnimmt und den furchtbaren Charun vor Augen hat (Abb. 115). Die Frau ist schön und gepflegt, dazu mit kostbarem Schmuck geziert, doch ihr Auge blickt freudlos und starr, ihr Mund scheint durch Abscheu verzerrt.

In unserer Vorstellungswelt gibt es den grausamen Tod und den Tod als Freund. Ähnliches drücken die Todesdämonen der Etrusker aus. Vanth ist die mildere Form des Todes als Charun. Ein plastisches Werk aus der Zeit um 400 v. Chr. zeigt Vanth auf einer Kline zu Füßen eines jungen Mannes, dem sie seinen Tod verkündet (Abb. 116). Es handelt sich um einen inwendig hohlen Aschenbehälter aus Chianciano, der aus Pietra fetida – aus Stinkkalk – besteht.

Klassisch schön und sicherlich nach griechischem Vorbild sind die Gestalten geformt. Beide tragen ein Diadem auf einer gepflegten Frisur. Die geflügelte Vanth hält in der Linken eine Schriftrolle, auf der wohl der Todesbefehl verzeichnet ist, während die Rechte mit dem Daumen nach unten weist, um das Endgültige des Befehls auszudrücken.

Die Dämonen Charun und Vanth personifizieren aber nicht nur den Tod. Sie betätigen sich auch als Totengeleiter. Auf einer Alabaster-Urne aus Volterra sieht man, wie ein Mann höheren Standes – von seinem Diener begleitet – ins Totenreich reitet (Abb. 117). Geführt wird sein Pferd von Charun. Ganz allgemein spricht man bei Darstellungen dieser oder ähnlicher Art von einem Ritt oder einer Reise in die Unterwelt oder ins Jenseits. Doch was hat man sich darunter vorzustellen?

113 Charun. Detail der Wandmalerei in der älteren Kammer der Tomba dell'Orco. Ende 4. Jh. v. Chr., Tarquinia

Wenn man dem Toten ein Haus baute, ihm Speise und Trank, Kleider, Waffen, Schmuck und noch vielerlei mehr mitgab, dann tat man es, weil man glaubte, daß er am Ort seines Grabes mit einem Teil seiner Individualität weiterlebe. Und wenn man im Falle seiner Verbrennung seine Aschenurne so gestaltete, daß sie gleichsam einen neuen Körper bildet, wie es besonders bei den Kanopen der Fall ist, so tat man es in dem Glauben, der

114 Charun. Detail der Wandmalerei in der Tomba dell'Orco. Rekonstruktion von Gatti

116 Vanth verkündet einem jungen Mann seinen Tod. Aschenbehälter aus Chianciano. Um 400 v. Chr., Florenz, Archäologisches Museum

Tote könne auf diese Weise am Ort seiner Urnenbestattung fortleben. Auch dem Verbrannten sollte es an nichts mangeln. Das beweist vor allem ein Ziro-Urnengrab[44] in der Gegend von Chiusi aus dem 7. Jahrhundert v. Chr., in dem man Speisereste, Nüsse, einen Tisch, einen Sessel, ein Beil, einen Dreifußkessel und ein Räuchergefäß fand (Abb. 118).

Wie aber verträgt sich nun die Auffassung vom Fortleben am Ort des Grabes mit dem Ritt oder der Reise des Toten in die Unterwelt oder das Jenseits? Ambros Josef Pfiffig, Theologe und Etruskologe, vertritt die Ansicht, die Etrusker hätten einen Seelendualismus gekannt. Der Mensch habe nach etruskischem Glauben eine »Vitalseele, die – bei Erhaltung des äußeren Erscheinungsbildes des Toten – auch in irgendeiner Form weiterexistieren kann«, und eine immaterielle »Ichseele«, die nach dem Tode als »Totenseele« oder »Totengeist« fortbestehe[45].

◁ 115 Frau aus dem Hause Velcha. Detail der Wandmalerei in der älteren Kammer der Tomba dell'Orco. Ende 4. Jh. v. Chr., Tarquinia

117 Ritt ins Totenreich. Alabaster-Urne aus dem 2. Jh. v. Chr., Volterra, Etruskisches Museum

Während also die Vitalseele am Ort des Grabes »in irgendeiner Form« weiterlebt, existiert die Totenseele oder der Totengeist im Jenseits weiter.

Wie aber ist nun dieses Jenseits beschaffen? Pfiffig meint, daß es nach der ursprünglichen und älteren etruskischen Auffassung dem »Elysion bzw. der Insel der Seligen« ähnlich sei. (Diese paradiesischen Orte sind uns zwar durch die Griechen Homer, Hesiod und Pindar vertraut, sie entstammen aber der vorgriechischen Glaubenswelt.) Pfiffig begründet seine These mit Darstellungen, die einen Reiter auf einem Hippokampen, einem Seepferd, zeigen. In ihm sieht er den Toten, der zur Insel der Seligen unterwegs ist. Im Hippokampen ohne Reiter glaubt er eine Stellvertretung des Toten zu erkennen.

118 Ziro-Urnengrab in der Nähe von Chiusi. 7. Jh. v. Chr., Zeichnung nach der Rekonstruktion von E. Hall Dohan

119 Hippokamp mit Reiter. Giebeldreieck in der Tomba dei Tori in Tarquinia. Um 550 v. Chr., Zeichnung nach Pfiffig

Ein besonders typisches Beispiel liefert die Malerei eines Giebeldreiecks über einer Tür der Tomba dei Tori in Tarquinia (Abb. 119), die Pfiffig folgendermaßen kommentiert: »Eine felsige Insel mit Lorbeerbäumchen stellt die Insel der Seligen dar. Der Tote, in heroischer Nacktheit, aber mit den *calcei repandi*, den geschnäbelten Etruskerstiefeln an den Beinen, nähert sich ihr auf einem Hippokamp, einem Pferd mit Fischschwanz. Eine Wellenlinie deutet den Meeresspiegel an.«[46]

Es fragt sich, ob Pfiffig nicht allzu kühn in seinen Schlußfolgerungen ist[47]. Kann man aus Bildern mit Seetieren und Reitern an Grabstätten unbedingt schließen, daß sich hier Tote auf dem Weg ins Elysion zu den Inseln der Seligen befinden? Waren diese nicht überhaupt den Heroen vorbehalten und für gewöhnliche Sterbliche unzugänglich? Ist es ganz ausgeschlossen, daß sich die Etrusker in ihrer frühen Zeit damit zufriedengaben, mit einem Teil ihrer Individualität am Ort des Grabes fortzuleben? Und muß jede bildlich dargestellte Reise eines Toten gleich ins Jenseits gehen, oder könnte sie auch ins Totenreich, also in die Welt des Grabes, führen? Wir wissen noch sehr wenig Verläßliches über die Jenseitsvorstellungen der Etrusker.

Überliefert ist uns nur, »daß durch das Blut bestimmter Tiere, bestimmten Gottheiten dargebracht, die Seelen göttlich und dem Gesetz der Sterblichkeit entzogen werden«. Das sind dann die *Dii animales*, die Seelengötter. Wir kennen diesen Glauben aus den *libri Acheruntici*, die zu den *libri rituales* der *Etrusca Disciplina* gehörten und von denen der Rhetor Arnobius (um 300 n. Chr.) und der Grammatiker Servius (um 400 n. Chr.) berichteten[48]. Bei den menschlichen Seelen, »die durch gewisse Opfer in Götter verwandelt wurden«, handelte es sich naturgemäß nur um besonders auserwählte, so daß über das Fortleben der gewöhnlichen Sterblichen damit nichts ausgesagt ist.

120 Phersipnei und Aita. Detail der Wandmalerei in der jüngeren Kammer der Tomba dell'Orco. Um 200 v. Chr., Tarquinia

Wenn sich auch für die frühen Jahrhunderte nichts Sicheres über die Auffassung der Etrusker hinsichtlich des Fortlebens jenseits des Grabes sagen läßt, so steht doch fest, daß sie spätestens seit dem 4. Jahrhundert v. Chr. eine Vorstellung von der Unterwelt des griechischen Hades hatten.

In der zweiten und jüngeren Kammer der Tomba dell'Orco in Tarquinia aus der Zeit um 200 v. Chr. sind der Unterweltgott Hades und seine Gattin Persephone dargestellt (Abb. 120). Während Hades, ganz ungriechisch, eine Wolfskappe trägt, züngeln aus dem blonden Haar Persephones Schlangen empor. Die Namen der beiden Gottheiten sind in Etruskisch beigeschrieben: links *Phersipnei,* rechts *Aita.* Die Unterwelt, die sie beherrschen und die ebenfalls den Namen *Hades* trägt, entspricht bis auf eine Ausnahme aber ganz der griechischen Mythologie.

Die leider beträchtlich zerstörten Wandmalereien lassen noch den dreiköpfigen Geryoneus erkennen, den Halbgott Herakles,

121 Tuchulcha mit Peirithoos und Theseus. Detail der Wandmalerei in der jüngeren Kammer der Tomba dell'Orco. Um 200 v. Chr., Tarquinia. Rekonstruktion von Gatti

die Helden Agamemnon und Odysseus, den thebanischen Seher Teiresias und den Büßer Sisyphos. Auch Peirithoos und Theseus fehlen nicht. Sie wollten die Gattin des Hades entführen, der sie zur Strafe auf den Sitzen des Vergessens anwachsen ließ. In der Tomba dell'Orco steht zwischen ihnen ein Dämon, den die griechische Mythologie nicht kennt (Abb. 121). Es ist Tuchulcha, der in seinem Aussehen in gewisser Weise Charun ähnelt. Er hat eine Geierschnabelnase und einen Kopf, aus dem Schlangen emporzüngeln und Tierohren hervorstehen. Er ist geflügelt und bedroht die beiden Helden unausgesetzt mit einer Schlange.

Warum haben die Besitzer der zweiten Kammer der Tomba dell'Orco ihr Totenhaus zu einer Welt des Hades gemacht? Wollten sie damit ihrem Glauben Ausdruck geben, daß die Toten – also auch die aus ihrer Familie – als freud- und leidlose Schatten im unterirdischen Reich des Hades fortleben, und zwar zusammen mit den mythologischen Gestalten Griechenlands? Und wollten sie vielleicht – wenn es einen Seelendualismus gab – jener Seele, die am Ort des Grabes weiterlebte, bildhaft das Reich der im Jenseits fortlebenden Totenseele mitgeben, so wie man ihr früher Gastmähler, Spiele, Musik und Tanz mitgab? Oder verstand man in dieser Spätzeit den Mythos nur noch allegorisch und benutzte ihn zur Dekoration, wie man im 19. Jahrhundert Totenengel als Grabdenkmäler aufstellte, ohne an die Existenz von Engeln zu glauben? Eine eindeutige Antwort auf diese Fragen zu geben, wird kaum möglich sein.

Hades und Persephone wurden aber bei den Etruskern nicht nur im Zusammenhang mit Gestalten des griechischen Mythos gezeigt; man brachte sie auch in Verbindung zu den eigenen Toten. Als typisches Beispiel dafür bietet sich die Tomba Golini I in Orvieto an, die am Ende des 4. Jahrhunderts v. Chr. entstand. Ihre Malereien sind so beschädigt, daß man sie abnehmen mußte, um sie zu restaurieren und im Archäologischen Museum in Florenz auf neue Wände zu übertragen. Viele Partien waren dabei nicht wiederherstellbar, weshalb wir uns zur Verdeutlichung an die Rekonstruktionen von Gatti halten müssen.

Gleich neben der Tür sehen wir, wie der noch jugendliche Verstorbene ins Totenreich einfährt (Abb. 122). Er steht, festlich gekleidet, auf einer eleganten Biga, einem Zweigespann, und wird von einer geflügelten Vanth geleitet, die eine Rolle mit dem Todesbefehl in der rechten Hand hält.

Der Tote wird offensichtlich beim Bankett erwartet. An der Rückwand der Tomba sieht man zwei Personen, die beim Mahl auf einer Kline liegen, die eine mit einer Trinkschale, die andere mit einem Teller (Abb. 123, rechte Seite). Neben ihnen stehen zwei Musikanten mit Aulos und Kithara. Unter dem Tisch, der

122 Fahrt ins Totenreich. Detail der Wandmalerei in der Tomba Golini I in Orvieto. Ende 4. Jh. v. Chr., Florenz, Archäologisches Museum. Rekonstruktion von Gatti

123 *Links:* Köche bei der Arbeit. *Rechts:* Bankett. Detail der Wandmalerei in der Tomba Golini I in Orvieto. Rekonstruktion von Gatti

124 Die Unterweltgottheiten beim Bankett. Detail der Wandmalerei in der Tomba Golini I in Orvieto. Rekonstruktion von Gatti

vor die Kline gestellt ist, sieht man ein Podest mit einem eigenartigen Tier, das ein übergroßes Geweih trägt, und mit einem Knaben. Vermutlich handelt es sich bei den Tafelnden um verstorbene Mitglieder der Familie, der das Totenhaus gehört.

Im Bild anwesend in dieser Tomba sind auch Hades und Persephone (Abb. 124). Sie liegen nicht auf einer Kline, sondern sie sitzen. Der Herr der Unterwelt trägt seine Wolfskappe und hält in der Hand eine schlangenumwundene Lanze, während seine reichgeschmückte Gattin einen zepterähnlichen Stab, der mit einem Vogel gekrönt ist, umfaßt. Neben den Unterweltgöttern steht zwischen festlichen Leuchtern ein Tisch mit einer Räucherschale, auf dem vielerlei Gefäße aufgereiht sind. Ein nackter Diener hält ein Tablett und ein Gefäß zum Einschenken in Händen. Er ist an den Gottheiten vorübergegangen. Vor ihnen sind keine Trinkgefäße aufgestellt. Sie nehmen zwar am Bankett teil,

125 Vorratsraum im Freien. Detail der Wandmalerei in der Tomba Golini I in Orvieto. Rekonstruktion von Gatti

aber sie genießen anscheinend nichts. Hades hat seine Linke auf die Schulter Persephones gelegt. Das Paar schaut sich an und ist sich selbst genug.

Welche Vorstellungswelt steht nun hinter der Wandmalerei der Tomba Golini I? Sicherlich waren die Etrusker noch immer davon überzeugt, daß der Mensch mit einem Teil seiner Individualität am Ort des Grabes weiterexistiert. Sie haben aber im Lauf der Zeit auch den Glauben an die Unterwelt übernommen, in welcher der Mensch, um mit Pfiffig zu reden, in seiner Totenseele fortlebt. Sogar die griechischen Unterweltgottheiten Hades und Persephone wurden von ihnen anerkannt.

In der Tomba Golini I nahm nun eine Familie die Unterwelt bildhaft in ihr Totenhaus auf und wandelte sie etruskisch ab, sofern das Jenseits als der Ort eines ewigen Gastmahls im Beisein von Hades und Persephone verstanden wird. Sicherlich erklärt

126 Küchenpersonal bei der Arbeit. Detail der Wandmalerei in der Tomba Golini I in Orvieto. Rekonstruktion von Gatti

127 Diener hinter angerichteten Speisen. Detail der Wandmalerei in der Tomba Golini I in Orvieto. Rekonstruktion von Gatti

sich diese Abwandlung nicht zuletzt aus der Tatsache, daß für die Etrusker trotz aller Jenseitsvorstellungen noch immer das Fortleben im Grab im Vordergrund stand und daß zu den bildhaften Grabbeigaben vor allem das Gastmahl mit seinen Musikanten und Dienern gehörte.

Niemals bisher wurde all das, was zum Bankett und seiner Vorbereitung gehört, so auführlich dargestellt. Es beginnt mit einem Blick in den Vorratsraum für Fleisch, der im Freien zwischen Bäumen angelegt ist (Abb. 125). Aufgehängt sind ein geschlachteter Ochse, neben dem sein Kopf mit weitgeöffneten, treublickenden Augen liegt, sowie ein Hase, ein Reh und vier Vögel.

Im nächsten Bild ist dargestellt, wie ein Metzger das Fleisch mit einem Beil in Stücke teilt (Abb. 126). Dann folgt – nach rechts – eine Sklavin, die zwei Gefäße bringt. An Küchentischen arbeiten ein Mann und eine gut gekleidete Frau, und schließlich beugt sich ein Diener über eine große Schüssel, in welcher er etwas mit zwei Stößeln zerkleinert oder knetet. Neben ihm bläst ein Musiker die Doppelflöte, womit sich die Richtigkeit der Mitteilung antiker Schriftsteller bestätigt, daß die Bäcker und Köche ihre Arbeit gern bei Flötenspiel verrichteten.

In der Küche befindet sich ein großer Ofen, hinter dem ein Sklave steht, der mit der Linken einen Schmortopf an seinem Stiel hochhält, während ein anderer Diener dabei ist, eine Pfanne über das Feuer zu schieben (Abb. 123, linke Seite). Schließlich kann man den Blick noch auf einen Tisch werfen, auf dem die Speisen appetitlich angerichtet sind und von dem aus sie serviert werden (Abb. 127).

In der mit Unterweltszenen bemalten Tomba Golini I stellt sich die Welt jenseits des Todes wie die Fortsetzung eines genußreichen Lebens dar.

Todesfurcht und Untergangsstimmung

Auch die Gaumengenüsse, die in der Tomba Golini I zubereitet und serviert werden, können uns nicht darüber hinwegtäuschen, daß die Lebensfreuden in der späteren Zeit nicht mehr mit jener heiteren Selbstverständlichkeit genossen wurden, mit der es in den frühen Jahrhunderten geschah.

Wie zufrieden wirken doch die beim Mahl liegenden Paare in den Grabkammern des 6. und 5. Jahrhunderts v. Chr., zum Beispiel in der Tomba dei Leopardi (Abb. 36, 37 und 57). In der Zeit um 300 v. Chr. sah es anders aus. Typisch dafür ist ein Paar in der Tomba degli Scudi in Tarquinia (Abb. 128). Es fehlt nicht an Reichtum und Wohlstand. Eine kostbare Decke und prächtige Kissen liegen auf der Kline, der Tisch ist üppig gedeckt. Es fehlt aber jegliche Freude am gemeinsamen Mahl. Der Mann hat seine Rechte auf die Schulter der Frau gelegt und sieht sie sorgenvoll an. Diese blickt aus umdunkelten, weit geöffneten Augen, aus denen Hoffnungslosigkeit und Angst sprechen, vor sich hin. Selbst die Musikanten haben nichts mehr von der Daseinsfreude und Lebendigkeit, wie wir sie bei den Musikern der Tomba del Triclinio (Abb. 39 und 40) erlebt haben, die – ganz an die Welt ihrer Töne hingegeben – tanzend durch die Natur schritten. Von diesen hier zupft der eine seine Leier, und der andere bläst seine Tuba, aber beide stehen unbewegt da und können den Blick nicht abwenden von dem unglücklichen Paar.

Was nun ängstigt die Menschen so? Wenn man noch einmal an die trostlosen Augen und den verzerrten Mund der schönen Frau aus dem Hause Velcha zurückdenkt, dann weiß man, daß

128 Paar beim Bankett. Detail der Wandmalerei in der Tomba degli Scudi. Um 300 v. Chr., Tarquinia

es der Anblick Charuns – der Anblick des Todes – war, der sie so erschreckte (Abb. 113–115). Menschen der Spätzeit fürchten den Tod mehr als Menschen früher Jahrhunderte. Es kommt nicht von ungefähr, daß sich das schreckliche Bild Charuns erst im 4. Jahrhundert v. Chr. herausbildete.

Dann aber wußten die Etrusker auch, daß sie sich in der Endzeit ihrer Geschichte befinden. Sie folgerten es aus ihrer Lehre von den Saecula. Für uns ist ein Saeculum ein Jahrhundert, für die Etrusker war es »die längste Spanne menschlichen Lebens zwischen Geburt und Tod«[49]. Wann ein Saeculum zu Ende ging, zeigten die Götter den Menschen durch besondere Zeichen an.

Es gab Saecula von 100 Jahren, aber auch solche, die 123 oder 119 Jahre dauerten. Da die Etrusker ihre Geschichte auf zehn Saecula bemaßen und sie wahrscheinlich vom 10. Jahrhundert an datierten, mußte ihnen klar sein, wie viel Zeit ihnen noch gegeben war.

Im übrigen konnten die Etrusker aus der machtpolitischen Konstellation in Italien erkennen, daß sie nicht mehr viel zu erwarten hatten. Seit der Zerstörung von Veii durch die Römer im Jahre 396 v. Chr. verfiel ihre Macht zusehends. Im 3. Jahrhundert mußten sich die bedeutenden Städte Tarquinia und Caere unterwerfen, und im 2. Jahrhundert hatten etruskische Politiker bestenfalls noch regionale Bedeutung.

Man wundert sich angesichts dieser Tatsache nicht, daß die Gesichter der Menschen, wie es vor allem die Sarkophag-Plastiken des 3. und 2. Jahrhunderts v. Chr. zeigen, jegliche Zuversicht vermissen lassen. So hat auch der Aristokrat aus Tarquinia das sorgenvolle Haupt in die schwere linke Hand gestützt; er sinnt nach, richtet den Blick in die Ferne und scheint ohne Hoffnung (Abb. 129).

Als die politische Macht Etruriens schon gebrochen war, gab es noch eine etruskische Kultur. Gewiß, auch diese überdauerte – wenn man vom Wirken etruskischer Haruspices noch in der Kaiserzeit absieht – das erste vorchristliche Jahrhundert nicht. Sie starb aber nicht, sie wurde nur anonym, weil sie in der Kultur des Römischen Weltreichs aufging.

129 Aristokrat der Spätzeit. Detail eines Sarkophagdeckels. 2. Jh. v. Chr., Tarquinia, Museum

Anmerkungen

Vorbemerkung: Bei Zitaten griechischer und römischer Schriftsteller, die in fremder Übersetzung wiedergegeben sind, ist der Name des Übersetzers in Klammern angeführt.

1 Herodot, *Historien,* 1, 94 (Richtsteig)
2 Tacitus, *Annalen,* 4, 55 (Horneffer)
3 Hellanikos von Lesbos, ein jüngerer Zeitgenosse von Herodot, hielt die Einwanderer für Pelasger (vgl. Dionysios von Halikarnassos, 1, 28), ein »Volk aus Thessalien, von dem man annahm, es sei in nachhomerischer Zeit ausgewandert und übers Meer in verschiedene Gebiete der Ägäis und schließlich auch nach Italien gekommen« (Pallottino, *Die Etrusker,* S. 53).
4 Dionysios von Halikarnassos, *Antiquitates Romanae,* 1, 30 (zitiert nach Bloch, *Die Etrusker,* S. 43)
5 Pallottino sagt von der französischen Nation: »Diese ... hat ihren Ursprung in den ältesten europäischen Volksschichten. Angefangen bei den Ligurern und Kelten über die Herrschaft der Römer mit der Latinisierung und Christianisierung Galliens bis zu den germanischen Invasionen der Franken, Burgunder, Westgoten, Normannen und der Vereinheitlichung des Ganzen durch die Monarchie usf. haben alle diese völkischen und historischen Elemente zur Formung des französischen Volkes beigetragen.«

In ähnlicher Weise hat sich nach der Auffassung Pallottinos auch die etruskische Nation gebildet: »Man hat von der Herkunft der Etrusker aus dem Osten, aus dem Norden oder von ihrer italischen Autochthonie gesprochen, während in Wirklichkeit bei der Bildung der etruskischen Nation östliche, festländische, eingeborene Elemente beteiligt waren, die einzeln erforscht, beschrieben, bewertet und miteinander verglichen werden sollten.« (Pallottino, *Die Etrusker,* S. 63–64)

6 Altheim, *Der Ursprung der Etrusker*, S. 31–32

7 »Die jüngste Entdeckung einer Inschrift in chalkidischen Buchstaben auf einer geometrischen Vase des 8. Jahrhunderts in Pithecusa bestätigt die hergebrachte Theorie, daß das Alphabet in Mittelitalien schon in ältester Zeit der griechischen Kolonisation von Cumae aus eingeführt worden ist.« (Pallottino, *Die Etrusker*, S. 204; vgl. auch C. Buchner / C. F. Russo, *Rendiconti dell'Accademia dei Lincei*, 1955, S. 215 ff.)

8 H. Rix, *Lexikon der alten Welt.* Zürich–Stuttgart 1965, Sp. 902 – Pallottino erklärt die kombinatorische Methode folgendermaßen: »Die lexikalische und grammatische Bedeutung, die durch Induktion gewonnen wurde, überprüft man durch die Kombination der Texte, die das fragliche Wort enthalten, sowie durch die Kontrolle, ob die Haltbarkeit der ersten Hypothese sich auch an neuen Belegen erweist. Dies ist der klassische Verlauf der kombinatorischen Methode.« (*Die Etrusker*, S. 199)

Um Mißverständnissen vorzubeugen, sei noch auf folgendes hingewiesen: Man hört in Zusammenhang mit der Erforschung etruskischer Texte immer wieder von der etymologischen Methode, obwohl es doch heißt, daß diese für das Etruskische nicht anwendbar sei. Bei der Feststellung, daß die etymologische Methode kaum zu Ergebnissen führe, müßte man korrekterweise hinzufügen: »... es sei denn, daß es sich um offensichtliche Lehnwörter im Etruskischen handle« (Pfiffig, *Einführung in die Etruskologie*, S. 14).

Mißverständlich könnte es auch sein, daß es nur 25 Bilinguen gibt, mit denen man kaum etwas anfangen kann, daß aber dennoch neuerdings viel von einer »bilinguistischen« Methode die Rede ist. Worum es bei ihr geht, erklärt Pallottino folgendermaßen: »Sie arbeitet auf einem Gebiet, das vollständig verschieden ist von dem der Sprachverwandtschaft und dem der Sprachvergleichung. Sie bemüht sich statt dessen, den Sinn der Wörter und Texte nach der gleichen Art zu erklären, wie es die ›Übersetzer‹, d. h. die Bilinguen und Glossare tun. Man ging nämlich von der Voraussetzung aus, daß die etruskische Kultur direkt mit der griechischen und italischen verbunden war, wie Religion, Kunst, Sitten usf. beweisen. Dem entsprechend müsse sich die kulturelle Verwandtschaft auch in der Ausdrucksweise, in den Formeln für Opfer, Votiv- und Grabkult widerspiegeln. So kam man zu dem Schluß, daß ein etruskischer Text in vielen Fällen einem griechischen, lateinischen, italischen von entsprechendem Inhalt gegenübergestellt und auf der Basis eines solchen Vergleichs gedeutet werden könne, gleichsam als handelte es sich um eine Bilingue.« (*Die Etrusker*, S. 201)

Pfiffig hat recht, wenn er den Ausdruck »quasibilinguistische Methode« für korrekter hält. Rix erklärt sogar, die bilinguistische Methode sei »nur ein Sonderfall der ›kontextuellen‹ Kombinatorik, insofern als sie neben den archäologischen (Fundort, Art, Umgebung etc. des beschrifteten Gegenstandes) ein weiteres Mittel zur Bestimmung des Gesamtinhaltes darstellt und auf Grund der Erfahrung, daß in Sprachen desselben Kulturkreises gleiche Inhalte oft auf gleiche Weise formuliert werden, auf einzelnes schließen läßt« (Gött. Gel. Anz. 217, 1965, 72 f.).

9 Livius, *Ab urbe condita*, 7, 2

10 Sueton, *Augustus*, 97

11 Wir stellen uns das Atrium eines Hauses immer mit einer Öffnung im Dach, dem *compluvium*, vor, durch welche das Regenwasser in das darunterliegende Becken, das *impluvium*, fließt. Heurgon bemerkt dazu: »In Wirklichkeit ist diese Einrichtung ziemlich spät entstanden. Die Gräber, die so getreu die Architektur des Hauses widerspiegeln, liefern kein einziges Beispiel. Die ältesten Häuser von Pompeji waren mit einem Dach gedeckt und hatten ebenfalls kein compluvium. Die Gräber von Caere lassen nicht die geringste Spur von einer Öffnung im Dach erkennen, obwohl alle anderen Details, Firstbalken, Dachsparren, Latten und Verzierungen, mit größter Sorgfalt wiedergegeben sind. Ihre *atria* oder – was dasselbe ist – *cavaedia* sind, nach der Terminologie Vitruvs, der die verschiedensten Arten von Innenhöfen beschreibt, vom Typus der *testudinata*, weil ihr Dach der *testudo*, dem Panzer der Schildkröte, glich.« (Heurgon, *Die Etrusker*, S. 218 f.)

12 Bei den sexuellen Szenen wird die rechte oft als gleichgeschlechtliche Vereinigung angesehen. Dem widerspricht nicht nur die Anatomie der vorderen Figur, sondern auch – wie das Original deutlich zeigt – ihre hellere Hautfarbe, in der man nur Frauen darstellte. Diese Ansicht vertritt auch Pfiffig, *Religio Etrusca*, S. 213

13 Pallottino, *Die Etrusker*, S. 147

14 vgl. dazu Aristoteles, *Fragmenta Historica*, 566 (Acad. Reg. Boruss. 5, 1870, Sp. 1771 a); Pollux 4, 7, 56; Athenaios 4, 154 und 12, 518; Plutarch, *De cohibenda ira*, 11

15 Claudius Aelianus, *De natura animalium*, 12, 46

16 Livius, *Ab urbe condita*, 7, 2

17 Die Tomba del Colle wurde früher als Tomba Casuccini bezeichnet und führt bei manchen Autoren noch heute diesen Namen

18 Das berichtet Nicolaus Damascenus, wie wir bei Athenaios (4, 153 f.) erfahren. Athenaios ist der Verfasser der *Deipnosophisten,* eines Sammelwerks von 15 Bänden, das um 200 n. Chr. erschienen ist

19 Livius, *Periochae*, 16

20 vgl. Stützer, *Das alte Rom,* S. 137 ff.

21 vgl. vor allem Bachofen, *Die Sage von Tanaquil,* Bd. 6 der Gesammelten Werke

22 Altheim, *Römische Geschichte,* S. 103

23 Pallottino, *Die Etrusker,* S. 126

24 Heurgon, *Die Etrusker,* S. 108

25 Athenaios, 12, 517 d

26 Plautus, *Cistellaria,* 5, 561 f.

27 Athenaios, 1, 23 d

28 Diodoros Siculus, 5, 40. Diodor veröffentlichte die Mitteilungen des Poseidonios über die Etrusker in seinem 5. Buch

29 Diodoros Siculus, 5, 40

30 Vacano, *Die Etrusker in der Welt der Antike,* S. 109

31 »Turan – die der Aphrodite bzw. Venus entspricht – ist ›die Gebende‹, nicht ›die Herrin‹. Bei der Deutung ihres Namens die in ihrer Bedeutung absolut sichere Wurzel etr. *tur-* ›geben‹ zu übergehen und den Namen mit einem bisher nicht überzeugend gedeuteten, nichtgriechischen tyran(n)os zu verbinden, wie dies bis heute meist geschieht, ist unwissenschaftlich. Die Bedeutung ›Herr‹, die dem Wort tyran(n)os zugeteilt wird, ist nur aus der historischen Funktion als Möglichkeit erschlossen.

Jedoch glauben wir, daß tatsächlich eine Beziehung zwischen *Turan* und *tyran(n)os* besteht, aber in völlig umgekehrtem Sinn: Vielleicht ist der vorgriechische, mediterrane Tyrannos der König, der in der kultischen Begehung der Fruchtbarkeitsriten den Paredros der Großen Göttin darstellt. An einer solchen Funktion des Königs – und auf der anderen Seite der Königin oder obersten Priesterin – besteht nach allem, was wir von dem Kultbrauch des ›Hierós Gámos‹ (der hl. Hochzeit) wissen, kein Zweifel. Wenn nun die Große Göttin *Turan* genannt wird, dann ist ihr Paredros ›Turan-na‹ ›der zu Turan Gehörige‹. Die adjektivbildende Funktion von *-na* ist aus vielen vorgriechischen Ortsnamen der Ägäis und Kleinasiens bekannt und steckt auch in der Endung -ános/énos gräzisierter Namen. Wenn wir schon Etymologie treiben wollen, dann ist es in diesem Fall leichter, den etruskischen Gottesnamen *Turan* als das Primäre, das vorgriechische Tyrannos aber als das von ihm abgeleitete aufzufassen.« (Pfiffig, *Einführung in die Etruskologie,* S. 64 f.)

32 Bandinelli, *Etrusker und Italiker,* S. 293

33 Bandinelli, *Rom. Das Zentrum der Macht,* S. 29

34 Vitruv, *De architectura,* 4, 7

35 vgl. Stützer, *Das alte Rom,* S. 113 ff.

36 Man hat noch Bruchstücke eines gewandeten Körpers gefunden, die vielleicht zu dem Hermes-Kopf gehören. Dies läßt sich aber bisher nicht beweisen

37 Varro, *De lingua latina,* 5, 46

38 Pallottino, *Die Etrusker,* S. 131 – Zu den zitierten Äußerungen Pallottinos erklärt Pfiffig: »Dem ist hinzuzufügen, daß vor der Anerkennung als Hauptgott die Verschmelzung des transformierten Erddämons *veltha / Volta* (*Olta* bei Plin. n. h. II, 53) mit dem gemeinetruskischen Gewittergott Tin eingetreten ist. Auch wo nur Voltumna (Livius) oder *velthune* (Tuscaniaspiegel) genannt wird, zeigt die adjektivische Form des Namens, daß er ein Epitheton ist, das eine Funktion des Tin – Bundesgott wegen des Bundessitzes in Volsinii – ist. Das schließt nicht aus, daß *veltha / Volta* anderswo den dämonischen Aspekt beibehält (Properz, V, 11, 31).« (Pfiffig, *Religio Etrusca,* S. 235 f.)

39 Pallottino, *Die Etrusker,* S. 134

40 Cicero, *De divinatione,* 2, 23, 50 (Kühner)

41 Cicero, *De divinatione,* 1, 41, 92 (Kühner)

42 Cicero, *De divinatione,* 2, 24, 51

43 Cicero, *De divinatione,* 2, 42; Plinius, *Naturalis Historia,* 2, 54, 143

44 *ziro* ist ein Wort des toskanischen Dialekts. Es kommt vom arabischen *zir* und bedeutet: dickwandiges Tongefäß, in das in diesem Fall die Urne mit den Beigaben hineingestellt ist

45 Pfiffig, *Religio Etrusca,* S. 163 – Der Autor fährt dann fort: »Sie (die Totenseele) wird aber nicht in diesem Grad körperlos, entmaterialisiert gedacht wie die Seele des lebenden Menschen. Als ›zweites Ich‹, als Doppelgänger des körperlich Toten gewinnt die Totenseele im Unterschied zu der Ichseele einen ausgesprochen mehr körperlich-massiven Charakter. Diese zwei Vorstellungen vom Toten stehen in der Regel in einer mystischen Wechselbeziehung zueinander, in einer Art von ›Teilhabe‹, was zur Annahme führt, daß ein dem Leichnam, dem letzten Erscheinungsbild des Toten zugefügter Schaden sich in ähnlicher Weise auf die Gestalt der Totenseele auswirke. Im Zusammenspiel dieser beiden Vorstellun-

gen ist auch die grundlegende Identität in der Vorstellung vom Toten, der weiterlebt, als einem einheitlichen persönlichen Wesen bewahrt.«

46 Pfiffig, *Religio Etrusca*, S. 169

47 Pfiffig beruft sich auf Messerschmidt, *Untersuchungen zur Tomba del letto funebre in Tarquinia* (in: Studi Etruschi 3, 1929, S. 519 ff.)

48 Arnobius, *Adversus gentes*, 2, 62; Servius, *Kommentar zur Aeneis*, 3, 168

49 Diese Mitteilung verdanken wir dem Buch *De die natali* (17, 2) des Grammatikers Censorinus (3. Jh. n. Chr.), dessen Quelle Varro (116–27 v. Chr.) ist. Varro wiederum beruft sich auf ein Buch mit dem Titel *Tuscae historiae*

Literaturverzeichnis

Agostino, Alfredo de Veio – La storia, i ruderi, le terrecotte. Roma 1965

Altheim, Franz Der Ursprung der Etrusker. Baden-Baden 1950

– Römische Geschichte. Bd. 1: Die Grundlagen. Frankfurt a. M. 1951

Bachofen, Johann Jakob Gesammelte Werke. Hrsg. von K. Meuli. Basel 1943–1967

Banti, Luisa Die Welt der Etrusker. Aus dem Italienischen übers. v. P. Zanker u. H. v. Heintze. 3. Aufl. Stuttgart 1960

Bargellini, Piero Die Kunst der Etrusker. Aus dem Italienischen übers. v. F. Kollmann. Hamburg 1960

Bianchi Bandinelli, Ranuccio Rom. Das Zentrum der Macht. Aus dem Italienischen übers. v. M. Restle. München 1970

Bianchi Bandinelli, Ranuccio / Giuliano, Antonio Etrusker und Italiker vor der römischen Herrschaft. Aus dem Italienischen übers. v. H. Schlüter. München 1974

Bizzarri, Mario Orvieto etrusca. Kunst und Geschichte. Aus dem Italienischen übers. v. W. u. M. Pauli. Orvieto o. J.

Bloch, Raymond Arte Etrusca. Milano 1958

– Die Etrusker. Aus dem Englischen übers. v. U. Helbig. Köln 1960

– Die Kunst der Etrusker. Aus dem Französischen übers. v. U. Seyffarth. Stuttgart 1966

Boitani, Francesca / Cataldi, Maria / Pasquinucci, Marinella / Torelli, Mario Die Städte der Etrusker. Aus dem Italienischen übers. v. B. Andreae. Freiburg 1974

Ciattini, A. / Melani, V. / Nicosia, F. Itinerari Etruschi. Pistoia 1971

Cicero, Marcus Tullius De natura deorum. Stuttgart 1968 (= Bibliotheca Teubneriana)

– Vom Wesen der Götter. Aus dem Lateinischen übers. v. A. Kabza. München o. J. (= Goldmanns Gelbe Taschenbücher)

– De divinatione. De fato. Timaeus. Stuttgart 1968
(= Bibliotheca Teubneriana)
– Von der Weissagung. Aus dem Lateinischen übers. v. R. Kühner. München o. J.
(= Goldmanns Gelbe Taschenbücher)
Clemen, Carl Die Religion der Etrusker. Bonn 1936
Cles-Reden, Sibylle von Das versunkene Volk – Welt und Land der Etrusker. 2. Aufl. Frankfurt a. M. 1958
Dennis, George Die Städte und Begräbnisplätze Etruriens. Leipzig 1852. Neuausgabe v. O. W. Vacano. Darmstadt 1973
Dionysius Halicarnaseus Antiquitates Romanae. Stuttgart 1967
(= Bibliotheca Teubneriana)
Dohrn, Tobias Grundzüge etruskischer Kunst. Baden-Baden 1958
Ducati, Pericle Die etruskische, italo-hellenistische und römische Malerei. Aus dem Italienischen übers. Wien 1942
Enking, Ragna Etruskische Geistigkeit. Berlin 1947
Gerhard, Eduard Etruskische Spiegel. 1840 bis 1897. Unveränderter photomechanischer Nachdruck. Berlin 1974
Giglioli, Giulio Quirino L'arte etrusca. Milano 1935
Gröteke, Friedhelm Etruskerland – Geschichte, Kunst, Kultur. Stuttgart 1973
Hall Dohan, Edith A Ziro Burial from Chiusi. In: American Journal of Archaeology, 39, 1935
Helbig, Wolfgang Führer durch die öffentlichen Sammlungen klassischer Altertümer in Rom. Tübingen 1963–1972
Herbig, Reinhard Götter und Dämonen der Etrusker. 2. Aufl., bearb. v. Erika Simon. Mainz 1965
Herodot Historien. Aus dem Griechischen übers. v. E. Richtsteig. München 1961 (= Goldmanns Gelbe Taschenbücher)
Hess, Robert Das etruskische Italien. Köln 1973
Heurgon, Jacques Die Etrusker. Aus dem Französischen übers. v. I. Rauthe-Welsch. Stuttgart 1971
Latte, Kurt Römische Religionsgeschichte. 2. unveränderte Aufl. München 1967
Lauffer, Siegfried Abriß der antiken Geschichte. 2. Aufl. München 1964
Leisinger, Hermann Malerei der Etrusker. Stuttgart o. J.
Livius, Titus Ab urbe condita libri. Stuttgart 1966
(= Bibliotheca Teubneriana)
– Römische Frühgeschichte I. Aus »Ab urbe condita«, 1–5, ausgewählt u. übers. v. J. Feix. München 1960
(= Goldmanns Gelbe Taschenbücher)

– Römische Frühgeschichte II. Aus »Ab urbe condita«, 6–10, ausgew. u. übers. v. J. Feix. München 1962 (= Goldmanns Gelbe Taschenbücher)
Mansuelli, Guido Etrurien und die Anfänge Roms. Aus dem Italienischen übers. v. L. Voelker. Baden-Baden 1963
Massa, Aldo Die Welt der Etrusker. Aus dem Französischen übers. v. I. Hanneforth. München 1973
Messerschmidt, Franz Griechische und etruskische Religion. In: Studi e materiali stor. rel. 5, 1929, S. 21 ff.
– Untersuchungen zur Tomba del letto funebre in Tarquinia. In: Studi Etruschi 3, 1929, S. 519 ff.
Moretti, Mario Il Museo Nazionale di Villa Giulia. Roma 1973
Moretti, Mario (Text) / *von Matt, Leonard* (Fotos) Etruskische Malerei in Tarquinia. Köln 1974
Moretti, Mario / Maetzke, Guglielmo / Gasser, Manuel Kunst und Land der Etrusker. Zürich u. Würzburg 1969
Müller, Karl Otfried / Deecke, Wilhelm Die Etrusker. Stuttgart 1877, Nachdruck Graz 1965
Pallottino, Massimo L'Origine degli Etruschi. Roma 1947
– La Necropoli di Cerveteri. Roma 1950
– Nuovi studi sul problema delle origini etrusche (bilancio critico). In: Studi Etruschi 29, 1961, S. 3 ff.
– Die Etrusker. Übersetzung aus dem Italienischen der vom Verfasser für die Fischer-Bücherei durchgesehenen und erweiterten Ausgabe seiner »Etruscologia«. Frankfurt 1965
Pallottino, Massimo / Jucker, H. und I. Etruskische Kunst. Zürich 1955
Pfiffig, Ambros Josef Die Ausbreitung des römischen Städtewesens in Etrurien. Florenz 1966
– Die etruskische Sprache. Graz 1969
– Einführung in die Etruskologie – Probleme, Methoden, Ergebnisse. Darmstadt 1972
– Religio Etrusca. Graz 1975
Pfister, Kurt Die Etrusker – Größe, Geheimnis und Untergang eines Volkes. München 1940
Poulsen, Vagn Etruskische Kunst. Königstein i. T. 1969
Radke, Gerhard Die Götter Altitaliens. Münster 1965
Romanelli, Pietro Tarquinia – Nekropole und Museum. Aus dem Italienischen übers. v. H. v. Heintze. Rom 1955
Rix, H. Lexikon der alten Welt. Zürich–Stuttgart 1965
Runes, M. / Cortsen, S. P. Der etruskische Text der Agramer Mumienbinde. Göttingen 1935

Schefold, Karl Zum Begriff »etruskische Kunst«. In: Scritti in onore di Guido Libertini. Firenze 1958
– Die Griechen und ihre Nachbarn. Berlin 1967
Stoltenberg, Hans L. Etruskische Gottnamen. Leverkusen 1957
– Etruskische Namen für Personen und Gruppen. Leverkusen 1958
Stützer, Herbert Alexander Die Kunst der Etrusker und der römischen Republik. München 1955
– Aus der Frühzeit Italiens: Die Etrusker. München 1965
– Das alte Rom. Stuttgart 1971
Suetonius Tranquillus De vita Caesarum. Stuttgart 1967 (= Bibliotheca Teubneriana)
– Cäsarenleben. Aus dem Lateinischen übers. v. M. Heinemann. Stuttgart 1957 (= Kröners Taschenausgabe)
Tacitus, Cornelius Annalen. Lat. u. deutsch. München 1954 (= Tusculum Bücherei)
– Annalen. Aus dem Lateinischen übers. v. A. Horneffer. Stuttgart 1964 (= Kröners Taschenausgabe)
– Historien. Lat. u. deutsch. München 1969 (= Tusculum-Bücherei)
Thulin, C. O. Die etruskische Disciplin. Göteborg 1905–1909. Reprographischer Nachdruck. Darmstadt 1968
Vacano, Otto Wilhelm von Die Etrusker. Stuttgart 1955
– Die Etrusker in der Welt der Antike. Hamburg 1957
Vitruvius Pollio De architectura libri decem. Lat. u. deutsch (übers. v. C. Fensterbusch). Darmstadt 1964

Verzeichnis der Abbildungen

Farbabbildungen

Schwarzweiß-Abbildungen

3 Goldbleche aus Pyrgi. Um 500 v. Chr., Rom, Villa Giulia:
a) mit punischer Inschrift
b) mit längerer etruskischer Inschrift
c) mit kürzerer etruskischer Inschrift
4 Cippus von Perugia. Perugia, Archäologisches Museum
5 Agramer Mumie. Zagreb, Nationalmuseum
6 Agramer Mumienbinde mit etruskischem Text. Zagreb, Nationalmuseum (Reproduktion nach: Runes-Cortsen, *Der etruskische Text der Agramer Mumienbinde.* Göttingen 1935)
7 Die Apenninen-Halbinsel mit den Hauptorten etruskischer Kultur
8 Reste von Marzobotto (Misa)
9 Stadtplan vom alten Misa
10 Tempelfundament, genannt »Ara della Regina«, auf der Pian di Civita von Tarquinia. 4.–3. Jh. v. Chr.
11 Heutige Eingänge zu etruskischen Tomben in Tarquinia
12 Tomba del Barone. Ende 6. Jh. v. Chr., Tarquinia
13 Teilansicht der Nekropole von Cerveteri
14 Tumulus II der Nekropole von Cerveteri. Grundriß
15 Tomba della Casa con tetto stramineo. 7. Jh. v. Chr. Im Tumulus II der Nekropole von Cerveteri
16 Hüttenurne aus der Nekropole dell'Osteria in Vulci. 8. Jh. v. Chr.
17 Tomba dei Letti funebri. Anfang 6. Jh. v. Chr. Im Tumulus II der Nekropole von Cerveteri
18 Cippen vor einer Tomba in Cerveteri
19 Tomba dei Capitelli. Grundriß. 2. Hälfte 6. Jh. v. Chr., Nekropole von Cerveteri
20 Tomba dei Capitelli. Blick vom Atrium in die Hauptkammer. Cerveteri
21 Atrium der Tomba degli Scudi e delle Sedie. 1. Hälfte 6. Jh. v. Chr., Nekropole von Cerveteri
22 Grabtür der Tomba del Colle. 5. Jh. v. Chr., Chiusi
23 Tomba della Caccia e Pesca. Um 510 v. Chr., Tarquinia
24 Heimkehr von der Jagd. Detail der Wandmalerei in der Tomba della Caccia e Pesca. Tarquinia. Nachzeichnung
25 Hintere Kammer der Tomba della Caccia e Pesca. Tarquinia
26 Rückwand der hinteren Kammer der Tomba della Caccia e Pesca. Tarquinia
27 Linke Wand der hinteren Kammer der Tomba della Caccia e Pesca. Tarquinia
28 Schiff. Detail der Wandmalerei in der Tomba della Nave. Mitte 5. Jh. v. Chr., Tarquinia, Museum

92 Porträt eines Mannes aus Cerveteri. 50–40 v. Chr., Rom, Villa Giulia

93 Grundrisse etruskischer Tempel:
a) dreizelliger Tempel (Orvieto, Belvedere)
b) dreizelliger Tempel (Rom, Kapitol)
c) Tempel mit einer Cella und 2 Flügeln (Veii, Portonaccio)
(Die Grundrisse sind nur in sich, aber nicht untereinander maßstabgerecht)

94 Idealkonstruktion eines dreizelligen etruskischen Tempels. Zeichnung eines Modells im Museum des Instituts für Etruskologie und italische Altertumskunde der Universität Rom

95 Tempel des Iuppiter auf dem Kapitol in Rom. 6. Jh. v. Chr., Rekonstruktion. Museo della Civiltà Romana

96 Apollo von Veii. Firstfigur des Tempels von Portonaccio. Um 500 v. Chr., Rom, Villa Giulia

97 Hermes von Veii. Kopf einer Firstfigur des Tempels von Portonaccio. Um 500 v. Chr., Rom, Villa Giulia

98 Antefix mit Gorgohaupt vom Tempel von Portonaccio in Veii. Um 500 v. Chr., Rom, Villa Giulia

99 Silen und Mänade. Antefix vom Tempel der Mater Matuta in Conca (Satricum). 1. Hälfte 5. Jh. v. Chr., Rom, Villa Giulia

100 Flügelroß. Eckakroter, vermutlich von einem Tempel in Cerveteri. Anfang 5. Jh. v. Chr., Vatikanische Museen

101 Flügelpferde aus dem Giebelfeld des Tempels von Tarquinia. 4.–3. Jh. v. Chr., Tarquinia, Museum

102 Götterbild, wahrscheinlich Apollo, aus dem Tempel Lo Scasato in Civita Castellana. Um 300 v. Chr., Rom, Villa Giulia

103 Kämpfender Krieger. Bruchstück eines Mittelakroters aus dem Tempel von Sassi caduti in Civita Castellana. Anfang 5. Jh. v. Chr., Rom, Villa Giulia

104 Götterkopf, vermutlich Tinia, vom Tempel der Mater Matuta in Conca (Satricum). Anfang 5. Jh. v. Chr., Rom, Villa Giulia

105 Pava Tarchies lehrt die Leberschau. Bronzespiegel aus Tuscania. 3. Jh. v. Chr., Florenz, Archäologisches Museum, Nachzeichnung

106 Bronzeleber. 3. oder 2. Jh. v. Chr., Piacenza, Museo Civico

107 Oberseite der Bronzeleber von Piacenza. Zeichnung nach Deecke und Pfiffig (Reproduktion nach: A. J. Pfiffig, *Religio Etrusca*. Graz 1975)

108 Befragung eines Haruspex. Sogen. Boccanera-Platte aus einem Grab in Cerveteri. 2. Hälfte 6. Jh. v. Chr., London, Britisches Museum

127 Diener hinter angerichteten Speisen. Detail der Wandmalerei in der Tomba Golini I in Orvieto. Rekonstruktion von Gatti

128 Paar beim Bankett. Detail der Wandmalerei in der Tomba degli Scudi. Um 300 v. Chr., Tarquinia

129 Aristokrat der Spätzeit. Detail eines Sarkophagdeckels. 2. Jh. v. Chr., Tarquinia, Museum

Abbildungsnachweis

Boston, Museum of Fine Arts Abb. 85
Buochs (Schweiz), Leonard von Matt Farbabb. 1–11; Abb. 1, 10, 11, 16, 21–23, 25–29, 31, 33–44, 51–53, 55–57, 62–65, 67, 69, 70, 73–75, 79, 81, 83, 84, 87, 90–92, 97, 98, 101–103, 106, 109, 111–113, 115, 117, 120, 128
Firenze, Alinari Abb. 32, 33, 46–48, 71, 82, 86, 88, 89, 96, 116, 122, 125
Firenze, Soprintendenza Alle Antichità d'Etruria Abb. 114, 121, 123, 124, 126, 127
Geras, Archiv Prof. A. J. Pfiffig Abb. 5
Köln, Archiv Verlag M. DuMont Schauberg Abb. 4, 45, 100
London, Britisches Museum Abb. 108
München, Archiv des Verfassers Abb. 8, 18, 105
München, Hirmer Verlag Abb. 72
Rom, Anderson Abb. 12, 20, 58, 59, 99, 104, 129
Rom, Deutsches Archäologisches Institut Abb. 49, 50
Rom, Gabinetto Fotografico Nazionale Abb. 15, 17, 66, 95
Rom, S. A. Poligrafica Sammarinese Abb. 78
Rom, Fototeca Unione Abb. 3, 13, 30
Tübingen, Ursula Plag Abb. 2, 7, 9, 14, 19, 24, 54, 76, 93, 94, 110, 118
Vatikanstadt, Archivio Fotograf. Gall. Mus. Vaticani Abb. 60, 61

Zeittafel

Monumente und Kunstwerke, die in diesem Buch besprochen sind

Vor Christi Geburt

8. Jh. Hüttenurne aus Vulci. Rom, Villa Giulia (Abb. 16)
8. Jh. Villanova-Urne. Bologna, Museo Civico (Abb. 75)
8. Jh. Helmurne aus Tarquinia. Florenz, Archäologisches Museum (Abb. 77)

Um 700 Räucherwagen aus Bisenzio. Rom, Villa Giulia (Abb. 74)
1. Hälfte 7. Jh. Tomba Regolini-Galassi. Cerveteri. Goldschmuck in Vatikanischen Museen (Abb. 59, 60, 61)
7. Jh. Gesichtsmaske. Chiusi, Etruskisches Museum (Abb. 78)
7. Jh. Bemalte Kanope aus Chiusi. Florenz, Archäologisches Museum (Abb. 80)

Geschichte

Vor Christi Geburt

Um 1000–600 Villanova-Kultur
Seehandel zwischen Griechen, Karthagern und Etruskern
8. Jh. Beginn der kontrollierbaren historischen Wirklichkeit der Etrusker
8. Jh. Herausbildung städtischer Wesenszüge in Rom unter Mitwirkung des Etruskers Rumla, der als Romulus zur römischen Sagengestalt wurde
Um 700 Beginn der orientalisierenden Kultur

7. Jh. Kanope aus Castiglione del Lago. Florenz, Archäologisches Museum (Abb. 81)
7. Jh. Schreibtafel aus Marsiliana d'Albegna. Florenz, Archäologisches Museum (Abb. 1)
7. Jh. Tomba della Casa con tetto stramineo. Cerveteri (Abb. 15)
Mitte 7. Jh. Goldenes Trinkgefäß aus Praeneste. Rom, Villa Giulia (Abb. 69, 70)
Mitte 7. Jh. Schulterfibel aus Praeneste. Rom, Villa Giulia (Farbabb. 9, Abb. 62)
Ende 7. Jh. Corsini-Fibel. Florenz, Archäologisches Museum (Abb. 63)
Um 600 Ohrgehänge aus Vetulonia. Florenz, Archäologisches Museum (Abb. 64)
Um 600 Bucchero-Gefäße aus Cerveteri. Vatikanische Museen (Abb. 71)
Anfang 6. Jh. Tomba dei Letti funebri. Cerveteri (Abb. 17)
Anfang 6. Jh. Kanope aus dem Gebiet von Sarteano. Arezzo, Archäologisches Museum (Abb. 82)
1. Hälfte 6. Jh. Tomba degli Scudi e delle Sedie. Cerveteri (Abb. 21)
Um 550 Tomba dei Tori. Tarquinia (Farbabb. 1, Abb. 31, 32, 33, 119)

6. Jh. Iuppiter-Tempel in Rom (Abb. 93b, 95)
6. Jh. Tempel von Portonaccio. Veii (Abb. 93c)

Um 600–550 Griechisch-jonische Phokäer stoßen 562 in etruskische Einflußbereiche vor und gründen auf Korsika die Stadt Alalia (heute: Aleria). Vermutlich in der gleichen Zeit Gründung des etruskischen Zwölfstädtebundes in Mittelitalien

2. Hälfte 6. Jh. Befragung eines Haruspex (Boccanera-Platte). London, Britisches Museum (Abb. 108)

2. Hälfte 6. Jh. Tomba dei Capitelli. Cerveteri (Abb. 19, 20)

2. Hälfte 6. Jh. Tomba degli Auguri. Tarquinia (Abb. 51, 52, 53, 54)

2. Hälfte 6. Jh. Tomba Cardarelli. Tarquinia (Abb. 56)

Um 520 Tomba delle Leonesse. Tarquinia (Abb. 34, 35, 41, 42)

Ende 6. Jh. Tomba del Barone. Tarquinia (Farbabb. 6, Abb. 12, 55

Ende 6. Jh. Ehegatten-Sarkophag aus Cerveteri. Rom, Villa Giulia (Abb. 83, 84)

Ende 6. Jh. Apollo von Veii. Rom, Villa Giulia (Farbabb. 7, Abb. 96)

Ende 6. Jh. Hermes von Veii. Rom, Villa Giulia (Abb. 97)

Ende 6. Jh. Antefix mit Gorgo. Rom, Villa Giulia (Abb. 98)

Um 510 Tomba della Caccia e Pesca. Tarquinia (Abb. 23, 24, 25, 26, 27)

Um 510 Tomba delle Olimpiadi. Tarquinia, Museum (Abb. 43, 44)

Um 600–510 Etruskische Könige in Rom (Tarquinius Priscus, Servius Tullius, Tarquinius Superbus)

Um 540 Etrusker und Karthager besiegen die Phokäer zur See bei Alalia auf Korsika, das unter etruskischen Einfluß kommt

Ende 6. Jh. Gründung eines etruskischen Städtebundes in Norditalien nach Gründung von Städten, die für den Zugang zur Adria und für den Handelsverkehr über die Alpen wichtig sind

Kurz vor 500 Etruskischer Sieg über die Osker in Kampanien. Danach Gründung eines Städtebundes in Süditalien

Um 510 Absetzung der Tarquinier und Beginn der römischen Republik

Um 508 Porsenna, König von Clusium (Chiusi), herrscht wahrscheinlich für kurze Zeit über Rom

504 Aristodemos von Cumae besiegt die Etrusker bei Aricia

Um 500 Goldbleche aus Pyrgi. Rom, Villa Giulia (Abb. 3)	
Anfang 5. Jh. Tomba delle Bighe. Tarquinia, Museum (Abb. 49, 50)	
Anfang 5. Jh. Flügelroß aus Cerveteri (?). Vatikanische Museen (Abb. 100)	
Anfang 5. Jh. Krieger aus Sassi caduti. Rom, Villa Giulia (Abb. 103)	
2. Jahrzehnt 5. Jh. Tomba del Triclinio. Tarquinia, Museum (Farbabb. 4, Abb. 39, 40)	
1. Hälfte 5. Jh. Tomba dei Leopardi. Tarquinia (Farbabb. 3, Abb. 36, 37, 38, 57)	483–474 Krieg zwischen Rom und Veii
1. Hälfte 5. Jh. Tempelschmuck von Satricum. Rom, Villa Giulia (Abb. 99, 104)	
1. Hälfte 5. Jh. Tomba della Scimmia, Chiusi (Abb. 46, 47, 48)	474 Griechen besiegen unter Hieron I. von Syrakus die Etrusker in einer Seeschlacht bei Kyme (Cumae). Eine Folge davon ist die Einschränkung des Handelsverkehrs zwischen Griechen und Etruskern und Verbilligung der attischen Keramik
5. Jh. Tomba del Colle. Chiusi (Abb. 22, 45)	
5. Jh. Tempel in Orvieto (Abb. 93 a)	
Mitte 5. Jh. Tomba della Nave. Tarquinia, Museum (Abb. 28)	
	453–452 Die Syrakusaner plündern von der See aus an den Küsten Etruriens und Korsikas. Elba wird besetzt
	438–426 Krieg zwischen Rom und Veii. Waffenstillstand für 20 Jahre
	421 Die Samniten vertreiben die Etrusker aus Capua
Um 400 Bronzegruppe (Bauer aus Arezzo). Rom, Villa Giulia (Abb. 111)	415–413 Etrusker unterstützen im griechischen Bruderkrieg die Athener gegen die Syrakusaner

Um 400 Aschenbehälter aus Chianciano. Florenz, Archäologisches Museum (Abb. 116)

5. und 4. Jh. Bronzeleuchter. Rom, Villa Giulia (Abb. 73)

4. Jh. Acheloos-Kette aus Praeneste. Rom, Villa Giulia (Abb. 65)

4. Jh. Bronzespiegel mit Turan und Atunis. Leningrad, Eremitage (Abb. 68)

4. Jh. Kopfbecher mit Dämonengesicht. München, Antikensammlungen (Abb. 72)

Ende 4. Jh. Tomba dell'Orco. 1. Kammer. Tarquinia (Abb. 113, 114, 115)

Ende 4. Jh. Tomba Golini I aus Orvieto. Florenz, Archäologisches Museum (Abb. 122, 123, 124, 125, 126, 127)

4.–3. Jh. Tempel von Tarquinia (Abb. 10)

4.–3. Jh. Flügelpferde vom Tempel. Tarquinia, Museum (Abb. 101)

4.–3. Jh. Bronzeciste aus Praeneste. Rom, Villa Giulia (Farbabb. 8, Abb. 67)

396 Veii wird von den Römern erobert und zerstört. Die Kelten fallen in das etruskische Norditalien ein

384 Dionysios I. von Syrakus plündert Pyrgi, den Hafen von Caere (Cerveteri)

357–354 Tarquinii, Caere und Falerii begehren gegen Rom auf

353 Caere verläßt den Zwölferbund und beugt sich den Römern

351 Tarquinii und Falerii schließen nach kriegerischen Auseinandersetzungen mit Rom einen vierzigjährigen Frieden

343 Falerii verbündet sich mit Rom

311 Die Etrusker von Arretium, Cortona, Perusia und Tarquinii verbünden sich mit den Samniten gegen die Römer

310 Rom besiegt die Etrusker an dem bei Orte gelegenen Vadimonischen See. Friede mit Arretium, Cortona und Perusia

310 Etrusker kämpfen zur See auf seiten der Syrakusaner gegen Karthago. Ende des Bündnisses zwischen Etruskern und Karthagern

308 Tarquinii schließt mit Rom abermals einen vierzigjährigen Frieden

4.–3. Jh. Schminkdöschen aus Praeneste. Rom, Villa Giulia (Abb. 66)

4. oder 3. Jh. Sarkophagdeckel mit Ehegatten aus Vulci. Boston, Museum of Fine Arts (Abb. 85)

4. oder 3. Jh. Zwei Haruspices. Rom, Villa Giulia (Abb. 109)

Um 300 Tomba degli Scudi. Tarquinia (Farbabb. 5, Abb. 58, 128)

Um 300 Götterbild aus Lo Scasato. Rom, Villa Giulia (Abb. 102)

298–290 Im 3. Samnitenkrieg verbünden sich Samniten, Lukaner, Sabiner, Umbrer, Kelten und Etrusker gegen die Römer

295 Etrusker und Kelten werden in der Schlacht bei Sentinum von den Römern geschlagen

294 Friede zwischen Römern und Etruskern

282 2. Schlacht am Vadimonischen See zwischen Römern auf der einen und keltischen Bojern und Etruskern auf der anderen Seite

281–280 Römische Bündnisse mit Populonia, Rusellae, Vetulonia, Volaterrae, Volci und Volsinii

280 muß sich Tarquinii unterwerfen, 273 Caere

3. Jh. Tomba dei Relievi. Cerveteri (Farbabb. 2, Abb. 30)

3. Jh., Knabenkopf. Florenz, Archäologisches Museum (Abb. 86)

3. Jh. Spiegel mit Pava Tarchies aus Tuscania, Florenz, Archäologisches Museum (Abb. 105)

3. oder Anfang 2. Jh. Tomba Giglioli. Tarquinia (Abb. 29)
3. oder 2. Jh. Bronzeleber. Piacenza, Museo Civico (Abb. 106, 107)
3. bis 2. Jh. Tomba degli Aninas. Tarquinia (Abb. 112)
Um 200 Tomba dell'Orco. 2. Kammer. Tarquinia (Abb. 120, 121)

2. Jh. Alabasterurne (Ritt ins Totenreich). Volterra, Etruskisches Museum (Abb. 117)
2. Jh. Aristokrat auf Sarkophagdeckel. Tarquinia, Museum (Abb. 129)
Um 100 Tomba del Convegno. Tarquinia (Farbabb. 10, Abb. 87)
Um 100 Arringatore. Florenz, Archäologisches Museum (Abb. 88, 89)

1. Hälfte 1. Jh. Ehepaar auf Urnendeckel. Volterra, Etruskisches Museum (Abb. 90, 91)

50–40 Männliches Porträt aus Cerveteri. Rom, Villa Giulia (Abb. 92)

217 Im 2. Punischen Krieg stehen die Etrusker nach Hannibals Sieg am Trasimenischen See zu Rom. Sie erheben sich dagegen 208, unterstützen aber P. Cornelius Scipio 204 bei seiner Überfahrt nach Afrika durch Mitgabe von Lebensmitteln, Waffen und vielerlei anderer Materialien

191 In Pyrgi römische Kolonie
183 In Saturnia römische Kolonie
181 In Gravisca römische Kolonie

91–88 findet der Bundesgenossenkrieg statt, durch den auch die Etrusker das römische Bürgerrecht erhalten
82 Sulla rächt sich an jenen Etruskern, die seinen Gegner Marius als Freiwillige unterstützt haben

nach 42 Augustus teilt Italien in 11 Regionen ein und macht Etruria zur Regio VII

Ortsregister

Personen- und Sachregister

DuMont Kunst-Taschenbücher

Band 1 Abraham A. Moles
Kunst & Computer
Mit 130 Abbildungen, Bibliographie, Diskographie, Filmographie und Index

Band 2 Horst W. und Dora Jane Janson
Malerei unserer Welt
Von der Höhlenmalerei zur Moderne
Mit 32 farbigen und 213 einfarbigen Abbildungen, Index

Band 3
August Macke Die Tunisreise
Aquarelle und Zeichnungen. Mit 16 farbigen und 18 einfarbigen Abbildungen

Band 4 Uwe M. Schneede
René Magritte
Leben und Werk. Mit 16 farbigen und 60 einfarbigen Abbildungen

Band 5 Ernst Günther Grimme
Pieter Bruegel d. Ä.
Leben und Werk. Mit 41 farbigen und 48 einfarbigen Abbildungen, Biographie, ausgewählter Bibliographie

Band 6 Karin Thomas
DuMont's kleines Sachwörterbuch zur Kunst des 20. Jahrhunderts
Von Anti-Kunst bis Zero
Mit 16 farbigen und 141 einfarbigen Abbildungen, Namenverzeichnis

Band 7 Hans Joachim Albrecht
Farbe als Sprache
Robert Delaunay · Josef Albers · Richard Paul Lohse. Mit 10 farbigen und 30 einfarbigen Abbildungen

Band 8 Christian Geelhaar
Paul Klee
Leben und Werk. Mit 43 farbigen und 48 einfarbigen Abbildungen, Lebensdaten, ausgewählter Bibliographie

Band 9 Adolf Max Vogt
Russische und Französische Revolutionsarchitektur 1917 1789
Zur Einwirkung des Marxismus und des Newtonismus auf die Bauweise.
Mit 94 Abbildungen

Band 10 Herbert W. Franke
Phänomen Kunst
Die kybernetischen Grundlagen der Ästhetik. Mit 51 Abbildungen, Literaturverzeichnis, Sachwortverzeichnis

Band 11
William Morris Kunde von Nirgendwo
Eine Utopie der vollendeten kommunistischen Gesellschaft. Bibliographie

Band 12 José Pierre
DuMont's kleines Lexikon des Surrealismus
Mit 62 farbigen und 72 einfarbigen Abbildungen

DuMont Kunst-Taschenbücher

Band 13 Joseph Émile Muller
DuMont's kleines Lexikon des Expressionismus
Mit 113 farbigen und 41 einfarbigen Abbildungen

Band 14 Jens Christian Jensen
Caspar David Friedrich
Leben und Werk. Mit 24 farbigen und 64 einfarbigen Abbildungen, Bibliographie, Namenverzeichnis

Band 15 Heijo Klein
DuMont's kleines Sachwörterbuch der Drucktechnik und grafischen Kunst
Von Abdruck bis Zylinderpresse. Mit 8 farbigen und 142 einfarbigen Abbildungen

Band 16 Michail W. Alpatow
Studien zur Geschichte der westeuropäischen Kunst
Mit 80 Abbildungen und Zeichnungen, Namenverzeichnis

Band 17 André Stoll
Asterix – das Trivialepos Frankreichs
Die Bild- und Sprachartistik eines Bestseller-Comics. Mit 8 farbigen und 107 einfarbigen Abbildungen

Band 18 Horst Richter
Geschichte der Malerei im 20. Jahrhundert
Stile und Künstler. Mit 32 farbigen und 91 einfarbigen Abbildungen, Zeittafel, Bibliographie, Namenverzeichnis

Band 19 László Glózer
Picasso und der Surrealismus
Mit 10 farbigen und 79 einfarbigen Abbildungen, Bibliographie, Zeittafel

Band 20 Cyril Barrett
Op Art
Mit 24 farbigen und 101 einfarbigen Abbildungen, Lexikon, Künstlerverzeichnis, Bibliographie

Band 21 Otto F. Gmelin
Anti Freud
Freuds Folgen in der bildenden Kunst und Werbung. Mit einem Beitrag von Helene Saussure. Mit 44 Abbildungen, Bibliographie, Register

Band 22 Wolfgang Brückner
Elfenreigen – Hochzeitstraum
Die Öldruckfabrikation 1880–1940. Mit 26 farbigen und 78 einfarbigen Abbildungen, Bibliographie

Band 23 Horst Keller
Marc Chagall
Leben und Werk. Mit 24 farbigen und 68 einfarbigen Abbildungen, Bibliographie, biographischem Überblick

DuMont Kunst-Taschenbücher

Band 24 Ernst R. Scherz und Anneliese Scherz

Afrikanische Felskunst

Malereien auf Felsen in Südwest-Afrika. Mit 130 Abbildungen

Band 25 Gabriele Sterner

Jugendstil

Kunstformen zwischen Individualismus und Massengesellschaft. Mit 20 farbigen und 73 einfarbigen Abbildungen, Bibliographie, Namenregister

Band 26 Jens Christian Jensen

Carl Spitzweg

Zwischen Resignation und Zeitkritik. Mit 24 farbigen und 59 einfarbigen Abbildungen, Zeittafel, Bibliographie, Register

Band 27 Oto Bihalji-Merin

Naive Malerei

Mit 41 farbigen und 110 einfarbigen Abbildungen, 31 Persönlichkeitsfotos, Künstlerbiographien, Literatur- und Ausstellungsverzeichnis

Band 28 Hans Holländer

Hieronymus Bosch

Weltbilder und Traumwerk. Mit 27 farbigen und 52 einfarbigen Abbildungen, Zeittafel, Bibliographie, Namenverzeichnis

Band 29 Herbert Alexander Stützer

Die Etrusker und ihre Welt

Mit 11 farbigen und etwa 120 einfarbigen Abbildungen und Zeichnungen, Zeittafel, Register

Band 30 Johannes Pawlik (Hrsg.)

Malen lernen

Eine Einführung in die künstlerischen Maltechniken. Mit 43 farbigen und 33 einfarbigen Abbildungen, Sachregister

Im Oktober '75 erscheinen

Band 31 Jean Selz

DuMont's kleines Lexikon des Impressionismus

Mit etwa 110 farbigen und etwa 26 einfarbigen Abbildungen, Bibliographie, Verzeichnis der Ausstellungen und Retrospektiven, vergleichender Zeittafel, Register

Band 32 Uwe M. Schneede

George Grosz

Der Künstler in seiner Gesellschaft. Mit etwa 8 farbigen und etwa 92 einfarbigen Abbildungen, Bibliographie, Register

dtv

Der Mann ist tot. Das ist ganz offensichtlich. Mit weit geöffneten Augen starrt er ins Nichts, eine Blutspur zieht sich von der Nase über die Wange. Es hätte ein schöner Mann sein können – wäre nur sein Gesicht nicht so fahl. Sein Haar klebt blutig an Stirn und Schläfen. Er ist definitiv tot. Plötzlich ein Schlag. Und noch bevor sie begreifen kann, was sie da sieht, versinkt sie in tiefe Bewußtlosigkeit. – Als Margaret Moss, die nicht ganz perfekte Privatdetektivin aus Oslo, wieder zu sich kommt, befindet sie sich in der Ölstadt Stavanger. Mit einem blauen Auge von der Größe einer Pflaume beginnt sie ein Verbrechen aufzuklären, das nur auf den allerersten Blick simpel zu sein scheint. Es geht um Mord, Drogen, Geldwäsche und internationale Immobilienspekulationen ... »Sie hält sich selbst für die mieseste Privatdetektivin diesseits des Oslofjords – uns dagegen überzeugt Margaret Moss vollkommen!« (Elle)

Kjersti Scheen wurde 1943 in Oslo geboren. Sie begann als Buchillustratorin, arbeitete zehn Jahre lang als Journalistin und hatte ihr schriftstellerisches Debüt 1976. Seither verfaßt sie erfolgreich Romane und Krimis für Kinder, Jugendliche und Erwachsene.

Kjersti Scheen

Die siebte Sünde

Roman

Aus dem Norwegischen
von Annika Krummacher

Deutscher Taschenbuch Verlag

Von Kjersti Scheen
sind im Deutschen Taschenbuch Verlag erschienen:
Kein Applaus für den Mörder (20392)
Die Spur der toten Engel (20339)

Deutsche Erstausgabe
Februar 2003
2. Auflage August 2003
Deutscher Taschenbuch Verlag GmbH & Co. KG,
München
www.dtv.de

Titel der norwegischen Originalausgabe:
›Den syvende synd‹

Umschlagkonzept: Balk & Brumshagen
Umschlaggestaltung unter Verwendung eines Gemäldes
von Jean-Joseph Taillasson
Gesetzt aus der Garamond 10/11,75· (3B2)
Gesamtherstellung: Druckerei C. H. Beck, Nördlingen
Gedruckt auf säurefreiem, chlorfrei gebleichtem Papier
Printed in Germany · ISBN 3-423-20598-9

Es war plötzlich so dunkel geworden.

Sie blieb stehen und sah sich um. Die Erde bebte unter ihr, rhythmisch, wie von schweren, donnernden Herzschlägen, ihre Stiefel waren voller Sand.

Wo zum Teufel war der Weg geblieben?

Sie sah nach unten, blinzelte, sah nichts. Ging in die Hokke, und mit kalten Händen tastete sie den Boden um sich herum ab.

Harte Grashalme. Feiner Sand.

Vorhin war an dieser Stelle noch ein Weg gewesen, wenn auch ein schmaler, aber immerhin. Jetzt war er verschwunden. Schwankend richtete sie sich wieder auf, der Alkohol raste in ihrem Blut umher, brannte unter dem Brustbein, ein schwerer und unangenehmer Rausch, der sie vollständig lähmte. Wütend auf sich selbst, schlug sie plötzlich um sich und fiel fast um, verdammt!

Hier war doch ein Weg gewesen!

Ihr Mantel flatterte, es wehte ein nasser Wind, der in Böen kam und nach See und Tang und Teer roch. Es war das Meer, natürlich, das Meer war es, das so einen fürchterlichen Lärm machte. Sie hielt das Haar mit beiden Händen aus dem Gesicht und kniff die Augen zusammen.

Es mußte das Meer sein!

Draußen in der Dunkelheit ritten weiße Schaumstreifen

an Land, sie machte einen unsicheren Schritt vorwärts, und dann packte eine Windbö ihren offenen Mantel und brachte sie ernsthaft aus dem Gleichgewicht, einen Augenblick schwankte sie, dann fiel sie.

Geradewegs hinunter und ohne einen Ton.

Sie dachte gerade noch, das war's dann wohl und meinetwegen, da traf sie mit einem dumpfen Aufprall auf harten Sandboden.

Einen Augenblick lag sie atemlos da, dann schnappte sie hastig nach Luft und ruderte panisch mit den Armen, doch sie war nicht ins Meer gefallen. Ganz in der Nähe brodelte und zischte es, aber sie war unter einer steilen Böschung gelandet, und um sie herum war nichts als Sand.

Nun hatte das Meer sie doch nicht erwischt, dachte sie.

Und sie war darüber nicht unbedingt erleichtert.

I

»I may be right and I may be wrong,
I know you're gonna miss me when I'm gone.«

Trad.

Es war ja schon von Anfang an eine verdammt schlechte Idee gewesen, das hatte sie sehr wohl gewußt. Sich einfach so aus dem Staub zu machen und im Spätherbst nach Stavanger zu fahren, ohne einen vernünftigen Grund.

Aber das Jahr war durch und durch verkorkst gewesen.

Es hatte schlecht begonnen und war irgendwie nicht besser geworden. Sie hatte fast keine Aufträge und kam nur mit Hilfe einiger Werbejobs über die Runden, die ihr ein alter Freund besorgt hatte. Eine Ausbildung an der staatlichen Schauspielschule, zehn Jahre Engagement als Schauspielerin, fünf Jahre Jurastudium, etwa ein Jahr bei der Polizei und einige Jahre Privatdetektivin – und nun saß Margaret Moss in einem Besenschrank von einem Studio und sagte zwanzigmal am Tag: »Nanni Nußaufstrich, mmm, ist das lecker!«

Ihre alte Tante, mit der sie sich ein Haus im besten Westen Oslos teilte, kam immer schlechter allein zurecht. Inzwischen brauchte sie ständig eine Gehhilfe, dabei war die Ärmste doch so eitel. Sie hätte am liebsten keinen Fuß mehr vor die Tür gesetzt, so sehr haßte sie das Ding. An Osteoporose litt sie dagegen nicht, denn sonst hätte sie sich längst jeden einzelnen Knochen im Leib gebrochen, so oft wie sie stürzte. Ihre Tagesration war auf drei Gläser Portwein gesunken, aber sie vertrug ja auch nichts mehr, die ehemalige

Schauspielerin und Direktorengattin Maisen Moss Pedersen.

Das lag an der Fähigkeit des Körpers, Giftstoffe abzubauen. Die nehme im Lauf der Jahre immer mehr ab, hatte der Arzt gesagt. Schlechte Nachrichten, dachte Margaret Moss, die das nämlich auch schon festgestellt hatte. Irgendwie fielen die Katerstimmungen anders aus als früher.

Die eigenen Kater wohlgemerkt.

Ihre Tochter Karen lebte schon seit geraumer Zeit in Stockholm. Sie wohnte bei ihrem Vater in Söder und interessierte sich seit neuestem für einen Job am Theater.

Hoffentlich nur eine Laune, dachte Moss, die sich in diesem Jahr irgendwie einsam fühlte.

Sogar Roland Rud weigerte sich, auf ihre Anrufe zu reagieren.

Der Held aus den großen Wäldern und Ritter der Landstraße, der Fernfahrer, der Moss normalerweise zu Hilfe eilte, der Mann mit dem schütteren Pferdeschwanz und den schiefen Stiefelabsätzen – der war plötzlich incommunicado.

Bei seiner Frau und den beiden Töchtern in Prinsdal war er nicht (Moss hatte sich als Angestellte des Finanzamts Oslo ausgegeben, als sie sich endlich getraut hatte, dort anzurufen), und er ging auch nicht ans Handy. Schließlich hatte sie allen Mut zusammengenommen und es bei Norgestransport versucht, wo er all die Jahre gearbeitet hatte, aber dort hieß es, er habe gekündigt.

Gekündigt!

Einen heißen Sommer lang mit hoher Luftfeuchtigkeit und diesiger Sonne hatte sie vor sich hin gestarrt. Die Bäume in Tante Maisens Garten bekamen Mehltau und kränkelten, die Kamine rochen bedrohlich nach Ruß, die Tapeten schlugen Blasen und bekamen Risse, die Holztüren quollen und ließen sich nur schwer schließen.

Moss hatte Kopfschmerzen, litt an Schweißausbrüchen und sah doppelt.

Das Hygrometer in Maisens Wohnzimmer war irgendwo zwischen 80 und 85 stehengeblieben und rührte sich nicht vom Fleck.

»Der Jüngste Tag ist nicht mehr fern«, sagte Tante Maisen und hielt die Zigarette verkehrt herum zwischen ihren zitternden Fingern. Dann zündete sie den Filter an und blickte düster vor sich hin.

»Mir geht's nicht gut«, sagte Moss. Es waren nicht nur die Kopfschmerzen – ihre Beine knickten neuerdings unter ihr weg. Irgendwie mußte es mit dem Gleichgewichtssinn zusammenhängen, sie ließ Gläser auf den Boden fallen, faßte bei Türgriffen daneben, stieß mit den Knien an Küchenschranktüren, die sich unmerklich unter der Arbeitsplatte öffneten, woraufhin ihr vor Schreck der Schweiß ausbrach.

»Das ist das Alter, meine Liebe«, sagte Tante Maisen und ließ Asche auf ihre fleckige Hose rieseln. »Hast du eine Ahnung, wo der Kater abgeblieben ist?«

»Vermutlich ist gerade mal wieder Brunstzeit«, sagte Moss, blätterte hektisch in Maisens altem Medizinhandbuch und schlug es unter »Nervenleiden« auf.

»Für so was ist er doch zu alt«, sagte Tante Maisen.

»Das glaubst aber auch nur du«, sagte Moss und schloß das Buch mit einem Knall, als sie entdeckte, woran man alles leiden konnte. »Maisen, eigentlich dürfte ich gar nicht so schwitzen, ich nehme doch ein Östrogenpräparat.«

»Ach Gott«, sagte Maisen und betrachtete sie besorgt. »Kann man davon abhängig werden?«

»Ja«, sagte Moss und stellte das Buch ins Regal zurück. »Du weißt doch, wofür man Östrogen bekommt. Man nimmt es, um die Wechseljahre erträglicher zu machen.«

»Zu meiner Zeit gab es keine Wechseljahre«, sagte die Tante würdevoll.

»Nein, das kann ich mir denken«, sagte Moss und knallte die Tür zu, als sie nach oben in ihre Wohnung ging.

Ständig quälte sie die Vorstellung, plötzlich umzukippen, auf der Straße, in der Straßenbahn. Im Kino vom Sitz zu fallen oder noch schlimmer: die irrsinnig enge, mit Teppichen ausgelegte Hühnerleiter im Zuschauerraum des Nationaltheaters hinunterzustürzen.

Sie ging nicht mehr in Stücke, die dort gespielt wurden.

Sie ging überhaupt fast nirgendwo mehr hin.

Eines frühen Morgens im Oktober stand sie auf, wankte verfroren und benommen ins Bad und sah sich im Spiegel. Der Blick, der ihr dort begegnete, war schwarz vor Schreck. Sie beugte den Kopf. Was zum Teufel ging hier eigentlich vor?

In dem Moment faßte sie den Entschluß: Sie mußte weg.

Weg vom Spiegelbild, von den spröden, aufgerissenen Lippen, dem zotteligen Haar, den traurigen Augen.

Sie dachte nicht weiter nach, sondern griff zum Telefonhörer. Sechs Minuten später hatte sie sich den letzten freien Platz im Flugzeug nach Stavanger gesichert, zum vollen Preis, der Abflug war um elf Uhr fünfundvierzig.

Und dann hatte sie es verdammt eilig.

In der besonderen Hochstimmung, in die schnelle und unvernünftige Entschlüsse sie stets versetzten, warf sie Unterhosen, Socken, Pullover, Bücher und den Walkman in eine Reisetasche, schrieb einen Zettel an Tante Maisen, den sie auf die Kommode unten im Hausflur legte, schlich sich wie ein nächtlicher Dieb an Maisens Wohnungstür vorbei und lief hinaus zum Taxi, das sie sich bestellt hatte.

Sie hatte viertausend Kronen auf dem Konto. All ihr bewegliches Hab und Gut auf dieser Welt.

Es half nichts. Jetzt ging es um Flucht.

Im Flugzeug spürte sie noch immer den Rausch des überstürzten Aufbruchs.

Sie war gerade noch einmal davongekommen, um ein Haar wäre es zu spät gewesen.

Woran es auch immer gelegen haben mochte.

Sie bat um eine Dose Bier, als die Stewardeß mit ihrem Wagen vorbeikam. Um sie herum tranken die Leute Tee, Kaffee und Saft. Es war, wie gesagt, früher Vormittag.

»Wie bitte?« fragte die Stewardeß und beugte sich vor.

»Ein Bier«, meinte Moss, etwas lauter.

»Tut mir leid, ich habe Sie immer noch nicht verstanden«, sagte die Stewardeß.

»Ein Bier«, rief Moss so laut, daß es um sie herum ganz still wurde. Sie machte sich an der in Frischhaltefolie verpackten Brotscheibe zu schaffen. Als sie in das kalte Rührei biß, zog es in den Zähnen.

Schließlich kam das Dosenbier, der Schaum lief über den Rand, und sie nahm einen vorsichtigen Schluck.

Blickte auf zerklüftete Berge unter einer aufreißenden Wolkendecke.

»It's not that I'm afraid of dying, I just don't want to be there, when it happens.«

»Woody Allen«, sagte sie laut vor sich hin und trank wieder etwas aus der Dose. Dabei spürte sie, wie ihr Nachbar sie mißbilligend musterte.

Sie blickte aus dem Fenster und war plötzlich in guter Stimmung.

In sehr guter Stimmung.

Erst als sie auf dem Flugplatz von Stavanger stand, ihr der Regen in nassen Windstößen entgegenschlug und sie sah, wie lang die Schlange am Taxistand war, besann sie sich ein wenig.

Natürlich hätte sie ihn vorher anrufen müssen. Den Kerl in Stavanger. Mit dem schönen, blonden Haar und den stets gebügelten Anzügen. Den sie in einem Kurs über Marketing kennengelernt hatte ...

Marketing, Moss? Was soll das denn? Ob das wohl das Richtige für eine forsche Privatdetektivin mit linker Vergangenheit und Schauspielerfahrung ist? Ganz ehrlich? How far out can you get?

»Halt's Maul«, sagte Moss müde zu ihrem Alter ego. »Oder anders gesagt: Go fuck yourself.«

Aber Moss, wies das Alter ego sie zurecht.

Moss hatte tatsächlich an einem Kurs über Marketing teilgenommen. Irgendwas mußte man ja machen. Sie hatten ihr nichts beigebracht, was sie sich nicht selbst hätte denken können, aber sie hatte einen blonden, gutgebauten Geschäftsmann aus Stavanger kennengelernt. Das war immerhin etwas. Außerdem war sie beinahe verführt worden, das heißt, sie hatte die Initiative ergriffen, indirekt, und dann hatte er sie verführt. Ihr hatte es gut gefallen. Sie fühlte sich in diesem Jahr, wie gesagt, einsam.

Dann begann er sie zu besuchen, wenn er in Oslo war, was nicht ganz selten vorkam.

Tante Maisen mochte ihn, aber sie mochte ja alles, was nach Rasierwasser roch und auf ihrem mit Katzenhaaren übersäten Sofa saß und Zigarren rauchte.

Er entpuppte sich jedoch nach und nach als so aufmerksam und hartnäckig, daß Moss sich ein wenig zurückzog. So hatte sie sich das nicht vorgestellt, schließlich wollte sie keinen Mann auf Dauer.

Sie hatte doch ... hatte doch die Tante. Und Karen, wenn Karen nicht gerade ... so war das.

Und Roland Rud.

Wenn er ans Telefon ging, aber genau das tat er nicht mehr.

Sie öffnete ihren Mantel, den sie auf der Rolltreppe im Flughafen zugeknöpft hatte. Hier war das reinste Dampfbad, obwohl der Oktober schon weit fortgeschritten war.

Nein, sie hätte anrufen sollen.

Immerhin wußte sie, daß er bei der Arbeit war, das hatte sie vorher geklärt. Eine frische, mädchenhafte Stavangerstimme hatte das angedeutet, als Moss beim Warten aufs Taxi ihre blitzschnelle Ermittlung durchführte.

Die Sekretärin vermutlich.

»Er ist gerade nicht im Zimmer«, hatte sie gesagt. »Soll ich was ausrichten?«

»Ich versuche es später noch mal«, hatte Moss geschwindelt und aufgelegt.

War es nicht unglaublich feucht hier? Sie stellte ihre Tasche ab und fächelte sich mit der Zeitung, die sie aus dem Flugzeug mitgenommen hatte, Luft zu.

Vielleicht fehlte ihr wirklich etwas.

Dabei war sie doch nie ... höchstens mal eine Erkältung und manchmal der Anflug einer Blasenentzündung. Sie knabberte an ihrer Unterlippe. Atmete langsam durch die Nase ein und durch den Mund wieder aus.

Irgend jemand hatte behauptet, das würde helfen. Einem innere Ruhe verleihen. Vielleicht hatte sie es an der Schauspielschule gelernt.

Es war so lange her, daß sie sich nicht mehr erinnern konnte.

Sie rückte in der Schlange der wartenden Männer am Taxistand vor.

Sie sahen aus, als würden sie sich alle untereinander kennen, standen in ihren Freizeitjacken herum, blasiert, schwangen ihre Aktenkoffer wichtig hin und her und sagten *doch, doch* und *nicht wahr* und *nächste Woche kommt ein Flug aus Seattle.* Dann kam eine Windbö, es roch plötzlich nach See, und der Himmel öffnete endgültig seine Schleusen.

Es goß in Strömen. Als Moss endlich ein Taxi erwischte, waren ihre Beine naß bis zu den Knien.

In der gepolsterten Dunkelheit des Autos umhüllte sie die Musik aus dem Radio nicht, sondern hämmerte auf sie ein. Unmittelbar und gnadenlos:

»This is the Voice of the American Forces in Europe, and here comes The Yellow Rose of Texas!«

Moss ließ sich zurücksinken und wurde plötzlich von Panik ergriffen.

Was zum Teufel machte sie in Stavanger?

Eine Stunde später saß sie zähneklappernd und durchnäßt in einem alten Packhaus, das man zu einem Restaurant umgebaut hatte. Die Reisetasche hatte sie unter dem Tisch verstaut, der Mantel hing zum Trocknen über dem Stuhl neben ihr, und sie versteckte sich hinter einer Zeitung, während ihr das Wasser nur so aus den Haaren tropfte und das Lesen erschwerte.

Nachdem sie Rotwein und einen Teller Fischsuppe bestellt hatte, ging sie auf die Damentoilette und versuchte, ihr Erscheinungsbild wieder einigermaßen herzurichten, mit zitternden Händen und noch immer leicht starren Mundwinkeln.

Sie wickelte das Haar in Papierhandtücher und wrang es aus. Steckte Papier in die Stiefel und hielt sie unter den warmen Luftstrom des Händetrockners.

Atmete tief durch.

Durch die Nase ein, durch den Mund aus. Ruhe herein, Streß und negative Gedanken hinaus ... Verdammt! So ein Scheißkerl! Durch die Nase ein, durch den Mund aus. Ruhe hinein, Streß und negative Gedanken hinaus. Ein Arschloch! Nicht an ihn denken. Nicht denken. Einatmen, ausatmen, ein, aus!

Sie frischte ihr Make-up auf, etwas nachlässig und mit fahrigen Händen.

So diskret wie möglich ging sie auf Socken zu ihrem Tisch zurück, die Stiefel trug sie unter dem Arm. Dann kam der Rotwein, und sie trank ihn schnell, brauchte gleich noch einen, während sie die heiße Suppe aß. Sie hatte das Gefühl, als würde sich alles in ihr lösen, es lief ihr aus Nase und Augen, sie schneuzte sich in einem fort, und ihr wurde warm.

Ziemlich warm sogar.

Sie blätterte in der Zeitung, es ging ihr beinahe richtig gut. Sie bestellte sich einen Kaffee. Und ein Glas Calvados bitte, falls sie welchen hatten.

Inzwischen hatte sie das Papier aus den Stiefeln gefischt und sie wieder angezogen. Die Stiefel waren niedrig und aus dünnem Leder, das schnell trocknete. Auch ihr Haar war wieder trocken. Sollte *er* doch zur Hölle fahren!

Der schöne Blonde, der immer wieder Anspielungen auf eine gemeinsame Wohnung gemacht, von einer möglichen Hochzeit im nächsten Winter gesprochen hatte.

Jetzt hatte er sie in Empfang genommen – entsetzt, das Wort traf es vermutlich am besten. Eines Tages würde sie vielleicht über seinen Gesichtsausdruck lachen können, als sie zur Tür hereingestürmt war.

Dieser Gesichtsausdruck hatte jedenfalls dazu geführt, daß sie mitten in einer Art Wirbelwind innegehalten hatte, der in einer Umarmung hatte enden sollen.

Er hatte geschluckt, daß sein Adamsapfel hinter dem gestreiften Hemd auf und ab gerutscht war, und zu der niedlichen kleinen Sekretärin hinübergenickt, die Moss ins Zimmer geleitet hatte.

»Darf ich vorstellen, meine Verlobte«, hatte er gesagt.

Noch ehe fünf Minuten um waren, hatte Moss das Zimmer verlassen. Dankend hatte sie eine Tasse Kaffee abgelehnt und sich schnell eine Lüge zurechtgebastelt: Sie habe gerade in der Nähe zu tun und ohnehin nur ein paar Minuten Zeit. Und da habe sie sich gedacht, ein kurzer Plausch könne doch nett sein, long time no see, aber mein Gott, ein Blick auf die Uhr, sie müsse los, denn sie wolle noch nach Jæren.

Und dann war sie abgehauen.

Jæren! Welcher Teufel hatte sie geritten, ausgerechnet Jæren zu sagen? Sie hatte keine Ahnung, wo sie in dieser Kleinstadt über Nacht bleiben sollte. Überall konnte sie ihm wieder begegnen, falls er heute einen Spaziergang machte, und dann wäre sie in jedem Fall entlarvt. Sie war durch den Regen geirrt, weil sie sich in Stavanger nicht auskannte, verschwitzt und schwindlig und wütend, vor allem auf sich selbst.

How stupid can you get.

Dann hatte sie eingesehen, daß sie irgendwo hineinmußte, um ihre Sachen zu trocknen, und war in diesem Restaurant gelandet.

Sie sah auf die Uhr. Höchste Zeit zum Weitergehen.

Ihre Sachen waren jetzt trocken – und sie ein kleines bißchen betrunken.

Als allmählich Bahnhof und Busbahnhof im Regen auftauchten, der inzwischen nur noch leise vor sich hin tröpfelte, kam ihr die Idee, einfach loszufahren, auf einmal ganz brauchbar vor.

Jæren, here I come, jetzt, wo sie ohnehin schon hier war. Dann war das, was sie vorhin gesagt hatte, jedenfalls nicht ganz gelogen.

Das Meer, hatte sie gedacht, während ihre Stimmungskurve plötzlich anstieg. Sie wollte auf jeden Fall das Meer sehen, ehe sie nach Hause zurückfuhr.

Sie hielt einen Herrn in orangefarbener Straßenarbeiterweste an und fragte ihn, ob es hier in der Nähe eine Filiale des staatlichen Wein- und Spirituosenhandels gäbe. Doch, da oben sei eine, einfach den Hügel rauf – was sie in ihrem Gefühl bestärkte, daß die Dinge heute allmählich richtig liefen. Sie kaufte sich – aus Gründen, die sie später nicht so recht erklären konnte – eine kleine Flasche »Southern Comfort«, und dann ging sie den Hügel wieder hinunter und erkundigte sich, welcher Bus nach Jæren fuhr.

Viele Busse gingen nach Jæren, aber nicht einer davon schien direkt ans Meer zu fahren. Sie könne natürlich den Zug nehmen, hieß es. Aber auch der fahre nicht ans Meer. Oder sie könne mit dem Zug nach Bryne fahren und dort in einen Bus umsteigen. Der Bus gehe zwar nicht so oft, aber das werde sich schon finden.

Genau, natürlich würde sich alles finden! Sie brauchte doch keinen Gedanken an einen blonden Geschäftsmann aus Stavanger zu verschwenden! Geschäftsleute hatte sie früher nie leiden können, warum hatte sie sich eingebildet, sie würde es jetzt tun?

Sie setzte sich ins letzte Abteil des Wagens, und während der Zug langsam aus dem Bahnhofsgelände tuckerte, genehmigte sie sich heimlich ein paar Schlucke aus der Flasche.

Klar würde sie das Meer sehen, verdammt noch mal!

2

»I guess I'll go through life
just catchin' colds and missin' trains,
everything happens to me.«

Adair/Dennis

Sie war in Bryne aus dem Zug geklettert und mit etwas Mühe in einen Bus umgestiegen. Noch immer in bester Stimmung, machte sie es sich bequem, draußen dämmerte es allmählich, die Wolken hingen tief, und ab und zu trommelten Regenschauer gegen die Fensterscheiben.

Im Bus saßen nur wenige Leute, eine Gruppe halbwüchsiger Schüler mit riesigen Rucksäcken und Kugelschreibergekritzel auf den Handrücken und zwei alte Männer mit Tropfen an der Nase und Schiebermütze. Sie saß allein auf der Rückbank und hielt sich mit regelmäßigen kleinen Schlucken von dem süßen Alkohol bei Laune. Es schmeckte nach Gummibärchen, und sie hätte gern noch mal aufs Etikett geschaut, war aber zu müde, dämmerte sogar eine Weile weg und wachte erst wieder auf, als ihr nasse Regenluft entgegenschlug: Die Schüler stiegen in versammelter Mannschaft aus und verursachten Durchzug in der Wärme des Busses.

Sie blinzelte aus dem Fenster.

Keine Spur vom Meer.

Sie ging nach vorne, bis sie eine der Schiebermützen erreicht hatte.

»Ich wollte zum Strand, ich meine, ich wollte das Meer sehen, aber ich kann schließlich nicht den ganzen Tag im Bus sitzen, kann ich denn wohl bald aussteigen?« fragte sie.

Der Mann legte den Kopf nach hinten und sah sie mit

wäßrigblauen Augen an. Dann suchte er Hilfe bei seinem Nachbarn. »Das Meer?« Er schüttelte ratlos seinen Kopf, der dünne Hals verschwand in einer Windjacke. »Sie will das Meer sehen.«

Die andere Schiebermütze warf ihr einen raschen Blick zu und schüttelte ebenfalls den Kopf. »Tja, dann muß sie wohl bald mal aussteigen«, sagte er.

Sie wartete eine Weile, aber keiner von beiden schien noch etwas sagen zu wollen, sondern beide starrten hartnäckig geradeaus. Da ging sie wieder zu ihrem Platz zurück.

Draußen war es jetzt sehr grün, hier und da bewegte sich irgendwas undeutlich Graues, Schafe vermutlich – Gruppen von Bäumen, Häusern, Satellitenschüsseln, die sich nach Süden orientierten, wie das nun einmal ihre Art ist. Ihrer Meinung nach fuhren sie Richtung Süden, doch auf einmal war ihr, als wenn der Bus nach Osten abgebogen wäre.

Lag das Meer im Osten?

Resolut drückte sie den Halteknopf.

Sie stieg mit ihrer Reisetasche und der Umhängetasche aus, der Bus seufzte auf und fuhr los, und sie wurde sofort von einer Windbö erfaßt.

Moss schlug den Mantelkragen hoch und schaute sich um. Auf einmal sah die Gegend sehr öde aus, niedrig und flach, mit hartem Gras, das von den Windböen an den Boden gedrückt wurde. Sie wandte sich von den Scheinwerfern der vorbeisausenden Autos ab und ging los. Nach einer Weile machte die Straße eine Kurve und schien schließlich in die richtige Richtung zu führen.

Irgendwie hatte sie ihr Ziel ein wenig aus den Augen verloren, das Ganze hatte an Reiz eingebüßt. Sie war müde und unkonzentriert, und sie hatte steife Beine. Sie schob die Umhängetasche weiter nach oben, packte die Reisetasche fester und ging unentschlossen auf das zu, was – wie sie hoffte – das Ziel ihrer Reise war.

Sie durfte jetzt nicht aufgeben, dann würde alles nur noch sinnloser werden. So sinnlos, daß man nicht mal darüber nachdenken mochte.

Es roch nach Silage.

Nach Silage und nasser Erde. Der Wind kam in unregelmäßigen Böen. Hoffentlich vom Meer. Die Wellenpferde – oder wie hieß das noch bei Arne Garborg? Ein Brausen lag in der Luft, das vorher nicht dagewesen war.

Sie stolperte vorwärts, während sie sich an die Wellenpferde zu erinnern versuchte. Sie hatte einmal die Tabitha in Garborgs Stück ›Der Lehrer‹ gespielt und einen heftigen, aber kurzzeitigen Garborg-Tick gehabt. Wie ging sie noch, die Stelle mit dem Meer hier im Westen? *Schwarzgrün kommt es in gewaltigen Wogen aus den westlichen Strichen herangewälzt, seine mähnenweißen Wellenpferde aus dem Meeresnebel führend.* Und dann irgendwas von dem donnernden, tiefen, ewigen Orgelton aus den fernsten Abgründen. Oh, sie begann das ganze Unternehmen zu bereuen, warum mußte sie auch hinaus zu den Orgeltönen, wo sie doch trocken und gemütlich in der Bar des Hotels Atlantic hätte sitzen können, um auf ein besseres Morgen zu warten?

Das Elfenland, dachte sie und stolperte wieder, hielt sich aber auf den Beinen. Wer will eigentlich näher zum Meer, wenn es Abend wird und regnet?

Trotzdem ging sie unverdrossen weiter, schließlich stellte sich eine Art Rhythmus ein, die Absätze ihrer Stiefel knallten auf den Asphalt. Wären Autos gekommen, dann wäre sie per Anhalter gefahren, aber alles war ruhig, die Leute saßen vermutlich zu Hause und sahen fern. Ob sie auch mit geschlossenen Augen gehen konnte? Es tat gut, die Augen ein bißchen zuzumachen, sie war so müde. Direkt vor dem Straßengraben öffnete sie sie wieder. Irgendwo mußte sie eine andere Richtung eingeschlagen haben, oder die Straße hatte eine Kurve gemacht, ohne daß sie es gemerkt hatte, denn jetzt schlug ihr der Wind direkt ins Gesicht. Vielleicht hatte sie sich auf einen Seitenweg verirrt.

Sehen konnte sie auch nichts mehr.

Das Brausen des Meeres hatte dagegen ständig zugenommen. Mittlerweile war sie sich vollkommen sicher, daß das Geräusch vom Meer stammte und vom Schlagen der Wellen ans Ufer.

Und plötzlich hatte sie Sand unter den Füßen.

Losen Sand, sie kämpfte sich voran, wollte umkehren, aber der Sand war auf allen Seiten, Sand und große Grasbüschel, aufwärts ging es und hin und wieder abwärts, sie hatte die Orientierung verloren, hartes Gras schlug gegen ihre Hosenbeine, und ziemlich feiner Sand wirbelte durch die Luft.

In dem Moment fiel sie.

Hinterher saß sie lange mit dem Rücken an die Böschung gelehnt im Sand.

Es dauerte eine Weile, bis sie sich vom Schrecken erholt hatte. Sie fühlte sich wie zerschlagen, atmete stoßweise und klammerte sich an ihre Umhängetasche. Aber sie traute sich nicht, sie zu öffnen und noch mehr Gummibärchenschnaps zu trinken.

Es war so schon schlimm genug. Das Knie hatte sie sich auch noch aufgeschlagen.

Sie wünschte sich verzweifelt etwas Nichtalkoholisches zum Trinken.

Wasser.

Und außerdem hätte sie gern eine Taschenlampe gehabt, sie konnte nicht begreifen, wieso es plötzlich dermaßen finster war.

Das Meer mit seinen Orgeltönen dort draußen – nur nicht daran denken. Der jäh abfallende Meeresboden, der Steilhang unter Wasser, in dieser Gegend gab es keine vorgelagerten Schären, nur diese windgepeitschte Küste im tiefsten Süden des Landes. Es kam ihr vor, als versuchte ganz Norwegen – vom Nordkap bis in den tiefen Süden –, sie mit Nachdruck ins Meer zu schieben.

Sie grub die Finger rechts und links tief in den Sand und starrte hinaus auf die Wellenpferde, die in der Finsternis an Land galoppierten. Ihr Mund war so trocken, daß sie nicht schlucken konnte.

Sie mußte zusehen, von hier wegzukommen.

Sie legte den Kopf in den Nacken, um nach oben zu schauen, von wo sie hinuntergestürzt war. Das sah nicht gerade vielversprechend aus. Die Böschung war zwar nicht sonderlich hoch, dafür aber um so steiler. Sie lehnte sich vornüber und sah nicht aus, als wolle sie sich von unten entern lassen.

Ihre Augen tränten, und sie wischte sie mit dem Handrücken ab, als sie plötzlich etwas hörte.

Einen Ruf?

Sie lauschte mit offenem Mund.

Da war es wieder. Kam es von draußen? Halbvergessene Bilder von Schiffen in Seenot und umhertreibenden Wasserleichen. Ihre Nackenhaare sträubten sich, und sie bekam eine Gänsehaut. Da war es schon wieder, dieses Rufen, und ihr wurde klar, daß es nicht vom Meer kam.

Irgendwo oben in den Dünen waren Menschen.

Gleich schöpfte sie neuen Mut, da war jemand, sie war nicht allein, da führte einer seinen Hund aus oder war am frühen Abend joggen gegangen. Sie richtete sich auf, schnallte sich die Umhängetasche wenig elegant quer über die Brust und hängte sich die Reisetasche über den einen Arm. Dann nahm sie Anlauf und zog sich mit aller Kraft nach oben, klammerte sich an störrische Büschel von Strandhafer, scharfe Halme, die ihr in die Hände schnitten, hielt sich mit beiden Händen an den zähen Wurzeln fest und spürte, wie Sand und Kies an den Stellen abbröckelten, wo sie mit ihren Stiefeln Halt suchte.

Mit letzter Kraft wälzte sie sich über den Rand, lag keuchend und kraftlos zwischen den Strandhaferbüscheln, erleichtert darüber, wieder auf festem Boden zu sein. Mühsam stand sie auf. Sie sah niemanden, es war zu dunkel, und die Stiefel glitten noch immer durch losen Sand. Unsicher tastete sie sich auf die Stimmen zu, die vom feuchten Wind zu ihr getragen wurden.

Plötzlich waren Scheinwerfer zu sehen.

Ein Stück entfernt. Sie sah einen Parkplatz und zwei Autos, die sich gegenüberstanden. In ihrem gleißenden Licht spielte sich eine Szene ab, die ihr für einen kurzen Moment unwirklich vorkam. Sie ähnelte einem Filmausschnitt, allerdings ohne Ton, denn die Rufe waren verstummt, nur das Donnern der Brandung begleitete die Schläge und Tritte, die auf die Gestalt hinunterhagelten, die zwischen den beiden Autos halb lag und halb kniete.

Was taten die eigentlich da drüben?

Ihr Herz machte einen Satz und begann in der Brust wie verrückt zu rasen. Rein instinktiv ließ sie sich auf den Boden fallen, legte sich auf den Bauch, die Stirn gegen den Unterarm gepreßt, dann blickte sie wieder hoch.

Es sah aus wie eine Bestrafungsaktion.

Zwei Männer, die abwechselnd Schläge und Tritte austeilten, ein weiterer, der danebenstand und zusah. Aus dem wenigen zu schließen, was sie im Dunkeln ausmachen konnte, handelte es sich um Erwachsene. Es war also keine Auseinandersetzung zwischen Jugendbanden. Das Opfer selbst sah auch nicht jung aus. Der Mann trug zwar Jeansjacke und Jeans, hatte aber schütteres Haar und einen Bart.

Jetzt lag er flach auf dem Bauch.

Die beiden Männer, die ihn geschlagen hatten, legten eine Pause ein. Keuchend und mit herabhängenden Armen blickten sie auf ihr Opfer hinunter, dann traten sie noch einmal zu, jeder einmal. Moss glaubte, etwas knirschen zu hören, aber das war natürlich nur Einbildung. Sie hörte nichts als das Meer.

Jetzt redeten die da drüben miteinander.

Was sollte sie nur tun, nicht einmal ihr Handy hatte sie dabei. Das Gerät, das sie sich neulich gekauft hatte, mußte defekt sein. Es piepste die ganze Zeit, und sie hatte es zu Hause gelassen. Sie verfolgte die Männer mit den Augen, wie sie die Reißverschlüsse ihrer Jacken zuzogen und die Kragen hochstellten. Es sah aus, als kämen sie aus dem Kino, sie zündeten sich Zigaretten an, schauten sich um, redeten miteinander, einer von ihnen lachte.

Moss lag reglos im feuchten Sand.

Dann stiegen sie in die Autos. Türen knallten, die Wagen rollten rückwärts und wendeten. Dann fuhren sie los, nacheinander, langsam. Erst ein gutes Stück entfernt beschleunigten sie, unversehens waren die Lichter verschwunden, vermutlich machte die Straße eine Kurve.

Erst nach einer ganzen Weile stand sie mit steifen Gliedern auf. Die Dunkelheit um sie her war schwarz wie Tinte gewesen, sobald die Autoscheinwerfer verschwunden waren, doch jetzt konnte sie graue Formen ausmachen: die Dünen, die in Sumpflandschaft übergingen, die Finsternis des asphaltierten Parkplatzes und etwas Helleres, den Mann auf der Erde.

Sie ging die fünfzehn, zwanzig Meter zu ihm hinüber, sah sich rasch um, bevor sie die Taschen abstellte und sich hinhockte.

Sie tastete den reglosen Körper ab, untersuchte den Jeansstoff, stieß auf blutverklebte Haare, preßte ihre eiskalten Finger seitlich an seinen Hals.

Hörte nur ihr eigenes Herz, es pochte in den Ohren, sie schob die Finger ungeduldig ein kleines Stück höher.

Nichts.

Sie hätte ihn gern umgedreht, traute sich aber nicht, denn sie hatten ihn offenbar so getreten, daß er vermutlich eine Gehirnblutung hatte oder sein Nacken gebrochen war. Erneut preßte sie die Finger an seine Halsschlagader. Schloß die Augen, konzentrierte sich.

Los! Bleib hier! Komm schon!

Sie war plötzlich den Tränen nahe, es war einfach zuviel für einen Tag. Was zum Teufel sollte sie hier mit einem sterbenden Mann anfangen. *Mensch, bleib hier!* Wieder preßte sie die Finger an seinen Hals.

Fand keinen Puls.

Sie verlagerte ihr Gewicht auf die Fersen und versuchte nachzudenken.

Sie mußte Leute suchen, Hilfe holen. Das hier konnte sie nicht allein schaffen. Sie sah ja nichts im Dunkeln, hatte keine Ahnung, ob der Mann noch am Leben war. Er lag so schief, der Kopf war zur Seite gedreht, vielleicht hätte sich dort ein Puls tasten lassen, aber sie konnte ihn nicht finden.

Gerade wollte sie sich aufrichten, da bemerkte sie, daß sich etwas direkt neben ihr bewegte.

Sie erstarrte.

Ihr Herz hatte Anlauf genommen, jetzt pochte und schlug es gegen die Rippen.

Da stand jemand.

Sie starrte mit weit offenen Augen und trockenem Mund in die Finsternis.

»Hallo?« sagte sie schließlich. Sie hörte selbst, wie dünn ihre Stimme klang, und wiederholte mit der ganzen Kraft, die sie aufbringen konnte: »Hallo! Ist da jemand?«

Keine Antwort. Füße bewegten sich, Sand knirschte auf Asphalt.

Sie erhob sich langsam. Packte die Umhängetasche, als sei sie eine Waffe, umwickelte die Hand mit dem langen Riemen. »Jetzt antworte schon!« rief sie plötzlich mit sich überschlagender Stimme. »Sag was, verdammt noch mal!«

Wieder knirschte es, dann hörte sie eine Stimme, dünn, ein wenig nasal, beinahe schüchtern. Sie spürte, wie sie sich gleich ein bißchen entspannte, das war ja fast noch eine Jungenstimme.

»Was machen Sie hier?«

»Ich?« fragte Moss leicht hysterisch. »Ich bin bloß vorbeigekommen.«

»Sie wohnen also in der Nähe?«

Sie spürte, wie sie einen heißen Kopf bekam. Verdammt noch mal, stand der Typ hier herum und machte Small talk, oder was?

»Du, der muß ins Krankenhaus! Und zwar so schnell wie möglich, hörst du? Du hast nicht zufällig ein Handy dabei?«

Stille.

»Nein«, kam es endlich. »Aber wenn Sie hier wohnen ...«

»Ich bin nicht von hier!« sagte sie laut. »Ich bin heute aus Oslo gekommen, verdammt noch mal! Sieh zu, daß du deinen Arsch hochkriegst!«

Wieder Stille.

»Ich hab eine Taschenlampe«, sagte die Stimme schließlich. Es knirschte noch mehr, als er sich näherte. Etwas wurde ihr gereicht, was sie in Empfang nahm: eine Stablampe. Sie fummelte daran herum, ehe sie aufleuchtete. Dann hockte sie sich wieder hin.

Der Mann war tot. Es war offensichtlich. Er lag mit offenen Augen da und starrte ins Nichts, eine Blutspur zog sich von der Nase über die Wange. Es hätte ein schöner Mann sein können, wäre sein Gesicht nicht so fahl gewesen. Er war zwischen vierzig und fünfzig, er hatte Sand im Bart, und das Haar klebte blutig an Stirn und Schläfen. Er war tot.

Sie schaltete die Lampe aus. Gab sie dem Besitzer zurück, erhob sich. Packte die Umhängetasche, hängte sich die Reisetasche über den Arm.

»Ja, ja«, sagte sie. »Das war's dann wohl.«

Da knallte es.

Hinterher konnte sie sich nicht mehr erinnern, ob es weh getan hatte oder nicht, sie wußte nur noch, daß sie eben noch dagestanden, sich an den Griffen ihrer Reisetasche zu schaffen gemacht und im nächsten Moment eine Art knirschendes Geräusch bemerkt hatte. Dann wurde sie bewußtlos.

3

»Er war vor dem Mast gesegelt
wie ein Mann, viele Jahre lang.
Er war mit verrutschter Ladung gesegelt
von Frisco bis Singapur.«

Trad.

Wahnsinnig durstig, dachte Moss und drehte sich im Bett um.

Durstig und offenbar verkatert.

Meine Güte, solche Kopfschmerzen hatte sie sonst nie, was *hatte* sie diesmal bloß getrunken?

»Southern Comfort«, sagte eine Stimme von weither. Sie schüttelte den Kopf und bereute es sofort.

Was war passiert?

Sie öffnete die Augen. Über ihr befand sich eine Decke, die sie noch nie gesehen hatte. Hellgrüne Holzverkleidung, mittendrin eine Milchglaskuppel voller toter Fliegen. Mühsam drehte sie den Kopf und entdeckte ein Fenster mit altmodischen Spitzengardinen, schlapp und schlaff hingen sie da, und es war lange her, daß sie einmal weiß gewesen waren.

Waren das Halluzinationen, oder träumte sie nur?

Da hörte sie Möwengeschrei, zunächst entfernt, dann sehr nah, schließlich Schritte auf einem Holzfußboden, knarr-knarr-knarr, es klang wie in einem Radiohörspiel. Sie runzelte die Augenbrauen und versuchte sich zu konzentrieren, als eine Türklinke quietschte.

Sie blinzelte der undeutlichen Gestalt zu, die auf der Türschwelle stand, wollte etwas sagen, aber es kam nichts als heiseres Quaken.

»Hm«, räusperte sich jemand drüben an der Tür. »Dabei

hab ich denen doch gesagt, daß sie Sie nicht so fertigmachen sollen.«

Er war hochgewachsen und etwas gebeugt.

Sein Haar war nach Elvisart mit Pomade nach hinten gekämmt, nur zwei Haarsträhnen hingen ihm in die Augen. Er trug ein verwaschenes kariertes Hemd über einem weißen Unterhemd, hatte eine lange Nase, braune Augen blickten besorgt, und eine soeben angezündete Zigarette hing in seinem Mundwinkel.

Er hustete, ohne dabei die Zigarette zu verlieren, und sagte über die Schulter: »Und daß ihr sie dann auch noch mit hierher nach Varmen gebracht habt! Schön blöd!«

Jemand hinter ihm erwiderte etwas. Moss schloß die Augen. Was meinte er wohl damit, daß sie sie ins Warme mitgenommen hätten, und warum hatte sie solche Kopfschmerzen?

Weit entfernt knallte eine Tür.

»Na ja«, sagte eine Stimme nach einer Weile. »Nun ja.«

Dann hörte sie wieder den Husten, ein hartnäckiger und trockener Raucherhusten. Sie öffnete die Augen. Er stand direkt neben dem Bett und schaute auf sie hinunter, endlich hatte er die Zigarette aus dem Mund genommen, jetzt wischte er sich mit dem Handrücken über die Augen. Dann hustete er noch einmal.

»Sie sollten wirklich mit dem Rauchen aufhören«, sagte Moss versuchsweise. Vielleicht war das Ganze ein Traum?

»Das sollte ich wohl, ja«, sagte der Mann. »Oh, wie sehen Sie bloß aus!«

»Sie sehen auch nicht so besonders aus«, erwiderte Moss ärgerlich. Sie wartete darauf, daß der Traum aufhörte.

»Sie sehen nicht doppelt, oder?«

»Nein«, sagte Moss. »Glücklicherweise nicht.«

Ihr Sarkasmus ging offenbar an ihm vorbei.

»Ist Ihnen schlecht?«

»Was zum Teufel soll das hier eigentlich?« fragte Moss

und versuchte sich auf den Ellbogen zu stützen. In ihrem Kopf pochte es, und die Haut über dem einen Auge spannte.

»Ein verdammtes Veilchen«, sagte die Stimme. »Soll ich Ihnen einen Spiegel holen?«

Es war ein verdammtes Veilchen. Tief rotviolett und hing wie eine halbe Reineclaude unter der Braue. Darüber und darunter schimmerten verschiedene zarte Blautöne. Das würde in den nächsten Tagen noch schlimmer werden – ein blaues Auge hatte sie nicht zum ersten Mal.

Langsam richtete sie sich ganz auf.

Schüttelte vorsichtig den Kopf.

Beugte ihn vor und zurück. Alles schien an seinem Platz zu sein.

Dann saß sie mit angezogenen Knien da und starrte den Mann mit dem Raucherhusten an.

»Wollen Sie einen Kaffee, oder darf es ein Bier sein?« fragte er zuvorkommend.

Moss schluckte.

»Sie haben nicht zufällig Mineralwasser oder so?«

Er schüttelte den Kopf.

»Ich bin so durstig«, sagte sie. »Vielleicht kann ich doch ein Bier kriegen? Aber nur ein kleines!«

Sie hob die Hand und betastete vorsichtig das geschwollene Auge. Der Mann mit dem Raucherhusten ging hinaus.

Sie träumte offenbar nicht. Es mußte der Sturz von der Sandböschung gewesen sein, von dem sie ohnmächtig geworden war.

Allerdings viel später, das war merkwürdig.

Und der Mann, der tot auf dem Parkplatz gelegen hatte, was war aus ihm geworden? Sie stöhnte und lehnte den Kopf an die Wand. Hinter dem verklebten Auge krabbelte und wimmelte es nur so von beweglichen Punkten, Formen schwollen an und verschwanden, Sternregen, und dann stiegen neue Muster auf, für einen Moment sahen sie aus wie Darstellungen von Bakterien in alten Nachschlagewerken.

›Unser Heim und unsere Kinder‹, Band eins über Krankheitserreger im Alltag, Typhusbakterien, Cholera.

Plötzlich war ihr übel, und sie versuchte mit aller Kraft, das zugeschwollene Augenlid zu öffnen, um das Gewimmel zum Stillstand zu bringen. Weit entfernt hörte sie Stimmen, Schritte über Fußböden, Tassen und Schüsseln klapperten.

»Aber so tu doch was, Mensch«, sagte auf einmal jemand, ziemlich nahe an der Tür. Diesmal war es eine Frauenstimme. »Sie kann doch nicht einfach da rumliegen!«

Genau, dachte Moss. Das kann ich nicht!

Sie sah Richtung Tür, aber niemand kam herein, und die Schritte entfernten sich wieder. Es war doch wirklich das Allerletzte, hier herumzuliegen, nicht zu wissen, warum, und sich so mies zu fühlen, daß man kaum aufrecht sitzen und erst recht nicht tatkräftig handeln konnte. Ha! Das gab es wohl nur in Romanen, Helden, die sich erhoben und sofort weitereilten, nachdem sie eben noch vollkommen erledigt gewesen waren!

Stimmen hoben und senkten sich wieder, aber jetzt waren sie so weit entfernt, daß sie nicht hören konnte, was sie sagten. Moss schlug die Bettdecke zur Seite und stellte probehalber das eine Bein auf den Boden. Rissiges eiskaltes Linoleum unter ihrer Fußsohle. Sie blickte an sich hinab, sie trug eine Unterhose und das T-Shirt, das sie unter dem Pullover gehabt hatte, als sie nach Stavanger gefahren war.

Dann zog sie das Bein wieder zu sich.

Seitdem konnten doch nicht etwa mehrere Tage vergangen sein? Ihr wurde heiß. Lag sie schon lange hier? Nein, entschied sie nach einigen Sekunden, und ihr Herz beruhigte sich ein wenig. Wenn ihr blaues Auge das Resultat des Strandausflugs war, konnte gerade mal die Nacht vergangen sein.

Ein blaues Auge hatte sie, wie gesagt, nicht zum ersten Mal.

Sie schloß die Augen und lehnte den Kopf wieder an die

Wand. Ließ allmählich den Gedanken zu, der die ganze Zeit in ihrem Hinterkopf herumschwirrte.

Jemand konnte sie zusammengeschlagen haben.

Weil sie gesehen hatte, daß der Mann tot war.

In diesem Moment hörte sie wieder Stimmen. »Na gut! Aber dann müssen wir mit ihr reden!«

Die Tür wurde aufgerissen.

Es war der Junge von gestern. Der mit der Taschenlampe. Jetzt stand er an der Tür und schaute sie an, als hätte sie ihm die Brieftasche gestohlen, mindestens.

Mißtrauisch.

Die langen Haare waren hell und fettig und hingen in Strähnen auf die Schultern. Er war dünn und schmalschultrig, und die Jeansjacke war tailliert und eng und sah aus, als stammte sie aus dem Secondhandladen der Heilsarmee und aus der Hippiezeit.

»Sie sind Detektivin«, sagte er, mehr konstatierend als fragend. »Wir ham in Ihre Tasche geguckt.«

Moss blinzelte mit dem einen Auge. Tastete über die Bettdecke. Die Tasche, hatten sie ihre Tasche genommen? Sie wollte gerade etwas sagen, da sagte statt dessen der Junge etwas.

»Gehören Sie zu denen oder beschatten Sie die bloß?«

»Beschatten?« sagte Moss. »Beschatten?«

»Sind Sie hinter ihnen her?« fragte er, jetzt ein wenig ungeduldiger. »Gehören Sie zu denen, oder sind Sie hinter ihnen her?«

»Hinter ihnen her?« Moss fühlte sich wie die mythologische Gestalt, die immer das letzte Wort hatte, wie hieß sie noch? Echo, genau. Die Göttin Echo. Oder Nymphe oder was auch immer.

»Wir ham Ihr Flugticket angeguckt«, sagte der Junge. »Sie sind gestern gekommen und beinahe sofort zum Orrestrand gefahren.«

»Ich?« sagte Moss. »Ich ...«

Sie schwieg. Es gab keinen Grund, fremden Jungs mit schlechtem Jackengeschmack ihre ganze traurige Geschichte zu erzählen. Er hatte ihr außerdem die ersehnte Auskunft gegeben – es war so, wie sie gedacht hatte, eine Nacht war vergangen, nicht mehr.

Sie griff sich ans Auge. Die Hand fühlte sich kühl und angenehm an.

»Ich bin nicht beruflich hier«, sagte sie kurz angebunden. »Ich hab keine Ahnung, was am ... Orrestrand passiert ist, oder wie hieß das noch? Ich hatte eine kurze ... Verabredung in der Stadt, und dann hab ich mir gedacht, ich werf noch mal einen Blick aufs Meer, bevor ich nach Oslo zurückfahre. Ein dummer Gedanke, okay, es wird früh dunkel, okay. Aber mußtet ihr mich deshalb unbedingt zusammenschlagen?«

»Wir dachten, Sie sind eine von denen«, wiederholte der Junge.

»Eine von welchen?« sagte Moss.

Der Junge seufzte.

Sah aus, als wüßte er nicht, wo er anfangen sollte. Dann räusperte er sich.

»Der, den Sie gestern gesehen ham, der ... der da rumlag ... der Tote, das war mein Vater.«

Er hielt sich am Türrahmen fest. Sein Blick flackerte.

Moss fummelte an der Bettdecke herum. »Aha«, sagte sie. Es blitzte und funkelte hinter dem verklebten Auge. »Das ist ja ... das ist ja schrecklich.«

»Die Typen, die ihn fertiggemacht ham, wir wissen, wer dahintersteckt, aber nicht, warum sie es getan ham. Und da ham wir uns gedacht, wir fragen Sie, ob Sie was wissen oder ob Sie es für uns rauskriegen können.«

»Was?« sagte Moss.

»Sie sind doch Detektivin«, fügte er erklärend hinzu.

»Du meinst, ihr beauftragt mich?« fragte Moss. »Nachdem ihr mich zusammengeschlagen habt? Denn das wart doch ihr, oder?«

»Ja«, sagte er. Dann kam er langsam ins Zimmer und ans Bett, machte fast eine Art Diener, eine ungeschickte und schiefe Bewegung. »Tut mir leid, das mit dem blauen Auge. Ich bin Tom. Tom Vågevik. Der, dem das Haus hier gehört, heißt Harry. Er kocht Ihnen grad einen Kaffee.«

Im selben Moment kam der Typ namens Harry herein. Das Geschirr auf dem Tablett klirrte heftig, er war zittriger als die alte Tante Maisen, dachte Margaret Moss beunruhigt. Sie sah, wie er das Tablett auf das Nachtschränkchen stellte. Eine Tasse Kaffee, ein Bierglas und ein Teller mit zwei halben Brotscheiben. Die eine Hälfte mit Jarlsbergkäse und die andere mit Jarlsbergkäse.

»Danke«, sagte sie matt.

»Elfrid meinte, ich sollte Spiegeleier braten, aber ich dachte, Ihnen ist vielleicht übel«, sagte der Typ, der Harry hieß, und blickte sie an.

Ja, im Grunde war ihr ein bißchen übel. Wenn sie genauer darüber nachdachte.

Sie schloß das gesunde Auge. Das andere war ohnehin geschlossen.

»Harry ist zur See gefahren«, sagte die Stimme des Jungen. »Er kann gut kochen.«

»Harry Hesthaug«, sagte Harry und verbeugte sich.

Sie öffnete wieder das Auge.

»Ich verstehe gar nichts«, sagte sie.

»Wir werden Ihnen alles erklären«, sagte er beruhigend. Die Sprungfedern ächzten, als er sich auf die Bettkante setzte. »Geht's, oder sollen wir warten?«

»Legt einfach los«, sagte sie schwach und schloß das gesunde Auge erneut. Die Cholerabakterien wüteten schlimmer als je zuvor.

4

»It takes a worried man to sing a worried song,
I'm worried now but I won't be worried long.«

Trad.

Sie waren eine nahezu glückliche kleine Familie gewesen.

Zumindest für eine Weile.

Vater, Mutter, Kind.

Der Vater hatte auf der Rosenbergwerft gearbeitet, die schon bessere Tage gesehen hatte. Aber es waren noch längst nicht alle entlassen, damals, als man sie Rosenbergwerft nannte – und nicht Moss-Rosenberg AG, obwohl das seit 1970 der offizielle Name war, oder Kværner-Industrie, von der die Werft später aufgekauft wurde. Es war, noch ehe man im Unternehmen die Nase so hoch trug, daß sich einer der Kværner-Manager sogar einen privaten Golfplatz in London kaufte.

Viel früher.

Als sie, wie gesagt, einfach Rosenbergwerft hieß und die meisten Männer, die dort arbeiteten, am Sund unter dem Brückenbogen wohnten, in der Gegend, die man Varmen nannte.

»Meine Mutter heißt Arna und kommt von der Insel Karmøy«, sagte Tom, der am Bett saß und Moss betrachtete, während er an seinen blonden Haarsträhnen herumzupfte, als helfe es ihm, konzentriert und klar zu erzählen. »Mein Vater ist ... war ein echter Stavangerjung. Wenn er Mama ärgern wollte, sang er immer: Geborn bin ich in Straen, bin ein echter Jung vom Meer.«

Arna Vågevik war Hausfrau. Damals hatte es sich ein ordentlicher Metallarbeiter noch leisten können, seine Frau zu ernähren. Dafür hatte der Lohn gereicht. Als Tom 1982 eingeschult wurde, hatte sie nachmittags als Wäscherin gearbeitet, wie Margaret Moss später von Arna Vågevik erfuhr. »Wir hatten uns nämlich grad eine neue Wohnung oben in Tasta gekauft.«

Als Kolbein 1993 gekündigt wurde, mußte Arna ihr Arbeitspensum erhöhen.

»Ich hab Glück gehabt und unten im Ort einen Teilzeitjob gekriegt, in der Imbißbude, zusätzlich zum Waschen. Aber nach zwei Jahren haben meine Muskeln gestreikt. Ich wurde krank geschrieben. Immer wieder, 1997 kam ich in die Reha und sollte danach wieder ins Arbeitsleben eingegliedert werden. Aber was nützt so was schon bei einer wie mir? In was sollte ich schon wiedereingegliedert werden?«

Arna Vågevik blickte Moss an und lachte. Es war kein fröhliches Lachen.

»Ich bin einfach sitzen geblieben. Und hab geraucht. Und Zeitschriftenartikel über Fibromyalgie ausgeschnitten, falls jemand vorbeikommen würde. Da hatte ich was zum Vorzeigen, die Krankheit hatte immerhin einen Namen!«

Kolbein hatte versucht, wieder Arbeit zu finden, so war es nicht. Eine Weile hatte es etwas heller ausgesehen. Er hatte eine Stelle in einem großen Lager gehabt, doch nach einem Jahr wurde alles auf Computertechnik umgestellt. Kolbein wurde auf Fortbildungen geschickt, aber irgendwie bekam er es nicht hin. Nach und nach graute ihm davor, zur Arbeit zu gehen, und er begann morgens unter Durchfall zu leiden. »Das sind die Zigaretten«, sagte er. »Jetzt werd ich verdammt noch mal das Rauchen aufgeben.«

Doch er brauchte nicht auf seine Selbstgedrehten zu verzichten.

Einsparmaßnahmen, nannte es der Personalchef. Wer zuletzt gekommen war, mußte zuerst gehen.

1995, kurz vor Weihnachten, war er einem Mann begegnet, der sein Leben verändern sollte. Er hieß Rune Reiedal.

»Ich kann mich noch gut erinnern«, sagte Harry, der mit einer neuen Zigarette im Mundwinkel auf der Bettkante saß. »Kolbein und ich hingen unten am Anleger rum, war das ein schöner Tag, du meine Güte, man wollt nicht glauben, daß schon Dezember war.«

Dann hatte drüben am alten Zollhaus ein Auto gehalten, und ein Mann war ausgestiegen. Es war Rune Reiedal, der Wichtigtuer (so nannte man ihn in Stavanger), Alleinerbe von Reiedal & Knudsen. Früher hatte das große Geschäftshaus »Feine Textilmanufaktur« geheißen, inzwischen war es längst ein Modehaus, das sich vor allem an junge Mädchen wandte. Es war an eine Firmengruppe verkauft worden. In Stavanger erzählte man sich, Rune Reiedals Vater hätte Konkurs gemacht, wenn nicht der Sohn zu Beginn der siebziger Jahre die Leitung des Unternehmens übernommen hätte. Rune hatte gerade sein Betriebswirtschaftsstudium abgeschlossen, als er Kompagnon des Vaters wurde. Einen Knudsen gab es nicht mehr, er war 1958 gestorben und hatte keine Erben hinterlassen.

»Wir hatten grad von Rune gesprochen, und es war schon verdammt merkwürdig, als er plötzlich aufgetaucht ist.«

Harry schüttelte den Kopf, daß die Asche von seiner Zigarette hinunterrieselte.

Die beiden alten Kumpel hatten auf dem Pier gesessen, der Frührentner und der Arbeitslose, und beobachtet, wie sich die Häuser am Strandkai in der unruhigen Wasseroberfläche spiegelten. Gerade war ein Versorgungsschiff eingelaufen, das nagellackrot und unfaßbar riesig dalag, wie ein großes Tier knurrte und vom Ölwunder draußen auf der Nordsee zeugte.

»Die Sache mit dem Öl ist ja nicht für alle gleichermaßen wunderbar«, hatte Kolbein gesagt und ins Wasser gespuckt.

»Aber es gibt immer welche, weißt du«, hatte er gesagt, »es gibt welche, die fallen immer wieder auf die Füße.«

Und dann hatten sie sich über Rune Reiedal unterhalten, den sie noch von früher kannten, als sie gemeinsam in der Stadt herumgezogen waren und sich mit allen möglichen Leuten einen hinter die Binde gegossen hatten.

Damals war Rune zusammen mit ihnen durch die Stadt gestreunt, der scheinbar wohlerzogene, aber im Grunde völlig hemmungslose Kaufmannssohn, dessen Ruf ruiniert war, seit man ihn besoffen und buchstäblich mit heruntergelassener Hose aufgegriffen hatte. Mit den Söhnen des Apothekers hatte er Äthylalkohol aus der Apotheke getrunken. Sie waren damals etwa fünfzehn gewesen. Später hatte er die Haushaltshilfe geschwängert, die nach Dänemark geschickt wurde, um abzutreiben, wie es hieß. Niemand hatte sie je wiedergesehen.

»Rune war wirklich ein Wilder«, hatte Harry gesagt und wegen des Verkehrslärms hinter ihnen auf dem Kai die Stimme erheben müssen. »Aber reich ist er geworden!«

Genau in diesem Moment stieg Rune Reiedal am alten Zollhaus aus seinem Auto und entdeckte die beiden. Er kam mit langen Schritten auf sie zu und setzte sich zu ihnen. »Na, und ihr sitzt hier und genießt die Aussicht?«

Harry und Kolbein hatten sich einen mißtrauischen Blick zugeworfen, aber Rune war kumpelhaft und ruhig und lud sie auf ein Bier ein. Sie erhoben sich, ein bißchen steif, und gingen ins Dickens, das nur einen Steinwurf entfernt war.

Rune erinnerte sie daran, daß er auch mal auf der Rosenbergwerft gearbeitet habe. In den Sommerferien. Das hatte Harry vergessen, aber als Rune es erwähnte, erinnerte er sich.

»Wir waren doch alle eine Clique, Mensch«, sagte Rune und stellte sein Bierglas klirrend auf dem Tisch ab. »Ihr und ich und John Eimeland, wie haben wir den noch genannt?«

Dillinger, John Dillinger. Nicht weil der Junge so ein Großverbrecher gewesen wäre, sondern weil er immer damit prahlte, daß sein Großvater den berühmten gleichnamigen Gangster kennengelernt habe, als er vor dem Krieg auf den großen amerikanischen Binnenseen gesegelt war.

Ja, vielleicht waren sie eine Clique gewesen – einen Sommer lang.

Und jetzt saßen sie zusammen und tranken Bier, das Rune ihnen spendierte. Erzählten von sich und ihren Angelegenheiten, eigentlich recht traurige Geschichten.

Harry war lange vor Kolbein geflogen. Wegrationalisiert, wie es hieß.

Später dachte er sich, daß dieser Reiedal irgendwas im Sinn gehabt haben mußte, an jenem Tag unten am Anleger, als er sie in die Kneipe mitgenommen hatte.

Daß er es lange vorgehabt und nur auf eine Gelegenheit gewartet hatte.

»Verdammt, du brauchst doch nicht ohne Geld herumzulaufen!« hatte Rune Reiedal gesagt und Kolbein angesehen. »Nur Dummköpfe sind arm.«

Harry hatte er nicht eines Blickes gewürdigt.

Vermutlich hatte er sich Kolbein für seine Zwecke auserkoren, und von diesem Tag an war Kolbein Vågeviks Schicksal besiegelt, wovon er natürlich nichts wußte. Er dankte dem Schicksal, weil es ihn zu Rune Reiedal geführt hatte, als dieser gerade Leute brauchte.

Kolbein bekam Geld zwischen die Finger. Aber es verschwand ebenso schnell, wie es gekommen war. Es gab zwar eine lederne Couchgarnitur und einen Bücherschrank aus Palisander für Arna und ihn und für Tom die ersehnte E-Gitarre. Aber die Schulden hatten die Eigenschaft, trotzdem zu wachsen. Jedesmal wenn Kolbein glaubte, auf einen grünen Zweig gekommen zu sein, kam Rune Reiedal und erinnerte ihn daran, was er ihm noch schuldete.

Außerdem hatte er inzwischen begonnen, zu Pferderennen zu gehen.

Und auf den ersten Blick wirkte es ja auch so nett und harmlos, draußen in Forus auf der Trabrennbahn mit den Promis zu verkehren.

Er legte sich teurere Lebensgewohnheiten zu.

Den Durchfall bekam er ironischerweise auch wieder.

Sonderlich hohe Ideale habe Kolbein wohl nie gehabt, sagte Harry. Aber er habe doch immerhin genug Verstand gehabt, um zu merken, wenn etwas zu riskant wurde. Wenn es darum ging, sein eigenes Leben aufs Spiel zu setzen.

Doch genau darum ging es. Immer häufiger.

Und ihm, Harry Hesthaug, mit dem er doch immerhin manchmal ein Bier trinken ging, erzählte er immer weniger davon.

»Er hat wohl gewußt, daß das, was Rune Reiedal hinter der Fassade eines tüchtigen Geschäftsmannes getrieben hat, nicht nur Rune für viele Jahre hinter Gitter bringen könnte, wenn es jemand rausbekommen und aufdecken würde, sondern auch die Leute, die für ihn arbeiteten«, sagte Harry und warf Moss einen düsteren Blick zu. »Aber da war ja Geld zu holen. Viel Geld. Und wer ist schon wählerisch und beharrt auf seinen Prinzipien, wenn ganz offensichtlich in der Gesellschaft kein anderer welche hat!«

»Stimmt«, sagte Moss.

»Die Solidarität ist den Bach runtergegangen«, sagte Harry und aschte ab. »Die Kapitalisten haben alles im Griff, und kein Arsch kümmert sich noch um irgendwas. Das hat sich Kolbein wohl auch gedacht und – na ja, ich weiß, daß er so gedacht hat, und dann hat er sich wohl auf eine weitere Schmuggeltour mit dem großen Lastzug eingelassen, den er von einem Typen namens Næsvik gemietet hat. Wer ist schon ein Prinzipienreiter und denkt ans Wohl der Gesellschaft, wenn die Mächtigen es nicht mehr tun!«

»Und was ist mit Arna, seiner Frau?« fragte Moss und sah kurz zu Tom hinüber.

Er saß mit hängenden Schultern dabei, und man konnte

nur vermuten, was er gerade dachte. Oh, Arna habe wohl geahnt, was sich da abspielte, meinte Harry. Tom nickte kurz.

Arnas Nacken hatte noch mehr als früher geschmerzt, und sie hatte doppelt soviel geraucht. Als sie eines Abends mit leuchtenden Augen und roten Wangen nach Hause gekommen war, hatte Kolbein für einen kurzen Moment geglaubt, sie sei mit jemand anders im Bett gewesen. Ihm sei aufgegangen, daß er wohl doch nicht so hoch im Rennen lag, wie er glaubte, hatte er Harry gegenüber gesagt. Doch dann hatte sie ihm erzählt, sie habe zu den Pilgerbrüdern zurückgefunden, einer kleinen freikirchlichen Gemeinde, aus der sie ausgetreten war, als sie seinerzeit Kolbein getroffen hatte, der ein ungläubiger Kerl war und damals nur der Arbeiterbewegung getraut hatte.

»Um so besser«, hatte Kolbein zu Harry gesagt, sobald er sich vom Schock mit den Pilgerbrüdern erholt hatte. »Um so besser! Dann hat sie wenigstens eine Beschäftigung.«

Tom erzählte, daß er selbst immer häufiger mit Freunden unterwegs und nur noch selten zu Hause gewesen sei. Sie hätten zusammen eine Band, die sie »Öl« nannten, das sei natürlich ironisch gemeint, sagte er, lächelte etwas schief und sah Moss durch seine Gardine von Haaren hindurch an. Sie spielten Rockmusik, die sein Vater nicht leiden konnte und als Höllenlärm bezeichnete, weit entfernt von den Beach Boys und anderen Gruppen, die Kolbein und Harry und ihre Kumpels in ihrem Alter gemocht hatten. Arna, die sonst nur Schlagersänger wie Jan Høyland mochte, halte das Gitarrenspiel des Sohnes erstaunlicherweise besser aus als der Vater, aber das liege wohl eher an ihrem Mutterherz als an der Musik, sagte Harry und lachte ein wenig.

Tom sagte nichts.

So verging die Zeit. Kolbein Vågevik transportierte Waren für den Teil von Rune Reiedals Unternehmen, von dem niemand etwas wissen durfte. Ab und zu lieh er sich die

Garage eines Vetters draußen in Madla, der ohnehin kein Auto besaß und immer Platz für zwanzig bis dreißig Kanister Alkohol oder Kartons mit Zigaretten hatte, bevor sie weitertransportiert wurden.

Seine Probleme mit dem Magen hätten zugenommen, und er sei immer dünner geworden, sagte Tom. Er habe sich angewöhnt, nachts wach zu sitzen und zu rauchen. Wenn Arna morgens aufgestanden war, um Tom in die Schule zu schicken – er besuchte die letzte Klasse des Gymnasiums –, war das Wohnzimmer grau von altem Zigarettenrauch und das Sofa voller Tabakkrümel gewesen. Kolbein hatte sich nie an Fertigzigaretten gewöhnen können, egal, wie viele Schachteln er sich umsonst hätte beschaffen können.

Arna hatte sich Sorgen gemacht, aber wenn sie darüber reden wollte, hatte er abgeblockt.

»Ach, halt doch den Mund«, hatte er nur gesagt und war aus dem Zimmer gegangen.

Eines Abends hatte sie mit Tom darüber geredet. Hatte erzählt, wovor sie Angst hatte – daß diese Freunde von der Trabrennbahn in größere und schlimmere Dinge verwickelt sein könnten als die Schmuggeltouren nach Kiel.

Tom hatte sie über den Küchentisch hinweg angesehen und mit den Schultern gezuckt. Er trieb sich nicht dort herum, wo sein Vater verkehrte. Zwar wußte er, wer Rune Reiedal war, aber er konnte sich nicht vorstellen, daß der Vater sich traute, nebenher etwas anderes und Größeres als Schmuggel zu betreiben.

Das Schmuggeln war ja außerdem nur ein Gerücht.

Kolbein selbst hatte nie etwas davon erzählt. Er befördere ganz gewöhnliche Waren, sagte er. Das tat er auch.

Zusätzlich.

Eines Tages hatte Tom zusammen mit Harry und dem Typen, der John Dillinger genannt wurde, in der Kneipe gesessen, was er normalerweise nicht tat. Es war reiner

Zufall, an ihrem Tisch war ein Stuhl frei gewesen, und sonst war niemand im Lokal, den er kannte.

Seit seiner Kindheit hatte er gewußt, daß die beiden Männer Arbeitskollegen seines Vaters bei Rosenberg gewesen waren.

Sie hatten sich über Fußball unterhalten, und Harry, der gerade seine Spendierhosen anhatte, bestellte dem Jungen ein großes Bier und fand es richtig nett. Er war aufgeräumt und redselig und begann von Kolbein zu erzählen, wie er früher gewesen sei.

»Der war richtig geschickt auf der Gitarre, weißt du. Konnte verdammt gut spielen, dein Vater.«

Tom war hinterher mit zu Harry nach Hause gegangen. Harry hatte irgendwo eine Gitarre stehen, von der er glaubte, daß sie mal Kolbein gehört hatte, aber sie war nicht dort, wo er gedacht hatte, und deshalb setzten sie sich statt dessen hin und tranken.

Plötzlich war die ganze Geschichte aus Tom herausgebrochen.

Vom Vater, der so krank wirkte, und von der Mutter, die sich Sorgen machte und in die Andachten bei den Pilgerbrüdern flüchtete, um Trost zu finden. Schließlich war er so betrunken, daß er zu weinen anfing, wofür er sich am nächsten Tag schämte.

Während Tom Vågevik mit einer Wolldecke zugedeckt auf dem Sofa schlief, saß Harry in der Küche, sah draußen den Tag dämmern, trank starken Kaffee und dachte nach, was ihm nicht immer sonderlich leicht fiel. Und als Tom blaß und übernächtigt, die Hände in die Taschen der Jeansjacke vergraben, an diesem Vormittag nach Hause ging, hatte er ein Versprechen an seine Mutter dabei: Harry Hesthaug würde versuchen, mit Kolbein zu reden.

Sie waren trotz allem Kumpel. Ehemalige Arbeitskollegen. Sie waren doch zusammen zur Realschule gegangen.

Margaret Moss saß im Bett und betrachtete Harry mit dem einen Auge. Sie hatte das Brot gegessen und das Bier getrunken. Tom lehnte wie ein umgeknicktes Schilfrohr an der Wand. Von irgendwoher erklang ein Radio.

»Und haben Sie mit ihm reden können?« fragte sie und dachte, wenn sie jetzt nicht bald eine Kopfschmerztablette bekäme, müsse sie sterben.

Ja, Harry hatte mit Kolbein geredet. Er hatte sich als erstaunlich offen und umgänglich erwiesen, und es hatte den Anschein gehabt, als freue er sich, daß Harry sich Sorgen machte. Es stimmte schon, er sei an einer Sache dran, »einer großen Sache«, hatte er gesagt. Etwas, worüber er nicht reden konnte. Aber er wollte mit der ganzen Sache aufhören. Er kam mit diesem Streß nicht mehr zurecht.

Um was für einen Streß es sich handelte, hatte er nicht gesagt.

Noch am selben Tag hatte er einen Anruf auf dem Handy bekommen, woraufhin er vom Mittagstisch aufgestanden war, mitten beim gebratenen Hering, und gesagt hatte, er müsse los.

Bevor er gegangen war, hatte er sich übergeben. Das hatten Arna und Tom, die in der Küche sitzengeblieben waren, beide gehört.

Tom hatte nicht weiteressen können, sondern gleich nach dem Vater das Haus verlassen. War durch die Straßen gelaufen und hatte bei Harry angeklopft. Es sei dringend, hatte er gesagt. Der Vater sei krank und habe Todesangst, das könne jeder sehen.

»Ich hab selber Angst«, hatte Tom gemurmelt und mit den Zähnen geklappert, als er da in dem schwachen Westwind auf Harrys Treppe stand. »Ich glaub, da braut sich was zusammen.«

Harry hatte einen Moment nachgedacht und dann nach Kolbeins Handynummer gefragt.

Die hatte Tom in seiner Brieftasche.

Harry hatte die Nummer gewählt und einen kurz angebundenen und beschäftigten Kolbein am anderen Ende gehabt. Nein, er habe jetzt keine Zeit für ein Bier. Er sei gerade beruflich unterwegs. »Aber«, hatte Harry geschickt geschwindelt, »ich hab dich doch vor zehn Minuten hier auf der Straße gesehen!«

Nein, da habe er sich geirrt, hatte Kolbein mit gedämpfter Stimme gesagt, als wollte er nicht, daß jemand ihn hörte. »Ich bin auf dem Weg zum Orrestrand, du kannst mich also gar nicht gesehen haben.«

Dann hatte er Harry versprochen, ihn ein anderes Mal anzurufen, und aufgelegt.

Harry hatte sich damit zufriedengegeben, aber Tom nicht. Er war zu John Dillinger gegangen, der in der Dachwohnung desselben Hauses wohnte, und hatte gefragt, ob er dessen Auto borgen dürfe, einen alten, rostigen Opel mit der roten Feder des Lions-Clubs auf der Heckscheibe.

»Kommt gar nicht in Frage«, hatte John gesagt. »Da fahr ich lieber selbst. Der Wagen ist antik, Junge!«

Dann waren John Eimeland alias Dillinger, groß, rothaarig und laut, seine Freundin Elfrid und Tom Vågevik, Gymnasiast und der einzige Sohn, in Richtung Süden gefahren. Doch sie bemerkten nichts Auffälliges und waren irgendwann der ganzen Sache überdrüssig gewesen. Inzwischen war es dunkel geworden, und John und der Junge hatten sich an die Motorhaube gelehnt und eine geraucht, während Elfrid auf der Rückbank Nägel gekaut hatte. Da hatten sie plötzlich Automotoren gehört.

John, der trotz seines verbrecherischen Spitznamens ein vorsichtiger Mann war und sich nicht gern auf zwielichtige Angelegenheiten einließ, insbesondere nicht, wenn vielleicht Leute wie Rune Reiedal in die Sache verwickelt waren, hatte das Auto abgestellt und sich mit Elfrid hinter eine dichte Hecke verzogen, während Tom die Gegend erkundete.

Als er acht bis zehn Minuten später zurückkam, war er

ganz blaß um die Nase und wollte die Stabtaschenlampe aus dem Auto mitnehmen. Dann war er wieder verschwunden, und John und Elfrid hatten im Opel gesessen, von weitem den weißen Schein der Lampe gesehen und durch das Brausen von Wind und Wellen vereinzelte kurze Rufe gehört.

»Verdammt«, hatte John Dillinger gesagt und Elfrid einen dunklen Blick zugeworfen. Elfrid, die dasaß wie die Heldin in einem alten Stummfilm, die eine Hand an die Wange gepreßt und die andere an die Brust, hatte nur genickt.

Als die Autos schließlich weggefahren waren, ohne daß Tom zurückgekommen wäre, hatte John beschlossen, nach ihm zu suchen. Elfrid, die nicht allein im Auto sitzenbleiben wollte, kam mit. Nachdem sie das Sumpfgebiet überquert und endlich Tom entdeckt hatten, zogen sie die falsche Schlußfolgerung, als sie die Gestalt sahen, die sich über Toms Vater beugte, der am Boden lag. John hatte dem Jungen die Taschenlampe aus der Hand gerissen und zugeschlagen.

»Er hat nicht mal gesehen, daß Sie eine Frau sind«, sagte Harry bedauernd.

Dann hatten sie Moss so weit geschleppt, wie sie konnten, und waren schließlich mit dem Auto so nahe wie möglich herangefahren und hatten sie auf die Rückbank gepackt.

Kolbein Vågevik hatten sie in den Kofferraum gelegt.

»Er hat es ja sowieso nicht mehr mitgekriegt, wissen Sie«, sagte Harry in beinahe flehentlichem Ton, und Toms Blick begann wieder zu flackern.

Sie hatten ihn vor der Notaufnahme des Zentralkrankenhauses abgeladen, geklingelt und waren dann losgefahren.

Eine Stunde später hatte ein Krankenpfleger aus der Klinik Arna Vågevik angerufen.

Kolbein war schon aufgebahrt und geschminkt gewesen, als sie ihn sehen durfte. Er sah wächsern aus, zeigte jedoch einen edlen Gesichtsausdruck, den sie noch nie an ihm gesehen hatte.

Tom hatte nicht mitkommen wollen, die Mutter hatte

gemeint, es läge an der Angst der Jugend vor dem Tod. Tom hatte sie in dem Glauben gelassen. Er hatte nämlich Angst, sich zu verraten. Große Wut und wachsende Verzweiflung hatten seinen mageren Körper erfüllt, und jetzt wollte er wissen, wer seinen Vater zu Tode geprügelt hatte, und er wollte Rache, Rache um jeden Preis.

»Rache?« sagte Moss und hielt sich mit beiden Händen den Kopf. »Das ist ein schlechter Ausgangspunkt. Außerdem habe ich gedacht, du hättest gesehen, wer es war.«

Nein, Tom war zu weit entfernt gewesen.

Zuerst hatte er nicht verstanden, was da eigentlich passierte, und als es ihm langsam dämmerte, waren sie schon weg gewesen.

»Hören Sie mal zu«, sagte Harry Hesthaug, der noch immer auf der Bettkante saß, und beugte sich vor. »Sie können sich die Sache ja mal überlegen! Wir haben zusammen zehntausend Kröten, Dillinger und ich. Und wir sind bereit, das Geld einzusetzen, wenn Sie nur ein paar Tage für uns arbeiten. Sie können ja sowieso nicht nach Oslo zurückfahren, so wie Sie aussehen.«

»Was um alles in der Welt könnte ich denn für euch tun?« fragte Moss mit schwacher Stimme.

»Hier im Ort kennt Sie niemand«, sagte Harry. »Sie können herumschnüffeln, ohne daß sich einer wundert. Wenn ich oder Dillinger oder Tom versuchen, was aus den Leuten rauszukriegen, dann ist der Bär los. Dann läuten alle Alarmglocken.«

»Hm«, sagte Moss.

Die ganze Sache war natürlich völlig verrückt.

Aber verrückte Sachen hatten sie immer schon gereizt.

5

»We'll understand it better, by and by.«

Tindley

Moss hatte geschlafen und fühlte sich ein bißchen besser.

Vom Fenster aus waren überall weiße Holzhäuser zu sehen, dazu ein Stück einer himmelhohen Brücke, ein Stück Meer, ein Junge, der auf einem Fahrrad bergab fuhr, mit vorgebeugtem Kopf und nassen Haaren, die ihm auf der Stirn klebten, glänzende Dachziegel, eine segelnde Möwe.

Der Regen wurde in Böen gegen die Scheibe gepeitscht, es hatte angefangen zu dämmern.

Moss saß mit Harry, Tom und einer erschöpften Blondine in den Vierzigern, John Dillingers Freundin, in Harry Hesthaugs Küche.

Sie war schon fast bereit, dem Vorschlag zuzustimmen.

Entscheidend war dabei weniger, daß sie hierbleiben mußte, sondern daß es ihr erspart bleiben würde, nach Hause zu fahren.

»Das sieht schon noch ein bißchen blau aus«, sagte Harry Hesthaug und betrachtete sie im schwindenden Licht.

»Blau?« sagte Moss. »Ich bin gelb und blau und lila, wartet nur bis übermorgen, dann werd ich auch noch grün!«

Die erschöpfte Blondine sah sie entschuldigend an.

Elfrid hieß sie, fiel Moss wieder ein.

Das Ganze hatte was von einer verschworenen Gemeinschaft, insbesondere seitdem sie alle zum vertraulicheren Du übergegangen waren.

»Na?« sagte Harry Hesthaug.

Sie zog die Schultern hoch. »Ich weiß nicht«, sagte sie. »Ihr müßt mir erst noch ein paar Informationen geben.«

Und sie ließen sich von Moss löchern, bis sie eine Stunde später den Kopf in die Hände stützte und aufgab.

Der einzige, den Tom am Orrestrand vielleicht erkannt hatte, war ein Typ namens Tonny, ein kleiner, dünner Kerl, der sich in einer Kneipe herumtrieb, in die auch Tom manchmal ging. Aber er war sich nicht sicher.

Es war, wie gesagt, dunkel gewesen und zu weit weg. Das eine Auto hatte dem von Tonny ähnlich gesehen, und der am Steuer hätte durchaus Tonny gewesen sein können. Als das Auto rückwärts fuhr und wendete, hatten die Scheinwerfer des anderen Wagens ihn gestreift, und Tom hatte gedacht, der Typ habe Tonny ganz schön ähnlich gesehen.

Also nur ähnlich gesehen.

Ansonsten wußten sie wenig, was ihr nützen konnte. Von der Schmuggelei wußte der »halbe Ort«. Die Leute behaupteten zwar, daß bei Rune Reiedal nicht alles mit rechten Dingen zuging, aber niemand am Küchentisch hatte irgendwelche Beweise. Daß Kolbein Vågevik sich in den letzten Monaten große Sorgen gemacht hatte, ja geradezu panische Angst vor irgendwas gehabt hatte, war dagegen sicher.

Ebenso sicher war, daß er am Abend zuvor zu Tode geprügelt und getreten worden war.

Das war auch das einzige, was Moss mit Sicherheit sagen konnte, schließlich war sie dabeigewesen – Kolbein hatte zunächst noch gelebt, und am Ende war er tot.

Die Polizei habe die Mutter verhört, erzählte Tom. »Aber sie hat keinen blassen Schimmer.«

Er blickte in seine Tasse. Das strähnige Haar fiel ihm ins Gesicht.

»Warum hast du dich nicht bei der Polizei gemeldet«, erkundigte sich Moss, »und erzählt, was du gestern gesehen hast?«

Er antwortete nicht.

»Hast du Angst?« fragte sie.

Er hob beinahe unmerklich die Schultern.

»Verdammt, das ist doch wohl klar, daß er Angst hat«, sagte Harry scharf.

»Und deine Mutter – bist du ganz sicher, daß sie nicht mehr von dieser Sache weiß als du?« fragte Moss nach einer Weile.

Jetzt blickte er endlich hoch. Die dünnen Augenbrauen zogen sich über der Nase zusammen, und seine Augen leuchteten, dann beugte er sich vor, und das Haar rutschte wieder vors Gesicht.

»Sie hat keinen blassen Schimmer«, wiederholte er nur.

»Wo ist sie jetzt?« fragte Moss und hatte das Gefühl, so sehr auf dem Holzweg zu sein wie schon lange nicht mehr. Die Geschichte schien aussichtslos, ein paar hilflose, wohlmeinende Leute, die von nichts eine Ahnung hatten. Die ihr trotzdem zutrauten, daß sie ihnen helfen konnte, das sah sie ja.

»Sie ist zur Andacht gegangen«, sagte Tom schniefend. »Ich bin nach Hause, weil ich dachte, sie wollte heute abend nicht allein sein, und dann lag da bloß ein Zettel. Aber gegen sieben wollte sie zurück sein.«

Arna Vågevik war mit ihrer Trauer zu den Pilgerbrüdern gegangen.

Sie machten sich auf den Weg zum Mietshaus in Tasta, wo Tom und seine Mutter wohnten. Auf getrennten Wegen: zuerst Tom, der mit gebeugtem Kopf und hochgeschlagenem Jackenkragen an den Häuserwänden entlanghastete, und eine ganze Weile später Moss, mit der Karte von Stavanger in der Manteltasche und einer geborgten Schirmmütze (Harrys), die sie tief ins Gesicht gezogen hatte, um das blaue Auge so gut wie möglich zu verbergen.

Sie hatte auch Harry Hesthaugs schwarzen Regenschirm

dabei. Einer der Stäbe ragte heraus, und in den Windböen drohte der Schirm umzuschlagen. Atemlos blieb sie an einem Zebrastreifen stehen.

Ihr war viel schwindliger, als sie gedacht hatte.

Die Erde schien unter ihren Füßen zu schwanken, und es sauste in den Ohren.

Sie hob die Hand und befühlte das Auge.

Es war weich und geschwollen wie eine überreife Pflaume.

Auch an der Stirn schmerzte es, denn die Kante der Schirmmütze preßte gegen die Stelle, wo die Taschenlampe sie getroffen hatte.

Ein Stück entfernt leuchtete ein Taxischild, sie streckte die freie Hand aus, und wenig später fuhr der Wagen an den Straßenrand und blieb stehen.

Moss quetschte sich mit dem nassen Schirm ins Auto. Probierte einen nicht näher definierbaren Vestlanddialekt aus, als sie die Adresse angeben sollte. Man wußte ja nie, ob Taxifahrer später möglicherweise gebeten wurden, sich an ihre Kunden zu erinnern.

Moss war vielleicht nicht die beste Detektivin der Welt, aber ein bißchen hatte sie gelernt.

Sie ertappte den Fahrer, wie er sie im Spiegel anstarrte.

»Das da sollten Sie der Polizei melden«, sagte er und reihte sich in den Verkehrsfluß ein.

Moss zog die Mütze tiefer ins Gesicht und murmelte etwas davon, daß sie Rücksicht auf die Kinder nehmen müsse.

»Das dankt der Ihnen aber nicht«, sagte er und betrachtete sie wieder verstohlen im Spiegel. »Sehn Sie zu, daß Sie von diesem Schuft wegkommen!«

Als sie vor Toms Wohnblock aus dem Auto stieg, steckte der Taxifahrer seinen Kopf aus dem Fenster und sah erst das Haus an und dann sie. »Soll ich mit raufkommen?« fragte er. »Ich tu das gern. 1954 war ich Juniorenmeister vom Bezirk Rogaland im Mittelgewicht.«

»Vielen Dank«, sagte Moss matt. »Aber ich glaube, das geht nicht. Außerdem ist er sowieso gerade nicht zu Hause.«
Toms Mutter dagegen war da.

Arna Vågevik war klein und dünn, hatte nikotingelbe Finger und einen Blick, der Margaret Moss mißtrauisch betrachtete.
Sie begriff nicht, warum diese Frau aus Oslo sie in ihrer Trauer und Verzweiflung mit Fragen quälte.
Tom hatte sie als alte Freundin von Harry Hesthaug vorgestellt, was Arna offenbar für keine gute Empfehlung hielt. Auch ihr blaues Auge schien kein besonderes Mitleid zu wekken, und Moss konnte ja schlecht sagen, wo es herstammte.
»Wir glauben, daß wir herausfinden können, wer Ihren Mann umgebracht hat«, sagte Moss und setzte sich ein bißchen unmotiviert hin. Es pochte in der Stirn, und die Haut über dem Auge spannte.
»Warum können wir nicht die Polizei einschalten?« fragte Arna Vågevik, die am Fenster stand und in ihrer zitternden Hand eine Zigarette hielt. »Außerdem sollten wir besser nicht in dieser Sache rumwühlen, irgendein Sinn wird da schon drinliegen. Der liebe Gott weiß, was er tut. Mein ist die Rache, spricht der Herr!«
»Mama«, sagte Tom. »Mama, sie will uns nur helfen. Setz dich doch auch hin!«
Nein, Arna Vågevik wollte sich nicht setzen. Sie wanderte rastlos von Fenster zu Fenster, drehte eine Runde in der Küche, aschte in der Spüle ab, kam wieder zurück.
»Darf ich mich wenigstens ein bißchen umschauen?« fragte Moss schließlich, nachdem Arna auf ihre Fragen mit Schulterzucken oder Kopfschütteln reagiert hatte. »Wo hat er zum Beispiel seine Unterlagen aufbewahrt?«
»Unterlagen?« Arna sah aus, als sei das ein Fremdwort.
»Ja, Versicherungspolicen, Rechnungen, Steuersachen und so. Vielleicht finden wir da ja was.«
»So was bewahre ich auf«, sagte Arna kurz angebunden.

Sie nickte zur großen Schrankwand, die aus demselben dunklen Holz war wie der Sofatisch. In einigen der Schranktüren steckten Schlüssel. »Und ich hab alles im Griff, da gibt's nix, was ich nicht wüßte.«

»Hatte er keine Privatsachen, ich meine irgendwelche persönlichen Dinge? Wo hätte er so was denn aufbewahrt? Notizhefte, Ringbücher, so was in der Art?«

Arna zuckte wieder mit den Schultern.

»Glaub ich nicht, daß er so was hatte«, sagte sie kurz.

»Hat er alle Aufträge mündlich bekommen? Hat er sich irgendwo mit den Leuten getroffen, oder wurde er angerufen? Hier, zum Beispiel?«

Arna schüttelte den Kopf. »Keine Ahnung.«

»Und wenn er irgendwo hingefahren ist, nach Kiel oder nach Kopenhagen zum Beispiel, um Waren zu holen – ich meine legale Waren –, von wem hat er denn da die Aufträge bekommen?«

Arna drückte ihre Zigarette aus, die vierte, seit Moss da war. »Olav Næsvik«, sagte sie. »Der sitzt in einem Büro unten am Strandkai.«

»Was für Waren vertreibt Næsvik denn? Ich meine legal?«

»Alles Mögliche. Er hat eine Speditionsfirma.«

»Ach so«, sagte Moss. »Dann war Rune Reiedal also gar nicht der offizielle Auftraggeber?«

»Nein«, sagte Arna. »Aber Rune und Olav Næsvik sind ja befreundet. Næsvik hat seinerzeit mal bei Runes Vater im Bekleidungsgeschäft gearbeitet.«

»Wie ist der eigentlich, dieser Rune Reiedal?«

Arnas Gesicht wurde abweisend. »Weiß nicht, was ich sagen soll. Massenhaft Geld hat er. Zieht sich fein an. Hat eine Frau und ein ziemlich altes Haus mit Garten in Eiganes. Sie ist eine von der Sorte, die Wohltätigkeitsveranstaltungen organisiert und so. Ich kenn sie nicht. Sie ist irgendwo aus Østlandet. Aber dem Rune seine Schwester, das ist eine nette Frau. Die ist nach England gegangen und Model oder so geworden, aber jetzt ist sie zurückgekommen und wohnt draußen in Bryne. Sie ist kein bißchen hochnäsig, obwohl sie inzwischen ganz schön reich ist, das sagen die Leute jedenfalls.«

Beim Gedanken an Runes Schwester war Arna aufgetaut.

»Wie heißt sie?«

Audhild, erzählte Arna, Audhild Reiedal Danielsen. In ihrer Londoner Zeit hatte sie einen norwegischen Reeder geheiratet, war aber mittlerweile wieder geschieden.

Moss notierte sich die Namen von Audhild und Næsvik.

Sie sah sich im Wohnzimmer um.

Im Bücherregal gab es nur wenige Bände, sie erkannte die Buchrücken des alten Arbeiterlexikons, das sie von irgend jemand geerbt haben mußten. Eine Reihe Videokassetten stand auf dem untersten Regal. Um überhaupt irgendwas auszurichten, ging sie ans Regal und hockte sich davor. Sah sich die Videos etwas genauer an.

Das Dschungelbuch, die Zeichentrickversion. Western und Actionfilme.

»Er hat sie gebraucht gekauft«, sagte Arna hinter ihr. »Als er arbeitslos war. Hat den ganzen Tag hier rumgesessen. Da hat er sich eine Menge Videos ausgeliehen, unten in der Videothek.«

Moss stand auf.

»Er hat sich auch mal eine Videokamera geliehen«, sagte Tom. »Er hat gesagt, er wollte seine alten Arbeitskollegen filmen. Aber da ist, glaub ich, nix draus geworden.«

»Wann war das?« fragte Moss.

Tom sah seine Mutter an. »Letzten Winter?«

»Nee, das ist länger her«, meinte sie. »Ich hab nicht verstanden, wie er das hinkriegen wollte, er hatte doch noch nie eine Videokamera in der Hand gehalten.«

»Die Kamera, ist die noch hier?«

»Nein, die hat er zurückgegeben. Ich weiß nicht, von wem er sie geborgt hatte.«

Arna erhob sich, schüttelte mechanisch das Sofakissen auf, an das sie sich gelehnt hatte. Packte die Zigarettenschachtel und ging zum Fenster. Sie wollte sich gerade eine Zigarette in den Mund stecken, als sie zusammenzuckte.

»Herrgott«, sagte sie. »Jetzt kommen sie.«

Noch bevor Moss reagieren konnte, war Tom aufgesprungen und drüben am Fenster.

»Das ist Olav Næsvik«, sagte er tonlos. »Und Tonny.«

Moss fühlte, wie ihr das Blut in den Kopf stieg, packte ihre Umhängetasche und kam schnell hoch.

»Wenn die hierherwollen«, sagte sie, »würde ich sehr gern hören, was sie sagen. Kann ich mich irgendwo verstecken?«

Arna warf ihr einen Blick zu. Ihre Augen waren groß und glänzend, und ihr Puls pochte so stark, daß es außen am Hals zu sehen war.

»Vielleicht wollen sie ja nur kondolieren«, sagte sie nervös.

»Trotzdem«, sagte Moss.

Schlafzimmer und Einbauschränke, Badezimmer und Küche – alles gleichermaßen ungeeignet. Es gab die entfernte, aber nichtsdestoweniger unangenehme Möglichkeit, daß sie sich mal umsahen, wenn sie schon hier waren, die Typen, die gleich klingeln würden.

Der Balkon.

Noch während sie das dachte, griff sie nach der Türklinke und ging hinaus. Der Wind zerzauste ihr Haar.

Gerade als sie sich in die Ecke des Balkons hockte, gellte der Klingelton durch die Wohnung.

6

»Why don't you mind your own business,
mind your own business,
well, if you mind your own business
then you sure won't be mindin' mine.«

Hank Williams

Es war kalt auf Arna Vågeviks Balkon, Moss klapperte mit den Zähnen.

Ihr Mantel hing in Arnas kleinem Flur, und der feuchte böige Wind ging durch Mark und Bein.

Immerhin regnete es nicht mehr.

Von drinnen hörte sie Stimmen, aber was sie sagten, war nicht zu verstehen. Wenn sie den Hals streckte, konnte sie hineinschauen. Das traute sie sich nur hin und wieder. Im Moment sah gerade niemand in ihre Richtung, aber das konnte sich schnell ändern.

Dort drinnen standen sie alle vier.

Arna hielt die Zigarette in der zitternden Hand, und Moss hoffte, daß sie nicht so nervös werden würde, daß sie sich vergaß und zum Balkon schaute.

Tom stand an der Flurtür und sah aus, als langweilte er sich. Aber Moss dachte sich, daß Langeweile vermutlich das letzte war, was er gerade empfand.

Am Bücherregal lehnte ein kleiner, schmächtiger Kerl mit weißblondem Haar, hellen Wimpern und hellblauen Augen. Er hätte wie ein Ferkel ausgesehen, wenn er nicht eine Zigarette im Mund gehabt hätte.

Der Mann trug eine Lederjacke von der kräftigen Sorte mit breiten Schulterpolstern und vielen Schnallen, in der er beinahe ertrank, und die ausgeblichenen Jeansbeine, die unten herausguckten, hatten im Vergleich dazu beinahe etwas Puppenartiges.

Das war vermutlich Tonny. Moss meinte, ihn an jenem Abend am Orrestrand gesehen zu haben, aber sie war sich nicht sicher.

Der andere, der demnach Olav Næsvik sein mußte, war eher unscheinbar, einer, an den man sich nicht mehr erinnerte, sobald er gegangen war: straßenköterfarbenes Haar, das schon ergraute, kurz im Nacken, vorn ein paar Ponysträhnen, eine Windjacke vom Typ »allwettertauglich« in Gelb und Rot.

Außerdem trug er eine Brille. Eine gewöhnliche Hornbrille mit brauner Fassung.

Er schien der Wortführer zu sein, er stand mit dem Profil zu ihr, entspannt gestikulierte er diskret mit der rechten Hand, während die andere in der Tasche steckte.

Arna holte sichtbar Atem, dann suchte sie im Blusenärmel nach ihrem Taschentuch und hielt es sich vor die Augen. Ihre Nase färbte sich allmählich rot.

Tom beugte den Kopf vor und studierte seine Schuhspitzen. Næsvik redete und redete.

Moss tippte darauf, daß er tatsächlich sein Beileid zum Ausdruck brachte und von dem großen Verlust redete, den Mutter und Sohn erlitten hatten.

Sie versuchte ihre Position zu verändern, ohne daß ihr Kopf durch die Fensterscheibe der Balkontür zu sehen war. Ihre Oberschenkelmuskulatur schmerzte wie verrückt.

Zu ärgerlich, daß sie nichts hören konnte, die Balkontür schloß dichter ab, als sie vermutet hatte.

Arna hatte nicht hinter ihr zugesperrt. Wenn sich dort drin nur alle aufs Sofa setzten und Moss sich damit nicht mehr in Sichtweite befände, wäre es ein leichtes, die Tür ein wenig aufzuschieben.

Irgendwann konnte sie nicht mehr in der Hockstellung bleiben, sie mußte sich hinknien, nasser Balkonboden hin oder her. Gerade mühte sie sich damit ab, das Gewicht zu verlagern, als sie plötzlich die Stimmen von drinnen deutlicher hörte.

»... zu deinem eigenen Besten«, sagte jemand.

Sehr laut, das mußte Næsvik sein, eine tiefe Männerstimme.

Sie blickte vorsichtig über den unteren Rand des Balkonfensters.

Dort drinnen mußte etwas geschehen sein. Arna saß auf der Kante eines Sessels, hatte die Hände vors Gesicht geschlagen und schluchzte, Tom stand mit zusammengepreßten Lippen neben ihr, und der Typ, der Tonny hieß, hatte die Jacke ausgezogen und zog routiniert Schubladen auf und öffnete Schränke.

Plötzlich erklang ein Ton, wahrscheinlich die Türklingel, das Geräusch war draußen auf dem Balkon nur schwach zu hören. Næsvik verschwand im Flur. Als er zurückkehrte, folgte ihm mit wiegenden Schritten ein Mann, der Moss bekannt vorkam. Er hatte einen Stiernacken, schwere Bodybuildermuskeln, einen Vokuhila-Haarschnitt (vorne kurz, hinten lang) und trug eine gelbgestreifte Bodybuilderhose und eine leichte Windjacke.

Dazu weiße Joggingschuhe.

Er baute sich in der Türöffnung auf und kreuzte die Arme über der Brust.

Næsvik begann Tonny zu helfen.

Offensichtlich sollte der muskulöse Kerl für Ruhe sorgen, während die anderen beiden genau das taten, weshalb Moss eigentlich hergekommen war: Sie durchsuchten die Wohnung nach Unterlagen, die Kolbein Vågevik hinterlassen haben könnte.

Nur wußten sie offenbar, daß es etwas gab. Diesen Vorteil hatte Moss nicht gehabt, sie war hauptsächlich deshalb zu Arna gegangen, weil es naheliegend war, dort mit der Suche zu beginnen.

Tonny und Næsvik verschwanden im Flur. Arna wollte ihnen nachgehen, hielt die eine Hand vor den Mund und fuchtelte mit der anderen herum, aber sie kam am Kerl an der Tür nicht vorbei.

Tom saß auf dem Sofa, Moss sah von ihm nichts als die Beine.

Jetzt begann es zu regnen. Moss kauerte sich im Schutz des eine Etage höher gelegenen Balkons zusammen, aber der Regen prasselte trotzdem herein und traf sie im Gesicht, sobald sie nach oben blickte.

Im Wohnzimmer war es ruhig.

Sie nutzte die Gelegenheit, sich zu erheben, und preßte sich gegen die grobe Mauer neben der Balkontür. Falls jemand im Nachbarblock sie so sah, würde er vermutlich die Polizei rufen und berichten, nebenan seien Diebe.

Aber es herrschte Oktoberfinsternis, und es regnete. Die hellen Vierecke, die Fenster des Wohnblocks gegenüber, jenseits des regennassen, zertretenen Rasens, wiesen keinerlei dunkle Schatten von Nachbarn auf, die hinausgesehen hätten.

Hier und da flimmerte es bläulich, dort sahen sie vermutlich fern.

Plötzlich krachte und polterte es drinnen. Sie schob den Kopf ein kleines bißchen zur Seite und sah mit dem einen Auge hinein.

Der Große mit den Bodybuildermuskeln war gerade damit beschäftigt, das ganze Bücherregal umzukippen.

Anscheinend hatten sie nicht gefunden, was sie suchten.

Bücher, Videos und Schmuckgegenstände fielen auf den Boden.

Was sie da betrieben, war reine Schikane. Keiner von ihnen würde all das durchsehen können, was sich über den Boden verteilte. Der Typ, der Næsvik sein mußte, nahm als einziges die Videokassetten und stopfte sie in eine Plastiktüte.

Er sah sich um.

Moss zog sich blitzschnell zurück.

Stand mucksmäuschenstill da. Hörte nichts außer dem Regen und dem Wind.

Dann knallte es. Moss zuckte zusammen, wurde dort drin etwa geschossen? Aber dann wurde ihr klar, daß es nur die Wohnungstür war.

Sie waren gegangen.

Trotzdem traute sie sich erst hineinzugehen, als Tom ihr die Tür öffnete.

»Was haben sie gesucht?« fragte Moss und lehnte sich durchgefroren an den Türrahmen zur Küche, wo Tom gerade Kaffee für seine Mutter kochte, die, sobald sie etwas sagen wollte, erneut zu weinen begann.

»Keine Ahnung«, sagte Tom düster. Er starrte auf das Wasser in der Kaffeemaschine. »Sie ham die Videos mitgenommen.«

»Mein Gott«, sagte Moss.

»Na ja«, sagte Tom. »Vielleicht hatten sie ja Langeweile.«

Er probierte ein Lächeln.

Moss ging ins Wohnzimmer zurück und setzte sich neben Arna aufs Sofa.

»Ihnen ist doch klar, daß Sie Hilfe brauchen, oder?« sagte sie. »Ich finde, Sie sollten zur Polizei gehen.«

Arna schüttelte hartnäckig den Kopf.

»Aber sie können wiederkommen«, sagte Moss.

Arna zuckte mit den Schultern.

Drehte sich weg, demonstrativ.

Moss stand wieder auf. Plötzlich war ihr schwindelig, das Zimmer schwankte, und sie spürte, wie ihr der kalte Schweiß auf die Stirn trat.

»Ich glaube, ich gehe nach Hause«, sagte sie zu Tom, der gerade mit dem Kaffee ins Zimmer kam. »Zu Harry, meine ich. Wir müssen morgen weiterreden.«

Sie bestellte sich ein Taxi. Und traute sich nicht die Treppen hinunter, ehe sie sich vergewissert hatte, daß das Auto unten vor der Tür stand.

Harry war allein, als sie kam. Er sah fern. Boxkampf.

»O Gott«, sagte Moss und ließ sich aufs Sofa fallen. »Sie sind zu Arna gekommen – Næsvik und der Kleine, der Tonny heißt, und so ein Rauhbein mit Vokuhila-Schnitt.«

Harry sah erschrocken aus. »Verdammt«, sagte er. »Hat es Ärger gegeben?«

Moss erzählte ihm, was passiert war. Das dauerte eine Weile.

Der Fernseher flackerte. Der Boxkampf war zu Ende.

»Sie haben die Videos mitgenommen«, sagte sie und nahm einen großen Schluck Bier. »Sie haben sogar in den Videorecorder geschaut.«

»Aha.« Harry sah zerstreut auf den Fernsehschirm.

»Tom hat erzählt, daß sein Vater ein Video über seine Arbeitskollegen drehen wollte, hast du davon gewußt?«

»Nein«, sagte Harry und nahm selbst einen Schluck vom Bier. »Ach herrje!«

Moss drehte sich um und sah auf die Mattscheibe. Eine knochige Frau mit unnatürlich großen Brüsten kniete auf dem Boden, während sich ein Mann mit engstehenden Augen und überdimensionierten Brustmuskeln hinter ihr abmühte.

»Sag mal«, sagte Moss. »Was soll eigentlich so lustig daran sein, auf allen vieren über den Boden zu krabbeln wie die beiden da?«

»Keine Ahnung«, sagte Harry. »Vielleicht fühlen sich die Leute an früher erinnert, als man die Böden so gewischt hat.«

»Während einem die Zunge aus dem Mund hing?«

»Na ja, sie sind eben erschöpft. Ham halt lange gewischt.«

Da begann Moss zu lachen. Harry stimmte allmählich ein

und lachte bald so sehr, daß er einen Hustenanfall bekam, der sich erst legte, nachdem er sein Bierglas geleert hatte.

Bevor Moss ins Bett ging, betrachtete sie sich lange im Badezimmerspiegel.

Eine hippe, jeansblaue Farbe hatte sich über die eine Hälfte ihres Gesichts ausgebreitet, nur das Auge war nach wie vor violett.

»Ach herrje«, sagte sie, nahm zwei Paracetamoltabletten und kroch ins Bett. Die Gedanken schwirrten ihr durch den Kopf.

Was trieb Rune Reiedal eigentlich Gefährliches, daß Deserteure aus dem Weg geräumt werden mußten, ehe sie plauderten?

Denn Kolbein Vågevik war ein Deserteur gewesen, davon war sie überzeugt. Und was er an Informationen für die Nachwelt hinterlassen hatte, war spurlos verschwunden.

Es war nicht undenkbar, daß sie sich auf einem Video befanden.

Morgen würde sie Audhild Danielsen, geborene Reiedal, besuchen. Das war zumindest sicher.

7

»Down in the valley,
valley so low.
Late in the evening
hear the train blow.«

Trad.

Margaret Moss erwachte am nächsten Morgen in einer Stimmung, die an Arbeitslust erinnerte.

Offensichtlich ging es ihr besser.

Ihrem Auge oder ihrer Verfassung, was auch immer es war. Sie warf die Bettdecke zur Seite und zog sich rasch an. Es war schon neun, aber sie hatte das untrügliche Gefühl, daß Harry in dieser Hinsicht nicht zu den vorbildlichsten Menschen dieser Welt gehörte.

Im Wohnzimmer zeigte der Fernseher friedliches Schneegestöber. Die Tischplatte stand voller Flaschen und Gläser, der Aschenbecher quoll über.

Harry Hesthaug war lange aufgeblieben. Vielleicht hatte er doch wieder zur großbusigen Frau zurückgefunden, wer wußte das schon.

Etwas Teeähnliches konnte sie nicht entdecken, deshalb kochte sie sich Kaffee und aß eine Scheibe Brot.

Sie dachte an die verschwundene Videokassette.

Kolbein Vågevik hatte sich eine Kamera geliehen, und später hatte keiner in der Familie je wieder davon gehört. Die Schurken gestern hatten nach etwas gesucht, und weil sie es nicht fanden, hatten sie die alten Videokassetten im Wohnzimmer mitgenommen, in der vagen Hoffnung, daß eine von ihnen die richtige sein könnte. Zum Beispiel als ›Dschungelbuch‹ getarnt.

Verdammt! Wenn das stimmte?

Moss bürstete sich die Krümel von der Kleidung und ging in den Flur. Sie lauschte nach oben. Nein, dort oben sägte Harry Baumstämme, daß es nur so dröhnte.

Sie trat auf die Vortreppe und sah sich um.

Heute brauchte sie keinen Regenschirm, Stavanger lag wie frischgewaschen unter einem blaßblauen Himmel mit vorübertreibenden Wolken. Es blitzte nur so auf den Dachziegeln, und die nassen Pflastersteine glitzerten.

Wie sollte sie nach Bryne hinausfahren? Und was sollte sie dieser Audhild erzählen?

Jedenfalls nicht die Wahrheit.

Und was sollte sie mit ihrem jeansblauen Gesicht anstellen – sollte sie versuchen, es zu überschminken?

Abdeckstift. Sie brauchte Abdeckstift. Und dann würde sie sich auf ihre Fähigkeit verlassen müssen, sich gute Lügen einfallen zu lassen.

Moss setzte sich auf die Treppe und dachte nach. Wäre sie im Kunstunterricht in der Schule geschickter gewesen, hätte sie sich einen Skizzenblock mitnehmen und eine Künstlerin mimen können, die in der Jærenlandschaft unterwegs war. Arna hatte erzählt, daß man vom Haus aufs Meer schaute.

Aber das würde niemals funktionieren.

Oder doch?

Die Idee war nicht schlecht! Aber wie sollte sie sie umsetzen? Denn sie hatte keine Lust, Zeit in Bussen und Zügen zu verschwenden.

Sie hätte sich ein Auto mieten können.

Wenn sie Geld gehabt hätte, aber das hatte sie nicht.

Viertausend Kronen minus ein Flugticket nach Stavanger zum vollen Preis sowie eine kleine Flasche »Southern Comfort«, ein Mittagessen mit Wein, eine Zugfahrt nach Bryne, eine Buskarte nach ... wie hieß das noch? Sie versuchte alles zusammenzurechnen, kam aber durcheinander.

Sie konnte natürlich Harry und seine Leute um einen Vorschuß bitten, aber ...

Nein, noch nicht. Erst mal abwarten, wie alles weiterging.

Zehntausend Kronen waren schließlich auch nicht die Welt.

Sie betrachtete nachdenklich John Eimelands alias Dillingers Opel. Er stand neben der steinernen Mauer, die den kleinen Hof auf der einen Seite begrenzte, und sah so aus, als schliefe er. Die braunorangene Farbe war so ausgeblichen, daß sich kaum sagen ließ, was Rost war und was Lack, aber das war wohl ohnehin egal.

Ob der Wagen wohl schwer zu starten war?

Über ihrem Kopf quietschte ein Fenster, das gerade geöffnet wurde.

Dillinger konnte Gedanken lesen.

Sein Gesicht, unrasiert und nikotinbleich, schaute aus dem Fenster des Treppenhauses.

»Na, wo willst du denn so früh am Morgen hin?«

Auch seine Stimme war rostig.

»Nach Bryne, ich dachte, ich könnte vielleicht dein Auto nehmen«, sagte Moss und fügte schnell hinzu: »Und einen Chauffeur kann ich beim besten Willen nicht gebrauchen.«

»Kannst du denn fahren?« fragte er und kratzte sich am Kopf. »Na ja, das wird sie wohl können, wo sie doch Detektivin ist«, beantwortete er murmelnd seine eigene Frage, und der Kopf verschwand aus dem Fenster. Wenig später tauchte er wieder auf, und eine große Faust ließ einen Schlüssel fallen. »Der Tank ist voll«, sagte er und betrachtete sie mit einer besorgten Falte zwischen den Augenbrauen. »Und denk dran, dieser Wagen ist antik!« war noch zu hören, ehe das Fenster wieder geschlossen wurde.

Harry befand sich noch im Land der Träume, als Margaret Moss ihre Umhängetasche schulterte und mit klappernden Absätzen übers Pflaster lief, auf der Jagd nach einem Schreibwarenladen, um sich Malutensilien zu kaufen. In den verwinkelten und unbekannten Straßen traute sie sich nicht, das Auto zu nehmen.

Als sie sich einen Kladdeblock für Kinder und eine Pakkung Wachsstifte zugelegt hatte, ging sie zurück, warf alles auf die Rückbank des Wagens und startete.

Hrmm, machte das Auto. Hrrrmmm!

Doch der Opel fuhr richtig folgsam bis zum Ende der Straße und war sogar willig, rückwärts zu fahren, wo der Pfeil eine Einbahnstraße anzeigte.

Als sie Stavanger verließ, schien die Sonne von einem beinahe wolkenfreien Himmel.

Sie hatte Harry einen Zettel auf der Arbeitsplatte in der Küche hinterlassen.

Alles würde sich schon klären.

Es war naß.

Die Feuchtigkeit drang durch ihren Mantel, und sie bereute, keine Sitzgelegenheit mitgenommen zu haben.

Sie hatte auf einer kleinen Anhöhe bei drei windgepeitschten Ebereschen Platz genommen. Die Bäume waren von einem schützenden Metallring umgeben und konnten nicht sehr viel älter als zehn Jahre sein. Eine große, relativ neugebaute Villa lag unterhalb ihres Aussichtsplatzes. Hinter einer Thujenhecke war ein Hof zu sehen, ein weißes Wohnhaus und eine rote Scheune. Rote Wirtschaftsgebäude.

Etwa hundert Meter weiter brandeten die Wellen an Land. Es war ein Kies- und Steinstrand, und so rasselte und knirschte es, wenn die Wellen sich an Land verteilten.

Das Licht schien auf sie herab, ein weißes und ungnädiges Meereslicht, draußen am Horizont segelten grauweiße Wolkenbänke gen Osten.

Sie blätterte den Zeichenblock auf, blickte über seinen Rand und peilte die Lage.

Audhild Danielsen hatte heute offenbar ihren Putztag, die

Verandatüren waren weit geöffnet, und auf dem Geländer lagen Decken zum Lüften.

Sie versank in Überlegungen. Dachte an Rune Reiedal und was für eine Beziehung er wohl zu dieser Schwester haben mochte, die so lange im Ausland gelebt hatte und Arna Vågevik zufolge so nett war.

Sie dachte an die Männer in Arnas Wohnung am Abend zuvor und an die Videos, die sie mitgenommen hatten. Dann dachte sie an Dillingers Rostlaube und fragte sich, ob die Stelle, wo sie ihn geparkt hatte, unauffällig genug war.

Weiter kam sie nicht in ihren Überlegungen. Ein Schatten fiel auf sie, und sie spürte etwas Nasses an ihrer Hand. Sie schrie kurz und unwürdig auf, und dann erschien ein Cokkerspaniel in ihrem Gesichtsfeld, mit flatternden Ohren und heraushängender Zunge.

Moss drehte sich um.

Hinter ihr stand eine große, blonde Frau in einem wehenden schwarzen Mantel aus einem lackähnlichen Stoff mit langen, dünnen Beinen in schwarzen Jeans. Dazu ein silberfarbenes T-Shirt.

»Entschuldigung«, sagte Moss und stand auf. Bürstete sich den Mantel ab. »Sitze ich etwa auf einem Privatgrundstück?«

Ohne der Frau mit dem Hund Zeit für eine Antwort zu lassen, fügte sie schnell hinzu: »Ich heiße Maisen Pedersen. Ich bin Künstlerin und habe mir gedacht, ich könnte hier ein paar Skizzen machen. Ich muß nämlich eventuell ein Buch illustrieren, über ... na ja nicht gerade über, aber aus Jæren.«

Sie lachte laut und künstlich, die Verlegenheit war vollkommen echt. Die Frau war so plötzlich gekommen, daß sie nicht mal geschafft hatte, sich eine plausible Geschichte zurechtzuschustern.

Ihr war der Name ihrer Tante eingefallen, und sie hatte ihn einfach benutzt. Natürlich ein ziemlicher Quatsch, wer kannte hier schon Margaret Moss. Aber man wußte nie.

Sie hatte das unangenehme Gefühl, daß es sich bei der Frau um Audhild Danielsen handelte.

Richtig sauer sah sie aus.

»Das Grundstück ist in der Tat privat«, sagte sie kurz und abweisend.

»Der Strand aber nicht, oder?« fragte Moss und sah sich um.

»Nein, natürlich nicht. Das Strandrecht gilt hier wie überall sonst. Man kann den Leuten nicht den Zugang verwehren.«

Aber sie sah aus, als hätte sie das gern getan.

Moss, der es inzwischen gelungen war, drei blaue und zwei braune Striche auf das Papier zu bringen, hielt den Block entschuldigend hoch. »Ich wollte das da draußen zeichnen.« Sie nickte in Richtung Horizont. »Aber ich bin es einfach nicht gewohnt ... dieser ganze Himmel.«

Widerwillig betrachtete die Frau die Striche. »Hm«, sagte sie. »Ist das das Meer?«

»Ja«, sagte Moss.

Auf einmal schien die Frau etwas aufzutauen. »Es ist schwierig«, räumte sie ein. »Da draußen erstreckt sich die See sozusagen Meile um Meile, aber auf dem Papier wird der Abstand so kurz, nicht wahr?«

Moss nickte eifrig. Einiger hätten sie sich nicht sein können.

Die Dame musterte sie. »Ihr Auge sieht ja fürchterlich aus«, sagte sie schließlich.

»Das glaubt einem ja keiner«, meinte Moss, »aber ich bin tatsächlich mit einer Tür zusammengestoßen. Im Dunkeln. Ich wollte ... ich mußte aufs Klo, um ehrlich zu sein. Das wird ja immer häufiger im Lauf der Jahre. Daß man nachts raus muß, meine ich.«

Jetzt taute die Frau noch mehr auf. »Ja, nicht wahr?« sagte sie und lächelte ein wenig steif.

Moss lächelte auch. Sie hoffte, etwas weniger steif.

Sie streichelte den Hund, vorsichtig. Sie hatte schlechte Erfahrungen mit Cockerspaniels. Sie bissen.

Dieser hier war noch jung und machte nicht den Eindruck, als hätte er sich schon solch schlechte Gewohnheiten zugelegt.

Es war tatsächlich Audhild Danielsen, und Moss wurde schließlich zum Kaffee eingeladen. Damit hatte sie gerechnet, als sie hergefahren war – im besten Fall. Im zweitbesten Fall wäre niemand zu Hause gewesen, und sie hätte sich in aller Ruhe umsehen, vielleicht mit dem einen oder anderen Nachbarn ins Gespräch kommen können. Und im schlimmsten Fall? Nein, daran wollte sie heute nicht denken.

Audhild war wirklich eine nette Frau, sobald sie das Mürrische und Reservierte abgelegt hatte. Dazu hatte sie sich recht schnell entschieden.

Allerdings erst, nachdem sie eine Weile zusammen die Aussicht betrachtet hatten, Audhild auf die Landzungen im Norden und im Süden gezeigt und schließlich gemeint hatte, Moss solle doch einmal den Hof hinter der Hecke dort drüben malen, das Wohnhaus sei nämlich ein typisches Jærenhaus. Außerdem wohne dort ihre Großtante, die zwar alt, aber klug sei. Ob sie überhaupt auf Høgjæren gewesen sei? Und den Friedhof von Varhaug gesehen habe? Oder den alten Pfarrhof von Hå?

Moss spürte, wie ihre Absätze allmählich im feuchten Sand versanken und sagte *wirklich?* und *aha* und *ach so* und *das würde ich mir wirklich gern mal ansehen* und *nein, ich war noch nie hier* – und dann wurde sie zum Kaffee hereingebeten.

»Ich habe früher selbst ein wenig gezeichnet«, sagte Audhild Danielsen und ging vor ihr die Treppe hinauf. Im Flur zog sie sich die Schuhe aus. Margaret machte es ihr nach, und dann betraten sie auf Socken ein großes Wohnzimmer, das ringsum Ausblick aufs Meer bot.

»Aber natürlich nur ganz laienhaft«, sagte Audhild und

ging in die beinahe ebenso große Küche. »Filterkaffee oder Espresso?«

»Espresso«, sagte Moss. »Einen kleinen, bitte!«

Sie setzte sich auf einen gelben, sehr modern aussehenden Plastikstuhl und beobachtete die langbeinige, blonde Frau, die geschäftig umherlief, Schubladen herauszog und Schranktüren öffnete. Es roch frisch geputzt und sauber. Moss nahm so altmodische Gerüche wie Kernseife und Chlorreiniger wahr. Sie standen in bemerkenswertem Widerspruch zu ihrem äußeren Erscheinungsbild mit den langen silberfarbenen Nägeln, die zum T-Shirt paßten.

Vermutlich war sie einmal richtig hübsch gewesen, mittlerweile wirkte sie jedoch eher scharfkantig als schön. Sie war ausgesprochen knochig, sie hatte große Hände, und ihre Haare waren trocken und sehr hell und sahen aus, als seien sie viel zu oft blondiert worden.

»Ich habe auf keinem Gebiet so richtig geglänzt«, sagte Audhild Danielsen und ließ klirrend zwei Teelöffel auf die glatte, weiße Tischplatte fallen. »Ich habe mich mit allem Möglichen verzettelt. Ich habe gequiltet und gestrickt und habe Gardinennähen gelernt und Marmorieren und ich weiß nicht, was alles. Aber ich wußte ja nicht, was ich anfangen sollte, seit ich Reedersgattin war.«

Sie lachte laut auf. Ihr Gesicht war durchzogen von Lachfältchen, die Haut spannte sich straff wie Seide über den Schädel. Dann stellte sie zwei winzigkleine gelbe Tassen auf den Tisch.

Es rauschte leise in einer vernickelten Espressomaschine.

»Und Sie sind eigens aus Oslo hergekommen, um den Strand zu zeichnen?« fragte sie und musterte Moss von oben bis unten.

»Na ja«, sagte Moss. »Ich werde nicht lange bleiben, das ist nur so eine Art Stippvisite, um mir einen Überblick zu verschaffen, wie es hier aussieht. Wahrscheinlich komme ich im Sommer wieder. Es ist um diese Jahrezeit so kalt.«

»Ah ja«, sagte Audhild Danielsen und schob ihre Tasse etwas zur Seite. »Sie sind womöglich eine bekannte Zeichnerin?«

Wieder zeigte sie ihr Lächeln mit den großen, weißen Zähnen.

»Was heißt schon bekannt«, sagte Moss. »Doch, vermutlich bin ich das. In bestimmten Kreisen. Eigentlich bin ich ja Malerin. Ich male hauptsächlich großformatig, ich meine in Gouache und so. Und Acrylfarben.«

Sie räusperte sich und hoffte, ihre Gastgeberin möge nicht mehr Überblick haben als sie selbst. »Deshalb ist es für mich auch etwas ungewohnt, Bücher zu illustrieren. Wegen des kleinen Formats, wissen Sie. Aber ich habe mir gedacht, ich probiere das mal aus.«

»Ist es was von Garborg?« fragte Audhild Danielsen und lauschte der Espressomaschine.

»Nun ja«, sagte Moss. »In gewisser Weise. Eine Art ... Paraphrase.«

»Ach, wie nett«, sagte die andere geistesabwesend und erhob sich wieder. Sie holte gefüllte Kekse aus einem Schrank, schüttete sie in ein weißes Schälchen. Ihre Bewegungen waren schnell und lässig, entbehrten jedoch nicht einer gewissen Eleganz. Man konnte sich gut vorstellen, daß sie als Model gearbeitet hatte. Da waren die hübschen Wangenknochen und die etwas schrägstehenden und tiefliegenden Augen, die eine ungewöhnliche eisblaue Farbe hatten.

Moss rührte in der winzigen Tasse. Tante Maisen hatte immer gesagt, es sei der Knochenbau, der das Aussehen rette, wenn man älter werde. Maisen selbst hatte eher dünne und zarte Knochen und wußte, wovon sie sprach.

»Nichts als Haut«, hatte sie seit dem Tag ihres siebzigsten Geburtstags gejammert und sich in die Wangen gekniffen, so daß die Haut wie schlecht aufgegangener Hefeteig aussah.

Audhild Danielsen dagegen hatte hauptsächlich Knochen.

»Rauchen Sie?« unterbrach sie Moss in ihren Überlegungen. Dann holte sie einen großen Glasaschenbecher aus einem Schrank, in dem eine geöffnete Schachtel Camel lag und etwas, das aussah wie ein Zippo-Feuerzeug mit Goldlegierung.

Alle Achtung, dachte Moss, lehnte jedoch höflich ab. »Aber rauchen Sie ruhig!«

Nein, Audhild Danielsen wollte nicht. Sie schob den Aschenbecher beiseite.

»Ich rauche fast nie. Meine Freunde lassen ihre Zigaretten hier liegen, aber eigentlich habe ich schon lange damit aufgehört.«

»Sie sprechen keinen Stavangerdialakt, abgesehen vom gutturalen R«, bemerkte Moss und nahm einen Schluck vom starken Kaffee.

»Himmel, nein, ich bin ja weggezogen, sobald ich konnte, bin mit neunzehn abgehauen. Das einzige, was ich wollte, war Swinging London, wissen Sie.«

Sie lachte ein wenig und gestikulierte mit ihren großen Händen.

»Was haben denn Ihre Eltern dazu gesagt?« fragte Moss.

»Na ja, die waren nicht so angetan. Vor allem mein Vater war wütend. Er wollte, daß ich im Geschäft anfange. Wir hatten damals ein Bekleidungsgeschäft, ein richtig großes, also sollte ich diesen Weg einschlagen, wissen Sie. Er hatte schon alle Pläne fertig. Fortbildungen und Kurse, das hätte ich jederzeit haben können, aber alles zum Wohl des Geschäfts!«

Sie lachte laut. Schüttelte den Kopf.

»Schließlich habe ich ihnen gesagt, daß ich nach London gehe, um zu lernen. Ich habe schon auch Englisch gelernt, aber auf ganz anderem Wege.«

Sie sah Moss in die Augen und verzog den Mund erneut zu ihrem riesigen Zahnlächeln. »Ich war Aktmodel. Für Zeitschriften. Nach ein paar Jahren habe ich mich tatsächlich einige Stufen in der Karriereleiter emporgearbeitet und

Kleidung vorgeführt, nicht nur meinen Hintern. Na ja, und dann habe ich geheiratet. Einen Norweger. Es hat zwölf Jahre gehalten. Er war Geschäftsmann. Das ist er immer noch, aber wir sind nicht mehr verheiratet. Geld habe ich aus der Ehe allerdings mitbekommen!«

»Ihr Exmann, wohnt der noch in London?«

»Ja. Steuerliche Vorteile, wissen Sie. Aber er macht auch hier jede Menge Geschäfte. Die Sandsgaardfabrik, zum Beispiel, Sie haben vielleicht von der Firma gehört? Obwohl... Konzern heißt es inzwischen, glaube ich. Eine Riesengeschichte. Mein Vater hat dort jahrelang im Vorstand gesessen, dabei waren es damals nur Peanuts. Wir sehen uns fast nie, mein Ex und ich. Hin und wieder begegnen wir uns auf denselben Abendeinladungen, das ist alles.«

Erneutes großes Zahnlächeln.

Moss lächelte zurück, man konnte gar nicht anders, als es zu erwidern. »Gab es denn sonst niemanden, der die Firma Ihres Vaters hätte übernehmen können? Keine Söhne?«

»Doch«, sagte Audhild und war mit einem Mal ein bißchen kurz angebunden. Sie leerte die winzige Tasse und stellte sie klirrend ab. »Ich habe einen Bruder. Und der war es auch, der sie schließlich übernommen hat.«

Eine Weile sah sie geistesabwesend vor sich hin, dann lächelte sie wieder. Moss war etwas irritiert, es waren so viele Zähne.

»Ich habe auch einen Bruder«, sagte sie schnell. »Aber wir haben nicht viel miteinander zu tun. Jeder hat sich in seine eigene Richtung entwickelt, könnte man sagen. Manchmal bedauere ich das. Sie haben ja Glück, daß Sie Ihre Verwandtschaft gleich in der Nähe haben, in Stavanger. Denn da wohnt er doch sicher, oder?«

Ein prüfender Blick aus den grünblauen Augen.

»Stimmt. Er wohnt in Stavanger. Aber wir sehen uns selten. Ich kann nicht behaupten, daß ich das bedauern würde.«

»Sie sind also nicht deshalb zurückgekehrt? Um näher bei

Ihrer Familie zu sein?« fragte Moss und hätte sich selbst ans Schienbein treten können. Jetzt war sie ganz eindeutig zu weit gegangen. Sie beeilte sich hinzuzufügen: »Mein Bruder ist Jurist, und zwar einer von der konservativen Sorte. Ein sehr kontrollierter Herr. Er hat nicht viel übrig für mich und mein Leben.«

Jetzt war sie diejenige, die es mit einem großen Zahnlächeln versuchte, und es schien ganz so, als würde Audhild es ihr abkaufen, der schmale Blick verschwand wieder. »Tja, konservativ ist er vielleicht, mein Bruder, wenn er überhaupt irgendeine Meinung in solchen Angelegenheiten hat. Aber kontrolliert ist er bei Gott nicht!«

Sie erhob sich. Geschäftig öffnete und schloß sie Schranktüren und stellte das Milchkännchen und das Zuckerschälchen weg.

Moss holte tief und lautlos Luft. Sie mußte zusehen, daß sie sich auf den Weg machte. Es war nett, auf einen Kaffee eingeladen zu werden, wenn man als Malerin in der Nachbarschaft unterwegs war, aber ihre Neugier mußte auch Grenzen kennen.

Sie blickte auf die Uhr, ein Ablenkungsmanöver, und die Gastgeberin sammelte sich rasch. »Mein Gott, jetzt verpassen Sie vielleicht das schöne Licht! Ich werde Sie nach draußen begleiten.«

Mit dem untrüglichen Gefühl, gerade hinausgeworfen zu werden, folgte Moss ihr durch den Flur. Sie zwängte sich in ihre flachen Stiefeletten, während Audhild Danielsen an einem riesigen Garderobenschrank mit Spiegeltüren lehnte, mit überkreuzten Armen und einem fernen und eisblauen Blick.

»Sie müssen ja mindestens zwei Haushaltshilfen haben, bei diesem riesigen Haus?«

»Nein, nein«, sagte Audhild. »Das meiste mache ich allein. Ich arbeite gern. Freitags kommt jemand aus Nærbø und hilft mir mit den schwereren Dingen.«

»Ach so«, sagte Moss. »Herzlichen Dank jedenfalls! Sehr nett! Ich werde mal weitermachen.«

»Viel Glück!«

Audhild war nicht weniger herzlich. Sie winkte sogar, als Moss die Treppe hinuntergegangen war.

Nach ein paar Metern drehte Moss sich um. Audhild Danielsen stand immer noch da.

»Könnte ich mir das Haus Ihrer Großtante irgendwann einmal ansehen? Wenn ich Zeit habe?«

Schweigen von der Treppe.

»Doch«, kam es schließlich. »Aber sie ist tagsüber nicht so besonders in Form, daher weiß ich nicht so genau.«

»Dann natürlich nicht«, sagte Moss, noch immer herzlich. »Ich kann mir ein anderes Haus suchen oder ein andermal wiederkommen.«

»Ja, tun Sie das doch«, sagte Audhild Danielsen und schloß die Tür.

Moss atmete erleichtert aus. Sie stieg auf den kleinen Hügel und auf der anderen Seite wieder hinunter. Ihr Gesicht war richtig steif von all dem Lächeln.

Herzlichkeit war nicht so ganz ihre Sache.

Während sie sich mit den widerspenstigen Farbstiften abmühte und etwas zustande brachte, das eher aussah wie eine Kindergartenzeichnung, hörte sie von ferne das Geräusch von Teppichklopfen.

Und ein noch ferneres Heulen eines Zugs.

8

»She warned me once and she warned me twice,
but I don't take no one's advice.«

Hank Williams

Die Sonne war hinter den Wolken verschwunden, und der Wind frischte auf.

Zusammengekauert auf einem Stein, hielt Moss beinahe eine Stunde durch. Die Finger, mit denen sie die Wachsstifte umschloß, erstarrten allmählich, und die Füße in den Stiefeln fühlten sich an wie Eis. Die Wellen ritten an Land, zischten und schäumten, schlugen auf den Strand und zogen sich rasselnd wieder zurück. Es war einschläfernd.

Moss lief die Nase, und sie schniefte, dann gähnte sie lange.

Sie fröstelte in ihrem Mantel.

Immerhin hatte sie eine einigermaßen windgeschützte Stelle gefunden, wenn es hier überhaupt so etwas gab. Sie war außer Sichtweite des Hauses und sah nur das Meer.

Irgendwo schlug eine Autotür. Sie blickte hoch und lauschte. Kam da jemand, oder fuhr gerade einer weg? Sie erhob sich langsam und spähte über den oberen Rand des Sandhügels, an dessen Fuß sie saß. Alle Fenster in Audhilds Haus waren jetzt geschlossen, keine Teppiche hingen über dem Verandageländer.

Durch das Wellenbrausen erreichte sie das Geräusch eines Motors, der den Gang wechselte und beschleunigte.

Die Wellen ritten weiter an Land. Moss gähnte wieder. Spürte, wie steif sie wurde. Mit klammen Fingern packte sie die Zeichensachen zusammen. Sie stellte den Mantelkragen hoch, schob die Hände tief in die Taschen und machte sich steifbeinig auf den Weg.

In nördlicher Richtung am Strand entlang.

Sie mußte unbedingt einen Blick auf dieses Jærenhaus werfen, wenn sie schon einmal hier war.

Es entpuppte sich als ein altes und schönes Wohnhaus, dessen Farbe jedoch abgeblättert war, mit querliegenden Balken und drei kleinen Fenstern auf beiden Seiten der grüngestrichenen Eingangstür. Rote Dachziegel, zwei Schornsteine. Auf der anderen Seite des Hofs lag ein niedriges Steinhaus, dessen Dach eingesunken war. Es war am Abhang gelegen, der zum Strand hinunterführte, und sah aus, als hätte es sowohl einen Eingang vom Hof aus als auch vom Sumpfgebiet unten am Strand. Eine große rote Scheune mit Auffahrt und allem Drum und Dran lag direkt neben dem Wohnhaus, im weißgekalkten unteren Teil des Gebäudes befand sich bestimmt ein Viehstall. Oder hatte sich befunden, Moss konnte keinerlei Hinweise auf Tiere entdecken.

Ein Silo stand rostig im Hintergrund und schien ebenfalls nicht mehr in Gebrauch zu sein.

Kein Lebenszeichen, nirgends.

Moss überquerte langsam das Sumpfgebiet.

Sie hätte gern einen Blick auf die Großtante geworfen.

Niedrige Lederstiefel waren hier nicht angesagt, das merkte sie schon bald. Sie sank die ganze Zeit zwischen den Grasbüscheln ein, schwarzer Schlamm quoll hoch, und sie rettete sich drüben am Steinhaus auf festeren Grund, wo sie in die Hocke ging und den Matsch mit einer Handvoll Gras so gut es ging abwischte.

Als sie aufblickte, stand dort der längste Mann, den sie je in ihrem Leben gesehen hatte.

Er war so groß, daß er in der mit Steinen eingefaßten Türöffnung den Kopf ein wenig schräg legen mußte, aber das änderte nichts am Eindruck eines Riesen in seinem Berg.

Er trug einen gräulichen, schmutzigen Isländerpullover, dazu eine Arbeitshose von der blauen, soliden Sorte mit vielen Taschen.

Riesige, schlammige Gummistiefel.

Ein großer, steckrübenartiger Kopf mit einem Büschel rotblondem Haar.

Helle, blinzelnde Augen unter rotblonden Augenbrauen.

»Sie schläft«, sagte er mit überraschend dünner Stimme. »Sie will nicht gestört werden. Kommen Sie ein andermal wieder.«

Moss blinzelte und dachte kurz nach.

»Ihre Mutter?« fragte sie.

»Nein, Synneva. Meine Großtante.«

»Sind Sie ein Vetter von Audhild?« erkundigte sich Moss und entdeckte auf einmal eine diffuse Familienähnlichkeit. Sie fand, daß irgendwo bei dieser merkwürdigen Gestalt die blonde Audhild hervorguckte.

»Vetter zweiten Grades«, sagte die Gestalt. »Wollen Sie einen Pullover kaufen?«

»Na ja«, sagte Moss. »Doch, übrigens, genau das wollte ich.«

»Da müssen Sie etwas warten.«

Er schniefte und wischte sich mit einer großen Faust die Nase ab. Moss sagte: »Ich war gerade bei Audhild Danielsen. Ich heiße Maisen Pedersen. Und Sie?«

»Tobias Tufte«, sagte der Mann und nickte ihr etwas linkisch zu.

»Ein schönes Haus hat sie«, sagte Moss probehalber. »Das kann nicht billig gewesen sein.«

Er lachte, dünn und mädchenhaft. »Nein«, sagte er. »Das ist wohl nicht grad billig gewesen.«

Er hatte Audhilds große Zähne, nur daß seine etwas bräunlicher waren.

»Und sie macht alles ganz allein«, sagte Moss im Konversationston und überlegte, wieviel sie wohl fragen könnte und wieviel Verstand dieser riesige Mann eigentlich hatte. Seine hellen Augen wirkten etwas abwesend.

»Ja, die Audhild kommt ganz allein klar«, wiederholte er gehorsam. »Aber sie hat ja auch Gun«, fügte er hinzu. »Die Gun, die ist hübsch. Obwohl sie so alt ist wie ich.«

Er sah auf Moss hinab.

»Gun?« fragte Moss. »Ist das die Frau, die immer freitags kommt?«

Er nickte. »Sie kommt jeden Freitag. Und dann arbeitet sie noch im Pfarrhof von Hå, wenn Leute da sind. Ja, ja. Und schön ist sie. Schöne Haare. Ganz schwarz.«

Er war aus der Türöffnung getreten und wippte in seinen großen Stiefeln vor und zurück. Er beobachtete Moss, sah aber schnell zur Seite, sobald er ihrem Blick begegnete.

Moss schaute sich um. »Gibt es hier auf dem Hof Tiere?« fragte sie.

»Ein paar Schafe«, antwortete er. »Keine Kühe mehr.«

»Ach so«, sagte Moss. »Und Ihre Großtante, was denken Sie denn, wann sie aufwacht?«

»Um fünf«, sagte er. »Sie hat gesagt, um fünf. Sie war so müde.«

Moss sah auf ihre Armbanduhr. Viertel nach drei.

Sie konnte unmöglich die ganze Zeit bis dahin totschlagen.

»Dann ist Rune wohl auch Ihr Vetter zweiten Grades?« sagte sie beiläufig.

»Ja, er ist auch mein Vetter zweiten Grades«, antwortete Tobias Tufte und kratzte sich am Kopf.

»Ist der denn oft hier?«

»Doch, doch, er besucht ja die Großtante.«

»Und Kolbein Vågevik?«

Er hörte auf, sich zu kratzen, und sah sie mit leerem Blick an, dann schüttelte er den Kopf. »Wer ist das? Wir kennen keinen Kolbein.«

»Er ist tot«, sagte Moss und merkte, wie leicht – allzu

leicht – man mit diesem langen, wunderlichen Tobias reden konnte.

»Ach, wie schrecklich«, meinte er und zog die Augenbrauen zusammen. Dann sah er zum Wohnhaus hinüber, das völlig ungeschützt lag, ohne einen einzigen Baum. Nur eine braune beschnittene Hecke stellte sich dem Wind entgegen, windgepeitscht und dicht. »Wir reden nicht von denen, die tot sind. Nein, das dürfen wir nicht.«

»Er ist nicht hier gestorben«, sagte Moss. »Und Sie haben ihn bestimmt nicht gekannt.«

»Nein«, sagte Tobias. »Den ham wir nicht gekannt.«

Jetzt hatte er offenbar genug, er fuhr sich mit den riesigen Fingern, die von einem Leben mit Arbeit unter freiem Himmel geschwollen und rissig waren, an den Hosennähten entlang, dann machte er plötzlich kehrt und verschwand im Steinhaus.

Moss sah hinter ihm her.

Dann ging sie langsam den Abhang zum niedrigen, weißen Wohnhaus hinauf.

Der Wind hatte aufgefrischt, und auch das Meeresbrausen hatte an Stärke zugenommen. Moss peitschten die Haare ins Gesicht, und der Mantel flatterte. Mit tränenden Augen sah sie zur grünen Haupttür hinüber und fragte sich, ob sie einfach anklopfen sollte.

Die Großtante wecken.

Die Entscheidung wurde ihr abgenommen, denn die Tür ging von selbst auf, und eine lange, magere Frau trat auf die Vortreppe. Die Alte trug ein dunkles Tuch, das sie sich stramm um den Kopf gewickelt und hinten zusammengeknotet hatte, eine lange Strickjacke, einen Rock, der um ihre dünnen Beine flatterte, Schnürschuhe. Die Hände auf dem Bauch gefaltet, beobachtete sie, wie Moss die letzten Meter zurücklegte.

Sie wartete, es war offensichtlich, daß Moss als erste reden mußte.

»Ja, hallo«, sagte Moss und versuchte, sich die Haare aus den Augen zu streichen. »Ich wollte mir nur das Haus ansehen. Ich bin bei Ihrer Großnichte Audhild gewesen, und sie hat mir vom Haus hier erzählt. Ich male Bilder.«

»Wir wollen nichts«, kam es wie ein Peitschenhieb.

»Nein, also, ich verkaufe sie nicht«, sagte Moss. »Ich laufe nur hier am Strand herum und zeichne. Und dann bin ich hier hochgegangen. Tut mir leid, wenn ich störe.«

Keine Antwort.

»Ich ... es wäre nicht möglich, daß ich ein paar Minuten reinkäme? Ich würde so gern mal ein echtes, altes Jærenhaus von innen sehen.«

Die Alte starrte sie aus kleinen, mürrischen Augen an. Es sah aus, als hätte sie hundert Jahre lang am offenen Kamin gesessen und Rauch in die Augen bekommen.

»Nein, das geht nicht«, sagte sie schließlich.

»Ich kann also nicht reinkommen?«

»Nein«, sagte Synneva Tufte. Dann riß sie sich offenbar zusammen, denn sie fügte hinzu: »Es ist gerade so unordentlich. Die Schafe haben gelammt, und eines der Tiere ist krank gewesen und ... ich bin auch krank gewesen.«

»Ach so«, sagte Moss ein bißchen hilflos, und weil die Großtante so aussah, als wolle sie nichts mehr sagen, zog sie sich zögernd ein paar Schritte zurück. »Na gut, dann will ich mich mal auf den Heimweg machen. Kalt hier. Weht es immer so schrecklich?«

Sie wartete darauf, daß die Alte antworten, irgendwas Abschließendes, Entschuldigendes, Höfliches sagen würde, aber das tat sie nicht. Sie ging auch nicht wieder hinein, sondern blieb auf der Treppe stehen und starrte sie an, bis Moss aufgab, sich umdrehte und mit langen Schritten Richtung Strand marschierte. Es gab sicher einen Fahrweg vom Hof aus, aber sie wollte auf keinen Fall noch einmal diesem Blick begegnen.

Sie stapfte so heftig über den sumpfigen Boden, daß der

Schlamm nur so hochspritzte, und sie ging, bis sie Audhilds Haus oben zwischen den Dünen sah.

Die ersten Regentropfen trafen sie, als sie an der Veranda vorbeikam. Es schien niemand zu Hause zu sein, und als sie endlich an der Straße war, stand die Garagentür offen. Kein Auto war zu sehen.

Der alte Opel stand dort, wo Moss ihn abgestellt hatte, etwas versteckt unter den herabhängenden Zweigen einer Tannenhecke ein Stückchen die Straße hinauf.

Als sie wieder Richtung Stavanger fuhr, regnete es heftig.

Es dauerte Ewigkeiten, bis ihr warm war. Sie saß mit einer zusätzlichen Wolldecke auf Harrys Gästebett und trank Glühwein (Elfrid hatte ihr Wein aus einem Tetrapak gebracht, wie lieb von ihr, dachte Moss, die Elfrid für ziemlich dumm gehalten hatte, was sie jetzt bereute), während sie eine Seite des feuchten und welligen Kladdeblocks mit großen krakeligen Buchstaben füllte. Als sie das Ende der Seite erreicht hatte, blickte sie mißmutig auf das, was zusammengekommen war.

Nicht gerade viel.

Sie hätte gern die Möglichkeit gehabt, dort herumzuschnüffeln, wo herumgeschnüffelt werden müßte – in Rune Reiedals Geschäft beispielsweise, in seinen Büros, unten am Strandkai bei Olav Næsvik. Aber wie zum Teufel sollte das gehen? Ihre Hilflosigkeit, weil sie sich in einer Stadt befand, in der sie niemanden kannte, drohte sie zu überwältigen.

Sie war ein kleines bißchen vom Glühwein benebelt, und mittlerweile war ihr mehr als warm. Sie schlug die Decke beiseite, zog sich trockene Socken und ihre Hose an, die auf dem Ofen gehangen hatte und inzwischen getrocknet war.

Draußen im Flur roch es stark und verführerisch, und als sie in die Küche trat, stand Harry vor dem Herd, rotwangig und mit einem schmutzigen Handtuch, das er sich in den Hosenbund gesteckt hatte.

»Was gibt es denn?« fragte Moss und fühlte sich wie damals in Fredrikstad, als sie noch klein war und sich gegen den Türrahmen drückte.

»Kartoffelklöße mit Speck«, sagte Harry Hesthaug und hustete, während er die Zigarette in den anderen Mundwinkel hinüberwippte. »Und Räucherwurst natürlich. Und etwas Pökelfleisch.«

Im selben Moment blitzte es, daß die Funken nur so sprühten, und unmittelbar darauf brach der Donner los.

Es regnete, als schüttete jemand Bottiche mit Wasser gegen das Küchenfenster, und die Lampen flackerten.

»Oje«, sagte Moss zitternd und hielt sich am Türrahmen fest.

»Stavangerwetter«, sagte Harry und zog den großen Kochtopf von der Platte. »Bitte schön, es ist angerichtet!«

Während sie aßen, zog das Gewitter ostwärts, und noch ehe sie fertig waren, erstreckte sich ein Regenbogen über die Dächer der Häuser gegenüber. Aus schwarzen und goldenen Wolken schienen Lichtstrahlen auf die Erde zu fallen, die wie die Strahlen aussahen, von denen Jesus auf den alten Karten aus der Sonntagsschule immer umgeben war.

Moss war pappsatt, und der Schweiß perlte ihr von der Oberlippe, als sie den Teller von sich schob.

»Harry«, sagte sie schließlich. »Lammen Schafe im Oktober?«

»Also, ich kenn nur Osterlämmer«, sagte er. »Aber ich kenn mich bei Tieren auch nicht so gut aus.«

»Sie wollte mich nicht reinlassen«, sagte Moss.

»Vielleicht hat sie's nicht so mit der Ordnung«, sagte Harry, der sich eine Zigarette angezündet hatte. Er machte einen tiefen Lungenzug. »Ich bin ein alter Seemann, weißt du. Deshalb ist bei mir alles so ordentlich.«

»Ich hatte das Gefühl, irgendwie ungelegen zu kommen«, sagte sie schließlich. »Bei beiden. Wie wenn man unangemeldet bei Freunden anklingelt, die dann so tun, als wäre gar nichts. Alles ist so furchtbar nett, daß einem klar wird, vor fünf Minuten müssen noch so richtig die Fetzen geflogen sein.«

»Ja, ja«, sagte Harry und begann abzuräumen. »Ich war noch nie verheiratet, weißt du, deshalb kann ich dazu nichts sagen.«

»Irgendwas hat nicht gestimmt«, sagte Moss. »An den Lämmern hat es jedenfalls nicht gelegen.«

9

»Blow, ill wind, blow away,
let me rest today.
You're blowing me no good.«

Kochler/Arlen

Margaret Moss erwachte mit den schlimmsten Vorahnungen.

Sie befreite sich von den klammen Laken, stolperte ins Bad und klatschte sich kaltes Wasser ins Gesicht. Sie hatte geträumt, daß Arna Vågevik aufs offene Meer hinausgeschwommen war und daß sie selbst nichts hatte unternehmen können, weil sie an Händen und Füßen gefesselt auf dem Sandstrand gelegen hatte, während Meerestierchen über sie gekrabbelt und gesprungen waren, eklige Viecher mit Fühlern und langen Beinen.

Sie betrachtete sich im Spiegel. Das Grünblau war inzwischen auf den Hals gesunken und begann sich auf dem oberen Teil des Busens auszubreiten. Sie sah aus wie Picassos Modell Suzanne. Seufzend schlich sie hinaus, um ein Telefonbuch zu suchen.

Arna nahm gleich nach dem ersten Klingeln ab.

Es gehe ihr ganz leidlich, antwortete sie knapp auf Moss' Nachfrage. Nein, sie hätten sie nicht weiter gequält, die Leute von Rune Reiedal. Ganz im Gegenteil, Olav Næsvik habe angerufen und sich entschuldigt, daß sie so unbeholfen vorgegangen seien.

»Unbeholfen?« fragte Moss.

Ja, unbeholfen. Es schien so, als bereuten sie es, denn sie wollten ihr und Tom helfen. Sie saßen ja nun mit nichts als der Sozialhilfe da. Næsvik habe gemeint, sie habe Anspruch auf eine Wiedergutmachung, eine Art Pension könne man das nennen, ihr Mann habe schließlich so lange für sie gearbeitet.

»Wie?« Moss fragte sich, ob sie wohl schon richtig wach war.

Doch, genau so sei es gewesen. Arna wollte sich heute auf den Weg machen, um mit ihm über die Details zu sprechen. Darüber hatte sich Næsvik am Telefon nicht auslassen wollen.

»Na, das kann ich mir vorstellen«, sagte Moss, aber nicht sonderlich laut. Hier war gerade etwas im Gange, was sie einfach nicht begriff. »Wo wollen Sie sich denn mit ihm treffen?« fragte sie mit ihrer allerfreundlichsten Stimme. Sie hatte auf eine geheime Adresse gehofft, aber Næsvik hatte das Valen vorgeschlagen, eine bekannte Kneipe oberhalb des Skagenkais. Und wann?

»Heute«, sagte Arna und klang nicht nur gut gelaunt, sondern sogar ein kleines bißchen stolz. Moss wurde noch unruhiger, was dachte die Frau sich eigentlich?

»Um elf«, fügte Arna hinzu. »Ich hab ihm übrigens nicht von Ihnen erzählt.«

»Das will ich hoffen«, sagte Moss erschrocken. »Das dürfen Sie auch nicht!«

»Nein, keine Angst«, erwiderte Arna. »Tschüs!«

Dann machte es klick, und das Gespräch war zu Ende.

Verdammt, dachte Moss und ging zum Fenster, gegen das immer noch jemand Wasserbottiche zu kippen schien.

Harry saß mit John Dillinger und Elfrid in der Küche und trank Kaffee. Der Opel hatte Schluckauf bekommen und wollte nicht laufen, und John und Harry diskutierten lang und breit, woran das wohl liegen könne.

Moss berichtete von ihrem Gespräch mit Arna. Harry erzählte, daß die Kneipe eigentlich nach dem Valberg benannt sei, der sich hinter dem Ort erhob, doch der Name sei von den Gästen im Lauf der Jahre verkürzt worden. Ein etwas heruntergekommenes, verräuchtertes, aber in jeder Hinsicht gemütliches Lokal, meinte Harry, und für eine Dame so früh am Tag ganz sicher völlig ungefährlich.

Allerdings war es doch etwas merkwürdig von Arna, Næsvik zu glauben. Das hätten weder Harry noch John Dillinger oder Elfrid getan, meinten sie.

Unter diesen Umständen.

Moss sagte, daß sie sich vorgenommen habe, in die Kneipe zu gehen und sich umzuschauen – ein falscher Bart und ein falscher Akzent hätten sich jetzt gut gemacht, aber sogar ihre blonde Perücke lag in Oslo. Also mußte sie einfach improvisieren und sehen, was passierte.

Während sie darauf wartete, daß die Zeiger der Uhr weiterwanderten, rief sie zu Hause in Smestad an. Sie mußte es eine Ewigkeit klingeln lassen, und Moss unterdrückte ihre Sorge, daß etwas passiert sein könnte, und rief sich statt dessen in Erinnerung, wie lang es dauerte, sich mit einer Gehhilfe zum Telefon zu bewegen.

Aus dem Sofa aufstehen mußte man auch erst mal.

Als Tante Maisen endlich abnahm, sprach sie mit dünner und zittriger Stimme. Doch, es gehe ihr gut. Doch, sie esse regelmäßig und nehme ihre Tabletten ein. Nein, es habe niemand angerufen.

»Ich muß noch ein paar Tage hierbleiben«, sagte Margaret und versuchte ihrer Stimme einen möglichst klaren und bestimmten Ton zu verleihen.

»Na, dann mußt du das wohl«, sagte die Stimme am anderen Ende, jetzt noch dünner.

»Du bist doch nicht krank?«

»Nein. Nein, das bin ich wohl nicht.«

Sie konnte es nicht ausstehen, allein zu sein, das wußte Moss von früher. Deshalb gab sie ihr die Nummer von Harry, was sie eigentlich nicht vorgehabt hatte, aber nun gut.

»Und paß gut auf dich auf, bis ich wieder zu Hause bin!«

Verdammt, warum mußte man auch mit einem Auftrag unterwegs sein, wenn zu Hause eine alte, zittrige Tante auf einen wartete! Jetzt, wo Karen erwachsen war und in jeder Hinsicht allein zurechtkam.

Moss ging wieder in die Küche.

»Ich komme nicht weiter«, sagte sie aufgebracht. »Ich weiß nicht, wer diese Typen eigentlich sind, und ich kenne niemanden, der mir helfen kann.«

»Was machst du denn in so einem Fall in Oslo?« fragte Elfrid und sah sie durch ihre große Brille mit den getönten Gläsern an.

»Da kenne ich doch Leute«, sagte Moss ärgerlich. »Da gibt es immer jemanden, den ich fragen kann, irgendwelche Fäden, die ich weiterverfolgen kann, alte Freundinnen und ... Moment, warte mal kurz!«

Sie hielt inne und dachte nach.

»Die Putzhilfe von Audhild Danielsen, mit der würde ich gern reden.«

»Aha«, sagte Harry und sah sie zweifelnd an. »Wer ist das denn?«

»Eine, die Gun heißt«, sagte Moss. »Tobias Tufte hat von ihr gesprochen. Eine schöne Dunkelhaarige, in seinem Alter. Sie arbeitet draußen im Pfarrhof von Hå, hat er gesagt, wenn sie nicht gerade bei Audhild ist. Die Haushälterin des Pfarrers, die muß doch irgend jemanden kennen.«

»Du meine Güte, die Gun!« Elfrid sah Harry an, der mit dem Kopf nickte. »Gun Vågland. Sie war in derselben Klasse wie ich. Tobias war in der Sonderklasse, der Ärmste. Er hat noch nie besonders viel Grips gehabt. Sie haben ihn zur Großtante geschickt, als er dreizehn oder vierzehn war.«

»Und jetzt ist sie die Haushälterin des Pfarrers?« fragte Margaret Moss, die endlich eine hauchdünne Chance sah.

Elfrid, Harry und John Dillinger lachten.

Sie lachten eine ganze Weile, und Moss, die die Nase voll hatte von Fehlschlägen, fand es ziemlich irritierend.

»Es ist der alte Pfarrhof von Hå. Den hat man restauriert, der wird jetzt für Konferenzen und Seminare und so etwas genutzt. In den Nebengebäuden gibt es Kunstausstellungen und Seminarräume, und im Wohnhaus wird gegessen. Gun Vågland arbeitet dort. Sie wohnt gar nicht weit weg, sie lebt mit ihrem Ehemann in Nærbø.«

Elfrid war richtig redselig geworden.

»Es stimmt übrigens, daß sie schön ist«, sagte Harry und drehte sich eine Zigarette. »Ein bißchen zigeunermäßig. Warum willst du mit ihr reden?«

»Ich weiß nicht.« Moss fühlte sich plötzlich ziemlich erschöpft. »Ich habe aus Audhild so wenig herausbekommen, viel weniger, als ich gedacht hatte. Ich kann mir einfach keine Vorstellung davon machen, was für ein Typ Rune Reiedal ist. Ich glaube, ich fahre nach Hå.«

Aber zuerst war Valen an der Reihe, und Moss machte sich auf den Weg.

Es goß. Sie ging breitbeinig und vornübergebeugt wie ein Schiffsjunge in der Biskaya. Die Ledersohlen rutschten auf den nassen Pflastersteinen, das pittoreske Stavanger wandte ihr die Kehrseite zu. Alle Einheimischen waren offenbar zu Hause und überließen den Touristen das Mistwetter. Moss blieb stehen, hielt sich die Hand vor die Augen und musterte die weißen Fassaden.

Sie war ein Stück zu weit oben gelandet, der Teufel sollte all diese Gassen holen, die sich wanden und westwärts verliefen, wenn man glaubte, daß sie Richtung Osten führten, und umgekehrt. Ein zugeknöpfter Herr manövrierte sich steuerbords an ihr vorbei. Sie wollte ihn nach der Kneipe Valen fragen, aber er hielt seinen Hut und seinen Regenschirm so fest vors Gesicht, daß er sie nicht sah. Eine junge Mutter mit einem Kopftuch, das sie fest unter dem Kinn verknotet hatte, und einem kleinen Kind, das ordnungsgemäß hinter durchsichtiger Plastikfolie im Kinderwagen versiegelt war, brachte ihr mehr Aufmerksamkeit entgegen.

»Da müssen Sie entlang«, sagte sie und zeigte ihr mit dem Daumen die Richtung, bevor eine Windbö sie mitsamt dem Kind ergriff und ein Stück vorwärtsschob. »Hinter dem Vorsprung die Treppe runter!« klang es von ferne, während sie gegen den Wind kreuzte, vermutlich in Richtung Kjerkegadå.

Als Moss endlich im Valen eintraf, waren die anderen gegangen.

Es war erst Viertel nach elf, sie hatten es offenbar eilig gehabt. Oder Næsvik war ein vorsichtiger Herr, der das Valen nur als Treffpunkt gewählt hatte. Das hätte sie sich natürlich denken können.

Moss schüttelte sich das Wasser von der Kleidung und untersuchte, was sie auf dem Tisch hinterlassen hatten, dem einzigen, der so früh an einem so nassen Vormittag benutzt worden war: zwei Tassen Kaffee, die eine leer, während von der anderen nur ein paar Schlucke getrunken worden waren, ein halbvolles Bierglas sowie zwei Zigarettenkippen im Aschenbecher. Die eine mit Spuren eines rosabeigen Lippenstiftes, die andere ohne. Eine leere, zerdrückte Zigarettenschachtel lag auch noch da.

Camel? Nein, diesmal nicht.

Und was hätte das schon ausgesagt? Vielleicht hatten einige Leute in Stavanger einfach amerikanische Gewohnheiten.

Diesmal mußte sie den Zug nehmen. Dillingers rostiger Opel war auf jeden Fall zu riskant, Schluckauf hin oder her. Er hatte neulich im Gebüsch gestanden, als Kolbein Vågevik erschlagen wurde, und er hatte draußen bei Audhild gestanden, als sie selbst zu Besuch gewesen war. Und er konnte jederzeit auf Harrys Innenhof gesehen werden, mit der roten Lion's-Club-Feder und allem Drum und Dran.

Dann eben der Zug. Und anschließend ein Taxi, sie hatte auf der Karte gesehen, daß es von Nærbø zum alten Pfarrhof von Hå nicht so weit war.

Allerdings sagte es wohl etwas über die Jærenbauern und ihre Fahrzeughaltung aus, daß man als Tourist nicht mit öffentlichen Verkehrsmitteln zu ihrer Kulturperle gelangen konnte, auf die sie so stolz waren, dachte Moss wütend.

Es hatte aufgehört zu regnen.

Graue Schleier wirbelten über die grünen Wiesen, und die Schafe, die aus dem Grau auftauchten und wieder verschwanden, sahen unwirklich aus.

Im Taxi zum alten Pfarrhof bereitete sie sich mental auf die Arbeit vor, die vor ihr lag. Es war schwierig, hier draußen irgendwas diskret zu handhaben, dachte sie und knabberte an ihrer Unterlippe herum. Zum Beispiel der Mann dort drüben, der am Rand eines riesigen Feldes entlanggeht, dachte sie weiter. Alle können ihn sehen, so flach und offen ist es hier. Wenn ich hier herumlaufen würde, dann würde man es sicher am nächsten Tag kommentieren: »Wer war denn das, die Frau, die gestern auf der Straße zu Gabriel unterwegs war?« Hoffentlich war das Seminar in Hå groß genug, so daß niemand richtig darauf achtete, wer kam und ging.

Das Taxi verließ die Landstraße und bog holpernd in einen schmaleren Weg ein. Vor ihnen streckte ein kleiner Leuchtturm seinen Hut hinter einem Hügel hervor.

»Der Leuchtturm von Obrestad«, sagte der Taxifahrer, der gesehen hatte, wie sie sich auf der Rückbank aufrichtete. »Der ist stillgelegt und wird vermietet.«

»An jeden, der will?« fragte Moss.

»Nein, das glaub ich nicht, in erster Linie an Künstler und Kulturpersönlichkeiten wie Sie.«

Kulturpersönlichkeiten, dachte Moss. Wie sie? Wohl kaum.

»Sind im Moment viele da?« fragte sie schnell.

»Unten auf dem Pfarrhof?« wollte er wissen.

»Ja«, sagte sie und wußte, daß sie im Nebel stocherte und das Gespräch dem Zufall überlassen mußte.

»Doch, schon«, antwortete er und blickte nach hinten über die Schulter, aber nicht zu ihr. »Da kommt ein Krankenwagen«, sagte er schnell, und jetzt konnte auch Moss ihn hören, das ferne Geräusch eines Notfallwagens. Sie drehte sich ebenfalls um und sah, wie die Sonne, die sich gerade auf einer Stippvisite zwischen Nebeldunst und schnell vorbeiziehenden Wolken befand, auf den Autoscheiben glitzerte.

Ein Blaulicht flimmerte.

»Ja ja«, sagte der Taxifahrer und schaute wieder geradeaus, während sie in ein dichtes, dunkles Wäldchen eintauchten. »Da ist wohl jemand krank geworden. Wo war ich stehengeblieben? Richtig, Sie wollen wohl auch zum Seminar oder zur Konferenz, oder wie das heißt. Ich hab heute schon drei Bibliothekare, zwei Schriftsteller und einen Kulturreferenten hergefahren!«

Er lachte. Sie rollten wieder aus dem kleinen, schwarzen Wald heraus, und da sah Moss den weiten Kiesstrand und einen Hof mit vielen Häusern.

Ein niedriger Steinwall, windgepeitschte Büsche, eine niedrige, dichte Hecke, Möwen, die sich vom Wind treiben ließen. Die Sonne hatte sich wieder zwischen den Wolken hervorgewagt und schickte schräge Strahlen ins Meer, das bleigrau und golden brauste.

Eine Menge Leute war draußen, vor allem unten am Strand. Plötzlich schaute Moss genauer hin.

Irgend etwas war passiert.

»Können Sie mich hier absetzen?« fragte sie schnell. »Fahren Sie bitte nicht ganz runter. Ich will mir gern ein bißchen die Beine vertreten.«

Der Taxifahrer musterte sie, sagte aber nichts. Als sie bezahlt hatte, lehnte er sich nach hinten, öffnete ihr die Tür und bemerkte, sie habe da ja ein riesiges blaues Auge.

»Ja, ja«, sagte sie verärgert, stieg aus und knallte die Tür hinter sich zu. Sie sah zu, während das Taxi rückwärts fuhr und wendete.

Als es den kleinen Hügel hinauffahren wollte, mußte es warten, denn der Krankenwagen kam ihm entgegen, das Martinshorn war abgestellt, nur das Blaulicht rotierte auf dem Dach.

Moss ging im Laufschritt zum Strand hinunter.

10

»Warum weinst du, kleine Tamara,
jeder Seemann muß einmal aufs Meer.«

Andrée/Meder

Er lag im Meer, und er war tot. Wie ein Hering schaukelte er auf und ab. Auf einem flachen Stein daneben stand ein Mann in Tweedjacke und ausgebeulter grauer Flanellhose, der so aussah, als sei er verantwortlich für die Leiche, etwas, worauf er nicht besonders viel Wert zu legen schien.

Das war kein Fischer, der über Bord gegangen war, dachte Moss und drängelte sich unbescheiden vor, um etwas zu sehen. Ein Städter war es, vom Aussehen her zumindest, wie er jetzt dalag, durchgeweicht und aufgequollen, mit einem beigefarbenen schmalen Mantel von der Art, wie manche Finanzmakler sie zu tragen pflegen. Darunter waren ein weißes Hemd und eine dunkle Hose zu sehen. Kein Schlips. Offener Hemdkragen. Schwarze Schuhe.

Wie lange hatte er wohl im Meer gelegen?

Nicht sehr lange, denn er war noch ganz gut beieinander, wenn auch recht aufgedunsen. Die Hand, die auf den Wellen hin und her schwappte, war runzelig, als hätte er tagelang den Fußboden gewischt.

Vom Haaransatz auf der Stirn verlief schräg in Richtung Ohr eine große, geschwollene, bläuliche Schramme.

Er konnte sie sich beim Sturz ins Meer zugezogen haben.

Natürlich auch später, denn wenn er an diesem steinigen Strand ein oder zwei Tage entlanggeschrammt war, hatte er sich mehr als nur einen Kratzer weggeholt.

Und dann gab es ja immer noch die Möglichkeit, daß jemand ihm eine gelangt hatte, ehe er ins Meer gestoßen worden war.

Schritte und Stimmen waren zu hören. Moss drehte sich um und sah die Leute vom Krankenwagen, die mit einer Trage herunterstiegen. Oben vor dem Wohnhaus hielt ein Streifenwagen.

Moss sah sich schnell um. Zog sich etwas weiter zwischen die Menschen zurück, die von allen Seiten herandrängten.

»Das ist das Schlimmste, was ich je gesehen habe«, murmelte sie nicht ganz wahrheitsgetreu. Moss hatte in ihrem Leben vieles gesehen, was dies hier ganz sicher übertraf, aber das mußte sie ja nicht laut sagen.

Das Mädchen neben ihr nickte. Ihr Gesicht war grünlichweiß, und das zeitgemäß nagellackrote, kurzgeschnittene Haar stand vor Schreck in die Höhe. Oder vielleicht lag es auch am Gel, dachte Moss. Sie fragte: »Wer hat ihn denn gefunden?«

»Der da«, sagte die junge Frau und nickte zu dem Mann, der neben der Leiche stand und sozusagen Totenwache hielt. »Er arbeitet in derselben Bibliothek wie ich, und jetzt stehen wir hier, es ist völlig unfaßbar! Mit einem ... einem ertrunkenen Mann.«

Moss nickte. Sie merkte, daß die Leute wegen ihres blauen Auges stutzten – inzwischen war ihr Gesicht zur Hälfte blau –, aber ansonsten gab es niemanden, der sie besonders beobachtete. Das hätte auch gerade noch gefehlt, wo es doch eine Leiche im Meer zu sehen gab. Aber trotzdem. Die meisten kannten einander nicht von früher, tippte sie.

Also konnte sie sich für eine Weile unter die Menge mischen. So tun, als wäre sie eine Kulturpersönlichkeit.

Es gab hier Menschen beiderlei Geschlechts und unterschiedlicher Altersgruppen, unter den Frauen viel Strickkleidung in Erdfarben, einige der jüngeren sahen aus wie das Mädchen neben ihr: kurzgeschnitten und neonfarben. Die

Männer trugen Bärte oder keinen Bart, es gab Pferdeschwänze an schütteren Schädeln, Meckischnitte und gepflegte Seitenscheitel mit ausrasiertem Nacken. Sie sprachen alle erdenklichen Dialekte, und sie sprachen laut.

Der Mann zwischen den Steinen hatte sie ordentlich erschüttert.

Moss fragte sich, wie sie Gun Vågland finden sollte, und war sich nicht sicher, ob ein Leichenfund den besten Ausgangspunkt für ein vertrauliches Gespräch bot. Im selben Moment sah sie hoch zum schönen, alten Pfarrhaus. Jemand war auf die Vortreppe getreten, jemand, der offenbar auf die Polizei gewartet hatte und nun erklärend zum Strand hinunterzeigte.

Moss seufzte.

Es war so ein Tag, an dem genau das eintraf, was sie sich gleich hätte denken können. Die Person, die vorsichtig über den glucksenden Sumpfboden hinuntergestiegen kam, war eine erwachsene, schöne schwarzhaarige Frau. Sie hatte eine Strickjacke über die Schultern geworfen, aber was sie darunter trug, sah eher schürzenartig aus.

Gun Vågland.

Vollkommen klar.

Es war bald auch klar, daß bisher niemand aus der Küche unten am Strand gewesen war, zumindest nicht die schwarzhaarige Gun, denn sie ging die letzten Meter nur zögernd und streckte ängstlich den Hals vor.

»Wir waren mitten im Aufräumen«, hörte Moss sie sagen, während sie sich dem Strand näherte. »Die Seminarteilnehmer waren mit dem Mittagessen fertig, aber sie hatten noch Pause. Die Leute sind herumgelaufen und haben frische Luft getankt und so. Sie waren über das ganze Gelände verteilt, drüben am alten Steingrab und oben am Weg und ...«

Sie sah ängstlich vor sich hin.

»Wo liegt er?«

Der Polizist war groß und die Haut in seinem Nacken ebenso rot wie bei den Eisenbahnern früher. Sie sah ihn nur von hinten. Er stand mit dem Rücken zu ihr und trug eine Mütze und einen hellblauen Hemdkragen über dem dunkelblauen Pullover, auf dem »Polizei« stand. Hinter ihm standen noch zwei von der gleichen Sorte.

»Gehen Sie bitte zur Seite«, sagte der erste nicht unfreundlich. »Rücken Sie bitte ein Stück weiter.«

Sie rückten, auch Moss, aber sie rückte so wenig wie möglich.

Der Bibliothekar machte einen linkischen Versuch, sich vorzustellen, ohne dabei über die Leiche zu steigen.

Gun Vågland sah unsicher zum Polizisten hoch.

»Sie brauchen nicht so genau hinzusehen«, sagte er, noch immer nicht unfreundlich. »Wenn Sie nur schauen könnten, ob es jemand von hier ist, jemand, den Sie kennen.«

Jemand anders von der Polizei, eine Frau, klein und blond, mit einem runden und festen Hintern in der blauen Hose, bückte sich, griff mit beiden Händen den Mantel des Mannes im Meer und zog ihn weiter hoch zum Strand.

Sein Kopf schnellte zur Seite.

Gun Vågland schrie.

Erst einmal, dann noch einmal, und schließlich sackte sie auf dem schlammigen Strand in sich zusammen.

Moss fiel es zunächst schwer, sich zu entscheiden. Sollte sie sich ins Fahrwasser der beinahe ohnmächtigen Gun drängeln, die halb gestützt und halb zu den Häusern getragen wurde, oder sollte sie hierbleiben?

Die Leute vom Krankenwagen hatten die Leiche inzwischen ganz auf den Strand gezogen und verstauten sie in einem Plastiksack, den sie mit einem Reißverschluß schlossen.

Moss hob ihren Blick. Ein Stück entfernt stand ein untersetzter Mann mit stahlgrauem Haar und markanter Hornbrille und starrte sie an.

Als er ihren Blick bemerkte, sah er weg, aber nicht schnell genug.

Irgend etwas an der Art, wie er sie angestarrt hatte, störte sie. Moss spürte, wie eine plötzliche Gänsehaut Nacken und Arme überzog. Sie senkte den Kopf. Hob ihre Tasche hoch und wühlte darin herum, um sich dahinter verstecken zu können. Vorsichtig blickte sie durch ihre Ponyfransen.

Jetzt sah er sie wieder an. Es hatte den Anschein, als interessiere er sich nicht für die Blaufärbung ihres Gesichts.

Er trug einen Mantel, einen sportlichen Mantel voller Metallösen und Taschen, eigentlich eher einen Parka, und einen Fransenschal. Er hatte die Hände in den Taschen vergraben und hob sich irgendwie von den anderen ab.

Moss wühlte noch immer in der Tasche. In ihrer plötzlichen Nervosität brachte sie es fertig, die Hälfte des Inhalts auf den Strandkies zu kippen, und mußte sich hinhocken, um Schminktäschchen und Taschenkalender, Taschenkamm und lose Münzen aufzusammeln.

Als sie sich endlich wieder aufrichtete, war er weg.

Reine Einbildung, Moss, ermahnte sie sich selbst.

Wer sollte das schon sein? Ein mörderischer Kulturreferent? Ein blutrünstiger Norwegischlehrer? Ein manischer Schriftsteller? Sie schob ihre Umhängetasche zurecht und sah sich um.

Der Leichensack wurde gerade den Abhang hinaufgetragen.

In der Küche war es mollig warm. Die große Spülmaschine dröhnte vor sich hin, auf der Fensterbank summte eine Fliege. Die kleine Polizistin hielt der schwarzhaarigen Gun ein Glas Wasser hin. Diese saß vornübergebeugt auf einem Stuhl und war noch immer grünlichweiß im Gesicht.

Moss hockte sich daneben. »Ich heiße Maisen«, sagte sie leise und freundlich. »Ich kenne Audhild Danielsen.«

»Sind Sie eine Bekannte?« fragte die Polizistin und sah aus, als wollte sie sie am liebsten hinauswerfen. Dann streckte sie sich und sah in Richtung Tür. Offenbar hielt sie nach dem Rotnackigen Ausschau, und da kam er schon, marschierte in seinen Polizeistiefeln hin und her, während er in sein Handy sprach. Dann stellte er es ab und befestigte das Telefon an seinem Gürtel.

»Sie sind sich ganz sicher, wer der Mann ist?«

Gun Vågland nickte.

Sie legte den Kopf zurück und sah zum Polizisten hoch. Ihre Augen füllten sich mit Tränen, dann liefen sie über. Schweigend saß sie da, während ihr das Wasser die Wangen hinunterströmte. Sie gab keinen Laut von sich, da waren nur diese beiden Streifen von den hinablaufenden Tränen.

Moss saß noch immer in der Hocke. Sie hatte Guns Hand ergriffen, die kalt und klamm und reglos war.

Der Polizist sah auf seinen Block. »Rune Reiedal«, sagte er langsam, als habe er den Namen erst im stillen buchstabiert.

Moss schluckte und hätte sich fast auf den Hintern gesetzt.

Ohne darüber nachzudenken, drückte sie die Finger von Gun Vågland. Gun zog die Hand langsam an sich, dann nickte sie.

Räusperte sich, versuchte etwas zu sagen, räusperte sich wieder. »Ja, er ist es«, sagte sie schließlich.

»Sie kennen ihn so gut, daß Sie es mit Sicherheit sagen können?«

Sie nickte.

Der Polizist griff wieder nach dem Handy und ging hinaus. Sie hörten seine schweren Schritte auf den Holzböden, dann knallte eine Tür.

»Reiedal«, sagte die Polizistin. »Der mit dem großen Geschäft in Stavanger?«

Gun nickte wieder.

»Wie können wir seine Angehörigen erreichen? Seine Frau?«

Gun Vågland zuckte mit den Schultern, eine winzige Bewegung.

»Eiganesveien, Reiedal. Steht im Telefonbuch.«

Sie lehnte den Kopf an die Wand hinter sich und schloß die Augen.

Die Polizistin beugte sich über sie. »Sollen wir Sie nach Hause fahren? Wir bleiben noch und reden mit den Leuten, die ihn gefunden haben, aber wenn Sie ein bißchen warten, bringen wir Sie nach Hause. Sie wohnen doch am Bahnhof in Nærbø, oder?«

»Ich habe selber ein Auto dabei«, sagte Gun Vågland. Sie richtete sich auf und versuchte sich zusammenzunehmen. »Ich bin auch noch nicht mit der Arbeit fertig. Ich fahre noch nicht. Ich bin heute für die Küche verantwortlich.«

Sie erhob sich langsam, als wolle sie ihr Gleichgewicht wiedererlangen, dann strich sie die Schürze glatt und verließ die Küche.

Die Polizistin sah ihr hinterher, dann drehte sie sich zu Moss um.

»Und wer sind Sie noch mal?«

»Maisen Pedersen«, sagte Moss. »Ich bin gerade erst vor einer Viertelstunde gekommen, mit dem Taxi. Ich bin eine Bekannte von Gun Vågland. Wenn sie selbst fahren will, kann ich sie in ihrem Auto begleiten und dafür sorgen, daß sie ordentlich nach Hause kommt.«

»Gut«, sagte die Polizistin und hatte vorläufig kein Interesse mehr an Gun. »Haben wir seine Identität bestätigt bekommen?« fragte sie den rotnackigen Polizisten, als er zurückkam.

»Doch«, sagte er. »Das ist tatsächlich dieser Reiedal. Ich muß ihn ja selbst schon mal gesehen haben, aber ich hab ihn einfach nicht wiedererkannt, wie er so dalag.«

Er spielte an einer großen Thermoskanne herum, die auf der Arbeitsfläche stand, und sah sich nach einer sauberen Tasse um. »Willst du einen Kaffee?« fragte er die Polizistin, die nickte.

Moss verließ schweigend den Raum.

11

»No matter how I struggle and strive,
I'll never get out of this world alive.«

Hank Williams

Es regnete wieder, nicht in Böen wie am Vormittag, sondern es war ein gleichmäßiger Nieselregen, der die Seminarteilnehmer im Gebäude hielt. Moss bemerkte, daß das Seminar noch nicht wieder begonnen hatte. Dazu hätte auch einiges gehört, direkt nach einem solchen Ereignis.

Sie standen unter dem hervorspringenden Dach des Nebengebäudes, das man ausgebaut und zu einem Begegnungsraum umfunktioniert hatte, sie rauchten und hielten die Schals und Mäntel fest um sich, sie trieben sich drinnen an der Rezeption herum, sie saßen auf Fußböden und Bänken im Begegnungsraum, sie redeten und redeten.

Der Krankenwagen war längst weg. Das Polizeiauto stand noch da, aber Polizisten waren keine zu sehen. Draußen auf der grauen, von Regentropfen punktierten See, wo sich die glänzenden Dünungen an Land wälzten, schlingerte ein Boot mit kräftigem Motorengeräusch vorbei: auch dort Polizei.

Es war mittlerweile drei Uhr.

Moss hatte sich oben im Haupthaus aufgehalten und endlich eine Gelegenheit gefunden, mit Gun Vågland allein zu reden. Gun hatte fraglos akzeptiert, daß Moss Audhild kannte. (»Nicht so besonders gut«, hatte Moss wahrheitsgemäß gesagt.) Ansonsten hatte Moss versucht den Eindruck zu erwecken, daß sie nach diesem fürchterlichen Ereignis weder daußen weiterzeichnen noch nach Stavanger zurückfahren könne.

Sich in diesem Moment über Audhilds Haus und Audhilds Freundeskreis zu unterhalten, schien allerdings schwierig. Sie hatte Gun Vågland dazu überreden können, sich hinzusetzen, ihre Kollegen hatten längst ihre Schicht übernommen, aber Gun wollte nicht gehen und bestand hartnäkkig darauf, bis zum Ende des Arbeitstages zu bleiben.

Moss trank lauwarmen Kaffee und redete – leise und tröstend, wie sie hoffte – mit Gun darüber, wie gut es doch sei, daß man ihn gefunden habe, was auch immer der Grund sein mochte, daß er ins Meer gestürzt sei. Man könne nur hoffen, daß er durch den Aufprall auf kahle Felsen oder Kieshügel bewußtlos gewesen sei, ehe er ins Meer gefallen sei, denn sie habe doch sicher die Schramme an seinem Kopf bemerkt?

Nein, das hatte Gun Vågland nicht. Wieder zuckte es in ihren Mundwinkeln, und Moss beeilte sich hinzuzufügen, daß er beim Sturz ganz sicher schon bewußtlos gewesen sei und davon nichts mitbekommen habe.

Dabei fragte sie sich die ganze Zeit, welche Rolle Rune Reiedal wohl im Leben der Putzhilfe und Serviererin Gun Vågland aus Nærbø gespielt hatte, da sie beim Auffinden seiner Leiche so sehr geweint hatte.

»Kannten Sie ihn gut?« wagte sie schließlich zu fragen.

Nicken. Heftiges Kopfnicken.

»Sie ... Sie waren vielleicht mal ein Paar?« fragte Moss auf gut Glück.

Gun sah sie an. Unter den Augen war sie schwarz von verschmierter Wimperntusche. »Wir waren es jetzt«, sagte sie mit halberstickter Stimme. »Aber das dürfen Sie niemandem sagen.«

Moss betrachtete ihre Hände. Schüttelte leicht den Kopf.

Hier standen die Türen weit offen, vor Schock, vor Trauer. Sie hätte sich schämen sollen. Sie tat es auch.

Der Oberschurke hatte also eine Geliebte in Nærbø gehabt, eine, die bei seiner Schwester putzte. Sie sah Gun an: »Weiß Audhild davon?«

Diesmal heftiges Kopfschütteln. »Sie darf es auch nicht erfahren!«

»Nein«, sagte Moss.

Sie waren eine Weile stumm.

»Sie haben gesagt, Sie würden mich nach Hause fahren«, sagte Gun. »Das ist nicht nötig. Aber ob wir wohl eine kleine Runde drehen könnten?«

Sie warf Margaret einen hilflosen Blick zu. »Mein Mann ist jetzt zu Hause«, sagte sie leise. »Er muß mich nicht in diesem Zustand sehen.«

»Wir können gerne eine Runde drehen«, sagte Moss rasch und spürte, wie ihr Herz einige Umdrehungen schneller schlug. »Wir können ja sagen, Sie wollen mir ein bißchen von Jæren zeigen.«

Gun nickte.

»Aber ich kann erst in einer Stunde gehen«, sagte sie. »Ist das in Ordnung für Sie?«

»Ja, klar«, sagte Moss. »Ich gehe solange spazieren.«

Jetzt regnete es nicht mehr.

Beinahe alle Seminarteilnehmer waren hineingegangen. Draußen auf dem langen Steinhügel, von dem es hieß, daß es ein Grabhügel aus der Bronzezeit sei, konnte sie noch einige entdecken. Sie gingen zwischen den Steinen umher und gestikulierten, zeigten über das Meer. Redeten sie von der Leiche, oder waren es inzwischen Arne Garborgs Wellenpferde oder der Erdball, auf dem sich Sigbjørn Obstfelder so fremd gefühlt hatte? Moss knöpfte den Mantel zu und begab sich zum Steingrab.

Man kam nur schwer vorwärts, die Steine waren groß und wackelig. Moss, die ziemlich cool war, was Tod und Verderben in der Gegenwart betraf, war nicht ganz so tapfer, wenn es um längst Verblichene ging. Sie mußte sich zusammennehmen, um ruhig zu bleiben. Im Hinterkopf erwartete sie bereits eine Knochenhand, braun und morsch von mehreren Jahrhunderten im Kies, die sich jederzeit emporstrecken und sie am Knöchel fassen konnte ... au! Fast hätte sie sich den Fuß verstaucht. Sie machte einen beherzten Schritt über zwei wacklige Steine hinweg, und schon war sie am Rand des Steingrabs, das steil ins Meer abfiel.

Da lag die See, die kleine Steigung zum Leuchtturm versperrte die Aussicht nach Süden, sonst waren nur Meer und Strand zu sehen. Hinter ihr erhob sich das Land, zunächst kaum merkbar, in Richtung Høgjæren aber steiler.

Hier standen zwei Mädchen mit flatternden Mänteln und Haar, das der Wind gegen die Wangen peitschte.

»Hallo«, sagte Moss. »Sie können sich wohl auch nicht mehr so recht konzentrieren, oder?«

»Mein Gott«, sagte die eine und schüttelte sich. »Pfui, wie eklig. Zu Hause in Bærum passiert so was ja nicht.«

Sie lachte matt, dann gähnte sie, schnell und unwillkürlich. »Es ist gestern spät geworden«, sagte sie entschuldigend und gähnte wieder. »Wohnen Sie auch im Gasthaus und Motel Bryne?«

»Nein«, sagte Moss. »In Stavanger.«

»Im Gasthaus Bryne war heute nacht der Bär los«, fuhr das Mädchen fort, das bisher geredet hatte. »Man denkt ja immer, daß diese Klischees über Künstler nur Unfug sind, aber so wie die Schriftstellerclique sich benommen hat! Meine Güte, da hat man ja kein Auge zubekommen. Die Leute haben sich beschwert, es ging sogar das Gerücht, einer von ihnen hätte in den Kamin gepinkelt, aber ob das stimmt, weiß ich nicht.«

Die andere junge Frau war klein und dünn mit einem blonden Zopf. »Die Literaturstudenten dagegen, lauter so nette Jungs und Mädels, sind brav ins Bett gegangen«, sagte sie. »Wir sind nämlich Literaturstudenten.«

Sie lachten alle drei.

»Nicht alle Studenten sind allein ins Bett gegangen«, sagte die erste, die einen kurzen Jungenhaarschnitt und große blaue Augen hatte.

»Pst«, sagte die mit dem Zopf. »Du brauchst ja nicht zu petzen. Aber das war schon ein netter Typ, oder?«

»Also jetzt hör mal auf«, sagte der Jungenhaarschnitt. »Der? War das ein Musiker, oder was?«

»Nein, nicht alle Restjugoslawen, oder wie das heißt, sind Musiker. Außerdem haben wir gar nichts gemacht. Wir haben nur geredet.«

Moss wartete leicht unruhig, daß die beiden sie auf ihr blaues Auge ansprechen oder sie fragen würden, was sie denn beim Seminar machte. Aber sie waren offenbar zu sehr mit ihren eigenen Abenteuern beschäftigt.

»Die See da draußen geht ordentlich hoch«, sagte Moss beiläufig.

»Ja, mein Gott«, sagte der Jungenhaarschnitt. »Ich frage mich, von wo der hergekommen ist, der am Strand.«

Sie blickten einander an, plötzlich ernst.

»Von weit draußen«, sagte Moss. »Wartet nur ab. Vor England kommt hier nämlich nichts mehr.«

Die Mädchen schauten sich entsetzt an.

»Na ja, ich muß wieder rein«, meinte Moss. »Vermutlich war der Tote kein Weitgereister. Vielleicht aus Sola oder Randaberg oder so. Und wurde von der Strömung an der Küste entlanggespült.«

Urplötzlich hatte Moss genug von sich und von den beiden Mädchen. »Also, ich gehe jetzt rein«, sagte sie knapp, drehte sich um und ging.

Sollten sie doch dastehen und auf die nächste Wasserleiche warten.

Sie hatte schlechte Laune und fühlte sich alt.

Gun Vågland wartete oben bei den Häusern. Sie hatte einen Mantel übergezogen, einen langen mit Kapuze, und trug eine Umhängetasche.

Sie hatte Puder aufgelegt und ihre Wimperntusche aufgefrischt.

Das Haar war neu frisiert, zu einem Knoten im Nacken zusammengedreht.

Sie war sehr schön.

Und unheimlich blaß.

Kurz vor vier kletterte ihr kleines Auto den Hang hinter dem Leuchtfeuer von Obrestad hinauf und bog links in Richtung Landstraße ab. Gun fuhr. Zunächst redete sie nur wenig, umklammerte schweigend das Lenkrad. Dann sagte sie: »Ich hätte Ihnen das mit Rune und mir nicht erzählen sollen. Aber ich bin völlig fertig. Ich weiß beinahe nicht, was ich tue.«

Ihre Stimme trug gerade so.

»Denken Sie nicht daran«, sagte Moss. »Ich meine, ich werde niemandem davon erzählen. Ich kenne auch Audhild kaum, ich war nur da und habe mich mit ihr unterhalten, weil ...«

Sie hielt inne.

Sollte sie die Geschichte wirklich noch einmal erzählen? Die von der Malerin?

Sie waren kurz vor Nærbø.

Kleine Kinder fuhren auf wackligen Rädern durch die Gegend, es nieselte, und der Verkehr verdichtete sich.

»Ich muß nur eben zu Hause vorbeifahren«, sagte Gun schnell und nervös. »Nachsehen, ob er da ist.«

»Haben Sie Kinder?« fragte Moss.

Gun Vågland nickte. »Zwei. Die Große studiert in Bergen, aber der Jüngere ist erst zehn, deshalb ...«

Sie fuhren an Hecken aus Tannen und Thujen vorbei, und Gun sagte: »Da hinten ist es, am Ende der Straße, das gelbe Haus. Anscheinend haben wir Besuch!« fügte sie hinzu.

Vor der Garage stand ein VW Pick-up, aber Moss spürte,

daß Gun nicht den gemeint hatte, denn vor der Tür parkte ein großer, grauer BMW.

»Warten Sie!« sagte Moss. »Fahren Sie langsamer!«

Gun warf ihr einen raschen Blick zu, der all das zu enthalten schien, was sie noch nicht gesagt hatte. Sie wußte wohl eine ganze Menge von Rune Reiedals Geschäften, auch den versteckten. Sie riß das Steuer herum und fuhr vorsichtig in eine breite Einfahrt hinein.

Dort hielt sie, aber ließ den Motor laufen.

»Sitzt jemand drin?« fragte sie atemlos und blinzelte. »Ich kann nicht so weit schauen.«

Moss lehnte sich vor. »Ja«, sagte sie. »Warten Sie, jetzt steigt er aus!«

Die Autotür öffnete sich. Ein Mann wand sich unter dem Lenkrad hervor und stieg aus. Er blieb stehen, hielt etwas in der Hand, ging ein paar Schritte, und es sah aus, als leerte er den Aschenbecher in den Rinnstein. Schüttelte ihn, blies hinein.

Es war ein kräftiger Mann in einem Parka, mit stahlgrauem Haar und einer Hornbrille.

Der Mann vom Strand in Hå.

Er konnte sie nicht entdeckt haben. Jetzt sah er auf die Uhr, warf einen raschen Blick zum gelben Haus, dann setzte er sich wieder ins Auto, fuhr aber nicht los. Moss konnte sehen, daß er sich eine Zigarette anzündete.

Er wartete offenbar.

Sie sah Gun an und beschrieb ihr, wie er aussah.

»Vielleicht ist es der Däne«, sagte Gun und betrachtete sie unruhig. »Rune hatte viel mit ihm zu tun. Ich habe ihn erst einmal gesehen. Was will er nur von mir?«

»Vorläufig finde ich nicht, daß wir das herausfinden sollten«, sagte Moss, die spürte, wie sich eine Art Zittern im Zwerchfell ausbreitete.

Sie hatte keine Lust auf weitere Leichen. Weiß der Teufel, wie sich das Ganze weiterentwickeln würde.

»Versuchen Sie das Auto hier wegzuschaffen«, sagte sie so ruhig, wie sie nur konnte. »Können Sie das, ohne daß er uns sieht?«

Gun warf ihr einen zweifelnden Blick zu, dann schaute sie in die Toreinfahrt, wo sie geparkt hatten. Sie gehörte zu einem Bürogebäude im Stil der fünfziger Jahre mit abbröckelndem hellblauem Putz und einer Betonrampe, auf der man Waren abstellen konnte. »Ich fahre da rein«, entschied sie. Im Schutz der hohen Mauern auf beiden Seiten rollte das kleine rote Auto auf den Hof. »Wir können außen herumfahren«, sagte Gun und legte den nächsten Gang ein. Dann rollte das Auto ums Haus herum und durch die Einfahrt auf der anderen Seite wieder auf die Straße.

Kein BMW in Sicht.

Mit ziemlich klopfendem Herzen beobachtete Moss, wie Guns Auto sich durch die Siedlung schlängelte, bis sie schließlich auf einem schmalen Weg landeten, der schnurgerade am Meer entlangverlief.

Moss atmete auf.

Noch immer war kein BMW im Rückspiegel zu sehen.

»Ist das eine Art Stadtrundfahrt?« fragte sie. Gun lächelte etwas schief. »Vermutlich schon«, sagte sie.

Der Nieselregen hatte aufgehört. Der Geruch von Erde und Meer drang durch den kleinen Spalt beim Fenster.

Moss sagte: »Erzählen Sie mir von dem Dänen.«

»Aber ich weiß doch nichts«, entgegnete Gun. »Rune und er hatten geschäftlich miteinander zu tun. Er kam in regelmäßigen Abständen aus Dänemark, ich weiß nicht, wie oft, aber dann haben sie sich getroffen. Er und ein Kosovoalbaner. Aus Oslo. Sie hatten ... Geschäfte, mit Rune.«

»Wissen Sie, was für Geschäfte?«

Gun blickte lange in den Rückspiegel, ehe sie antwortete.

»Ach«, sagte sie, und ihre Stimme war auf einmal unendlich müde. »Es war wohl was Illegales. Das hat er mir nicht so direkt gesagt. Aber ich weiß, daß es um Geldwäsche ging, denn damit hat er mal gescherzt.«

Sie rieb sich die Augen.

»Inwiefern?« fragte Moss.

»Ich habe bei seiner Schwester ja auch die Wäsche gemacht, und dann hat er gesagt ... er hat im Scherz gesagt, wenn er mich nehmen könnte, dann bräuchten sie diesen Kosovotypen nicht mehr. Der wäre nämlich so aufbrausend und mürrisch, hat Rune gesagt, nicht gerade umgänglich. Da wäre es doch prima gewesen ... wissen Sie. Wenn ich das Geld in Audhilds Waschmaschine hätte stecken können.«

Sie lächelte schwach.

»Wissen Sie, wie der Kosovoalbaner das Geld gewaschen hat?« fragte Moss.

Gun reagierte mit kaum merklichem Achselzucken, und Moss hatte das unangenehme Gefühl, aufdringlich zu sein. Diese Frau hatte gerade ihren Geliebten verloren, und jetzt wurde sie von ihr ausgefragt. Aber es galt, die Gelegenheit zu nutzen.

»Unterschiedlich«, sagte Gun schließlich. »Meistens in Oslo. Taxis, Wurstbuden, so was. Sogar eine Großwäscherei, das war im Grunde ein bißchen witzig.«

Sie lächelte erneut, ein schiefes, kleines Lächeln.

»Kennen Sie jemanden, der Kolbein Vågevik heißt?« fragte Moss nach einer Weile. Warf Gun einen verstohlenen Blick zu, es hatte ja noch nichts in den Zeitungen gestanden. Nicht einmal eine Todesanzeige.

Gun brauchte nicht nachzudenken.

»Ja, Kolbein Vågevik, genau«, sagte sie. »Das ist ein netter Kerl. Er arbeitet häufig für Rune und Næsvik, wenn sie gemeinsame Geschäfte haben.«

»Er wollte aussteigen«, sagte Moss, ohne sie anzusehen.

»Ja, ich weiß«, antwortete Gun. Sie blickte in den Rückspiegel. »Er war so wütend über das mit der Fabrik. Ja, Sie wissen vielleicht nicht Bescheid, wenn Sie aus Oslo kommen, aber zur Zeit sind sie dabei, die Sandsgaardfabrik stillzulegen. Und Kolbein war rasend vor Wut. Er meinte, Rune habe etwas damit zu tun.«

»Hatte er das denn?«

»Nein. Zumindest hat er nein gesagt.«

»Wann haben Sie davon gehört?«

»Oh, irgendwann im Juni. Er rief an, während Rune ... bei mir war. Ich hab den größten Teil mitgehört, weil er so wütend war, daß er ins Telefon gebrüllt hat. Rune hat nur gelacht. Hat gemeint, Kolbein sei ein altmodischer und alberner verkappter Kommunist. Es sei nur schade, daß sie die Mauer in Berlin abgerissen hätten, sonst hätte Kolbein dort um politisches Asyl bitten können.«

Sie lachte ein wenig. »Natürlich hat er nur Spaß gemacht«, fügte sie hinzu. Dann füllten sich ihre Augen plötzlich mit Tränen.

»Ich hatte es gerade vergessen«, sagte sie. »Ich habe einen Moment lang nicht daran gedacht, daß er tot ist.«

Sekundenlang glaubte Moss, sie meinte Kolbein, aber dann begriff sie, daß Gun von Rune Reiedal sprach. Sie schwieg.

»Sie sind von der Polizei, oder?« fragte Gun. Sie schaute nach vorn auf den Weg.

Moss öffnete den Mund, dann schloß sie ihn wieder.

»In gewisser Weise«, sagte sie schließlich.

»Das habe ich mir gedacht.«

Vor ihnen tauchte eine Kirche auf. Moss hielt es zumindest für eine Kirche, aber als sie näher kamen, merkte sie, daß das Gebäude zu klein war, es mußte eine Friedhofskapelle oder etwas Ähnliches sein.

»Der Friedhof von Varhaug«, sagte Gun Vågland, fuhr zu dem unglaublich grünen Rasen hin, stellte den Motor ab und zog die Handbremse an. »Er ist schön, oder?«

»Ja«, sagte Moss. »Ist er noch in Gebrauch?«

»Normalerweise nicht«, sagte Gun. »Aber sie haben hier

mal einen Film gedreht. ›Kapitän Worse‹ oder so was. Ich weiß nicht mehr.«

Sie saßen schweigend im Auto und sahen durch die Windschutzscheibe zum Meer. Die See sah wie Katzengold aus, die Wolken türmten und wälzten sich draußen am Horizont, dunkel mit Goldrand, man erwartete geradezu, die himmlischen Heerscharen der Engel herabsteigen zu sehen.

Alte Grabsteine standen am Abhang, der zur See abfiel.

»Ich brauche frische Luft«, sagte Moss.

Sie öffneten die Autotüren auf beiden Seiten und stiegen aus. Moss schlug den Mantelkragen hoch. Der Wind kam vom Meer, es dämmerte. Bald war nur noch die See hell.

»Wie lange waren Sie mit Rune zusammen?« fragte Moss. Sie lehnten sich an die weiß gekalkte Wand der Kapelle, suchten etwas Schutz vor dem brausenden Wind.

»Ach«, sagte Gun und bekam wieder Probleme mit ihrer Stimme. »Lange. Sieben Jahre.«

»Wo haben Sie sich denn getroffen?«

Moss sah aufs Meer hinaus. Tröstete sich damit, daß es Gun wohl guttat, darüber zu reden. Wenn sie ohnehin schon hier herumstanden.

»Bei mir«, sagte Gun kurz angebunden und zog den Mantel enger um sich. »Mein Mann reist viel. Er ist Mechaniker, arbeitet in der Nordsee.«

»Haben diese Typen von Ihnen und Rune gewußt?«

»Nein, das kann ich mir nicht vorstellen. Rune ist ... war einer, der Frauen liebte, wissen Sie. Für diese Kerle war ich sicher nur eine von vielen, wenn sie überhaupt wußten, wer ich war.«

Sie klang nicht verbittert, und Moss dachte im stillen, daß Gun diesem Sohn aus reichem Hause und Verbrecher aus Stavanger sehr wohl etwas Besonderes gewesen war und daß sie es auch wußte.

»Wie kommt es wohl, daß der Däne vor Ihrem Haus

stand? Er muß von Ihrem Verhältnis mit Rune gewußt haben, glauben Sie nicht?«

Sie mußte einfach fragen.

»Keine Ahnung!«

Der Mantelstoff raschelte, als Gun sich umdrehte und Moss ansah. »Es ist völlig unbegreiflich. Und mein Mann war doch zu Hause und alles!«

Sie schwiegen beide, lange.

Der Wind flaute allmählich ab, nur noch das Meeresrauschen war zu hören, ein Rauschen, das nie aufhört. Über ihnen zogen die Wolken Richtung Osten.

Plötzlich spitzte Moss die Ohren. Über das Meeresbrausen hinweg erreichte sie ein deutliches metallisches Knirschen, den meisten ein wohlbekanntes Geräusch: eine Handbremse, die angezogen wird.

Auf einmal fiel ihr auf, wie dunkel es war, wie einsam sie hier auf dem alten Friedhof waren und daß sie nichts als das Meer vor sich hatten.

Wer auch immer gekommen war, sie saßen jedenfalls schön in der Falle.

»Da kommt jemand! Wir trennen uns und laufen jede für sich«, sagte sie leise und ergriff Guns Arm.

Gun starrte sie an.

»Jetzt«, sagte Moss, nicht mehr ganz so leise. »Vielleicht ist es der Friedhofsgärtner oder irgend jemand mit Sinn für Meer und Dunkelheit, aber das Risiko gehen wir nicht ein. Laufen Sie los, so schnell die Beine Sie tragen. Gut, daß Sie einen dunklen Mantel anhaben. Ich drehe eine Runde über den Friedhof und nehme den anderen Ausgang!«

Sie zeigte auf eine Baumreihe im Nordwesten, die sich kaum gegen den dunklen Himmel abzeichnete. Sie mußte sich auf ihre Kondition verlassen und schnell genug laufen, um einen Bogen um denjenigen zu schlagen, der eben gekommen war.

Wer es auch sein mochte.

Daß Gun verschwand, hörte sie mehr, als daß sie es gesehen hätte. Sie lief so schnell sie konnte in die entgegengesetzte Richtung. Wohin, sah sie zwar nicht, aber ein Stückchen entfernt hörte sie Schritte im nassen Gras. Sie hoffte, daß es Gun war, doch dann kamen ein Ruf und etwas, womit sie nicht gerechnet hatte: das kurze, ohrenbetäubende Knallen einer Schußwaffe. Sie hielt sofort inne, drehte sich um und fühlte nach, ob sie getroffen worden war. Aber sie war nicht dran, diesmal nicht. Bevor sie sich besonnen hatte, tauchte jemand hinter ihr auf und drehte ihr den rechten Arm auf den Rücken.

Eine Stavangerstimme rief leise: »Ich hab sie!«

Moss spürte den Geruch von würzigem Rasierwasser, Schweiß, alten Joggingschuhen und niedergetrampeltem Gras. Sie atmete tief durch. Traute sich nicht, sich zur Wehr zu setzen, es war ohnehin hoffnungslos: Diesmal war es kein kleiner Junge, der sie zu fassen bekommen hatte.

Sie dachte: Gun ist davongekommen.

Im selben Moment lachte jemand, ein übersprudelndes Lachen, und eine zweite Stavangerstimme sagte: »Der hat ziemlich gut gesessen, kann man wohl sagen!«

Sie waren zu dritt, und sie zogen Moss mit sich hinter die Kapelle, so daß sie vom Weg aus nicht mehr zu sehen waren.

Sie dachte sich, daß heutzutage wohl niemand angelaufen kam, wenn er einen Knall hörte. Heute meinten die Leute, daß es der Fernseher des Nachbarn war oder irgendwas, in das sie sich ohnehin nicht einmischen wollten. Es gelang ihr, sich so weit aus dem Griff herauszuwinden, daß sie sehen konnte, wer die Friedhofsruhe gestört hatte.

Es waren vier Personen.

Der dicke Mann mit dem Vokuhila-Schnitt und der Bodybuilderhose aus Arnas Wohnung neulich und der schmächtige Kleine, der aussah wie ein Ferkel, außerdem Næsvik und Gun.

Doch Gun lag leblos auf dem Boden.

12

»Cindy went to the meetin',
she hollered and she sung,
she got so full of glory
she shook her stockings down.«

Trad.

Im Herbst riecht das Gras nach Schimmel und Verwesung.

Moss lag mit dem Gesicht auf der Erde und versuchte tief durchzuatmen. Sie hatte erwartet, ausgequetscht zu werden, was sie dort mache und so weiter, aber vorläufig brauchten sie das offenbar nicht. Der Typ mit der Bodybuilderhose drückte sie mit dem Knie auf den Boden, und da lag sie jetzt.

Dann hockte sich einer neben sie auf den Boden. Sie hörte das Rascheln von Polyester oder woraus auch immer der Stoff von Olav Næsviks Mantel war, es roch nach Staub und Auto und Öl und Schmauch.

Sie wartete. Er zerrte an ihrer rechten Hand, was zum Teufel wollte er eigentlich, ihr die Hand geben, oder was?

Sie lag unbequem und stöhnte.

Der mit der Bodybuilderhose drehte sie auf den Rücken. Sie sah die Männer nur als Schatten in der Dunkelheit, hörte den schnellen, angestrengten Atem, den Geruch von Nikotin, Rasierwasser. Jetzt ergriff Næsvik ihre Finger und bog sie auseinander. Etwas Kaltes und Schweres wurde ihr auf die Handfläche gelegt, ihre Finger wurden zur Faust zusammengedrückt.

Eine Pistole.

Eine Pistole in ihrer Hand, sie gaben ihr eine Waffe, was zum Teufel war das, sollte ein Duell stattfinden? Sie versuchte sich zu erheben, aber die Bodybuilderhose drückte ihr das Knie in den Magen.

Næsvik hielt krampfhaft ihre Hand fest, ganz so, als wolle er ihr das Schießen beibringen. Ein Stück entfernt hörte sie Schritte im Kies, vermutlich vom schmächtigen Ferkel, das an den Autos Schmiere stand.

Das Magazin der Pistole war offenbar leer. Aber vor kurzem war ein Schuß abgefeuert worden. Die Gedanken in ihrem Kopf formten sich nur langsam.

Sie unternahm einen letzten, gewaltsamen Ruck, um sich aufzurichten, da traf sie irgend etwas unterhalb des Ohrs, und sie wurde zum zweiten Mal innerhalb einer Woche k. o. geschlagen.

Der Nebel wirbelte um sie wie ein grauer Tüllrock.

In Fredrikstad hatte ihre Mutter ein Ballkleid gehabt. Im Festsaal des Hotels hatte ein Ball stattgefunden. Mutters graues Tüllkleid mit blauvioletten Stoffblumen am Ausschnitt.

Was war daraus geworden?

Sie richtete sich auf. Ihr Mantel war feucht. Ihre Hose war schmutzig. Sie hatte Nackenschmerzen.

Und wo war Gun abgeblieben?

Ihre Erinnerung räusperte sich und begann sich in Bewegung zu setzen.

Wo war Gun?

Und die Pistole? Moss betrachtete ihre Hände, tastete im Gras umher.

Nichts. Nur ihre Tasche. Daneben etwas Kleines, Weißes. Sie hob es auf, strengte sich an, in der Dunkelheit die kleine Schrift zu entziffern.

Margaret Moss
Privatdetektivin
Termine nach Vereinbarung

Eine ihrer Visitenkarten. Die in ihrer Tasche herumflogen, so daß sie alle Eselsohren bekamen. Zu selten dachte sie daran, sie dort zu hinterlassen, wo es nötig war.

Sie betrachtete ihre Tasche. Sie war ordentlich verschlossen, mit Reißverschluß und der großen Lederlasche darüber.

Der Blick des Dänen, als sie ihn am Strand von Hå bemerkt hatte. Und ihre Tasche, deren Inhalt sie auf dem nassen Sand verstreut hatte.

Neben der Leiche von Rune Reiedal, tja, Moss, das war nicht sonderlich schlau. Sie wissen, wer du bist. Und finden es witzig, dich wissen zu lassen, daß sie es wissen. Haben dir deine Visitenkarte hinterlassen.

Sie griff sich an den Nacken. Er schmerzte, als hätte sie die ganze Nacht mit dem Kopf in Schräglage geschlafen.

Sie bemühte sich zu hören, ob sie noch immer in der Nähe waren, ob sie gerade ihre Autos starteten, ob sie schon weg waren.

Aber sie hörte nichts, nur das schwache Rauschen des Meers und dann ein leises Geräusch von ferne, das anschwoll und wieder fiel.

Polizeiauto oder Krankenwagen.

Noch weit weg, doch es näherte sich ... verdammt! Wo war Gun? Und wo war die Waffe geblieben?

Hier lag sie nun, und irgendwo in der Nähe, das hätte sie schwören können, lag Gun Vågland mit einer Kugel im Körper. Nicht allzu weit entfernt, gut versteckt, aber nicht so gut, daß die Polizei sie bei Tageslicht nicht finden würde (und sie waren zu mehreren), lag die Pistole, aus der der Schuß abgefeuert worden war.

Mit den Fingerabdrücken der etwas unsoliden Osloer Privatdetektivin.

Die Gun Vågland, ohne sie zu kennen, mitgenommen hatte, um mit ihr zu einem alten Friedhof zu fahren, ausgerechnet an dem Tag, an dem der kriminelle Rune Reiedal an den Strand gespült worden war.

Es sah für sie nicht sonderlich gut aus, das mußte sie einräumen.

Sie stand auf und lief in langen Sätzen zur Straße, doch dann überlegte sie es sich anders und rannte ebenso schnell in die entgegengesetzte Richtung, zum Meer hinunter. Vage dachte sie an Fußabdrücke und an Hunde, aber die würden bei der ersten Untersuchung natürlich nicht dabeisein. Vermutlich war ein anonymer Anruf wegen der Schüsse bei Varhaug eingegangen, und erst wenn sie Gun gefunden hätten, würden sie das Gebiet richtig durchkämmen.

Sie hielt an, um wieder Atem zu schöpfen, stand vornübergebeugt mit den Händen flach auf den Knien, hustete.

Wischte sich die Nase.

Richtete sich auf, lauschte.

Noch ein paar Minuten. Sie sah sich um, spürte die Panik aufsteigen. Sie keuchte beim Atmen, die Kiefer waren angespannt, sie durfte jetzt keinen Fehler machen, man macht Fehler, wenn man zuviel Angst hat, aber ein bißchen Angst, das ist gar kein so schlechter Ausgangspunkt. Sie murmelte unzusammenhängendes Zeug vor sich hin, während sie sich im Laufschritt vorwärtsbewegte. Der Strand war hier nicht so eben und fein, er war voller Steine, und wenn sie nicht aufpaßte, würde sie sich den Knöchel verstauchen. Dann hätte sich die Flucht für ihren Teil erledigt.

Das Martinshorn wurde auf einmal sehr laut, dann verstummte es. In der darauf folgenden Ruhe kehrte das Rauschen vom Meer zurück.

Moss lief weiter, im Zickzack, als sei sie das Ziel eines MG-Beschusses in einem Kriegsfilm. Sie zog den Kopf ein und rannte.

Lange.

Sie stieß auf einen Zaun. Einen ganz gewöhnlichen Zaun, über den sie klettern konnte, dahinter befand sich ein Garten. Aha, dachte Moss noch immer etwas benebelt, ab durch den Garten und wieder hinaus, drüben ist sicher eine Gartenpforte.

Und tatsächlich, so war es.

In der Dunkelheit konnte sie die gespreizten Schatten von ein paar Bäumen ausmachen. Ein Haus, dessen Toreinfahrt und Eingangsbereich beleuchtet waren. Ein Stück war taghell. Sie drückte sich an der Garagenwand entlang und ordnete ihr Äußeres.

Knöpfte den Mantel zu. Rieb die grünen Flecken von den Knien, so gut es ging. Näherte sich mit vorsichtigen Schritten der Gartenpforte. Sie stand halb offen und quietschte ein wenig, als sie hindurchschlüpfte, doch dann war sie draußen auf dem Asphalt und konnte gehen, wohin sie wollte.

Beinahe.

Sie warf einen Blick über die Schulter. Niemand war zu sehen, es war Zeit für die Abendnachrichten. Sie überlegte, daß sie in ihrem langen Mantel sicher auffiel. Hier trug man Freizeitkleidung, Polyesterjacken und so etwas, wenn man aus dem Haus ging, keine langen Mäntel, aber verdammt, es half alles nichts, sie mußte irgendwie nach Stavanger kommen.

Gab es in diesen modernen Zeiten wohl noch eine Telefonzelle in Varhaug?

Sie sah sich um.

Häuser. Gärten. Bäume. Felder. Da hörte sie das Geräusch, das sie sich am allerwenigsten gewünscht hätte: ein Auto. Sie zog sich blitzschnell in den Schutz eines Gebüschs zurück.

Næsvik und seine Leute konnten es nicht sein, der Wagen schepperte zu sehr. Sie schluckte, und ihr Hals war so trokken, daß sie husten mußte. Mit tränenden Augen sah sie, wie sich ein kleines, altes Lastauto näherte.

Sie trat an die Straße. Ergriff die Gelegenheit beim Schopf.

Das Auto hielt, und der Fahrer steckte einen Kopf mit Schirmmütze aus dem Fenster. Er war alt, sein Gesicht lederartig mit hellblauen Augen.

Der Wagen stand still, aber der Motor lief, und alles, was nur scheppern konnte, schepperte. Sie mußte rufen, um gehört zu werden: »Wohin fahren Sie?«

»Nach Bryne.«

»Kann ich mitfahren?«

»Klar. Knallen Sie die Tür nur nicht zu sehr, mit dem Schloß stimmt was nicht.«

Zwischen Saatgutkatalogen und alten Zeitungen fand sie einen Platz. Hatte das Gefühl, sie müßte etwas sagen. »Ich wollte mir den schönen, alten Friedhof ansehen, und dann ist es schneller dunkel geworden, als ich gedacht hatte. Geht hier nicht irgendwo ein Zug?«

»Doch. Gleich dahinten. Ich kann Sie dort absetzen.«

»Ach, ich glaube, ich komme bis Bryne mit, wenn das in Ordnung geht.«

»Das geht in Ordnung.«

Je weiter sie vom Friedhof Varhaug entfernt war, bevor sie sich wieder unter Menschen begab, desto besser. Der Mann würde sich in jedem Fall an sie erinnern, wenn er befragt würde. Es kam nicht oft vor, daß man auf diesen Straßen in der Dunkelheit fremde Damen auflas.

Jetzt hatte sie auch noch gesagt, wo sie gewesen war. Wie ärgerlich! Tja, so war das eben. Sie spürte, daß sie mit den Zähnen zu klappern begann, obwohl es in dem Fahrerhäuschen ziemlich warm war. Er schien Gärtner zu sein, denn er hatte schmutzige Arbeitshände, und auf der Mütze und auf der Brust seines verschlissenen, grünen Overalls stand »Baumschule Valand«. Wortkarg war er auch, aber recht nett.

Schließlich hatte er sie mitgenommen.

Sie holperten im Dunkeln los. Moss kroch in ihrem Mantel zusammen. Was sollte sie in Bryne machen? Zum Bahnhof gehen und nach dem nächsten Zug fragen?

Das ging nicht.

Jetzt mußte sie die Ruhe bewahren und nachdenken.

In Bryne war nichts los. Keine Polizeiautos, keine Mörder, so weit sie sehen konnte. Sie bedankte sich fürs Mitnehmen und sprang hinaus. Der Lastwagen stand noch eine Weile scheppernd da, als könne er sich nicht ganz entscheiden, dann fuhr er in eine Seitenstraße, daß der Staub nur so aufwirbelte.

Sie stand im Zentrum von Bryne. Was sollte sie als nächstes tun? Vielleicht konnte sie jemanden anrufen, am Bahnhof gab es sicher eine Telefonzelle.

Aber so weit wagte sie sich nicht vor.

Hell erleuchtet und voller ... Wer wußte schon, wer sich da herumtrieb. Sie hörte das Rauschen und Rieseln von fließendem Wasser, da drüben war eine Grünanlage, zwei Mädchen saßen auf einer Bank.

Sie schauten Moss entgegen.

»Hallo«, sagte Moss und blieb stehen. »Ihr habt nicht zufällig ein Handy zu verleihen?«

Die Mädchen musterten sie durch dicke Schichten schwarzer Wimperntusche. »Wollen Sie lange reden?«

»Nein«, sagte Moss. »Nur kurz Bescheid geben. Du bekommst zwanzig Kronen von mir. Oder mehr, falls es länger dauert. Der Akku von meinem Handy ist leer.«

Das eine Mädchen zog ein kleines dunkelblaues Teil, nicht größer als eine Zigarettenschachtel, aus ihrer Tasche. »Hier«, sagte sie.

Moss ging ein paar Schritte beiseite und holte aus ihrer Brieftasche den Zettel mit Harrys Telefonnummer. Mit steifen, klammen Fingern wählte sie.

Kein Lebenszeichen. Sie dachte kurz nach und wählte dann die Nummer darunter, die von Arna Vågevik. Zuerst meldete sich auch da niemand, aber dann kam ein atemloser Tom ans Telefon.

»Ach, du bist das.«

Nein, Arna war nicht da.

Als er heute nach Hause gekommen war, hatte ein Zettel

für ihn in der Küche gelegen, sie sei zu Besuch bei einer Freundin. Bei einer von den Pilgerbrüdern. Eine, mit der sie sich öfter traf. Sie wohnte draußen in Randaberg.

»Ich könnte jemanden brauchen, der mich abholt«, sagte Moss leise. »Ich bin draußen in Bryne. Ich stehe in so etwas wie einem Park. Kannst du nicht versuchen, John Dillinger zu erwischen?«

»Was zum Teufel ...«, sagte Tom und klang ratlos und ungeduldig. »Wir müssen los und spielen. Wir haben einen Auftritt in Skarebø!«

»Wo liegt das?«

»Das ist ein Ort auf Høgjæren.«

Moss warf einen Blick nach hinten über die Schulter. Die beiden Mädchen sahen sie nur mittelmäßig interessiert an.

»Könnt ihr mich denn nicht vorher aufsammeln? Ist das ein großer Umweg? Also, es ist eilig. Hier sind ... hier sind inzwischen ein paar Dinge passiert.«

Er mußte die Panik bemerkt haben, die hinter ihren Worten lauerte, denn er sagte: »Okay. Wir kriegen das hin. Ich werd mit Ståle und den andern reden. Wir können vorbeifahren. Bleib, wo du bist. Der Park am Mühlteich in Bryne, okay?«

»Vielleicht bin ich nicht so leicht zu entdecken«, sagte Moss. »Vielleicht stehe ich ein bißchen im ... na ja, Schatten. Verstecke mich.«

Sie hörte merkwürdige Geräusche hinter sich und sah zu den Mädchen hinüber. Sie redeten immer noch miteinander, würdigten sie nicht eines Blickes, sie konnten es also nicht gewesen sein.

Es gab noch eine Bank, auf die sie sich probehalber setzte, als sie das Handy zurückgegeben hatte.

Sie sah sich um.

Knaaack, machte es hinter ihr. Feindlich.

Sie fuhren einen riesigen, schmutzigen Kombi.

Er gehörte Ståles Vater, »Sigurd Sanden – Zimmermann und Schreinermeister« stand seitlich auf dem Wagen.

Moss war ziemlich blaugefroren, als sie endlich kamen, und hatte es gründlich satt, sich mit Gänsen zu streiten. Ein paar besonders temperamentvolle Exemplare dieser Gattung hielten sich rund um den Mühlteich in Bryne auf. Schließlich war sie aufgestanden und hatte sich drüben zu den Geschäften geflüchtet, die jetzt am Abend verschlossen und unzugänglich aussahen.

Die ganze Zeit hielt sie nervös Ausschau. Frierend, die Hände in den Taschen, war sie bereit, jederzeit abzuhauen, aber Polizisten hatte sie keine gesehen. Übrigens auch keine Dänen, Männer in Bodybuilderhosen oder Typen, die aussahen wie Ferkel.

Es waren einfach nicht viele Leute unterwegs.

Nur Gänse!

Sie kauerte sich auf die Rückbank. Abgesehen von Tom waren noch drei weitere Jungs im Auto. Sie nickten etwas verlegen. Moss fragte sich, was Tom ihnen wohl erzählt hatte.

Sie ließ die trockene Wärme des Autos in sich eindringen, wurde fast ein wenig dösig, während sie durch die Dunkelheit in Richtung Høgjæren fuhren. Die Jungs redeten von ihrem Auftritt, ob wohl viele kommen würden und daß eine Band mit Tanzmusik aus Østlandet heute abend in Brusand spielen würde, so daß es Konkurrenz geben könnte.

»Spielt ihr denn nicht Rockmusik?« fragte Moss, um sich am Gespräch zu beteiligen. »Ich meine, ihr habt doch nicht dasselbe Publikum?«

»Wissen Sie«, sagte der Typ, der neben ihr saß und offenbar Ståle war. »Hier draußen gibt's nur ein Publikum.«

Moss hatte die Scheibe ein klein wenig heruntergekurbelt, sie schlief fast ein, eine widerliche lähmende Schläfrigkeit überlagerte ihren Hunger und den hohen Pulsschlag.

Die rechte Wade schmerzte ihr noch immer von einem richtigen Gänsebiß.

Es roch feucht und sumpfig, mit einem Anflug von Heidemyrte. ›An dich, du Heide und bleiches Moor‹, ach ja, und hier holperte sie in einem Auto hügelauf und hügelab, mit einer Clique von pickligen Amateurrockern, zum zweiten Mal zusammengeschlagen, seit sie hergekommen war, mit schmerzendem Nacken, einem Gänsebiß und steifen Beinen. Und wartete darauf, daß sie wegen Mordes gesucht wurde.

Sie schloß die Augen.

Hinten im Kofferraum polterte es manchmal ein wenig, wenn die großen Instrumentenkästen hin und her rutschten. Was spielten sie wohl, die vier Jungs?

Sie hatte keinen Überblick mehr über die Trends und Moden innerhalb der Rockmusik. Indie und Techno und Hiphop waren für sie ein und dasselbe. Sie seufzte und spürte, daß sie schon etwas dafür gegeben hätte, um Roland Rud in diesem Moment bei sich zu haben.

Inzwischen mochte er ja nur sentimentale Country- und Westernsongs, aber ...

Trotzdem.

Die Örtlichkeit war ein Jugendclub aus den dreißiger Jahren. Er hatte einen Vorbau, und von seinen Wänden war der Putz schon so viele Jahre abgeblättert, daß die ursprüngliche Farbe kaum noch zu erkennen war.

Moss stand frierend im leeren Saal, an dessen Ende ein Podest aufgebaut war, das mit etwas gutem Willen als Bühne bezeichnet werden konnte. Einem der Fenster fehlte eine Scheibe, sie war durch braune Pappe ersetzt worden. Von der Decke leuchtete es unfreundlich und bleich aus einer einzelnen Glühbirne.

»Hoffen wir mal, daß die Tanzband in Brusand bessere Bedingungen hat«, sagte Moss, als Tom mit einem Lautsprecher unter jedem Arm vorbeieilte. »Verdient ihr eigentlich irgendwas bei dieser Veranstaltung?«

»Glaub ich nicht. Wir spielen nur fürs Eintrittsgeld«, sagte Tom und kletterte auf die Bühne. »Aber wir müssen üben, vor Zuhörern zu spielen.«

Ståle, der Sohn des Tischlermeisters, war damit beschäftigt, zusammen mit dem Typen namens Arve die Anlage zu installieren. Magnus mühte sich mit dem Aufbau seines Schlagzeugs ab. Fünf Mädchen waren gekommen, die in einem Grüppchen ganz hinten an der Tür saßen. Sie musterten Moss interessiert, die spürte, daß sie hier noch mehr auffiel als auf den Straßen von Varhaug.

»Ich gehe nach hinten«, sagte sie schnell zu Tom und deutete auf das, was anscheinend eine Garderobe darstellen sollte. »Ich bin verdammt kaputt, ich muß mich ausruhen.«

Er nickte. Das lange Haar war ausnahmsweise mal gewaschen, es hatte eine hübsche, hellblonde Farbe, fiel Moss auf.

»Ich hab mit Harry geredet, bevor ich losgefahren bin«, sagte er. »Er war wohl nur draußen und hat sich Zigaretten geholt, als du angerufen hast. Er hat gesagt, daß heute jemand für dich angerufen hat, direkt nachdem du losgefahren warst. Ein Mann. Wollte wissen, wo du steckst.«

»War es ein Däne?« fragte Moss. Sie hatte sich auf die schmale Bank direkt an der Wand gesetzt.

Tom schüttelte den Kopf. »Glaub nicht.«

»Was hat Harry denn geantwortet?« fragte Moss, die heute nicht noch mehr Schrecken gebrauchen konnte.

»Er hat gesagt, daß du nicht zu Hause bist«, sagte Tom. »Willst du eine Flasche Bier? Wir haben welches dabei.«

Moss bekam ein Bier, und Tom ging wieder zurück auf die Bühne.

Moss sah sich um. Schmutziggrün getäfelte Wände.

Sie seufzte.

Hier hatte man früher Lieder wie ›Es schmilzt der Schnee,

der Frühling zieht durchs Land‹ gesungen und an die Zukunft geglaubt. Und Labskaus gekocht und sich mit Leichtbier zugeprostet und Walzer getanzt, weiß Gott. Sie legte sich mit der Tasche unter dem Kopf auf die Bank und breitete den Mantel über sich aus.

Mußte sich etwas ausruhen. Es dröhnte so im Kopf.

Sie erwachte von Rufen und Gelächter und vereinzelten Beifallssalven und wußte sofort, wo sie sich befand.

Es war ein Uhr nachts. Dann mußte es doch bald vorbei sein. Ein so großes Repertoire konnten sie unmöglich haben.

Sie stand auf, verfroren und steif, und tappte zur Tür. Vorsichtig sah sie in den Saal.

Fünfzehn Leute. Vielleicht sechzehn, hauptsächlich Mädchen, aber auch ein paar Typen, die auf Macho machten, mit spärlichem Bartwuchs und Schirmmützen, die sie verkehrt herum trugen. Der Saal war wirklich nicht voll, aber diejenigen, die da waren, fühlten sich anscheinend recht wohl.

Sie standen mit ihren Bierflaschen herum und klatschten und riefen »Zugabe, Zugabe!«, und auf der Bühne standen die vier Jungs aus Stavanger. Tom ging gerade zum Bühnenrand und lächelte schüchtern. Hielt sich die Hand vor die Augen, um bei dem scharfen Scheinwerferlicht etwas sehen zu können.

»Dann spielen wir noch mal das ›Lied von Rosenberg‹«, sagte er.

»Jaaa!« rief die ganze Gesellschaft.

Moss ging zurück zu ihrer Bank. Gähnte lange und nervös. Gähnte noch einmal. Im Magen nagte der Hunger und in der Seele Unruhe und Verzweiflung. Sollte sie das Risiko eingehen, zu Harry zu fahren? Und wo sollte sie sonst hin?

Selbst wenn sie die Pistole gefunden hatten, war es überhaupt nicht gesagt, daß sie schon die Fingerabdrücke überprüft hatten, tröstete sie sich.

Die Polizei arbeitete zwar schnell, und einige Dezernate waren schneller als andere, aber blitzschnell – nein.

Doch bald würden sie herausfinden, wessen Abdrücke es waren – ihre waren im Osloer Polizeipräsidium registriert.

Sollte sie nicht lieber gleich bei ihrem alten Feind und unwilligen Helfer, Polizeidirektor Ansgar Averøy, anrufen und die Karten auf den Tisch legen?

Das täte sie allerdings nur höchst ungern.

Um es vorsichtig auszudrücken, dachte sie düster. Draußen wurden einwandfreie Baßläufe und Riffs gespielt.

Plötzlich hörte sie aufmerksam zu.

Mensch, die waren gar nicht schlecht!

Sie spielten wirklich gut, ein bißchen Garagenrock, aber schwer und rhythmisch und ordentlich. Und einer von ihnen sang, eine Strophe, dann eine Art Refrain, in den die anderen einfielen, und dann wieder eine Strophe. Es klang schön, sie ging zur Tür.

Es war Tom, der da sang.

Sein strähniges Haar war inzwischen teilweise dunkel vor Schweiß, und sein Gesicht glänzte. Seine Secondhandjacke hatte er schon längst abgeworfen und stand jetzt schwitzend im T-Shirt auf der Bühne und sang.

Da ist er wieder mal geflogen,
jetzt geht's wieder rund,
hat wieder mal den Tritt gekriegt,
ist ganz frei und gesund.
Da sitzt er wieder rum,
zieht sich sein Bier wieder rein,
dann geht er zum Teufel,
und zwar ganz von allein.

Und die Werft, die ging
von Hand zu Hand,
der Profit war hoch,
sie brauchten jeden Mann …

Moss lehnte am Türrahmen. Er sang von seinem Vater. Und von Harry und John Dillinger und all den anderen. Sie spürte, wie es in der Nase brannte, oh, das hatte ihr gerade noch gefehlt, um ganz zusammenzuklappen. Sie tastete sich zurück zur Bank, suchte in ihrer Tasche nach einem Taschentuch, fand aber keines. Doch da stand eine Rolle Toilettenpapier am Rand des Waschbeckens, sie riß ein Stückchen ab und putzte sich gründlich die Nase.

Da sitzt er wieder rum,
zieht sich sein Bier wieder rein,
dann geht er zum Teufel,
und zwar ganz von allein …

Offenbar waren sie jetzt fertig da drinnen. Der Beifall hatte etwas Abschließendes, das Geräusch von scharrenden Füßen und Türenknallen und lärmenden Instrumenten nahm überhand.

Moss gähnte wieder. Sie mußte zu Harry. Sie war zu müde, um sich was anderes zu überlegen. Sie hatte auch gar keine Wahl. Der Nacken schmerzte, so daß sie kaum den Kopf drehen konnte. Die Stiefel waren durch und durch feucht, und sie brauchte dringend etwas zu trinken.

Sie hatte das Gefühl, daß sehr viele Polizisten, Dänen und Bodybuilderhosen nötig gewesen wären, um sie davon abzuhalten.

13

»Geborgener kann niemand sein fürwahr
als Gottes kleine Kinderschar,
nicht der Stern an der Himmelfeste,
nicht der Vogel in seinem bekannten Neste.«

Lina Sandell

Die Möwen schrien und schrien, Moss wachte auf.

Sie blickte an die Decke, erinnerte sich mit einem nagenden Angstgefühl an den vorherigen Tag. Worauf hatte sie sich bloß eingelassen?

Das Gesicht von Rune Reiedal, als er am Ufer umgedreht wurde: gelblichweiß und blauviolett. Die Hand, die an der Wasseroberfläche schwappte, runzelig und aufgedunsen.

Sie richtete sich halbwegs auf, lehnte den Kopf an die Wand. Erst jetzt fiel ihr Gun wieder ein, Gun Vågland, wie sie im Dunkeln auf dem alten Friedhof lag.

Arme und Beine waren in alle Richtungen ausgestreckt, ein Schuh fehlte.

Warum fielen eigentlich immer die Schuhe ab? Auf allen Fotos von Leichen und bei allen Leichen, die sie gesehen hatte: ein Schuh fehlte. Sogar Schnürschuhe, Joggingschuhe, Stiefel – aufhören!

Hör auf, Moss.

Sie schüttelte heftig den Kopf, und der Schmerz durchzuckte sie, daß die Tränen hervorschossen.

Sie hatten sie zusammengeschlagen, Næsvik, die Bodybuilderhose und das Ferkel.

Aber den Dänen hatte sie nicht gesehen.

War er es gewesen, der Rune Reiedal einen Schlag an die Schläfe verpaßt und ihn ins Meer gestoßen hatte? Jetzt hätte sie gern jemanden von der Polizei gekannt. Hier in Stavanger, einen alten Kumpel, einen, den man fragen konnte: Du, sag mal, wie war das eigentlich mit diesem Reiedal, hatte er Wasser in der Lunge oder nicht? War er noch am Leben, als er ins Meer gestoßen wurde? Oder war er schon tot, als er ins Meer fiel?

Was wie die Bestrafungsaktion einer Clique ausgesehen hatte, zog immer weitere Kreise.

Die Revolution frißt ihre Kinder, hieß es über die Französische Revolution. Das war allerdings eine bürgerliche Revolution gewesen. Fang jetzt nicht damit an, Moss, ermahnte sie sich streng. Trotzdem. Wer war die Spinne in diesem Netz?

Nicht Rune R.

Dann wäre er gestern nämlich nicht vor Hå im Wasser getrieben.

Der Däne? Vermutlich. Und was hatte es mit dieser Fabrik auf sich, Audhild Danielsen hatte von den Verbindungen gesprochen, die ihr Exmann gehabt hatte ... Sandsgaard.

Die Sandsgaardfabrik.

Nein.

Hatte Gun möglicherweise ... waren es nur Krokodilstränen gewesen?

Nein.

Nun phantasierte sie aber. Das hatte man davon, wenn man sich zweimal in einer Woche zusammenschlagen ließ.

Sie mußte aufstehen!

Sie erhob sich und tappte ins Bad. Todmüde, mit steifen und schmerzenden Gliedern.

Ganz richtig, ein tiefvioletter Bluterguß unterhalb des Ohrs.

Er befand sich auf derselben Seite wie die Reste des blauen Auges, das war immerhin etwas. Die Verfärbungen konzentrierten sich auf eine Seite.

Der Gänsebiß war nicht mehr zu sehen, das war fast ein bißchen ärgerlich.

Als sie wieder in den Flur kam, hielt Harry die Morgenzeitung in der Hand. Er reichte sie ihr kommentarlos.

Die Titelseite rief mit fetten schwarzen Lettern: »Leichenfund in Hå – Pistolenmord in Varhaug«.

»Gibt es einen Zusammenhang?« hieß es weiter unten. Sie hatten zwar noch keine Fotografen hingeschickt, aber statt dessen ein Porträt von Rune Reiedal herausgesucht und ein Archivfoto vom alten Friedhof in Varhaug. Es gab einen Hinweis auf die Seite fünf. Dort erhielt man weitere Informationen über den Geschäftsmann Rune Reiedal, dazu ein Archivfoto vom alten Pfarrhof von Hå, vom Meer aus gesehen. Ein Pfeil: »Hier wurde die Leiche von Rune Reiedal gefunden.« Außerdem zeigte – ziemlich überraschend für Moss – ein Foto zwei Frauen, die ihr bekannt vorkamen: die Literaturstudentinnen, mit denen sie sich bei dem bronzezeitlichen Grabhügel unterhalten hatte. Sie waren gestern spätabends im Gasthaus Bryne interviewt worden, und ihr Mitteilungsdrang war groß gewesen. »Geheimnisvolle Frau« stand in fetter Schrift über den Mädchen. »Wer war die Frau im langen Mantel, die mit den Seminarteilnehmerinnen in Hå gesprochen hat?«

»Mein Gott«, sagte Moss mit schwacher Stimme.

»Ja, nicht wahr?« sagte Harry und hustete lange. »Eine verdammt blöde Geschichte.«

Sie saßen in der Küche und tranken Kaffee. Moss mußte sich beherrschen, um nicht jede zweite Minute ans Fenster zu gehen. Sie hätte zu gern erfahren, wie weit die Polizei mit ihren Ermittlungen gekommen war.

Mit anderen Worten: Hatten sie die Pistole gefunden?

Klirrend stellte sie die Tasse ab. »Verdammt, das halte ich nicht aus«, sagte sie und ging mit langen Schritten ins Wohnzimmer zum Telefon. Suchte die Nummer der Osloer Polizei heraus.

»Hier ist ›Dagbladet‹«, sagte sie schnell und in arrogantem Oslotonfall. »Ich würde gern mit jemandem sprechen, der in der Angelegenheit ...«

»Um elf ist die Pressekonferenz«, sagte die Stimme am anderen Ende knapp. »Vorher wird nichts herausgegeben.«

Peng. Der Hörer wurde aufgelegt.

Da ging Moss in die Küche und setzte sich wieder zu Harry. Betrachtete das Foto mit den beiden jungen Frauen. Sie sahen aufgekratzt aus und so, als hätten sie sich extra fürs Interview geschminkt.

Das hatten sie vermutlich auch, dachte sie sauer.

»Die Frau im langen Mantel wirkte verwirrt und äußerte merkwürdige Dinge, sagen die beiden Studentinnen«, stand dort. Moss bekam heiße Wangen.

Merkwürdige Dinge!

Sie warf die Zeitung beiseite. »Ich wüßte zu gern, wer der Däne ist«, sagte sie heftig.

Dann blickte sie – wider Willen – noch einmal aus dem Fenster. Dort war nur eine schwarze Katze zu sehen, die auf der Motorhaube von Dillingers altem Opel lag und schlief.

»Ist er immer noch tot?« fragte sie und meinte den Opel.

»Ja«, antwortete Harry.

»Ich brauche irgendein Fahrzeug.« Moss hämmerte gegen die Schranktür, an der sie gerade vorbeikam. Sie war rastlos und brachte es nicht fertig, stillzusitzen. »Wie soll ich mich sonst vorwärtsbewegen? Und wie zum Teufel soll ich überhaupt irgendwas ausrichten?« fragte sie und sah Harry an. »Ich kann ja nicht mal rausgehen! Von wegen ›geheimnisvolle Frau‹ verdammt noch mal! Und all die Verrückten in Stavanger, die hinter mir her sind, mal ganz abgesehen von der Polizei! Dieser Næsvik und seine Scheißkerle, ich hoffe, die halten sich jetzt schön im Hintergrund. Und zwar verdammt weit hinten!«

Sie rieb sich den Nacken. Ihr Herz hämmerte.

»Du mußt aufgeben«, sagte Harry, trank einen Schluck

kalten Kaffee und betrachtete sie besorgt. »Also, wir erlösen dich von deinem Auftrag. Du mußt einfach aufgeben.«

»Von wegen«, sagte Moss. Sie ging noch mal zum Telefon ins Wohnzimmer. Sah auf die Uhr, zögerte, dann wählte sie eine Nummer in Oslo.

»Was, du bist in Stavanger?« sagte eine morgenheisere Stimme. »Was machst du denn dort?«

»Kann ich im Moment nicht erklären«, sagte Moss schnell. »Aber hier ist totale Krisenstimmung angesagt. Du bekommst eine Flasche Champagner von mir, wenn du mir hilfst!«

»Schampus?« sagte Jorun Vaarlie. »Der taugt nichts. Ich kriege immer einen sauren Magen davon. Wenn ich einen teuren Weißwein bekomme, dann vielleicht.«

»Chablis«, sagte Moss. »Ehrenwort. Kennst du zur Zeit jemanden im Rogaland-Theater?«

»Hm«, sagte Jorun, und eine Weile war es ganz still. »Du, warte mal! Erinnerst du dich an Mattis?« meinte sie dann.

»Mattis?« sagte Moss. »Ach, du meinst Marianne Mathisen. Ist die hier am Theater?«

»Seit Jahren schon. Hast du nicht gesehen, was für schöne Kritiken sie letztes Jahr für ›Die lustige Witwe‹ bekommen hat?«

»Hat sie in der ›Lustigen Witwe‹ mitgespielt? Ach herrje«, sagte Moss, die für einen Moment die erschütternden Ereignisse der letzten Zeit vergessen hatte. »Sie konnte doch nie singen!«

»Dann kann sie es eben jetzt, das ist doch klar. Wenn sie so gute Besprechungen bekommen hat«, sagte Vaarlie ungeduldig.

»Super«, sagte Moss, der plötzlich eingefallen war, warum sie angerufen hatte. »Vielen Dank! Du kriegst die Flasche, ich muß nur mit den Sachen hier fertig werden, dann komme ich nach Hause!«

»Was für Sa...«, sagte Vaarlie, aber da hatte Moss sich schon verabschiedet und aufgelegt.

Marianne Mathisen stand im Telefonbuch. Moss sah wieder auf die Uhr und wählte die Nummer. Mattis würde hoffentlich zu Hause sein und sich an sie erinnern.

Das tat sie.

Moss erinnerte sich auch an Mattis: groß und langbeinig, sie lachte oft, und ihre Stimme war etwas schrill. Außerdem hatte sie eine enorme Ausstrahlung auf Männer und landete immer bei ausgesprochen eifersüchtigen Typen. Eine unpraktische Mischung, fand Moss.

»Mein Gooott! Bist du das?« sagte Mattis.

Moss sagte, sie sei es und sie brauche Hilfe.

»Bist du denn nicht Detektivin?« fragte Mattis zögernd. »Kann ich dir bei so was helfen?«

»Es geht dabei nicht um Detektivarbeit«, sagte Moss in bestimmtem Ton. »Ich muß zu einem ... fünfzigsten Geburtstag nach Hillevåg, und dazu muß ich mich verkleiden. Ich werde dir später alles erklären, aber weißt du, ich bin total ratlos. Das Fest ist nämlich heute abend, und mein Kostüm ist auf dem Weg von Oslo hierher abhanden gekommen. Der Teufel hole den modernen Flugverkehr. Ich stehe hier auf dem Flugplatz, und mein Gepäck ist vermutlich auf dem Weg nach Ankara, was weiß ich, und da bist du mir eingefallen. Kannst du mir ein Kostüm für eine alte Dame besorgen? Nicht der Typ Alte mit Gehhilfe, einfach eine ganz normale Fünfundsiebzigjährige mit Dauerwelle und ... du weißt schon. Ich muß die Rolle den ganzen Abend spielen, es muß also ordentlich aussehen. Nicht irgendein Tinnef. Dafür kriegst du ... was willst du haben?«

Es wurde ganz still in der Leitung.

»Natürlich will ich nichts dafür haben«, sagte die Stimme am anderen Ende. Doch Moss hatte das winzige Zögern gehört.

»Sei nicht albern«, sagte sie. »Klar kriegst du was für so einen Gefallen, an einem Samstag noch dazu, du hattest vermutlich was ganz anderes vor, als zum Theater zu hetzen!«

»Na ja«, sagte die Stimme. »Es ist nur ... du hast ein Haus in Oslo, oder?«

»Was heißt Haus«, sagte Moss. »Ich wohne im Obergeschoß bei meiner Tante.«

»Ich brauche irgendwas, wo ich an einem Wochenende sein kann«, kam es ganz schnell. »Ohne daß ... also, damit ich sagen könnte, daß ich bei dir bin und du bist – gerade nicht da? Genau in dieser Nacht?«

»Oh«, sagte Moss langsam. »Hast du einen Liebhaber?«

»Du bist so direkt«, erklang es vom anderen Ende, etwas beleidigt. »Doch. Irgendwie schon. Das heißt, noch nicht. Wir haben noch keine Gelegenheit gehabt. Aber ich habe mich überall umgetan, um eine Lösung zu finden und ...«

Jetzt weinte sie. »Ich bin so wahnsinnig verliebt!« schluchzte sie. »Aber mein Mann begleitet mich immer und überall.«

Moss hielt den Hörer ein bißchen vom Ohr weg.

»Klar kannst du das Haus leihen«, sagte sie. »Wann meinst du denn, daß ich die Kleider bekommen kann?«

»Komm ins Theater, dann kriegst du sie in der nächsten Stunde!« zwitscherte es am anderen Ende.

»Ich muß jemanden schicken«, sagte Moss schnell. »Und denk dran – die ganze Sache ist sehr geheim!«

Sie gab einen sorglosen, kleinen Lacher von sich.

Einmal Schauspielerin, immer Schauspielerin.

Sie sah sich im Wohnzimmer um, wo der Staub in den Sonnenstrahlen tanzte.

Vielleicht würde sie doch davonkommen! Noch während ihr Kampfesmut anhielt, rief sie Arna an, um Tom zu erwischen. Sie dachte sich, daß er wohl noch den Schlaf der Gerechten schlief, wo er doch am Abend zuvor gespielt hatte, aber darauf pfiff sie jetzt.

Überraschenderweise kam er gleich beim ersten Klingeln ans Telefon.

»Mama?« sagte er.

Arna Vågvik war verschwunden. Daß sie zu den Pilgerbrüdern in Randaberg gegangen war, stimmte gar nicht. Die betreffende Freundin hatte vor einer halben Stunde angerufen, um mit ihr zu reden, und war höchst erstaunt gewesen, daß sie nicht zu Hause war.

Tom hatte ihr nicht erzählt, daß er angenommen hatte, seine Mutter sei bei ihr.

Er hatte nur gemurmelt, sie sei schon früh einkaufen gegangen.

»Was zum Teufel ist wohl passiert?« fragte er Moss, und seine Stimme klang dünn.

»Vielleicht ist sie bei sonst jemandem von den Pilgerbrüdern«, sagte Moss, glaubte aber selbst nicht daran.

»Zumindest müssen die sich als Pilgerbrüder ausgegeben haben«, sagte Tom. »Auf dem Zettel steht, daß sie von einem der Brüder abgeholt wird, um mit ihm zu ihrer Freundin zu fahren. Hauskreis, stand da.«

»Vielleicht sind auch die Pilgerbrüder Schurken?« sagte Moss, der die Luft völlig weggeblieben war.

»Das glaub ich nicht«, sagte Tom kurz angebunden. »Das müssen die anderen sein. Aber warum ham sie sie mitgenommen?«

»Ich weiß es nicht«, sagte Moss. »Ich habe wirklich keine Ahnung. Kannst du nicht herkommen, dann können wir darüber reden. Wenn du mir einen großen Gefallen tun und mir helfen willst, in unserer Sache weiterzukommen, dann könntest du beim Theater vorbeifahren und etwas für mich abholen. Ich brauche es, sonst kann ich das Haus nicht verlassen. Es ist ein Kostüm. Warte bis elf Uhr oder so, okay? Frag den Pförtner nach Marianne Mathisen. Sie hat etwas für mich hinterlegt.«

Sie knabberte am Rand des Daumennagels entlang und hoffte inständig, er würde ihre Bitte einsehen. Es geschah doch zum Besten aller, sie wollte ihn nicht einfach nur herumkommandieren.

Anscheinend sah er es ein, denn er murmelte etwas Bekräftigendes und legte auf.

»Na?« sagte Harry, der ihr ins Zimmer gefolgt war.

»Arna ist verschwunden«, sagte Moss müde und setzte sich auf eine Stuhlkante. »Anscheinend von den Pilgerbrüdern gekidnappt!«

14

»Some things that happen for the first time,
seem to be happening again.«

Rogers/Hart

Während Moss auf Tom wartete, setzte sie einiges in Gang, um herauszufinden, wer der Däne war. Ob er gestern im Dunkeln dabeigewesen war oder nicht, konnte ihr eigentlich egal sein. Sie war überzeugt, daß Næsvik, die Bodybuilderhose und das Ferkel nur Unteroffiziere und Mannschaftsgrade waren, so wie Kolbein Vågevik es gewesen war – bis er sich Trümpfe besorgt hatte. Die so gefährlich waren, daß er mit dem Leben bezahlt hatte.

Wie Rune Reiedal?

Der Däne mußte der General sein.

Oder zumindest einer der Generäle.

Zuerst rief sie im Gasthaus und Motel Bryne an.

»Ja, hallo, ich rufe aus Oslo an, hören Sie mal, ich habe eine Nachricht für einen Ihrer Gäste, aber leider habe ich den Zettel mit seinem Namen verschlampt. Dabei ist es auch noch so eilig, ein ziemlicher Mist, diese Geschichte! Er ist Däne, hilft Ihnen das weiter?«

In der Rezeption saß ein Mann, ein junger Mann, freundlich, der den schönsten Stavangerdialekt sprach. Er wollte ihr auf jede nur erdenkliche Art behilflich sein und suchte in seinen Listen, aber es gab keinen Dänen.

»Ist auch keiner dort gewesen?« fragte Moss. »Gestern zum Beispiel?«

»Nein, gestern war hier nur die Polizei«, sagte er. »Hat in

den Zeitungen in Oslo nichts davon gestanden? Daß wir hier jede Menge Morde haben?«

»Doch, weiß Gott«, sagte Moss. »War das in Ihrem Hotel?«

»Nein, nein«, lautete die Antwort. »Aber sie könnten ja hier gewohnt haben, die Mörder. Obwohl es heißt, der Mann sei vielleicht von selbst ins Meer gestürzt.«

»Aha«, sagte Moss. »Aber kein Däne also?«

»Nein«, antwortete er. »Abgesehen von den Norwegern haben wir zwei Schotten und einen Jugoslawen – oder Kosovoalbaner, glaube ich. Aber er ist abgereist, ich sehe mal nach – ja, der ist abgereist. Und die Schotten? Könnten Sie die meinen?«

»Nein, danke«, sagte Moss und lachte. »Ich werde im alten Pfarrhof von Hå anrufen, der Däne soll dort bei einem Seminar sein.«

»Die Nummer können Sie von mir bekommen«, sagte die Stimme am anderen Ende bereitwillig. Er klickte sich durch irgendwas, hatte wohl alles im Computer, dann gab er ihr die Nummer und fügte hinzu: »Die Kontaktperson im Seminar, das ist ... Moment mal, welches war das noch – ›Ein neues Goldenes Zeitalter in der skandinavischen Literatur?‹, könnte es das sein? Ja, genau, Sie müssen nach Jannicke Jarvang fragen. Nichts zu danken, es war mir ein Vergnügen.«

Moss legte auf und preßte den Unterarm an die Stirn. Sie fühlte sich verschwitzt, und ihr war komisch zumute.

Falls das Leben ihr noch mehr Steine in den Weg werfen sollte als bisher, würde sie gern bei dem Mann mit der samtweichen Stimme im Gasthaus und Motel Bryne unterkriechen.

In Hå war man beschäftigt und gab ihr eine Handynummer.

»Das Seminar läuft gerade«, sagte eine Stimme, dann klickte es im Hörer.

Vielleicht bereiteten die Frauen gerade das Mittagessen

vor. Für all die Leute, die an der Veranstaltung teilnahmen. Und eine fehlte bei der Schicht, Gun Vågland würde nie wieder Tabletts mit Schnittchen tragen.

Jannicke Jarvang hatte wie erwartet ihr Handy nicht eingeschaltet. Moss sah auf die Uhr und gab den Literaten eine Viertelstunde, ehe sie es noch einmal versuchen wollte, denn da war sicher Rauchpause. In solchen Kreisen rauchten sie wie die Schlote.

Sie tappte hinaus in die Küche, um noch mehr Kaffee zu trinken.

Sie hatte schon jetzt einen sauren Magen, und dabei war es erst elf.

Harry war einkaufen gewesen.

Jetzt schlich er mit seiner etwas zusammengesackten Elvistolle durch die Gegend und blickte so besorgt, daß sich seine Augenbrauen fast über der Nase begegneten. Moss wippte mit einem Küchenstuhl und biß die Haut um die Nägel herum ab. Wenn sich nicht ein paar Dinge klärten, würde sie bald aussehen wie die armlose Venus von Milo.

»Hab draußen einen alten Kumpel getroffen«, sagte Harry und setzte sich. »Einen vom ›Stavanger Aftenblad‹. Es wimmelt nur so von Polizei und Journalisten draußen in Varhaug, Taucher im Meer, Polizeiabsperrungen mit allen Schikanen.«

Er schenkte sich eine Tasse lauwarmen Kaffee ein und nahm einen großen Schluck. »Die wissen das Kaliber der Kugel, die Gun Vågland getötet hat, das hat mein Kumpel gesagt.«

An seinem Kinn lief Kaffee hinunter. Er wischte ihn mit dem Ärmel weg.

Unruhig dachte Moss, wenn sie das Kaliber wußten, dann ... aber nein, sie mußten deshalb noch nicht die Waffe gefunden haben. Es reichte ja, wenn sie die Kugel aus Guns Körper untersucht hatten.

Sie dachte an das gelbe Haus und den Ehemann und den Zehnjährigen, der gestern vergeblich auf seine Mama gewartet hatte.

Und an deren heimlichen Geliebten.

Er lag vermutlich gerade in der Pathologie und wartete auf die Obduktion. Doch die fand sicher nicht vor Montag statt.

In Norwegen passiert am Wochenende gar nichts.

Sie erhob sich und ging wieder ins Wohnzimmer. Wählte noch mal die Nummer der Seminarleiterin in Hå.

»Jannicke Jarvang«, meldete sie sich.

»Guten Tag, ich habe eine Nachricht für einen Herrn Madsen, einen Dänen, könnte ich vielleicht mit ihm sprechen?«

Am anderen Ende war es still. Jarvang schien nachzudenken.

»Sind Sie sicher, daß er Madsen heißt?« fragte sie schließlich.

»Nein«, sagte Moss. »Aber da sind doch zwei Dänen, die an einem Seminar in Stavanger teilnehmen wollten. Es gibt nämlich ein Problem wegen ein paar Konzertkarten, und ich habe einfach mal getippt, daß Madsen bei Ihnen ist!«

»Nun ja, Sie möchten vermutlich mit Preben Østergaard reden. Heute ist er nicht da, aber gestern war er hier. Sie erreichen ihn sicher im Hotel Atlantic, da wohnt er immer, wenn er in Stavanger ist.«

»Oh, das ist nett. Vielen Dank!«

Preben Østergaard. War häufig in Stavanger. Sie suchte im Telefonbuch, konnte das Atlantic aber nicht finden, es trug heutzutage natürlich den Namen irgendeiner Kette ... Schließlich mußte sie die Auskunft anrufen.

Radisson SAS Atlantic Hotel, genau.

Dort erklärte man ihr, Østergaard nähme an einer Sitzung im Hotel teil, die sei aber gegen zwölf Uhr dreißig zu Ende, denn dann würden die Teilnehmer zu Mittag essen.

Mit einem Lächeln legte Moss auf. Endlich hielt auch sie einen Trumpf in der Hand.

Es knatterte und knallte draußen im Hof, sie sah aus dem Fenster.

Es war Tom, der mit dem Motorrad gekommen war. Auf dem Gepäckträger hatte er einen hübschen kleinen blauen Koffer festgeschnallt.

»Jippie«, murmelte Moss. »Noch ein Trumpf!«

Als sie den Koffer geöffnet und hineingesehen hatte, war ihr klar, mit Marianne Mathisen hatte sie Glück gehabt. Ihren Lohn hatte sie sich wohlverdient. Hier war alles, was sie brauchte, und noch mehr.

Tom redete vom Motorrad. Es stellte sich heraus, daß er es von einem Jungen aus der Band hatte leihen dürfen.

»Was hast du denn damit vor?« fragte Moss, die die Antwort schon ahnte.

»Nach meiner Mutter suchen«, sagte Tom.

Moss schaute zu Harry. Der zuckte mit den Schultern. Er konnte es dem Jungen nicht verbieten, sollte das wohl heißen.

»Wir müssen uns hier auf eine Art Berichterstattungspflicht einigen«, sagte Moss. »Wir können nicht einfach im Nebel herumstochern und uns womöglich gegenseitig in die Quere kommen. Tom, du fährst nach Randaberg und redest mit der Freundin deiner Mutter. Dann fährst du zum Ferkel, zu diesem Tonny Johnsen. Ich glaube nicht, daß Arna dort ist, aber es wäre amüsant zu erfahren, was das Ferkel sagt, wenn du vor seiner Tür stehst. Und anschließend kommst du hierher zurück und erzählst, was die beiden gesagt haben, die Freundin deiner Mutter und Tonny Ferkel. Okay?«

Tom zögerte, dann stimmte er zu.

»Okay. Aber ich weiß nicht, wo Tonny wohnt«, sagte er. »Und du?« kam es ein wenig mißtrauisch. »Willst du nicht allmählich die Biege machen?«

»Erst gehe ich zum Atlantic«, sagte Moss. »Und hinterher wage ich mich an die Bodybuilderhose Dagfinn. Harry sagt, er weiß, wo die beiden Kerle wohnen.«

»Das Ferkel in Tasta und Dagfinn irgendwo drüben bei der Feuerwache«, sagte Harry. »Aber du hast doch selbst gesagt, du kannst nicht vor die Tür, Margaret!«

»Jetzt geht es«, sagte Moss. »Jetzt, wo ich eine alte Dame werde.«

Es dröhnte zwischen den weißen Häusern, als die große Maschine startete.

»Du meine Güte«, meinte Moss. »Er bringt ja das ganze Viertel zum Einstürzen.«

»Ich hatte so eine, als ich zwanzig war.« Harry sah wehmütig aus.

»Das hatte ich auch«, sagte Moss. »Das heißt, der Typ, mit dem ich damals zusammen war, hatte eine. Aber ich durfte auch manchmal fahren.«

Jetzt sah sie sicher auch wehmütig aus. Dann ging sie ins Obergeschoß, kippte den Inhalt des Koffers aufs Bett und legte los.

Die ältere Dame, die wenig später mit entschlossenen Schritten und die kleine, schwarze Handtasche fest umklammert Richtung Torvet marschierte, war kaum von den anderen älteren Damen zu unterscheiden, die um sie herum durch die Stadt flanierten.

Es war Samstag und Einkaufstag und Bummeltag und vielleicht der richtige Tag, um sich einen Räucherhering oder zwei zu kaufen – oder sich vielleicht einfach eine Tasse Kaffee und einen Kopenhagener zu gönnen.

Moss trug einen dunkelblauen Wollrock mit Golffalte hinten, eine dreiviertellange schwarze Jacke und braune Strumpfhosen zu ihren eigenen flachen Stiefeln. Dazu passend eine Bluse mit Stickereien am Kragen, eine dünne Strickjacke in Altrosa und schwarze Handschuhe. Die grauweißen Dauerwellenlocken lugten steif und perfekt frisiert unter einem schwarzen Hut hervor. Mattis hatte vorausschauend einen Hutschleier beigelegt und mit einem gelben Klebezettel versehen: »Für den Notfall – damit sie nicht sofort sehen, wer du bist!«

Moss war mehr als dankbar. Bei Tageslicht nützte Theaterschminke zwar nicht allzuviel, aber sie trug eine große Achtzigerjahrebrille mit bräunlichem Glas, hatte reichlich hellen Puder im Gesicht verteilt, und den Mund hatte sie mit Lippenstift in einem wenig kleidsamen Geranienrot innerhalb der natürlichen Lippenkonturen geschminkt. Mit dem Schleier bis zur Nasenspitze ging es gut, wenn sie nur niemand genauer in Augenschein nahm.

Sie spiegelte sich in einem Schaufenster.

Es mußte einfach taugen.

Dann ging sie mit bestimmten Schritten und ein wenig gebeugtem Rücken an Breiavatnet entlang Richtung Atlantic.

Die Rezeption stand voller Herren im Anzug. Moss trippelte durch die Schwingtür hinein und sagte leise zu sich selbst »oh«.

Jetzt war sie eine alte Dame. Sie bahnte sich langsam mit den Ellenbogen einen Weg zur Rezeption, die aus unerfindlichen Gründen in kleine Einzeltresen aufgeteilt war, das hatte sie schon früher in anderen Hotels gesehen und schätzte es nicht besonders. Sie entschied sich für einen und sah unsicher das junge, frisch gebügelte Mädchen an, das dahinterstand.

»Preben Østergaard«, sagte Moss im Stavangerdialekt.

»Wie bitte?« sagte die junge Frau, und dann begriff sie. »Østergaard ... einen Moment bitte, nein, der ißt gerade zu Mittag.«

Sie nickte mit dem Kopf zum Restaurant hinüber.

Moss wartete ein bißchen, dann sagte sie in bescheidenem Ton, es könne auch sein, daß sie nach dem falschen Østergaard suche, ob dies wohl Preben Østergaard aus Kopenhagen sei, könne das Fräulein ihr das vielleicht verraten?

Die junge Frau seufzte unhörbar, ehe sie hinter ihrem Tresen im Computer herumklickte, dann las sie vor: Østergaard, Preben, Universität Odense, nein, nicht Kopenhagen.

»Er ist Dozent für nordische Literatur«, fügte sie etwas freundlicher hinzu. »Er ist oft hier, Stavanger ist eine Buchstadt geworden, wissen Sie.«

Dann ging sie ans Telefon, das gerade klingelte, und schenkte der älteren Dame weiter keine Aufmerksamkeit.

Moss durchquerte den Raum.

Warf einen Blick ins Restaurant und entdeckte ihn sofort. Er saß ganz hinten an einem Fenstertisch, trug einen weinroten Pullover mit V-Ausschnitt über einem weinrot-weißgestreiften Hemd, sein Haar glänzte stahlgrau, und er hatte den Mund voll Essen.

Preben Østergaard war der Mann, den sie sowohl am Strand von Hå als auch vor Gun Våglands Haus gesehen hatte, und jetzt kaute er nach Leibeskräften.

Er saß zusammen mit zwei weiteren Männern, beide leger, aber gut gekleidet, auch sie kauten und verhielten sich in jeder Hinsicht wie Leute, die lange in einer Besprechung gesessen haben und froh sind, etwas in den Magen zu bekommen.

Eine resolut aussehende Dame schien die Oberaufsicht über das Servicepersonal zu haben. Moss ergriff die Gelegenheit und trippelte die wenigen Schritte zu der Frau, die gerade an einem Tisch direkt an der Tür stand und ein paar Zeitungen sortierte.

»Entschuldigen Sie bitte, aber ich würde so gerne mit Herrn Østergaard da drüben reden, dem Mann mit dem roten Pullover, aber ich sehe, daß er gerade beschäftigt ist. Wissen Sie, wann die Mittagspause vorbei ist?«

Die Frau sah auf die Uhr. »Sie ist vorbei, wenn die Herren mit dem Essen fertig sind«, sagte sie kurz. »Daher kann ich Ihre Frage nicht beantworten.«

»Ach ja«, sagte Moss friedlich. »Ich warte so lange draußen an der Rezeption. Sie wissen nicht zufällig, mit wem er zusammensitzt?«

Die Frau hob vielsagend die Augenbrauen, dann drehte sie sich um und sah hinüber.

»Der eine ist jedenfalls Direktor Sandsgaard«, sagte sie. »Sie wissen, die Sandsgaardfabrik. Wer der andere ist, weiß ich nicht.«

Moss nickte zum Dank, lächelte vorsichtig und ging wieder zur Rezeption.

Sie warf einen letzten Blick ins Restaurant, ehe sie das Hotel durch die Schwingtür verließ.

Heute schien in Stavanger die Sonne, noch jedenfalls, und Breiavatnet blitzte munter unter den vorüberziehenden Wolken.

Ein dänischer Literaturdozent im vertraulichen Gespräch mit dem Großkapital von Stavanger. Einer Stadt, die zur Zeit offenbar den letzten Rest ihrer traditionellen Industrie stillegte.

Was konnte das bedeuten? Mehr Mittel für die Bibliothek?

Ganz bestimmt!

Moss gönnte sich ein schiefes Lächeln und ging mit langen Schritten auf den Taxistand zu.

Für einen Moment vergaß sie, daß sie eine alte Dame war.

15

»There are tears of sorrow and tears of delight,
I wish I had a nickel for every tear you shed last night.«

Hank Williams

Bei Familie Berg öffnete eine streitsüchtige ältere Frau.

»Was wollen Sie von Dagfinn? Der ist nicht zu Hause!«

»Ach so«, sagte Moss milde. »Ich hätte nur gern seinen Namen auf einer Spendenliste gehabt. Es geht um die Stadtmission, und Tonny hat gemeint, Dagfinn hätte vielleicht eine Münze übrig! Ist Dagfinn auf der Arbeit?«

Die schmächtige Frau starrte sie an. Sie hatte eine Menge abstehender Lockenwickler stramm unter einem Haarnetz befestigt. Ihre Augen waren wasserblau und standen etwas schräg. Sie mußte seine Großmutter sein. Sie trug eine flekkige hellblaue Bluse und einen halblangen Rock. »Dagfinn ist auf der Arbeit, jawohl. Aber daß er der Stadtmission Geld spenden will, das kann ich mir beim besten Willen nicht vorstellen!«

»Vielleicht möchten Sie ja ...«, sagte Moss, aber da hatte die Alte schon die Tür zugeschlagen.

»Na gut, dann eben nicht«, sagte Moss und stieg die Treppen wieder hinunter.

Vielleicht war es der blanke Unsinn, Arna Vågevik auf diese Weise zu suchen, wie die sprichwörtliche Nadel im Heuhaufen.

Moss fühlte sich so mutlos, daß sich ihr ganzer Unternehmungsgeist verflüchtigte, und sie sah sich nach einem Lokal zum Mittagessen um.

Nichts. Nur eine Art Imbiß, ein Kebabladen, eine Fastfoodfalle. Sie stieg die steile, winzige Treppe hinauf und trat ein.

Acht picklige Jungs mit Kappen und dunklen Schatten auf den Oberlippen starrten sie an.

Alte Damen gehen nicht in solche Lokale, das merkte sie sofort. Sie hätte wenigstens ein Enkelkind bei sich haben müssen.

»Sie haben nicht zufällig eine Zeitung?« fragte sie das schmale, dunkle Mädchen, das mit dem Essen an den Tisch kam. Das Mädchen sah sich um. Auf einem Tisch ganz hinten lag ein zerlesenes Blatt. Moss versteckte sich erleichtert dahinter, während sie sich durch den Kebab kaute und dazu Cola trank.

Die Zeitung war alt.

Es stand nichts von einem Mord darin. Moss las von Goldenen Hochzeiten und Geburtstagen, Beschwerden über Buszeiten und mangelnde Instandhaltung der Straßen. Kleinanzeigen. Ford, Modell 1979. Bill. dkl. Wagen f. Carsharing. Aha. Traktor von Gråtass mit Reserverad und Überrollbügel.

Der Kebab glühte unter dem Zwerchfell, Moss nahm einen großen Schluck Cola und rülpste diskret.

Die Jungen beachteten sie nicht mehr, der Trick mit der Zeitung half.

Sie drehte sie um. Las die Wettervorhersage für vorgestern und eine große Anzeige für Baubedarf.

Badezimmerausrüstung, Lacke und Farben, Nylonseile, besonders günstig. Plötzlich stutzte sie. »Sandsgaardfabrik« stand darunter. Mit einem Logo, das man offenbar von früher beibehalten hatte – ein Bär, der ein Rohr unter dem Arm trug.

Gab es eine Adresse?

Viele.

Über halb Südwestnorwegen schienen sich die Baumärkte auszubreiten. Und Maschinenreparaturwerkstätten. Die Hauptverwaltung war in Kristianslyst. Wo zum Teufel lag Kristianslyst?

Sie suchte in der Tasche und breitete dann den Stadtplan auf dem Tisch aus.

Der Ort befand sich außerhalb des Kartenausschnitts, sie mußte umblättern, er lag Richtung Sandnes. Ob er einen Ausflug wert war?

Auf der Grundlage von Kebab und Cola war sie davon auf einmal überzeugt.

Natürlich war geschlossen.

Ein hohes Fabriktor aus rostigem Schmiedeeisen, ebenso hohe Drahtzäune, dahinter ein staubiger Hof mit großen Regenpfützen, in denen sich der gerade mal blaue Himmel spiegelte. Fabrikgebäude aus verschiedenen Epochen, rußgeschwärzte Dachziegel, verputzter Backstein, ganz hinten an einer großen Tür parkten zwei Autos: ein großer glänzender Mercedes und ein blauer Van.

Sie hatte das Taxi wegfahren lassen.

Daß die Anlage so groß sein würde, hatte sie nicht erwartet. Und daß der Zaun so hoch sein würde. Sie lehnte sich an den Torpfosten aus rauhem Granit. Deutlich hörte sie das Geräusch eines Zuges – »clickety-clack-never-come-back«. In einem Buch, das sie mal gelesen hatte, hatte jemand gemeint, das Geräusch käme »Erbsensuppe-Erbsensuppe« näher, wer zum Teufel war das noch?

In diesem Moment öffnete sich die Tür hinter den Autos.

Ein Mann kam heraus, ein distinguierter Herr in grauem Anzug und dunkelblauem Hemd, mit welligem, vollem braunem Haar und leicht ergrauten Schläfen. Er trug einen Stapel Ringordner, die ebenso blau waren wie sein Hemd.

Das mußte Sandsgaard sein, sie erkannte ihn aus dem Atlantic. Moss erstarrte an ihrem Torpfosten. Zog den Kopf ein klein wenig zurück. Er stand mit dem Rücken zu ihr und bemühte sich, die Tür zuzuschließen, ohne alle Ordner fallen zu lassen, als genau das geschah: Er ließ sie fallen.

Sie verteilten sich auf dem schmutzigen Platz, weiße Blätter flatterten umher.

Er bückte sich, um sie aufzuheben.

Aber nicht nur Moss bemerkte es, wenn jemand sie beobachtete. Er warf ihr plötzlich einen Blick zu, musterte sie von oben nach unten zwischen seinen Hosenbeinen hindurch. Dann erhob er sich zu voller Größe, legte die Ordner auf die Motorhaube des Mercedes und kam zu ihr herüber. Richtete seine Manschetten, strich das Haar nach hinten.

Durch die Eisenstäbe hindurch fragte er:

»Ja bitte? Suchen Sie jemanden?«

Moss sah ihn durch die bräunlichen Brillengläser hindurch an. Sie hatte den kleinen Schleier hochgeschlagen, denn das Dasein mit dunkler Brille und Schleier wurde ihr einfach zu düster.

»Ach«, sagte sie mit schwacher Stimme. »Ich bin wohl gerade etwas unpäßlich. Es ist nichts ... Sie haben nicht zufällig irgendwo einen Schluck Wasser für mich?«

Was für ein Unsinn. Als ob er sie für einen Schluck Wasser nach oben in die Büros mitnehmen würde.

Das hatte er auch nicht vor, er seufzte ungeduldig.

»Ich habe was im Auto, glaube ich«, murmelte er und ging mit großen Schritten über den Platz, dann überlegte er es sich und kam zurück.

»Einen Moment«, sagte er und rasselte mit den Schlüsseln. Es quietschte, als er eines der Eisentore öffnete. »Setzen Sie sich doch solange in meinen Wagen ...«

Dann ging er zum Auto vor.

Der Mercedes empfing ihn mit dem kurzen Willkommenskläffen der Zentralverriegelung, dann öffnete er die Tür auf der Beifahrerseite, und Moss nahm vorsichtig Platz.

»Es ist meine Angina«, sagte sie entschuldigend. Atmete schnell und griff sich ans Herz.

Er durchsuchte einen Aktenkoffer, der auf der Rückbank lag. Dann zog er einen silbernen Flachmann und eine ungeöffnete Flasche Mineralwasser hervor. Hielt ihr beides hin, lächelte freundlich.

Moss warf einen raschen Blick auf den silbrig glänzenden Flachmann, doch dann besann sie sich.

Nahm das Wasser in Empfang. Suchte in ihrer Tasche, und er sah diskret weg, während sie eine imaginäre Tablette aus der kleinen Dose mit Rouge schüttelte.

»Meine Mutter leidet auch an einer schweren Angina«, sagte er im Konversationston. »Aber sie ist vermutlich viel älter als Sie.«

Seine Stimme war schön, dunkel und etwas rauh, mit gepflegtem Stavangerdialekt. Moss fragte sich, für wie alt er sie wohl hielt. Mindestens sechzig, hoffte sie. Lieber für noch älter. Aber war da nicht was mit Mündern und Hälsen? Sie zog die Jacke oben enger zusammen.

Sah hinunter.

»Na ja, ich habe es so früh bekommen, damals, als mein Mann ...«, sagte sie. Hustete ein kleines bißchen. »Herzlichen Dank, das war aber richtig nett von Ihnen, ich gehe gleich wieder. Es ist sicher vorbei.«

»Sind Sie mit dem Zug hier?« fragte er.

»Ach ja, eigentlich wollte ich mit dem Zug fahren«, sagte Moss und mimte keinen Stavangerdialekt mehr. Hier durfte sie eine Dame aus dem besten Westen Oslos sein. »Aber ich glaube, ich nehme mir besser ein Taxi.«

»Ich hätte Sie so gern mitgenommen«, sagte Sandsgaard. »Aber es paßt mir heute ganz schlecht, deshalb ... Wo müssen Sie denn hin?«

»Ich bin nur auf Besuch«, sagte Moss und versuchte sich eine gute Gegend in Erinnerung zu rufen.

Egenesveien. Dort wohnte die Frau von Rune Reiedal.

»Egenesveien«, sagte sie.

»Tja, das ist leider in der entgegengesetzten Richtung«, sagte Sandsgaard. »Sonst hätte ich Sie ganz bestimmt …«

Er suchte in seinem Aktenkoffer und zog sein Handy hervor. »Wie sieht es aus? Glauben Sie, daß Sie allein zurechtkommen?«

»Ja, sicher«, sagte Moss und blickte schüchtern hinunter.

Verdammt noch mal! Da saß sie mit … sie hätte doch … So ein Mist! Ihre Verkleidung war ziemlich undurchdacht. Oder besser gesagt, die Tour zur Sandsgaardfabrik war undurchdacht!

Sie sah ihm zu, während er die Nummer der Taxizentrale eintippte.

»Was für eine Fabrik ist das denn hier?« fragte sie und lugte zu den riesigen Fassaden hinauf.

»Eine Maschinenreparaturwerkstatt. Ein ehrenwerter Betrieb, mein Urgroßvater hat ihn gegründet«, antwortete er und betrachtete sie. Grübchen hatte er auch noch, der Kerl. Richtig hübsche. Zu schade, daß er vermutlich ein Arschloch war.

»Es hat mit Schiffbau angefangen, dann ist das Unternehmen immer weiter gewachsen. Heute ist es ein Konzern, meine Dame, und es gibt beinahe nichts, was wir nicht reparieren würden.«

Seine Stimme kam von ferne, er sah in den Rückspiegel und wartete auf das Taxi.

Moss brannte darauf, ihn zu fragen, ob sie Leute entlassen wollten, traute sich aber nicht. Wieder betrachtete sie die großen Gebäude. »Heute ist hier sicher niemand, wo doch Samstag ist?« sagte sie.

»Ja«, sagte er und sah wieder in den Rückspiegel. »An einem Tag wie diesem ist es hier vermutlich ziemlich leer. Da kommt das Auto, glaube ich!«

Moss wurde aus dem einen Mercedes in den nächsten

geleitet. Der war etwas älter, und die Federung knarrte, als sie sich hinsetzte.

»Egenesveien«, sagte Sandsgaard zum Fahrer. »Gute Besserung, meine Dame!«

Moss sagte kein Wort, während der Taxifahrer rückwärts aus dem Fabrikgelände hinausfuhr. Gedankenverloren starrte sie aus dem Fenster und vergaß völlig, das Taxi umzudirigieren, bis sie merkte, daß sie nicht auf dem Weg ins Stadtzentrum waren.

So ein Mist aber auch.

Sie hatte tatsächlich vorgehabt, zu Runes Frau zu fahren, früher oder später. Dann passierte es eben früher. Die Adresse hatte sie sich schon herausgesucht.

Es war drei Uhr.

Wenn die Frau zu Hause war, was sollte sie sagen? Hatte Arna nicht erzählt, sie würde sich für Wohltätigkeit interessieren? Sie konnte es mit privat finanzierten Heimen für schwererziehbare Jugendliche versuchen. Falls Frau Reiedal, einen Tag nachdem ihr Mann als Leiche an Land getrieben war, überhaupt irgendwas sagen wollte.

Aber eine gerade erst zugezogene Dame mußte sich darüber nicht im klaren sein. Moss beschloß, ihre Versuche, Stavangerdialekt zu sprechen, auch hier wieder aufzugeben, falls sie die Frau von Rune Reiedal antreffen sollte.

Sie könnte so tun, als ob sie aus Østfold käme.

Genaugenommen stimmte das ja sogar. Ursprünglich.

Rune Reiedal hatte schön gewohnt. Es war ein wunderbares altes Haus, weiß, mit Walmdach und kleinen Sprossenfenstern. Bestimmt sein Elternhaus. Ein großer Garten ringsum, weiche, grüne Rasenflächen, überall Efeu, immergrüne Hecken, so war es eben Ende Oktober im Südwesten Norwegens.

Moss dachte daran, wie zerzaust der Garten zu Hause in Smestad zu dieser Jahreszeit aussah, und seufzte.

Sie ging langsam zur Pforte.

Sah sich um, bückte sich dann schnell und musterte den riesigen Briefkasten aus gebürstetem Kupfer.

Ingema und Rune Reiedal, stand dort.

Ihr Taufname war sicher Inger-Marie.

Da flatterte eine Amsel aus der Hecke hinter dem Briefkasten, Moss hob den Kopf. Ganz hinten zwischen den Obstbäumen kam jemand, eine Frau in brauner, langer Jakke, brauner Hose, mit glattem, hellem Haar, das sie in einem kleinen Pferdeschwanz trug. Offenbar hatte sie Moss an der Pforte noch nicht bemerkt. Sie sprach mit jemandem, der um sie herumhüpfte: drei kleinen, weißen Hunden.

Sie hielt einen Rechen und trug Gartenhandschuhe. Inmitten des Amselgesangs, umgeben von ihren Hunden, ging sie durch ihren efeugrünen Garten und sah nicht gerade fröhlich aus.

Moss hatte sich hinter ein paar hohe Fliederbüsche verzogen, um die Situation abzuschätzen.

Schnell warf sie einen Blick auf die Straße, aber es war kein Verkehr, und die Häuser auf beiden Seiten lagen vornehm zurückgezogen in ihren jeweiligen Gärten. Keiner schien sich zu fragen, was die weißhaarige Dame dort drüben wohl vorhatte.

Die Frau im Garten bückte sich und hob irgendwas auf, was wie ein verdreckter Tennisball aussah. Er hüpfte über den Boden, als sie ihn davonwarf. Die Hunde bellten ekstatisch und stürmten hinterher. Ingema Reiedal blieb stehen und betrachtete sie, dann drehte sie sich auf einmal um und sah zum Haus hinüber, als erwartete sie, daß jemand am Fenster stünde und sie beobachtete.

Die Hunde strichen ihr wieder schwanzwedelnd um die Beine. Sie bückte sich, nahm den Ball und warf ihn erneut davon, diesmal mit mehr Kraft, der Ball flog weit weg.

Dann ging sie langsam weiter über den Rasen.

Margaret Moss biß sich auf die Lippe. Die Versuchung,

ein Gespräch mit ihr zu beginnen, war enorm. Aber Moss hatte Skrupel – nicht weil die Frau im Garten gerade Witwe geworden war, sondern weil sie befürchtete, ihre Verkleidung würde einer näheren Betrachtung nicht standhalten.

Nicht in diesem Licht.

Nicht gegenüber einer Frau.

Moss entschloß sich von einem Moment auf den anderen. Sie nahm den Hut ab und riß sich die Perücke herunter. Die Haarspangen sprangen auf, und die Haare ziepten, daß ihr die Tränen in die Augen schossen. Sie rieb sich die Nase, und mit Müh und Not gelang es ihr, ein Niesen zu unterdrücken. Dann stopfte sie die Perücke in die Tasche, schüttelte den Kopf und fuhr sich mit der freien Hand durchs Haar. Sie drückte sich den Hut wieder auf den Kopf und zog ein paar Ponysträhnen hervor. Dann fischte sie die mitgebrachte Puderdose aus der Tasche, öffnete sie und begutachtete sich in dem beschlagenen Spiegel.

Sie zog noch mehr Haar hervor.

Schob die große Brille zurecht.

Drüben auf dem großen Rasen liefen die Hunde bellend im Kreis. Ingema Reiedal betrachtete sie.

Moss verließ das Gebüsch und spazierte ruhig am Zaun entlang, bis sie zur Pforte kam und sie öffnete. Diese quietschte erbärmlich, und die Frau auf dem Rasen drehte sich sofort um.

Dann kam sie langsam über den grünen Rasen auf sie zu.

Ingema Reiedal nahm die fremde Dame, die über schwererziehbare Jugendliche diskutieren wollte, höflich, aber nicht gerade enthusiastisch in Empfang.

»Es paßt mir gerade sehr schlecht«, sagte sie. »Leider. Woher haben Sie meinen Namen?«

»Ach, die Leute hier in Stavanger reden doch über Sie, wissen Sie«, sagte Moss lächelnd. Im allerletzten Moment hatte sie sich doch gegen die Østfoldmundart entschieden.

Daran würden sich die Leute stärker erinnern, glaubte sie. Sie bediente sich ihres feinsten Hauptstadttonfalls, aus dem besten Westen Oslos.

Genau was Ingema Reiedal selbst sprach.

Jetzt lächelte sie sogar, soweit es ihr möglich war. »Ach, tatsächlich?« sagte sie. »Das will ich doch nicht hoffen!«

»Ich habe nur Gutes gehört«, sagte Moss und fügte hinzu, es sei ihr bewußt, wie dumm es sei, unangemeldet zu kommen, insbesondere an einem Samstag, wenn die Leute doch anderes zu tun hätten, aber sie sei gerade in der Gegend gewesen und habe Frau Reiedal im Garten gesehen. »Aber ich kann natürlich ein andermal wiederkommen«, sagte sie. »Oder wir können uns in der Stadt treffen, oder Sie können zu mir kommen. Mein Mann und ich sind gerade eingezogen, so daß wir noch ein bißchen aus Kartons leben, aber vielleicht ...«

Sie ließ den Satz im Sande verlaufen, während sie über ihren vermeintlichen Namen nachdachte, daß es nur so knirschte. Sie hatte im Eifer des Gefechts übersehen, daß sie irgendeinen Namen brauchte. Und das durfte hier nicht Maisen Pedersen sein.

Audhild Danielsen und Ingema waren ja Schwägerinnen, wer wußte schon, was Audhild ihr alles erzählte?

»Leider«, sagte Ingema Reiedal wieder und warf erneut einen Blick über ihre Schulter. »Es ist ... es paßt mir zur Zeit wirklich ganz schlecht, ich ... aber ich kann Ihnen ein paar Namen nennen. Wenn Sie welche brauchen.«

»Es ist nämlich so, daß mein Mann und ich eine Art Stiftung gründen möchten«, sagte Moss und fuhr fort, plötzlich inspiriert: »Wir haben eine Tochter, die ihr Leben lang rauschgiftsüchtig gewesen ist, ich meine, schon seit ihrem dreizehnten Lebensjahr, und wir wissen, was Eltern durchmachen müssen und ... nun, inzwischen ist sie über dreißig, und für sie ist es ja zu spät, aber mein Mann und ich, wir möchten also gern eine Stiftung ins Leben rufen. In ihrem Namen.«

Sie sah Ingema Reiedal an, und ihre Augen wurden feucht, denn sie dachte an ihre Tochter Karen und hoffte, daß sie in Stockholm nichts Schlimmeres anstellte, als Wein zu trinken.

»Ich werde Ihnen wirklich ein paar Namen heraussuchen«, sagte Ingema Reiedal, die auf einmal auch feuchte Augen bekommen hatte. »Ich habe ja Verbindungen im ganzen Südwesten des Landes, und es gibt viele, die sich sehr freuen würden über das, wovon Sie da gerade erzählen, ja, nicht das mit Ihrer Tochter, aber mit der Stiftung, warten Sie einen Moment, dann ...«

Zu diesem Zeitpunkt wäre es naheliegend, mich hineinzubitten, dachte Moss. Dasselbe dachte die andere offenbar auch gerade. Zögernd blickte sie Moss an.

»Vielleicht möchten Sie hereinkommen und sich kurz setzen«, sagte sie schließlich. »Ich kann Ihnen nichts anbieten, ich ... ich habe nur einen Moment Zeit, aber wenn Sie ...«

Sie drehte sich um und pfiff nach den Hunden, die ein Stück entfernt bellend hintereinander herliefen. »Bei Fuß! Kommt her, Mimi, Minette, Max!«

Dann ging sie vor zum Haus.

Es war ein ordentliches Haus. Gebohnerte Parkettböden, geputzte Aschenbecher, überall Blumen, verdammt, das war natürlich wegen des Todesfalls, es hingen kleine, weiße Karten an allen Sträußen. Moss biß sich auf die Lippe. Ingema Reiedal hatte sie auf einem Stuhl draußen im Flur Platz nehmen lassen und war die teppichbelegte Treppe hinauf in den ersten Stock verschwunden.

Moss stand schnell auf, ging zur Wohnzimmertür und warf einen Blick hinein: noch mehr Blumensträuße. Ein großes und etwas düsteres Zimmer, alte Möbel mit polierten Flächen. Der Geruch von Freesien und Nelken hing in der Luft.

Sie lauschte, konnte aber nichts hören. Ingema suchte vermutlich nach ihren Listen.

Blitzschnell war sie in der großen Küche, schön und sauber war es auch dort, eine vereinzelte Teetasse stand umgedreht auf dem Abtropfgestell. Und daneben ein Aschenbecher mit einer Zigarettenkippe. Auch hier gab es wieder Camel. Ließ sich daraus etwas anderes ableiten, als daß Ingema und Audhild Schwägerinnen waren?

Wohl kaum.

Und jetzt hörte sie die Frau auf der Treppe, es knarrte etwas, und schon stand sie in der Türöffnung.

»Ich habe mir ganz einfach erlaubt, nach einem Glas zu suchen«, sagte Moss entschuldigend. Der Trick war nicht gerade originell, aber gut. »Ich hätte schon vor über einer Stunde meine Tablette einnehmen müssen.«

Sie sah die andere beschämt an, die beinahe unhörbar seufzte und einen Schrank öffnete, ein Glas hervorholte und am Wasserhahn füllte.

»Bitte schön. Und hier sind ein paar Namen. Ich hatte keine Zeit, alle herauszusuchen, aber Sie können sie auch von ... Moment ... Bittema Berg bekommen, sehen Sie mal hier, die kann Ihnen weiterhelfen.«

Sie zeigte mit dem kleinen Finger aufs Papier.

In diesem Moment klingelte das Telefon. Ingema Reiedal und Margaret Moss zuckten beide zusammen.

Das Telefon hing an der Küchenwand, und Moss kehrte taktvoll in den Flur zurück und setzte sich wieder auf den Stuhl.

Trank Wasser.

In der Küche wurde rasch und leise gesprochen, dann war es still, während metallische Geräusche davon zeugten, daß die Person am anderen Ende der Leitung auch viel auf dem Herzen hatte.

»Hör mal«, sagte Ingema Reiedal etwas lauter. »Ich kann einfach nicht länger warten! Du darfst nicht später als sechs herkommen!«

Erneutes Schweigen. Dann: »In Tufte. Ja, das hat sie gesagt. Ja. Und du bist um sechs hier?«

Moss war aufgestanden, als Ingema wieder in den Flur kam. Sie stellte das Glas auf den kleinen Tisch neben dem Stuhl und ging Ingema mit ausgestreckten Händen entgegen.

»Mein Gott, es tut mir ja so leid, Frau Reiedal! Da dränge ich mich so frech auf, und auf einmal sehe ich all die Blumen, und plötzlich geht mir auf, mit wem ich gesprochen habe. Ich bin untröstlich! Ich würde alles darum geben, es ungeschehen zu machen, Frau Reiedal! Ich war mir einfach nicht bewußt, daß ... Ich habe diese schreckliche Geschichte in der Zeitung von heute nicht mit Ihnen in Verbindung gebracht!«

»Meine Liebe, das ist in Ordnung, das verstehe ich schon«, sagte Ingema Reiedal mechanisch und sah aufs Parkett hinab. »Aber jetzt muß ich Sie bitten zu gehen, ich erwarte Besuch.«

Sie begleitete Moss zur Tür. Öffnete und ließ sie hinausgehen.

»Dann viel Glück mit der Stiftung.«

Sie versuchte zu lächeln, aber es ging schief. Hinter ihr klingelte wieder das Telefon, und die drei Hunde bellten.

16

»Now I may be drowned in the ocean,
May be killed by the cannonball.
But let me tell you, buddy,
a woman was the cause of it all.«

Trad.

Bei Harry herrschte Krisenstimmung.

Tom saß weiß und zitternd auf einem Stuhl, Elfrid händeringend auf dem Sofa, und John Dillinger wiederholte ein ums andere Mal, wenn nur der Opel heil gewesen wäre, dann ...

Harry kochte Kaffee.

Moss zog sich die Stiefel aus. Sie fühlte sich erschöpft und hatte müde Beine.

»Was ist denn hier passiert?« fragte sie.

Harry kam mit der Kanne ins Zimmer und erzählte, was passiert war: Als er wieder nach Hause gekommen sei, habe Tom die Wohnung in Tasta nahezu verwüstet vorgefunden. Auf dem Tisch habe ein Brief mit seinem Namen gelegen.

Harry reichte ihn Moss. Es war ein normaler weißer Briefbogen, der schön ordentlich zweimal gefaltet gewesen war, mit der Maschine geschrieben, und er trug keine Unterschrift. Der Text lautete:

Tom Vågevik,
mit Bedauern müssen wir einsehen, daß sich das »Testament«, das Dein Vater hinterlassen hat, nicht aufspüren läßt. Wir wissen, daß es sich irgendwo befindet, und hatten gehofft, daß Du oder Deine Mutter uns den Ort verraten würden. Wir sind nämlich überzeugt, daß Ihr über diese Information verfügt. Aus Gründen, die

wir hier nicht näher erläutern können, eilt die ganze Sache, und wir fordern Dich daher nachdrücklich auf, uns das Dokument zukommen zu lassen oder uns Bescheid zu geben, wo es sich befinden könnte. Damit Du verstehst, daß wir es ernst meinen, erachten wir es für notwendig, Deine Mutter bei uns zu behalten. Sie ist vorläufig in Sicherheit. Wir geben Dir eine Frist bis Sonntagabend. Sollte das »Testament« bis dahin nicht in unseren Händen sein, ist es aus mit der Sicherheit – sowohl für Dich als auch für Deine Mutter, und dann wird es Euch so ergehen wie Deinem Vater. Die Übergabe wird an einem näher zu bestimmenden Ort (ruf uns nicht an – wir rufen Dich an ...) am Sonntagabend stattfinden.

»Verdammt noch mal«, sagte Moss und rieb sich mit beiden Händen das Gesicht. »Jetzt ist es allerhöchste Zeit, zur Polizei zu gehen.«

»Nein!« rief Tom Vågevik und erhob sich. »Genau das dürfen wir nicht! Du denkst ja nur an ... Wir wollten meinen Vater doch rächen und nicht bloßstellen! Wir wollten nicht zur Polizei gehen! Deshalb ham wir doch dich gefragt!«

»Laß uns mal in aller Ruhe darüber reden«, sagte Moss. »Reg dich ab, Tom. Als erstes müssen wir deine Mutter retten, und das geht offenbar nicht ohne das, was sie das Testament deines Vaters nennen. Du bist der einzige von uns, der etwas darüber wissen könnte. Was meinen sie wohl damit?«

»Die müssen ahnen, was in diesem Testament steht«, sagte Tom. »Etwas, was meiner Mutter und mir Sicherheit geben könnte, falls was passieren sollte. Und was ihn reinwaschen würde. Oder ihm zumindest eine Revanche verschaffen.«

Er sah auf seine Hände. Die Fingernägel waren heruntergebissen und ölverschmutzt.

»Das ist es wohl, was Næsvik und seine Leute am Mittwoch bei euch gesucht haben«, sagte Moss. »Als sie die ganzen Videos mitgenommen haben.«

»Sie können es nicht gefunden haben«, sagte Elfrid auf dem Sofa.

Es war still, während alle nachdachten.

Plötzlich richtete John Dillinger sich auf. »Ich hab vergessen, was zu erwähnen«, sagte er. »Da war jemand, der nach dir gefragt hat, Margaret.«

»Hier?« fragte Moss. Ihr Herz nahm Anlauf und begann davonzurasen. Jetzt war es vorbei, jetzt wußte die Polizei, wo sie war. »In Zivil?«

»Klar doch, nein, das war keiner in Uniform«, sagte Dillinger und blinzelte sie unter seinen schweren, rötlichen Augenbrauen an. »Ein großer Typ, sah ein bißchen unheimlich aus, fand ich, aber ...«

»Was hast du gesagt?« fragte Moss.

»Ich hab gesagt, daß du unterwegs bist«, sagte Dillinger.

Moss stöhnte.

»Das Arbeiterlexikon«, sagte Tom plötzlich, und alle drehten sich um und sahen ihn an. »Vater hat gesagt, daß ich gut drauf aufpassen soll. Es bloß nicht weggeben oder verkaufen darf.«

»Vielleicht, weil es alt ist und allmählich Seltenheitswert hat«, sagte Moss langsam.

»Ja«, sagte Tom und betrachtete wieder seine Hände.

»Wann hat er das gesagt?« fragte sie.

»Vor vier, fünf Wochen«, sagte Tom und sah sie an.

»Du meine Güte«, sagte Moss. »Wo ist es denn jetzt? Hast du gesehen, ob sie es mitgenommen haben, als sie die Wohnung auf den Kopf gestellt haben?«

»Nein, es war noch da«, sagte Tom. »Lag mit all den anderen Sachen über den Boden verstreut.«

Harry stand auf. »Aber dann müssen wir es holen«, sagte er. »Vielleicht ist es voller Codes und so!«

Er sah sich aufgeregt um.

Moss mußte lachen, das entwickelte sich ja zum reinsten Abenteuerbuch! Dann hörte sie auf zu lachen, denn ihr fiel genau dasselbe ein wie Harry, der sich wieder hingesetzt hatte.

»Sie stehen Schmiere«, sagten sie im Chor. »Es ist klar, daß sie Schmiere stehen.«

»Sie sitzen in ihren Autos und warten«, sagte Dillinger düster. »Überwachen ganz Tasta.«

Sie schwiegen wieder und dachten nach.

»Wen würden sie kein zweites Mal angucken?« fragte Moss grübelnd. »Wer könnte im Wohnblock ein und aus gehen, ohne bemerkt zu werden?«

Sie sah Tom an.

Er zuckte mit den Schultern. »Kondis vielleicht. Sie hat jedenfalls den Schlüssel zu unserer Wohnung. Sie wohnt eine Etage höher. Wenn wir im Urlaub sind, gießt sie immer die Blumen.«

Alle am Sofatisch lachten ein wenig. Außer Moss, die nicht aus Stavanger kam.

»Kondis ist schon etwas älter«, sagte Tom erklärend.

»Was heißt schon älter«, protestierte Elfrid. »Sie war drei Klassen über mir!«

Harry sagte: »Sie hat übrigens auch mal bei Rosenberg gearbeitet. Jetzt lebt sie seit vielen Jahren von der Sozialhilfe.«

»Weshalb sollte ausgerechnet sie über jeden Verdacht erhaben sein?« fragte Moss und sah Harry ungeduldig an.

»Na ja, zum einen wohnt sie ja dort und muß das Haus nicht erst verlassen, um in die Wohnung zu kommen. Und sie werden ja wohl kaum im Haus Wache halten, oder? Und zum andern ist sie eine, die eine Menge trinkt, nicht wahr, und zwar mehr als wir. Fast schon eine Obdachlose. Wenn sie nicht die beiden Zimmer hätte. Sie sammelt Leergut und so, eine echte Pennerin. Gibt ja nicht viele, die Rücksicht auf solche wie sie nehmen. Die sie überhaupt bemerken.«

»Warum nennt ihr sie Kondis?« fragte Moss.

»Weiß ich nicht«, sagte Harry. »Sie hieß schon in der Schule so, immer schon.«

»Könnte sie das denn machen?« fragte Moss. »Die Bücher holen?«

»Sicher kann sie das«, sagte Harry. »Wenn sie nüchtern ist. Sie würde es bestimmt auch tun. Kondis ist eine alte Kommunistin, seit Jahren Parteimitglied. Und nimmt es ziemlich genau, das mit der Gerechtigkeit. Ist immer wütend auf alle, die sie Syndikalisten und Kapitalisten nennt.«

Er lächelte breit.

Kondis war beinahe völlig nüchtern.

Sie ging ans Telefon, als sie anriefen, und es schien so, als habe sie die etwas vereinfachte Botschaft begriffen: die Treppe hinunter und zu Tom und Arna in die Wohnung gehen, zwei Plastiktüten mit dem Arbeiterlexikon füllen, die Tür hinter sich zuschließen und wieder hochgehen. Und nicht aufschließen, falls jemand klingelte. Es sei sehr wichtig.

Das würde sie tun, versprach sie.

»Du mußt nüchtern bleiben«, sagte Harry. »Bis wir dich anrufen.«

Ja, auch das wollte sie tun. Wenn es nicht zu lange dauerte.

»Und wenn Tom oder ich nicht kommen können, dann mußt du die Bücher in deinen Einkaufsroller stecken und zu mir kommen«, sagte Harry. »Verstanden?«

Ja, Kondis hatte verstanden.

Als Harry auflegte, lächelte er erleichtert, aber Moss schaute auf die Uhr. Es war halb sechs. Sie hatte die Zeit vergessen.

»Tom, ich muß mir das Motorrad ausborgen«, sagte sie rasch.

»Das Motorrad?« sagte Tom. »Das gehört mir nicht, und du kannst doch gar nicht fahren!«

»Es hilft nichts«, sagte Moss und lief die Treppe hinauf.

Eine Viertelstunde später kam sie herunter, in ihrer eigenen Hose, dazu die dreiviertellange Jacke der alten Dame. Darunter ein Wollpullover mit Rollkragen. Dann setzte sie den Helm auf, der im Flur lag.

»Toi toi toi für Kondis«, sagte sie über die Schulter, während sie die Schlüssel nahm und verschwand.

Jetzt war Eile geboten, und sie müßten am besten an mehreren Orten zugleich sein.

Sie hatte Mühe, das Motorrad in Gang zu bekommen, aber irgendwie klappte es. Es knatterte und dröhnte, sie schob sich langsam vorwärts, zog schließlich die Beine hoch und ließ das Fahrzeug den kleinen Abhang hinunterrollen. Als sie unten an der Straße angekommen war, beschleunigte sie. Ihr Herz klopfte, während sie sich vorsichtig zwischen den Autos einordnete.

Es war natürlich etwas gewagt, nach so vielen Jahren wieder Motorrad zu fahren, und als sie mit dem einen Bein auf dem Asphalt an der Ampel wartete, warf sie rasch einen Blick über die Schulter. Erwartete beinahe, daß die Polizei, dein Freund und Helfer, vorbeikommen, ihr auf den Helm klopfen und sagen würde: Das geht aber gar nicht, sehen Sie zu, daß Sie nach Hause kommen. Doch das einzige, was sie sah, war ein dunkelblauer Peugeot, der langsam den Abhang, den sie gerade hinter sich hatte, heruntergerollt kam und zwei Autos passieren ließ, ehe er dem Motorrad folgte, das sich in den Verkehrsstrom durch Stavanger einreihte.

Ihr fiel auf, daß er auch nach mehreren Straßenkreuzungen noch immer da war.

Ein blauer Peugeot, wer konnte das sein? Sie versuchte zu erkennen, wer am Steuer saß, war jedoch die breiten Seitenspiegel des Motorrads nicht gewohnt, und außerdem war der blaue Wagen inzwischen weit zurückgefallen.

Sie versuchte sich den Gedanken aus dem Kopf zu schlagen, doch ein winziger Keim von Mißtrauen war geblieben, der sie im Nacken kitzelte, während sie weiter nach Eiganes fuhr.

Die Dunkelheit verdichtete sich zwischen den Bäumen der Gärten, als Moss langsam die Straße entlangknatterte. Es stand kein Auto vor der Tür, und die Pforte war noch immer geschlossen. Zunächst hielt sie an und wendete, dann fuhr sie so langsam wie möglich ein Stückchen zurück. Blieb stehen.

Bis auf zwei erleuchtete Fenster im Erdgeschoß war das Haus völlig dunkel.

In der Ferne tauchten Autoscheinwerfer auf, sie bückte sich und tat so, als habe sie Probleme mit dem Motorrad.

Das Auto fuhr an ihr vorbei.

Sie sah wieder zum Haus hinüber. Kein Lebenszeichen.

Es knirschte im Kies hinter ihr, und sie drehte sich rasch um. Zwei Mädchen auf Fahrrädern fuhren ohne Licht durch die Dunkelheit und riefen sich zu: »Ich will in die Stadt zum Boogie-Tanzen!« – »Was?« – »Ich will zum Boogie-Tanzen!«

Dann verschwanden sie hinter der nächsten Kurve.

Plötzlich tauchte in dem einen erleuchteten Fenster eine Gestalt auf. Zog die Gardine beiseite, stand da und sah hinaus.

Ingema Reiedal wartete auf jemanden, der kommen wollte. Um sie nach Tufte zu fahren? Gab es hier viele Orte, die Tufte hießen? Vielleicht war es einfach ein weitverbreiteter Nachname, womöglich hieß halb Stavanger mit Nachnamen Tufte? Eventuell war es der Bestattungsunternehmer, der ihr bei der Auswahl der Lieder für die Beerdigungsfeierlichkeiten helfen wollte? Vielleicht war es einfach blanker Unsinn, frierend auf einem schweren Motorrad zu sitzen und sich der Gefahr von Mord und womöglich noch Schlimmerem auszusetzen.

Einer Blasenentzündung, zum Beispiel.

In diesem Moment kam das Auto.

Da vorne tauchten die Lichter auf, der Wagen bremste ab, hielt an. Wer auch immer drinsitzen mochte, derjenige stieg jedenfalls nicht aus.

Aus dem Haus fiel ein größeres Lichtviereck, die Haustür hatte sich geöffnet. Eine Gestalt schlüpfte hinaus, das helle Viereck verschwand, die Pforte quietschte ein wenig, und jetzt konnte man gut erkennen, daß es Ingema Reiedal war, die im Licht der Autoscheinwerfer zur Beifahrerseite des Wagens eilte.

Eine Autotür wurde zugeschlagen, Moss beugte sich wieder tief über das Motorrad. Sie wartete, bis die Scheinwerfer über sie hinweggefegt waren, dann wendete sie langsam mit einem Bein auf dem Boden das Motorrad, startete und fuhr endlich los.

Das Auto, das sie verfolgte, war ein BMW. Er fuhr nicht schnell. Sie waren in einem Wohngebiet, und der BMW hatte viel Zeit oder wollte kein Aufsehen erregen.

Moss bemühte sich, ausreichend Abstand zu halten. Es fiel ihr schwer, so langsam zu fahren, aber dann kamen sie auf eine größere Straße, und das Auto vor ihr beschleunigte. Das tat sie ebenfalls, hielt aber reichlich Abstand.

Sie warf einen kurzen Blick über die Schulter und zuckte zusammen, als sie fast mitten im Scheinwerfer ihres Rücklichts ein Auto entdeckte. Es senkte sein Tempo, sobald sie es gesehen hatte, und ließ ein paar Wagen dazwischen. War es blau? War es ein Peugeot? Das hatte sie so schnell nicht erkennen können.

Als sie den Madlavei erreicht hatten, beschleunigte der BMW. Es waren nur wenige Autos unterwegs, ein gleichmäßiger, aber spärlicher Verkehrsfluß. Moss beugte sich über den Lenker und hielt einen steten Abstand von zwei Autos.

Der Wagen, der so dicht hinter ihr gewesen war, schien weg zu sein. Moss schlug sich ihre Befürchtungen aus dem Kopf und konzentrierte sich auf den BMW. Der Fahrer mußte nicht der Däne sein, aber daß sie nach Tufte wollten, davon war sie allmählich überzeugt.

Im Grunde war es nicht weiter merkwürdig, wenn Ingema

dort hinwollte, sagte sie sich, während sie mit eiskalten Händen und tränenden Augen auf die Rücklichter der Autos vor ihr starrte.

Synneva Tufte war die Großtante von Audhild und Rune Reiedal.

Aber Østergaard? Falls er es war?

Der BMW verlangsamte sein Tempo, und Moss ließ sich sofort zurückfallen. Sie sah die roten Bremsleuchten nach rechts verschwinden, wartete, ließ vier Autos vorbei, ehe sie langsam hinterherfuhr.

Sie war schon einmal in dieser Gegend gewesen, es war wirklich der schmale Weg, der zum Meer hinunterführte, wo Audhilds Haus und der Tufte-Hof lagen.

Es schien hier kälter zu sein, eine Kälte, die durch Mark und Bein ging. Auf beiden Seiten erhob sich eine dunkle Wand, man hatte als Windschutz Tannenhecken angelegt.

Das Motorrad schlingerte kräftig auf dem Kiesweg, inzwischen war von den roten Rücklichtern nichts mehr zu sehen, doch sie wagte nicht, sich noch weiter zu nähern. Sie rollte im Leerlauf und hörte den BMW ein Stückchen weiter vorn. Sie konnte die geschlossene Pforte von Audhilds Haus unten in der Kurve nur ahnen, der Wagen mußte vorbeigefahren sein.

Dann stimmte es also: Sie wollten ganz nach Tufte hinunter. Sie bremste weiter ab und fragte sich, wo sie das Motorrad abstellen sollte.

Sie konnte schließlich nicht ganz heranfahren.

Da hörte sie etwas völlig Unerwartetes: Ein Auto kam hinter ihr den Abhang herunter.

Ohne nachzudenken, riß sie den Lenker herum und raste zwischen die Bäume. Die abstehenden Tannenzweige pieksten und kratzten.

»Verdammt!« fauchte Moss und griff sich an die Wange.

Sie betrachtete ihre Hand, sie blutete.

Auf dem Weg rollte das Auto näher, es war kein blauer

Peugeot, sondern ein Mercedes, ein Taxi, das sah sie sofort. Sie hatte es sogar gehört, Taxis hatten eben etwas Besonderes an sich, kamen etwa noch mehr Gäste?

Sie reckte den Hals.

Der Wagen kam auf anderthalb Meter Abstand vorbei.

Es saß kein Passagier darin. Dann sollte vermutlich jemand abgeholt werden. Das Auto bremste direkt vor Audhild Reiedal Danielsens Tor.

Hinter der schmiedeeisernen Pforte bellte ihr Cockerspaniel wie verrückt.

Der Taxifahrer zog die Handbremse an, ließ den Motor laufen und schaltete die Innenbeleuchtung an.

Er sah nicht gerade norwegisch aus, ein dunkler Mann mit kräftigem Bart und krummer Nase.

Rollkragenpullover. Lederjacke. War das der Kosovoalbaner aus Oslo, von dem Gun Vågland erzählt hatte? Der so oft nach Stavanger kam?

Er war damit beschäftigt, eine Karte auszubreiten. Er studierte sie eine Weile. Dann blickte er zu Audhilds Haus hinüber, faltete sie wieder zusammen und legte sie weg, löste die Handbremse, rollte langsam vorwärts und war aus Moss' Blickfeld verschwunden.

Aha, dachte Moss.

Was ging hier gerade vor?

Und was sollte sie tun?

Auf den ersten Blick hatte sie zwei Möglichkeiten: Sie konnte die Gelegenheit nutzen, um Audhilds Haus genauer in Augenschein zu nehmen, wenn ihre Vermutung sich bewahrheitete, daß Audhild heute abend auch auf Tufte war. Oder sie konnte direkt zum Hof hinuntergehen.

Und was sollte sie dort tun? Anklopfen und sagen: »Guten Abend, wie nett, Sie alle hier versammelt zu sehen. Dürfte ich Ihnen möglicherweise ein paar Fragen stellen?«

Das Motorrad lag zwischen den Baumstämmen. Dort konnte es so lange liegenbleiben.

Sie griff sich noch mal an die Wange, es blutete nicht mehr, brannte aber wie eine Ohrfeige. Gerade steckte sie sich einen Finger in den Mund, um sich das Blut abzuwischen, als es in den Zweigen hinter ihr hörbar knackte.

Sie zuckte zusammen, und das Herz rutschte ihr beinahe in die Hose.

Langsam drehte sie sich um.

Eine lange, gebeugte Gestalt stand in der Dunkelheit.

»Roland Rud«, sagte Moss matt.

17

»The sky was blue,
the night was cold,
the moon was new
but love was old.«

Romberg/Hammerstein

»Was machst du denn hier?« war sicher nicht die originellste aller Eingangsrepliken, aber was sagt man, wenn der Mann, den man mal mehr, mal weniger geliebt hat, aber meistens mehr, um den man sich Sorgen gemacht und den man (nicht zu vergessen) monatelang vergeblich angerufen hat – was sagt man, wenn der plötzlich in der Tannenhecke von Tufte auftaucht?

Und wenn er außerdem verdammt wütend ist? Denn das war er.

»Was zum Teufel glaubst du wohl, was du hier tust?« fragte er, und seine Stimme zitterte auf eine Weise, die auf Leidenschaft oder aber auf Wut hindeutete, und aus unerfindlichen Gründen strich sie in Gedanken die erste Alternative.

»Verdammt noch mal, in ›Dagbladet‹ und in ›Verdens gang‹ und was weiß ich noch wo läßt man sich über dich aus! Über die ›geheimnisvolle Frau‹, verdammt, die ›Pistolenfrau‹, verdammt, die ›sogenannte Privatdetektivin mit kriminellen Freunden‹, verdammte Scheiße!«

»Oh, wie du fluchst«, sagte Moss mit schwacher Stimme. »Bin ich in ›Verdens gang‹ und in ›Dagbladet‹? Und sogenannte Privatdetektivin, was meinen die denn damit?«

»Die haben mit deinem alten Chef bei der Osloer Polizei geredet«, sagte Rud, noch immer wütend. Er sah sich um.

»Gemütliches Plätzchen, um den Samstagabend zu verbringen!«

»Sie haben mit Averøy gesprochen?« sagte Moss wie gelähmt. »Warum das denn?«

»Du wirst gesucht, mein Mädchen«, sagte Rud. Er kam einen Schritt näher und sah auf sie hinunter. »Ich hab gehofft, dich vor ihnen zu finden.«

»Oh«, sagte Moss, noch immer mitgenommen von der plötzlichen Veränderung der Situation. Dann nahm sie sich stark zusammen. »Wo bist du den ganzen Sommer über gewesen?«

»Hier und da«, sagte Roland Rud und sah sich aufmerksam um. »Was machst du hier draußen im Busch? Versteckst du dich?«

»Ich mich verstecken?« sagte Moss hitzig. »Keineswegs, ich hab ja … ich beschatte ganz allein ein verdammtes Bataillon!«

»Witziger Helm«, sagte Rud. »Steht dir.«

Sie starrte ihn an. Seine Augen waren ganz schwarz in dem unruhigen Licht. Sie schaute nach oben und sah, wie der Mond zwischen den Bäumen hervortrat. »Der gehört nicht mir«, sagte sie und drehte sich weg.

»Nein, das hab ich mir fast gedacht«, sagte er und klopfte sich auf die Taschen, um seine Tabakpackung zu finden.

Sie nahm den Helm ab. Bückte sich und legte ihn neben das Motorrad, schob etwas Gras darüber.

»Wo ist der Lastzug?« fragte sie und erhob sich. »Bist du mit dem Riesenteil übers Fjell gefahren?«

»Ich hab den Flieger genommen«, sagte er. »Und dann hab ich mir hier einen Wagen gemietet.«

Mit zitternden Fingern drehte er sich eine Zigarette.

»Du hast dir Sorgen gemacht«, sagte sie, nicht ohne Triumph in der Stimme.

»Bild dir bloß nichts ein«, sagte er.

Sie hatte keine Wahl.

Sie erzählte ihm die Geschichte von Anfang an, in der Kurzversion.

Die ganze Zeit behielt sie den Weg im Blick, falls noch mehr Leute nach Tufte kommen oder jemand wegfahren würde, aber es zeigte sich niemand.

Rud hatte seine Zigarette geraucht und ausgedrückt, als sie der Meinung war, fürs erste genug gesagt zu haben.

»Und jetzt sind sie also in Tufte, alle miteinander. Zumindest viele von ihnen, was auch immer sie da tun. Gut, ich hab zwar keinen Beweis für irgendwas, aber ich glaube, daß Arna hier ist, die Mutter von Tom, weißt du, der Sohn von dem Typen, der ... Verdammt, müssen wir die ganze Nacht hier rumstehen?« sagte sie irritiert und vergaß, sich zusammenzureißen.

»Wer ist Harry?« fragte Roland nur. »Netter Kerl?«

»Ach herrje«, sagte Moss und sah ihn an. »Ist das der Grund, warum du hergekommen bist?«

Rud zuckte mit den Schultern.

Margaret Moss schob den Ärmel hoch und sah auf die Uhr. »Jetzt müssen wir unseren Arsch hochkriegen«, sagte sie kurz. »Ich jedenfalls. Du kannst machen, was du willst.«

Sie trat demonstrativ auf die Straße, überlegte es sich aber anders und schob sich nach ein paar Metern wieder zwischen die Tannen. Wer konnte schon wissen, was sich weiter unten verbarg?

Es war zwar schwieriger, direkt an der Hecke entlangzugehen, aber sicherer.

Hinter ihr hörte sie Zweige knacken. Der Ritter der Landstraße, der Mann aus den großen Wäldern, Fernfahrer Roland Rud, hatte sich ihr – zumindest vorläufig – angeschlossen.

Es roch nach Silage und Schafen und sumpfigem Boden.

Moss wollte sich dem Hof von hinten nähern, denn wenn man am Strand entlangging, wurde man von den Häusern aus sofort gesehen. Da sie sich nicht trauten, den Fahrweg zu nehmen, aber auch nicht ortskundig waren, erlebten sie einige Überraschungen: Moss trat auf einen Elektrozaun und glaubte, ihr letztes Stündlein habe geschlagen, als es plötzlich funkte, und Rud rutschte bis zum Knie in ein nicht ausgeschildertes, nicht angekündigtes Sumpfloch.

Aber schließlich waren sie da.

Die Häuser waren oberhalb des Strandes als schwarze Silhouetten vor dem helleren Abendhimmel zu erkennen, es war ein stiller und kalter Abend, beinahe lautlos ritten die Wellen an Land, darüber stand der Mond.

Moss hatte Roland Rud erklärt, daß möglicherweise Wachposten aufgestellt waren und daß sie außerdem auf Tobias stoßen konnten, den riesigen Großneffen von Synneva auf Tufte, der allerdings nicht ganz bei Verstand war.

Sie gingen so leise sie konnten. Doch sie sahen niemanden und waren bald hinter einem der Wirtschaftsgebäude in Sicherheit, einem großen, alten Gebäude, teils aus Stein, teils aus Holz, mit breiten Balken, die sich glatt anfühlten. Ein scharfer Geruch von Herbst und Brennesseln stieg empor, als sie sich langsam der Hausecke näherten, damit sie den Hof beobachten konnten.

Er stand voller Autos.

Der BMW, der Ingema Reiedal abgeholt hatte, das Taxi, mit dem der Dunkelhaarige gekommen war, außerdem ein betagter senfgelber Wagen, der in seinem Rostzustand mit John Dillingers Opel mithalten konnte, und ein kleines rotes Toyota-artiges Ding.

Vom Wohnhaus leuchteten sechs Sprossenfenster, drei auf jeder Seite der Eingangstür, anheimelnd ins Herbstdunkel. Wären nicht die Autos gewesen, es hätte das perfekte Bild eines »alten Hauses auf Jæren« abgegeben.

Moss drehte sich nach Roland Rud um. Er war so dicht hinter ihr, daß sie ihm beinahe auf die Füße getreten wäre.

»Suchen wir nach der verschwundenen Frau, oder nehmen wir uns die Schurken vor?« fragte er leise und klang dabei ziemlich unschuldig, aber sie kannte ihn und beherrschte ihre Lust, ihm auf die spitzen Stiefel zu treten. Sie öffnete gerade den Mund, um etwas zu sagen, als sie plötzlich Stimmen hörte.

Synneva Tufte stieg den steilen Abhang hinauf, der vom Strand zum Hof führte. Sie trug ein Kopftuch, das im Nakken stramm geknotet war, und eine Strickjacke. Sie stützte sich auf einen Stock, und als sie näher kam, sahen sie, daß es ein Skistock war, und zwar einer von der alten Sorte mit großem Schneeteller.

Hinter ihr ging Audhild Reiedal Danielsen. Sie war noch größer als die ebenfalls hochgewachsene Großtante, die etwas gebückt ging und vermutlich im Alter ein wenig geschrumpft war. Zusammen sahen sie aus wie Gestalten aus einem norwegischen Volksmärchen oder vielleicht wie die eckigen Frauengestalten des Malers Alf Rolfsen. Moss sah, daß Audhild etwas trug, was wie ein Topf aussah, und sie dachte: »Die guten ins Töpfchen, die schlechten ins Kröpfchen!«

Aber das war ja aus dem Märchen von Aschenputtel.

Sie waren inzwischen auf dem Hof, wobei Synneva Tufte pausenlos redete.

»... einfach her und mischen sich ein! Die haben doch nichts damit zu schaffen!«

»Aber ich«, sagte Audhild leise, aber immerhin so wütend, daß Moss und Rud es hinter der Hausecke vernehmen könnten. »Ich habe was damit zu tun! Vor allem, wenn du am Strand Sachen herumliegen läßt!«

»Ich hatte Eingeweide drin! Fischeingeweide!« sagte die Alte und setzte den Skistock fest auf den Boden. »Ich weiß, was ich tu!«

»Das bezweifle ich aber«, sagte Audhild, und jetzt waren sie so nahe, daß Moss sehen konnte, daß sie einen ganz gewöhnlichen blauen Plastikeimer trug. Offenbar war er jetzt leer, sie drehte ihn um und schüttete ihn aus, während sie redete. »Das weißt du nämlich nicht! Du denkst nur an Tobias!«

»An wen ich denk, ist meine Sache«, sagte Synneva Tufte und klapperte mit dem Skistock auf die Steintreppe des Wohnhauses zu. »So, und jetzt kannst du die Kerle da drin bitten, sich zum Teufel zu scheren!«

Sie ging hinein und knallte die Tür zu, daß es nur so krachte.

Audhild blieb eine Weile stehen, ehe sie ihr folgte. Sie starrte auf das Meer hinaus, und im weißen Mondschein ähnelte ihr Gesicht einer Maske, wie sie die Schauspieler im alten Griechenland trugen.

Und daß sie gerade an einer Tragödie teilnahm, daran herrschte kein Zweifel.

»Was machen wir jetzt?« fragte Rud. Er lehnte sich an die Rückseite des alten Wirtschaftsgebäudes und sah im übrigen auch ziemlich maskenhaft aus, dachte Moss.

Er mußte müde sein.

Sie dachte an das, was er von den Aufmachern in ›Dagbladet‹ und ›VG‹ erzählt hatte und daß Ansgar Averøy sich gegenüber der Presse geäußert hatte, und der Mut rutschte ihr bis in die Stiefel hinab.

Dann atmete sie tief durch und senkte den Kopf. Studierte ihre Stiefelspitzen und seine.

Dachte nach.

»Was machen wir jetzt, meine Dame?« fragte Rud wieder. Seine Stimme war plötzlich mild, und einen fürchterlichen Moment lang stiegen ihr fast die Tränen auf, und sie lehnte die Stirn gegen seine Lederjacke.

Er hob eine Hand und legte sie um ihren Hinterkopf.

»Jetzt gilt's. Du oder sie, wenn ich es richtig verstanden habe. Hauen wir ab und melden dich bei der Polizei, oder hast du vorher noch was zu erledigen?«

Sie richtete sich auf.

»Ja«, sagte sie. »Aber es sind so viele. Und ich weiß nicht, was sie hier tun. Ich würde schrecklich gern einen ganz kurzen Blick ins Wohnzimmer werfen oder wo auch immer sie sich gerade aufhalten. Ich hab hinten, in dem kleinen Anbau, eine Tür gesehen. Wenn die offen ist, versuche ich hineinzugelangen. Ich bleibe nicht lange drin, ich muß nur hören, was da gerade passiert. Soweit ich weiß, planen sie Rune Reiedals Begräbnis.«

»Und ich decke sozusagen den Rückzug?« fragte Rud.

»Wenn du eine Maschinenpistole hättest und das hier ein Actionfilm wäre, dann vielleicht«, sagte Moss und wünschte sich, daß es genauso wäre.

Dann wäre sie aufgestanden und einfach losgegangen.

»Kannst du nicht eine Weile vor der Hintertür stehenbleiben? Dann komme ich, sobald ich einigermaßen Peilung habe, was sie da gerade veranstalten«, sagte Moss.

Sie gingen zwischen den Wirtschaftsgebäuden entlang. Ganz richtig, auf der Rückseite des Wohnhauses befand sich ein kleiner Anbau, einstöckig mit schiefem Dach. Die Tür hatte ein kleines Fenster, durch das jedoch kein Licht hinausfiel.

Moss preßte ihr Ohr an das kalte Holz und lauschte.

Nichts zu hören.

Dann versuchte sie die Klinke hinunterzudrücken, und leise knarrend ging die Tür auf.

Es war eine Art Kücheneingang. Schmutzige Holzschuhe und mehrere Paare Gummistiefel standen hier, und darüber hingen diverse Kleidungsstücke an Haken. Stallkleidung, dem Geruch nach zu urteilen. Ein schmaler Lichtstreifen zeigte ihr den Weg, sie machte drei große Schritte vorwärts und lauschte wieder.

Ein fernes Summen von Stimmen, das anschwoll und wieder sank. Sie meinte Audhild heraushören zu können. Laut und erregt argumentierte sie, ehe sie unterbrochen wurde.

Dann hörte Moss eine Stimme, die dem Dänen Østergaard gehören mußte. Sie hielt den Atem an und lauschte so konzentriert, daß es an der Kopfhaut spannte.

Es half nichts, er war zu weit weg.

Vorsichtig schob sie die Tür ein wenig auf. Sie blickte in eine Landküche: eine große Spüle mit Ausguß und Schöpfgefäß, ein Herd aus den fünfziger Jahren mit Blechplatte und einem Katzennapf darunter. Auf dem Herd dampfte ein riesiger Kaffeekessel.

Irgend jemand kochte hier Kaffee.

Die Holzdielen waren breit und blau gestrichen.

Die Tür gegenüber stand offen und führte zu einem Flur. Sie sah einen langen, ausgeblichenen Flickenteppich und eine Wand voller Bücher, vergilbte und zerlesene Buchrükken, Bände bekannter Autoren, gebundene Ausgaben, verstaubte Klassiker. Hier gab es keine Buchclubausgaben. Alte Zeitungen und Illustrierte waren überall dazwischengeschoben und quollen hervor. Auf dem Boden standen Spankörbe, in denen sich anscheinend Wollknäuel befanden, und Moss fiel ein, daß Tobias Tufte geglaubt hatte, sie wollte einen Pullover von seiner Großtante kaufen.

Also strickte sie, die fleißige Alte.

Und nahm ihre Fische selbst aus und spülte sie im Meer.

Warum nur war Audhild so wütend darüber?

Moss lehnte sich gegen die Wand und versuchte ruhig durchzuatmen.

Sie sah sich um. Es gab eine alte Kommode, voller Kratzer und Schrammen. Obendrauf stand eine Holzschüssel, die mit all dem gefüllt war, was man aussortiert hat, aber nie wegräumt: ein kleines Vorhängeschloß ohne Schlüssel, ein rissiger Handschuh, eine Sonnenbrille, der das rechte Glas fehlte. Quittungen von einer Eisenwarenhandlung und vom Lebensmittelladen, alle mindestens fünf Jahre alt. Eine Haarspange.

Über der Kommode ein Spiegel mit gesprungenem Glas.

Neben dem Spiegel ein paar alte Stickereien, eingerahmt

und hinter Glas ausgeblichen. Moss buchstabierte sich durch große und kleine Frakturbuchstaben in Farbabstufungen von Sepia bis Schwarz:

Der Todsünden sind sieben:
Hoffart, Neid und Zorn,
Die Trägheit und der Geiz
Tun Unseren Vater betrüben,
Er weint einen ewigen Tränenborn.
Wollust ist die Lust im Herzen,
Doch die Maßlosigkeit bereitet Ihm die größten Schmerzen.

Da näherten sich Schritte, sie zog die Tür wieder zu und preßte sich flach an die Wand. Jemand kam mit klappernden Absätzen, aber es klang eher nach Synneva Tufte als nach Audhild.

Oder Ingema Reiedal.

Dann klirrten Kupferbehälter und Schüsseln, eine Schublade wurde so heftig aufgezogen, daß das Besteck klirrte, jemand murmelte wütend vor sich hin, es war Synneva Tufte. Eine Schranktür knallte. Dann kamen weitere Personen in die Küche, und schließlich eine, die Audhild sein mußte: »Ich mache das schon, Synneva. Geh doch rein und setz dich hin.«

Die Alte murmelte etwas, dann klapperte sie wieder hinaus.

Es war still, lange. Moss traute sich kaum zu atmen. Jetzt mußte die Frau mit den Kaffeetassen bald aus der Küche verschwinden, es war so unbequem, herumzustehen, ohne sich bewegen zu können.

»Audhild«, sagte plötzlich eine Stimme von drinnen. »Wo bist du denn? Na, hier hast du dich also versteckt.«

Es war Østergaard.

Sie preßte sich noch dichter an die Wand, aus Angst, daß es einem von ihnen einfallen sollte, durch die Hintertür nach draußen zu gehen, um sich die Beine zu vertreten.

»Und was machen wir jetzt?«

»Wir? Ich will mit der Sache nichts zu tun haben!«

Audhilds Stimme war leise und zitterte. Vor Wut? Vor Angst?

»Jetzt hör doch mal zu. Erst haben sie die ganze Zeit behauptet, er hätte vor seinem Tod nichts verraten. Aber jetzt haben sie es sich anders überlegt, diese stupiden Idioten, jetzt sagen sie, er habe von einem Streik geredet.«

»Was?« sagte Audhild. »Streik? Kolbein Vågevik? Während sie ihn geschlagen und getreten haben?«

»Ja, das behaupten sie jedenfalls«, erwiderte Østergaard.

»Wer sollte streiken?« fragte Audhild.

»Weiß der Teufel. Er hat ›Streik‹ gesagt – und dann ist er offenbar gestorben.«

»Das verstehe ich nicht«, sagte Audhild.

»Verdammt, ich doch auch nicht«, sagte Østergaard trokken. »Es ist ziemlich idiotisch, das Ganze. Einen Kerl zu Tode zu treten. Wenn man nicht mal weiß, wo er es versteckt hat, dieses ... Testament, wie sie es nennen.«

Schritte, Moss spürte, wie es sie durchzuckte, während sie ganz still dort stand. Wenn er einfach die Tür aufriß und sie sah. Von einem Moment auf den anderen bekam sie einen trockenen Mund und hatte das Gefühl, als schwanke der Boden unter ihren Füßen.

Die Stimme des Dänen dort drinnen, so dunkel, so dänisch, so – gemütlich.

Und dennoch so gefährlich. Sie hielt den Atem an, es war ganz still dort drin, aber da knarrten schon wieder die Dielen, es klang so, als ob jemand – vermutlich der Däne – auf und ab ging.

»Und dann diese verdammte Moss! Dieses verteufelte Weibsbild! In wessen Auftrag arbeitet die bloß?«

Moss blinzelte aufgeregt.

»Die Polizei ist ja hinter ihr her«, sagte Audhild mit gedämpfter Stimme. »Die werden sie schon kriegen.«

Plötzlich spritzte und knisterte es, und Audhild stieß einen kleinen Schrei aus, anscheinend kochte der Kaffeekessel gerade über. »Ich muß wieder rein«, sagte Audhild nach einer Weile, und ihre Stimme klang zitternd und kurzatmig. »Ich wünschte mir, ich wäre nie in diese Sache verstrickt worden.«

»Du hast dich damals selbst in die Sache verstrickt, meine Liebe«, sagte Østergaard spöttisch, und dann ging er anscheinend wieder ins Wohnzimmer, denn das Gespräch endete, und das Klirren von Tassen wurde lauter.

Es roch stark nach übergekochtem Kaffee.

Moss atmete tief durch.

Streik? Was zum Teufel sollte das bedeuten?

Sie wagte es, die Tür einen Millimeter weit zu öffnen, und erhaschte einen Blick auf Audhild, die vorsichtig ein großes Tablett mit Tassen aus der Küche manövrierte.

»Ich hab mich nicht getraut, noch länger stehenzubleiben«, sagte Moss atemlos, während sie neben Roland Rud durchs nasse Gras lief. »Sie haben von mir geredet! Ich stand direkt daneben im Vorflur ... es hätte jeden Moment jemand rauskommen können, und dieser Tobias ...«

Sie blieb plötzlich stehen.

Auf dem Steinwall vor ihnen saß eine riesige Gestalt in der Dunkelheit.

Moss sagte, zögernd, während ihr Herz wie verrückt hämmerte und ihr die Zunge am Gaumen klebte: »Tobias? Erinnern Sie sich an mich? Wissen Sie noch, ich wollte doch ein Bild von ... von Tufte malen?«

»Ja«, erklang die Antwort. »Aber die Großtante wollte nicht.«

»Ich weiß«, sagte Moss und widerstand der Lust, über die

Schulter zu blicken, ob dort hinten jemand aus dem Haus gekommen war. »Aber vielleicht hätten Sie gern ein Bild gehabt?«

»Nein, mir gefallen Fotos besser. Wen ham Sie denn dabei?«

»Meinen Kumpel«, sagte Moss. »Er heißt Ro...bert. Er ... wir wollen jetzt nach Hause. In die Stadt. Es ist schon spät.«

Sie blickte verstohlen zum Haus hinüber. Es schien sich gerade niemand in der Küche aufzuhalten. Irgendwo von der Vorderfront des Hauses war ein startender Automotor zu hören, eine Tür schlug, und dann ertönte das Geräusch eines Autoreifens auf dem sandigen Hof. Es verlor sich und verschwand schließlich völlig. Einige der Gäste waren gefahren.

»Es ist kühl«, sagte Moss schnell. »Wir müssen zusehen, daß wir nach Hause fahren, mein Kumpel und ich.«

»Und ich darf nicht ins Haus«, sagte die Stimme klagend. »Sei schön ruhig, Tobias! Bleib draußen, Tobias! Geh in den Stall, Tobias!«

»Ach herrje«, sagte Moss. »Können wir hier rüber?«

Langsam ging sie auf den riesigen Mann zu, setzte ein Bein über den niedrigen Wall. Tobias Tufte machte keinerlei Anstalten, sie zu hindern. Moss hörte Rud ein Stück weiter weg hinüberspringen. Und dann war auch sie auf der anderen Seite des Steinwalls.

Es gluckste im sumpfigen Boden.

»Was ist aus Arna geworden?« fragte sie, ein letzter Schuß in den Nebel.

»Arna?« meinte Tobias. Der schwere Drillichstoff seiner Jacke raschelte, als er sich umdrehte. »Wer ist das?«

»Klein und dunkel«, sagte Moss rasch. »Aus Tasta, in der Stadt, wissen Sie? Nett, sehr nett. Die Mutter von einem, der Tom heißt, er kann Gitarre spielen.«

»Gitarre spielen«, sagte Tobias. »Ja.«

»Haben Sie sie gesehen?« sagte Moss. »Sie ist gestern gekommen.«

»Sie wollte nicht, daß ich Videos gucke«, sagte Tobias.

»Aha«, sagte Moss, und diesmal warf sie einen Blick über die Schulter. Alles wirkte ruhig. Drüben in der Dunkelheit ging Roland ruhelos hin und her.

»Audhild hat viele Videos«, sagte Tobias. »Western und alles mögliche.«

Moss schaltete blitzschnell. »Ist Arna bei Audhild?« fragte sie.

»Ja, sie war jedenfalls heute tagsüber da«, sagte Tobias. »Ich will rein, ich frier.«

»Wo ist sie denn jetzt?« fragte Moss. Ihr Herz hämmerte so schnell, daß ihr schwindlig zu werden begann.

»Was weiß ich«, sagte Tobias. Er schaukelte hin und her und blickte zur Küchentür hinüber. »Ich geh in den Stall«, sagte er, hauptsächlich zu sich selbst. »Ich geh in den Stall, dann soll sich die Alte wundern, wo ich abgeblieben bin!«

Mühsam erhob er sich vom Steinwall und ging mit großen Schritten über den Hof.

»Komm«, sagte sie schnell zu Rud, der inzwischen naß bis zu den Knien war. »Es ist gleich dahinten!«

Weiter draußen wälzte sich das unendliche Meer schwarzgrün unter den Sternen.

Es rauschte, glasklare Wellen spülten an den Strand und glitten wieder hinaus.

18

»Hey, good lookin'
what's you got cookin'
how's about cookin' somethin' up with me?«

Hank Williams

Bei Audhild war es dunkel.

Nur aus der Küche fiel Licht nach draußen, und aus einem Raum im ersten Stock, wo vermutlich das Badezimmer lag. Roland Rud und Margaret Moss standen dicht an der Hauswand und lauschten, wenig später war Moss in drei langen Sätzen oben auf der Veranda.

»Paß auf, daß keiner kommt«, flüsterte sie.

Sah durch die Scheiben der Verandatür nach drinnen.

Ein Fernseher flackerte bläulich, niemand sah fern.

Moss versuchte die Tür zu öffnen. Abgeschlossen.

Sie legte den Kopf in den Nacken und sah hinauf. Auch kein Fenster offen.

Rud verschwand um die Hausecke. Er kam nicht zurück, und nach einer Weile ging sie hinterher. Er kam ihr im Dunkeln entgegen.

»Die Haupttür ist auch abgeschlossen«, sagte er leise.

»Sie muß doch hier sein«, sagte Moss ebenso leise.

»Wenn wir dem von vorhin glauben wollen ... wie hieß der noch? Tobias?«

Moss biß sich auf die Unterlippe. »Wenn nur nicht das Haus hinter dieser Hecke voller Leute wäre!«

»Läuft die Frist morgen ab?« fragte Rud. »Um dieses sogenannte Testament hervorzuhusten?«

Sie nickte.

»Morgen abend. ›Don't call us, we'll call you‹, haben sie geschrieben, diese verdammt dreisten Typen. Ich will hier rein!«

Ihre Stimmlage stieg verärgert an, und noch während sie den letzten Satz sagte, bückte sie sich und legte die Handfläche gegen ein Kellerfenster.

»Scheiße!« zischte Rud und zog sie zurück. »Da kommt jemand!«

Sie erhob sich und lauschte.

Es raschelte im Gebüsch, und leise Stimmen waren über das Meeresrauschen hinweg zu hören. Audhild kam auf dem Strandweg vom Haus ihrer Großtante, und sie hatte jemanden bei sich.

Moss drehte sich sofort um. Nickte zum Gartentor hinüber.

Sie hoffte, daß der Hund im Haus war.

Der Sand knirschte ein wenig, als sie auf den schmalen Weg hinaustraten. Während sie zwischen den Tannen der Hecke verschwanden, hörten sie, wie Audhilds Haustür zuschlug.

Sie beschlossen, daß Roland Rud das Motorrad zurückfahren sollte, während Moss den gemieteten Peugeot nahm.

Sie spürte plötzlich, wie entsetzlich müde sie war. Dennoch schwirrten ihr die Gedanken im Kopf herum.

Arna war bei Audhild, da war sie sich ganz sicher. Mit Tabletten gedämpft, vermutlich. Mit Geld gelockt. Mit der Genugtuung für Kolbein?

Schwer zu sagen.

Sie starrte mit trockenen, brennenden Augen vor sich hin.

Was machten sie eigentlich auf Tufte, alle miteinander?

Und was zum Teufel hatte Østergaard gemeint, daß Kolbein unmittelbar vor seinem Tod von einem Streik gesprochen hatte?

Etwa ein Streik bei Sandsgaard? Warum sollte er für einen Streik soviel aufs Spiel setzen?

Wenn es überhaupt darum ging.

Sie rieb sich mit Daumen und Zeigefinger die Augen.

Im Rückspiegel sah sie den Scheinwerfer von Roland Rud, und das Geräusch des großen Motorrads lag die ganze Zeit dröhnend unter dem Summen des Peugeots.

Wieder rieb sie sich die Augen.

Wo fing das alles an, und wo endete es?

Beim Geld.

Aber ob Arna und Tom von dieser Gang jemals Geld bekommen würden, das stand in den Sternen.

Sie blickte wieder in den Rückspiegel, nur wenige Autos waren an diesem Samstagabend unterwegs.

Der Mond war im Westen aufgegangen, es war dunkel.

Sie dachte an Tom und an den Bücherstapel, der inzwischen vermutlich in Sicherheit war. Plötzlich zuckte sie zusammen.

Streik, verdammt!

Wenn das jetzt ein Stichwort aus dem Arbeiterlexikon war? Wenn man diese Seite aufschlug, vielleicht ... Ohne es zu merken, trat sie aufs Gaspedal, und der Peugeot schoß davon. Dann fiel ihr Auge auf eine Bushaltestelle vor ihr, sie blinkte und fuhr langsamer.

Hielt an.

Rud rollte heran.

»Was ist denn?« rief er durchs Motorendröhnen.

Sie steckte den Kopf durchs Fenster. »Ich hatte eigentlich gedacht, wir könnten uns ein billiges Hotel oder so suchen, aber jetzt müssen wir trotzdem erst mal zu Harry fahren. Da ist eine Sache, die ich vorher klären muß. Weißt du noch den Weg zu Harry? Es wäre vielleicht schlau, wenn du vorfahren würdest.«

Er sah sie an. »Du würdest es also riskieren und hoffen, daß es gutgeht?«

Sie zuckte mit den Schultern.

»Und wenn nicht, was machen wir dann?« fragte er.

Sie zuckte wieder mit den Schultern.

Sie kamen nicht einmal bis zu Harrys Haus.

Ganz oben an der schmalen Straße stand ein schmächtiger junger Mann, er hatte den Jackenkragen hochgeschlagen und die Mütze tief ins Gesicht gezogen. Er lehnte scheinbar gleichgültig an einer Hauswand, den einen Fuß auf dem Boden und den anderen gegen die Mauer hinter sich gestützt. Er hatte eine Kippe im Mundwinkel und sah ab und zu auf die Uhr, als warte er auf jemanden. Als er das Geräusch des großen Motorrads hörte, richtete er sich auf und trat auf die Straße. Roland Rud fuhr langsamer. Als Tom sah, daß es nicht Margaret Moss war, wollte er sich wieder zurückziehen, doch da hatte sie ihn schon vom Auto aus erkannt und hielt an.

»Was ist passiert?« fragte sie und spürte, wie ihr Herz den nächsten Gang einlegte.

»Die Polizei«, sagte er leise. »Vermutlich warten sie unten im Haus auf dich.«

»Was machen wir jetzt?« fragte Moss.

»Harry und die anderen sind rechtzeitig abgehauen, Dillinger hat den ganzen Tag an seinem Auto rumgebastelt, es war, glaub ich, nur eine verstopfte Düse oder so. Sie ham Kondis und die Bücher mitgenommen. Sie ham sie überredet, sich irgendwo mit ihnen zu treffen«, sagte er leise und lehnte sich dabei fast ganz ins Auto. »Ich soll dich zu einem Häuschen draußen auf Rennesøy mitnehmen, das Harry sich manchmal ausborgt, hoffentlich weiß ich noch, wo es genau ist.«

Er öffnete die Autotür und kletterte auf die Rückbank.

Sie drehte sich um und musterte ihn. Im schwachen Licht sah er blaß aus, die Pickel verteilten sich als violette Pünktchen über das ganze Gesicht, und ihr wurde bewußt, wie jung er war.

»Wird schon alles gutgehen«, sagte sie und hörte selbst, wie hilflos es klang.

Plötzlich fiel das Licht von Scheinwerfern eines entgegenkommenden Autos ins Wageninnere, und sie erstarrten, aber es war nur jemand, der wendete und an der nächsten Kreuzung abbog, ehe er verschwand. Dann sagte sie: »Du kennst den Typen auf dem Motorrad nicht, aber es ist ein Freund von mir. Wir haben schon früher zusammengearbeitet. Er wird mitkommen, aber er muß das Motorrad hierlassen.«

Tom nickte.

Wenig später stand die Maschine in einer engen Gasse, abgeschlossen und hoffentlich für eine Weile in Sicherheit, und Roland Rud hatte den Platz auf dem Fahrersitz eingenommen.

Moss schaute unter sich und sagte dann: »Deine Mutter ist draußen in Tufte. Im Haus von Audhild Danielsen. Wir haben nicht mit ihr reden können, aber es ist ziemlich sicher, daß sie dort ist.«

Von der Rückbank kam keine Antwort. Moss sagte: »Das wird schon wieder!«

»Ja«, kam es von hinten. Leise.

Moss starrte mit immer stärker brennenden Augen nach draußen in die Dunkelheit. Als sie den Verkehr im Stadtzentrum hinter sich gelassen und Kurs auf Randaberg und Rennesøy genommen hatten, schien noch niemand die Verfolgung aufgenommen zu haben.

Sie döste. Die Kopfschmerzen, die sich den Tag über verzogen hatten, waren zurückgekehrt. Es flimmerte hinter den Augenlidern, und im Zwerchfell nagte die Übelkeit.

Sie hatte vergessen zu essen, vermutlich war das der Grund.

Sie legte ihre Hand auf Roland Ruds Oberschenkel. »Du hast nicht zufällig ... ein paar Kekse oder so?«

»In der Tasche hinten«, sagte er und warf ihr einen raschen Blick zu.

Tom hob die Füße und zog eine schmutzige blaue Tasche hervor, die er Moss reichte.

Sie öffnete sie und wühlte darin herum.

Eine zerschlissene und wenig elegante Kulturtasche, zwei saubere Unterhosen, ein Sockenknäuel, etwas, das aussah wie T-Shirts. Plötzlich wurde ihr glühend heiß hinter den Augen, und es brannte in der Nase.

Da hatte er seine Tasche gepackt und war nach Stavanger gefahren. Sie war so gerührt und bekam auf einmal ein so schlechtes Gewissen, daß sie den Tränen nahe war.

»In der Seitentasche«, sagte Rud und hängte sich an einen Linienbus. Der Dieselgestank zog direkt ins Auto, und er suchte in dem fremden Wagen nach dem richtigen Schalter, um die Lüftung abzustellen.

Es war eine kleine Flasche ›Three Roses‹.

»Dabei mag ich doch eigentlich keinen Bourbon«, sagte Moss und schniefte. »Daß du das auch nie lernst.«

Es war beinahe halb zehn, als sie über das letzte Stück eines schmalen Weges mit Gras in der Mitte holperten. Hier gab es weder Strand noch Sumpf oder Kies, hier gab es nur glatte, graue Klippen mit Wacholderbüschen und Moos, und das Rauschen des Meers klang anders.

»Der dritte Weg rechts. Ein gelbes Häuschen«, sagte Tom. »Hier muß es sein.«

Und so war es auch. Als sie endlich den Peugeot unter ein paar windgepeitschten Kiefern geparkt hatten, sahen sie den Opel von John Dillinger, der, mit einer Plane abgedeckt, dicht an einer Hauswand stand, die man bei großzügiger Betrachtung vielleicht als gelb hätte bezeichnen können.

Die Farbe war abgeblättert, und das ganze Haus, das Harry organisiert hatte, wirkte verfallen.

Es habe einmal der Eisen- und Metallarbeitervereinigung gehört, sagte der Gastgeber, der in Socken auf die Vortreppe getreten war und unsagbar erleichtert wirkte, als er sah, wer da kam.

»Legt mal ’nen Zahn zu, wir dürfen nicht soviel Wärme

rauslassen. Der Ofen da drin raucht wie nix Gutes, aber immerhin ham wir ihn am Ende angekriegt.«

Das kleine Zimmer war randvoll: John Dillinger, der eine Tasse Kaffee in seinen vom Autobasteln schmutzigen Händen hielt. Elfrid, die sich in der Kochecke nützlich machte – sie rührte mit geröteten Wangen in einem Topf und hatte die Ärmel ihres fusseligen Acrylpullis hochgekrempelt. Harry, der sich die Nase putzte und den kleinen, rotglühenden Eisenofen mit Holzstöckchen fütterte – und eine füllige und merkwürdig aussehende Frau, die einen gemütlichen Platz auf dem schmutziggrünen zerschlissenen Sofa ergattert hatte.

Man hatte Kondis hergebracht, und Kondis war nüchtern. Vorläufig jedenfalls.

Sie hatte weißgraue Haare, zumindest am Haaransatz und an den Spitzen, dazwischen waren sie rabenschwarz und im Nacken zu einer Art Knoten zusammengefaßt. Ihre Gesichtshaut war grau und dick, mit elefantenähnlichen Falten. Ihre Augenbrauen waren schwarz, schmal wie Striche und nicht ganz gleichmäßig geschminkt. Die kleine, breite Nase saß wie eine Kartoffel über der langen Oberlippe, und der Hals ragte faltig aus einem alten Pullover heraus. Ihre Augen blitzten auf, als sie sah, wer hereinkam. Sie hob die rechte Hand, ballte sie zu einer rundlichen kleinen Faust und sagte: »Wacht auf, Verdammte dieser Erde! Ihr kommt pünktlich zu Versammlungen, wie ich sehe!«

Dann lachte sie, ein heiseres und lautes Lachen.

Moss hatte von Elfrid Kopfschmerztabletten bekommen, sie hatte Kaffee getrunken und Tütensuppe gegessen.

Jetzt hätte sie schlafen können, wäre da nicht die Unruhe gewesen, die in ihr wühlte.

»Wo ist das Lexikon?« fragte sie. Eigentlich hatten sie keine Zeit zu verlieren.

»Hier«, sagte Tom.

Und dort lag es, in einem Stapel hinter dem Sofa.

Rasch fand sie das Gesuchte: »Streik, die gemeinsame Arbeitsniederlegung durch die Belegschaft eines einzelnen Betriebs, eines bestimmten Wirtschaftszweigs oder sämtlicher Arbeitnehmer. Der Streik ist eine der wichtigsten Kampfmaßnahmen der Arbeitnehmer ...«

Sie blickte auf. »Ich verstehe gar nichts«, sagte sie.

»Arbeitnehmer«, sagte Kondis abweisend. »Ich hab noch nie verstanden, warum wir Arbeitnehmer heißen und die Chefs Arbeitgeber, wir sind es doch, die Arbeit geben, oder?« Sie sah sich in der Runde um.

Tom beugte sich über Moss. »Schau mal«, sagte er. Ein kleiner, mit Kugelschreiber gezeichneter Kreis, ein lächelnder Mund, zwei Punkte als Augen, der sogenannte Smiley. »Das war Papa! So hat er immer unterschrieben, auf den Zetteln für uns. Mit einem K und einem Smiley.«

»Aber was heißt es, wenn hier einer steht?« fragte Moss. Sie überflog den ganzen Artikel, konnte aber nichts weiter entdecken als eine Erklärung des Begriffs Streik.

»Streik«, sagte Harry. »Im letzten Jahr, das Kolbein bei der Werft angestellt war, gab's einen Streik. Aber ich kann mich an nix erinnern, was ... nee, wirklich nicht.«

Roland Rud saß auf einem Schemel etwas außerhalb der Runde, eine Selbstgedrehte hing im Mundwinkel. In diesem Augenblick wirkte er in jeder Hinsicht wie ein Außenstehender.

»Was meinst du denn?« fragte Moss und sah ihn an.

»Fernfahrer streiken nie«, sagte er verdrossen. »Ich hab keine Ahnung davon.«

»Jetzt schwindelst du aber«, sagte Kondis und blinzelte ihm zu. »Die ham doch grad erst eine politische Aktion gestartet!«

Er antwortete ihr nicht, und Moss, die wußte, wie stark sein Ehrgefühl war und wie schnell er gekränkt sein konnte, hatte Mitleid mit ihm. Aber wenn er so tat, als sei er nicht mal in der Gewerkschaft, war er selbst schuld! Sie bemerkte den Blick, den er Harry zuwarf, und mußte beinahe lächeln.

Weil der Ofen solche Hitze ausstrahlte, hatte Harry sein Hemd ausgezogen und saß nun in einem nicht ganz sauberen Unterhemd da, die Elvistolle hing ihm wie gewöhnlich übers Ohr. Seine tiefe Stimme kratzte heute abend ganz besonders, er hatte wohl mehr als sonst geraucht.

Moss stand auf und legte das Buch auf den mit unzähligen Brandflecken von vergessenen Zigarettenkippen übersäten Tisch. Sie ging zum Fenster. Dort draußen gab es nichts als Klippen, niedrige, windgepeitschte Kiefern und Dunkelheit.

Obwohl sie so müde war, kribbelte und juckte es in ihr vor Ungeduld und Ärger. Wenn Kolbein unmittelbar vor seinem Tod »Streik« gesagt und seinen Sohn gebeten hatte, sich keinesfalls vom Lexikon zu trennen, und wenn er sein persönliches Logo direkt neben diesen Eintrag gezeichnet hatte – dann mußte das doch etwas zu bedeuten haben! Sie drehte sich um und sah Harry an. »Woher hast du gewußt, daß die Polizei sich bis zu dir vorgearbeitet hatte?«

Er zuckte mit den Schultern. »Die Leute reden halt. Das hab ich ja gewußt. Die Weiber in den Häusern rundherum ham wohl gedacht, ich hätte mir eine Frau zugelegt!«

Er lachte.

Moss fiel auf, daß Rud nicht mitlachte.

»Also war ich darauf vorbereitet, daß die Gerüchteküche kocht und daß es nur eine Frage der Zeit sein würde, wann die Polizei die richtige Person befragt. Aber dann hat ein Typ aus Oslo angerufen und wollte mit dir reden, Averøy hieß der. Dein ehemaliger Chef, hat der hier mir erzählt.«

Er nickte in Richtung Roland Rud.

»Und er hat gesagt, du sollst zurückrufen. So schnell wie möglich. Da hab ich begriffen, daß es vorbei ist. Wenn sogar er gewußt hat, daß du bei mir wohnst. Und als Tom auch noch aufgefallen ist, wie gegen vier ein Polizeiwagen langsam vorbeigefahren ist, da ham wir uns Kondis geschnappt und sind abgehauen.«

»Denn da war ja der Opel wieder startklar«, schob Elfrid ein, die neben Kondis saß und mit den Augenlidern klimperte.

»Und euch ist niemand gefolgt?« fragte Moss.

»Kann ich mir nicht vorstellen«, sagte Harry. »Wir ham ja aufgepaßt, weißt du. Wir ham die ganze Zeit geguckt.«

»Das habt ihr verdammt gut gemacht«, sagte Moss, der bewußt war, daß sie häufig undankbar wirkte. Sie riß sich wirklich zusammen.

»Meinst du nicht, daß du Averøy anrufen solltest?« mischte Roland Rud sich endlich ins Gespräch. »Vielleicht wäre das ganz clever.«

»Hier gibt es doch kein Telefon«, sagte Moss erleichtert.

»Du kannst meins leihen«, sagte Elfrid und wühlte in ihrer Tasche.

»Oder meins«, sagte Roland Rud.

Averøy ging sofort dran, er war kurz angebunden, und seine Auflagen waren eindeutig. Margaret hatte sich bei der Polizei in Stavanger zu melden. Und zwar sofort.

»Aber«, sagte Moss.

»Jetzt mußt du's doch endlich mal kapieren«, tönte es genervt aus der Leitung. »Du kannst nicht einfach drauflospreschen, wie es dir paßt! Was hast du mit diesen Morden zu tun? Hast du was zu verlieren, wenn du dich meldest? Was? Weißt du, daß heute welche vom Zentralen Kriminalamt nach Stavanger gefahren sind?«

»Gib mir zwölf Stunden«, sagte Moss.

»Wo bist du?« fragte die Stimme am anderen Ende.

»Das sage ich noch nicht«, sagte Moss. »Verdammt noch mal, nicht nur die Polizei ist hinter mir her, glaubst du, ich stehe hier zum Spaß ... Was weißt du über den Kerl, der ins Meer gestürzt ist? Hatte er Wasser in der Lunge oder nicht?«

»Damit hast du doch nichts zu schaffen«, sagte Averøy. »Er hatte übrigens Wasser in der Lunge. Süßwasser! So, ich glaube, der hat gesessen! Wenn du dich morgen früh nicht meldest, Moss, dann werde ich persönlich kommen und dich abholen!«

»Ja, ja«, sagte Moss und beendete das Gespräch mit einem Knopfdruck.

Süßwasser?

Das war doch gegen alle Naturgesetze.

Es nützte nichts, noch länger zu spekulieren. Gegen eins sah Moss doppelt und wurde für einige Stunden in die obere Etage ins Bett beordert.

Die anderen blieben unten sitzen. Die Stimmen schwollen an und fielen wieder, und Moss, die sich die meisten Kleidungsstücke ausgezogen hatte und frierend unter das feuchte Bettzeug gekrochen war, fühlte sich auf einmal wie damals in ihrem Elternhaus in Fredrikstad, als sie noch klein war und unten im Wohnzimmer die Erwachsenen reden hörte.

Sie faltete die Hände zwischen den Knien und klapperte mit den Zähnen.

Süßwasser in der Lunge.

Ein blauer Eimer?

Ein Eimer, in dem Fischeingeweide gewesen waren?

Smiley.

Streik.

Unten lachten sie, plötzlich und laut, eine richtige Lachsalve, für was zum Teufel hielten sie die Sache eigentlich? Für einen Ausflug, oder wie?

Sie döste kurz ein, flackernde Bilder zogen durch ihr müdes Gehirn.

Plötzlich erwachte sie davon, daß jemand Riesiges im Dunkeln über ihr stand. Sie gab einen halberstickten Laut von sich und setzte sich aufrecht hin.

»Entspann dich«, sagte eine Stimme ärgerlich. Roland Rud stand auf einem Bein und versuchte sich die Hose auszuziehen, ohne umzufallen.

Sie schlug die schwere wattierte Decke beiseite. »Du wirst dich wohl herlegen müssen«, sagte sie. »Es gibt nur diese eine Decke.«

Der Lattenrost des Betts quietschte und knarrte, als er sich neben ihr ausstreckte. »Du meine Güte«, sagte er. »Wie kalt du bist!«

»Ja, aber jetzt werde ich ja warm«, sagte sie und schmiegte sich an ihn. »Wo bist du gewesen?«

»Unten«, sagte er und schloß die Augen.

»Roland«, sagte sie und pustete heißen Atem gegen seinen Brustkorb. »Antworte jetzt.«

»Wir haben uns scheiden lassen«, sagte er schließlich und starrte an die Decke.

Sie war plötzlich hellwach und zog sich behutsam zurück.

»Warst du derjenige, der die Scheidung eingereicht hat?« fragte sie.

»Nein«, sagte er und schloß die Augen. Sie legte ihre Hand auf seine Augen und bekam warme und nasse Finger.

»Ach, Roland«, sagte sie und zog die Decke über sie beide.

19

»It's that old devil called love again.
Gets behind me and keeps giving me that shove again.«

Fisher/Roberts

Sie schlief unruhig. Als die graue Dämmerung endlich durch die verstaubten Scheiben des Giebelfensters sickerte, stand sie auf, zog sich Hose und Pullover über und machte sich auf die Suche nach der Toilette.

Die befand sich draußen.

Ein beinahe überwachsener Pfad aus Steinplatten führte sie im Nieselregen zu einem ungestrichenen Zweisitzer zwischen Wacholderbüschen, die so groß waren wie Bäume. Vermutlich waren nur selten Leute hier, der Dreck auf dem Boden des Klos sah vermodert und erdartig aus.

Draußen roch es nach Meer und Regen.

Niedrige Wolken zogen vom Meer landeinwärts, sie lief auf bloßen Füßen wieder ins Haus und spürte, daß der Oktober schon weit fortgeschritten war.

Im Erdgeschoß regierte noch der Schlaf, es wurde in mehreren Tonarten geschnarcht.

Sie warf einen Blick auf die bunt zusammengewürfelte Gesellschaft, die sich auf Sesseln und Sofas verteilt hatte, zugedeckt mit Jacken und muffigen Wolldecken.

Auf dem Tisch mit den vielen Brandflecken stand eine leere Flasche Brandy Special. Kein Wunder, daß sie noch schliefen.

Moss stieg die Treppe in langen Sätzen hinauf.

Rud schlief noch, aber nicht mehr lange.

Sie baute sich eine Kopfstütze aus Kissen mit gestreiften Überzügen und sagte, während Rud sie anblinzelte: »Ich muß reden. Ich weiß, daß du müde bist, aber die Zeit vergeht!«

Dann redete sie.

Unzusammenhängend und von Ruds ausführlichem Gähnen unterbrochen, bemühte sie sich, die Ereignisse der verwirrenden Tage zusammenzufügen, seit sie am Montag, dem 18. Oktober, aus Smestad in Oslo losgefahren war.

»Was ich auf alle Fälle weiß«, sagte sie und strich sich das Haar mit den Fingern nach hinten, »ich weiß, daß Kolbein Vågevik zu Tode getreten und geprügelt wurde, und zwar von Næsvik, der eine Speditionsfirma in Stavanger besitzt, vom Ferkel, bei dem ich keine Ahnung habe, was er treibt, vermutlich gar nichts, außer daß er ein Schlägertyp und ein Arschloch ist, und von der Bodybuilderhose, der bei seiner Großmutter wohnt und anscheinend nicht mal einen gewöhnlichen Job hat. Das weiß ich, weil ich dort gewesen bin.

Dann gibt es noch Preben Østergaard. An dem Tag, als Rune Reiedal im Meer gefunden wurde, hat er in seinem Auto gesessen und auf Gun gewartet. Er hat uns bestimmt gesehen und uns verfolgt, auch wenn wir das nicht mitbekommen haben. Vermutlich war er in Varhaug, als sie Gun erschossen haben, du kannst also davon ausgehen, daß er eine zentrale Rolle spielt! Und gestern war er in Tufte und hat gesagt, die Typen seien ganz schöne Idioten gewesen, die Kolbein Vågevik umgebracht hätten, ehe er erzählt habe, wo sich sein Testament befindet. Und Gun hat was von einem Typen aus Oslo gesagt, einem Kosovoalbaner – von dem hab ich dir doch gestern erzählt, er fährt Taxi, und ich habe ihn auf dem Weg nach Tufte gesehen, kurz bevor du kamst.«

»Ich weiß«, sagte Rud, der seine Jacke geholt und das Tabakpäckchen herausgenommen hatte. Jetzt saß er vornübergebeugt, dünn und nackt auf der Bettkante und drehte sich eine Zigarette. Er sah unausgeschlafen und verdrießlich aus. »Ich hab ihn gesehen.«

»Okay«, sagte Moss, die sich für einen Moment von seinem mangelnden Enthusiasmus gebremst fühlte. »Jedenfalls gehört er auch dazu. Wozu auch immer. Preben Østergaard ist irgend so ein Literaturfuzzi an der Uni von Odense. Er ist oft in Stavanger, bei Veranstaltungen wie dem Seminar in Hå. Toller Deckmantel für einen Gauner mit höherer Ausbildung, oder? Fährt durch die Weltgeschichte und hält Vorlesungen über mittelalterliche Literatur in Oxford und Caen, was weiß ich. Pflegt gleichzeitig ganz andere Kontakte. Beim Seminar, als er am Strand gestanden und sich die Leiche angesehen hat, die an der Wasseroberfläche schwappte, ist er nicht besonders aufgefallen. Er hat gut hineingepaßt. Nur daß er mich so angestarrt hat, das hat mich mißtrauisch gemacht.«

»Woher weiß er, wer du bist?« fragte Rud und zündete sich die Zigarette an.

»Keine Ahnung«, sagte Moss, die keinesfalls zugeben wollte, daß sie ihre Visitenkarte hinterlassen hatte, im wahrsten Sinne des Wortes. »Er trifft sich also mit dem Großkapital von Stavanger und redet in Hå über Literatur. Er ist auf du und du mit einem Konzernchef, der gerade Leute entlassen will. Kolbein Vågevik war deshalb fuchsteufelswild, hat Gun erzählt. Die hat das Gespräch nämlich mitgehört.«

»Was haben die eigentlich mit Toms Mutter vor?« fragte Rud, der sich in den Kissen zurückgelehnt hatte. »Arna oder wie sie heißt?«

»Sie suchen ja nach irgend etwas«, sagte Moss. »Nach dem Testament von Kolbein. Was sich in irgendeiner Art und Weise hinter dem Stichwort ›Streik‹ verbirgt. Er muß eine Menge von dem gewußt haben, was Næsvik, Reiedal und seine Leute so treiben – vielleicht sogar alles. Dann hat er es dokumentiert und geglaubt, er könne sie damit erpressen. Und zugleich für einen einigermaßen guten Ruf sorgen, mit dem sein Sohn würde leben können. Aber dann sind Næsvik und die Bodybuilderhose etwas übereifrig geworden, verstehst du?«

Moss lehnte sich in den Kissen zurück. Wieder schmerzte ihr der Kopf. Vielleicht hatte sie ja doch eine kleine Gehirnerschütterung.

Von unten waren fließendes Wasser, Stimmen und Türen zu hören, die geöffnet und geschlossen wurden.

»Ich muß aufstehen«, sagte Moss und schlug die Bettdekke zur Seite. Blickte auf ihre Beine. »Mein Gott, ich bin ja voller blauer Flecken. Ist das eine schreckliche Woche gewesen.«

Rud betrachtete sie. »Du hast auch ein kleines Veilchen abgekriegt, wie ich sehe.«

»Ist es immer noch zu sehen?«

»Allerdings, da kannst du ganz beruhigt sein.«

Er lächelte ein bißchen.

»Wo bist du den ganzen Sommer gewesen, mal ehrlich?« fragte sie.

Er zuckte mit den Schultern. »Draußen in Enebakk«, sagte er, und sie konnte ihm ansehen, daß sie zu diesem Zeitpunkt nicht mehr aus ihm herausbekommen würde.

Es gab nichts Besonderes zum Frühstück: etwas Brot, alten Pulverkaffee. Moss nahm ihre Tasse mit nach draußen. Ging ans Meer hinunter. Betrachtete den Tang, der an Land glitt und wieder hinausgesogen wurde. Irgendwo grasten Schafe, sie hörte die Glöckchen. Weit oben schwebte eine Möwe.

Sie trank den schlechten Kaffee und fragte sich, was als nächstes zu tun war.

Sie konnten ja schlecht zu Harry nach Hause fahren. Und heute abend würde es mit Tom und Arna vorbei sein, wenn die Typen es ernst meinten. Davon war wohl auszugehen.

Und wenn es ihnen gelang, auch sie in diese Sache zu verwickeln?

Du darfst nicht paranoid werden, Moss, ermahnte sie sich selbst, aber trotzdem ... Ihr war auf beklemmende Weise bewußt, wie dünn das Eis war, auf dem sie sich bewegte, zumindest aus Sicht der Polizei.

Sicher gab es massenhaft Fingerabdrücke von ihr in Arnas Wohnung.

Sogar auf dem Balkon.

Wenn Østergaard und seine Leute nun irgendwas mit Tom und Arna anstellten ...

Sie holte tief Luft und atmete wieder aus. Wieso zum Teufel hatte sie sich in diese Geschichte verstrickt? Weil ihr zu Hause in Smestad schwindlig gewesen war und sie geglaubt hatte, an einer Nervenkrankheit zu leiden? Weil sie gegen Schranktüren gelaufen war und Sternchen gesehen hatte? Weil Roland Rud nicht auf ihre Anrufe reagiert hatte?

Sie sah auf ihre Füße in den schmutzigen Stiefeln. Hob ein Bein, streckte die Arme gerade nach vorne und schloß die Augen.

Während sie fiel, fing Roland Rud sie auf.

»Bist du jetzt völlig übergeschnappt, oder was?«

»Ich habe nur meinen Gleichgewichtssinn getestet«, sagte Moss mit schwacher Stimme.

Rud musterte sie lange. »Was soll das eigentlich?« fragte er. »Du benimmst dich wie ein verdammter Kamikazeflieger!«

Sie antwortete nicht. Sah aufs blanke, graue Meer hinaus.

»Ich frage mich, warum sie Rune Reiedal umgebracht haben«, sagte sie schließlich. »Denn das müssen ja sie gewesen sein. Vielleicht wollte er auch aussteigen?«

»Vielleicht«, sagte Rud. »Aber wie ist er gestorben?«

Sie hockte sich hin, riß ein Stück Moos aus dem Boden und warf es ins Meer. Es trieb langsam am Ufer entlang, schaukelte durch den Wellenschlag hin und her, bevor es von einer unsichtbaren Strömung erfaßt wurde, die es rasch nach Süden trug, bis es hinter einer kleinen Klippe außer Sichtweite war.

»Warum hat Audhild Reiedal Danielsen an einem Donnerstag Hausputz gemacht?« sagte sie. »Wenn doch Gun, die so was für sie erledigte, am Freitag kommen sollte? Warum hat sie ihre Großtante angefahren, weil sie einen Plastikeimer am Strand hatte liegen lassen? Warum hatte Rune Reiedal Süßwasser in der Lunge? Warum hat seine Witwe, die trauernde Ingema, deren Mann noch nicht mal unter der Erde war – warum hat sie sich gestern von Østergaard nach Tufte fahren lassen? Ist das Ganze ein Familiendrama, oder ist es eine Gangsterposse? Entschuldigung, ich frage ja nur.«

Roland Rud antwortete nicht.

Sie wußte nicht einmal, ob er ihr zuhörte. Er starrte mit zusammengezogenen Augenbrauen in Richtung Horizont.

Gott wußte, woran er dachte.

An seine Kinder vermutlich.

Oben im Haus herrschte nicht eben Sonntagsstimmung.

Alle hatten Hunger, die meisten einen Kater, und die Gewißheit, daß die Polizei nach fast allen fahndete, legte sich wie eine klamme Hand über die kleine Gemeinschaft.

»Es war ja nur eine Frage der Zeit«, sagte Moss. »Als ihr Kolbein vor dem Zentralkrankenhaus zurückgelassen habt, muß euch jemand gesehen haben. Den Opel. Stavanger ist nicht gerade eine Großstadt. In Verbindung mit all den ungewöhnlichen Aktivitäten in deinem Haus, Harry, muß irgend jemand seinen Kopf eingeschaltet haben.«

»Ich brauch was zu essen«, klagte John Dillinger. »Ich hab mal ein Magengeschwür gehabt, ich kann nicht nur von Kaffee leben!«

Nach langem Hin und Her wurden Roland Rud und Elfrid schließlich zur nächsten Tankstelle geschickt.

Die anderen hatten Ausgangsverbot und gingen mit ihrer Rastlosigkeit jeder auf seine Weise um.

Harry und John Dillinger spielten im Wohnzimmer Karten, Tom hockte schweigend in der Küche, Kondis döste auf einem Sessel, und Margaret Moss wanderte von Zimmer zu Zimmer und blickte aus den Fenstern.

Es gab eines nach Osten, zwei nach Westen, zwei nach Süden und keines nach Norden.

Vorläufig war die Polizei von keinem der Fenster aus zu sehen. Ebensowenig wie Østergaard und seine Helfer.

Schließlich ging sie in die Küche, zog einen Schemel hervor und setzte sich zu Tom. »Gibt es keinen einzigen Platz, wo Kolbein seine Sachen versteckt haben könnte?«

Tom starrte auf die alte Wachstuchdecke.

»Ich hab nachgedacht«, sagte er. »Hat aber nix gebracht.«

Moss stand auf. »Aha«, sagte sie und verließ die Küche.

Roland und Elfrid kamen mit zwei gefüllten Plastiktüten zurück.

Belegte Baguettes, Leichtbier und Cola.

»Ich kann so was nicht essen«, sagte Kondis mit einem Blick auf das lange Baguette.

»Hier ist ein Messer«, sagte Moss. »Schneid es einfach in kleinere Stücke.«

Sie kauten schweigend.

Tom blieb in der Küche. Harry sagte mit vollem Mund: »Heute abend läuft Toms Frist ab, oder?«

»Ja«, sagte Moss. »Wahrscheinlich haben sie versucht, ihn zu erwischen, um zu verabreden, wo er ihnen die Unterlagen überreichen soll, die er, nun ja, eben nicht hat.«

»Meine Güte«, sagte Kondis und mühte sich mit der harten Kruste ab. Ihr Gebiß glitt heraus und wieder hinein und verhakte sich, und Moss mußte wegsehen. »Du, hier sind wir früher schon mal gewesen, Harry!«

Kondis sah sich um. »Das waren noch Zeiten!«

»Ja, das waren Zeiten«, sagte Harry.

»Kannst du dich an diesen Studienkreis in den Siebzigern erinnern, Harry? Was war das noch mal? Das war doch hier, oder nicht?«

»Doch«, sagte Harry. »1974. Ein Wochenendkurs. Es ging um die Einheitsfront oder so. Der mit dem unmöglichen Namen. Lukas oder so ähnlich.«

»Wir waren lesende Arbeiter«, sagte Kondis und blinzelte pfiffig unter schweren Augenlidern. »Weißt du, was das ist, Margaret Moss?«

»Doch, klar«, sagte Moss, die ihren Bertolt Brecht gelesen hatte. »Warum wirst du eigentlich Kondis genannt?«

»Du«, sagte Kondis und beugte sich vor. »Das kommt von Konditionalis, kennst du dich mit Grammatik aus?«

»Geht so«, sagte Moss.

»Hätte kommen sollen, hätte tun sollen«, zitierte Kondis. »So was. Ich bin eine von der Sorte, die alles verschiebt, weißt du. Einer der Lehrer hat mir diesen Spitznamen gegeben. Er fand wohl, daß ich Fähigkeiten hätte, die ich nicht nutze.«

Sie seufzte so tief, daß die Krümel von ihrem schweren Busen herabfielen.

»Aber ich hab immer gern gelesen, weißt du, wirklich. Ich hab zum Beispiel ... verdammt, Harry!«

Sie richtete sich plötzlich auf, und ihr runzliges Gesicht färbte sich rot.

»Per Sivle, Harry! Herrgott, Per Sivle!«

Moss sah sie beunruhigt an.

»Sein Buch, wie hieß das noch ... Ich hab's, ›Streik‹!«

Sie wurden alle ganz still und schauten sich an. Dann rief Moss: »Tom! Habt ihr zu Hause ein Buch von Per Sivle, das ›Streik‹ heißt?«

Tom kam an die Tür. »Was?«

Moss wiederholte ihre Frage. Tom dachte nach, dann schüttelte er den Kopf. »Nein, da hab ich noch nie von gehört. Das ham wir nicht.«

»Wer könnte es haben?« fragte Moss.

Es wurde wieder ganz still.

»Ich jedenfalls nicht«, sagte Harry.

»Ich erinnere mich noch daran«, sagte Moss. »Es handelt von einem Holzarbeiterstreik in Drammen, nur daß er den Ort Langsund genannt hat. Ich hab es zu Hause in Smestad, eine Ausgabe aus den siebziger Jahren.«

»Wir ham's jedenfalls nicht«, sagte Tom.

»Er muß doch ...«, sagte Moss und hielt inne. »Es muß doch ... Schließlich wollte er nicht, daß es so leicht gefunden wird. Ich meine, wenn es stimmt, daß es dieses Buch ist.«

Tom schüttelte nur den Kopf. »Keine Ahnung«, sagte er.

»Synneva Tufte«, sagte Moss, halb im Scherz, denn der lange Flur mit dem Flickenteppich und dem überfüllten Bücherregal stand ihr plötzlich vor Augen. Da blickte Tom hoch.

»Er ist im September dagewesen«, sagte er. »Papa. Er hat schwarz für sie gearbeitet. Vermutlich hat Næsvik ihm den Auftrag vermittelt. Papa war handwerklich geschickt, da war irgendwas mit den Türen bei der Alten, sie hatten sich verzogen. Er ist mehrere Tage da draußen gewesen, eine Woche vielleicht.«

»Meine Güte«, sagte Moss. »Das ist nicht möglich. Daß das die Lösung ist.«

Roland Rud stand auf. »Ja, ja«, sagte er. »Das werden wir nur rausfinden, wenn wir es nachprüfen.«

»Aber«, sagte Moss, »das können wir doch gar nicht?«

»Ich kann es«, sagte er und ging in den Flur, um seine Jacke zu holen.

Er machte sich gleich auf den Weg, holte den gemieteten Peugeot.

»Das hast du ganz allein beschlossen«, sagte Moss, die sich mit einer Hand auf dem Dach des Wagens abstützte und durch die offene Tür hineinsah. »Für diese Sache bin ich nicht verantwortlich! Was wirst du Synneva Tufte erzählen?«

»Mir fällt schon was ein«, sagte Rud. »Schließlich hab ich eine gute Lehre hinter mir!«

Sie trat zur Seite, und er knallte die Tür zu.

»Es ist halb elf«, sagte Moss und schaute auf ihre Armbanduhr. Dann gab sie ihm einen Zettel, auf den sie Elfrids Handynummer gekritzelt hatte. »Wenn du um eins noch nicht angerufen hast, komme ich nach!«

»Das tust du nicht, verdammt noch mal«, sagte Rud und schaltete in den ersten Gang. »Glaubst du, ich bin den ganzen Weg von Oslo hergekommen, um dich als Leiche enden zu sehen?«

»Ach, Roland«, sagte Moss und griff sich ans Herz. »Keiner macht Komplimente wie du!«

Sie versetzte seiner Stoßstange einen Tritt und schaute ihm nach, während er den schmalen Weg entlangholperte.

Dann seufzte sie und sah noch einmal auf die Uhr.

20

»You look so warm, but your heart is so cold.«

C. Calhoun

Bei seiner Ankunft in Tufte habe der alte Hof verlassen gewirkt, erzählte Roland Rud später.

Ein eintöniger regnerischer Wind aus Südwest beugte den Strandhafer und wehte losen Sand von den Spitzen der Klippen herunter. Oben auf dem Hof klapperten ein paar rostige Wellblechplatten, die an die Scheunenwand gestapelt standen.

Auf dem langen Weg von Rennesøy hatte er sich diverse Lügengeschichten ausgedacht, die sein Kommen erklären sollten.

Nachdem er drei Möglichkeiten verworfen hatte – den Hausierer (zu antiquiert), einen, der sich nach dem Weg erkundigte (unglaubwürdig, er hätte schon vor dem Hügel gefragt) und einen Versicherungsvertreter (da kannte er sich nicht aus) –, war ihm folgendes eingefallen: Er habe gehört, daß hier irgendwo ein amerikanischer Straßenkreuzer zu verkaufen sei. Das stimmte zwar nicht, aber immerhin war Jæren eine Gegend für Autofreaks, auch für die eher bescheidenen mit ihren aufgemotzten Ladas.

Und mit Autos kenne er sich immerhin aus, sagte er später.

Falls Tobias der Einfältige ihn vom vorhergehenden Abend wiedererkennen sollte, konnte er immer noch sagen, daß er auch da schon wegen des Autos gekommen sei, dann aber gesehen habe, daß Besuch da sei, und sich gedacht habe, es sei besser, später wiederzukommen.

Den Peugeot hatte er oben am Hang geparkt.

Sich zu Fuß heranpirschen wie ein Indianer, dachte Rud, der aus den großen Wäldern stammte. Voller Mißtrauen sah er aufs Meer hinaus, das im Regen vor sich hin atmete.

Eine graue Katze spazierte über den Hof. Als er sie anlockte, zuckte sie zusammen und verschwand auf ihren kurzen Beinen hinter der Scheune.

Roland Rud steckte die eine Hand in die Tasche und warf einen weiteren Blick aufs Meer, dann ging er wie ein Mann mit gutem Gewissen und Sonntagsfrieden in der Seele über den Hof, stieg die Treppe zum Wohnhaus hinauf und klopfte an die Tür.

Es gab keine Klingel.

Er wartete eine Weile, aber niemand kam und öffnete. Da klopfte er noch einmal, etwas lauter, und lauschte, ob drinnen Schritte zu hören waren, ob jemand ganz einfach nicht begriffen hatte, daß er anklopfte, oder keine Lust hatte zu öffnen.

Doch er hörte nur das Rauschen des Windes und den Wellenschlag.

Da versuchte er die Türklinke hinunterzudrücken.

Die Tür war abgeschlossen.

Er überlegte, ob er hinters Haus gehen und es an der Küchentür probieren sollte, da sagte eine hohe und dünne Stimme: »Sie ist in der Kirche!«

Es war Tobias. Er trug seine Arbeitskleidung und hielt eine Rolle Draht unter dem Arm.

In diesem Moment verließ Roland Rud sich darauf, daß Tobias – selbst wenn er sicher mehr begriff, als man dachte, das galt für die meisten – sich mit den täglichen Gewohnheiten und Tätigkeiten seiner Großtante nicht im Detail auskannte. Er verwarf die Idee mit dem Oldtimer und sagte mit möglichst gleichmütiger Stimme, daß Synneva ihm ein paar alte Bücher versprochen habe und daß er nur heute das Auto dabeihabe und sie abholen könne.

»Mußte mir extra ein Auto ausleihen, Mann«, sagte Rud mit Nachdruck.

»Wir ham auch kein Auto«, sagte Tobias. »Ich darf nicht mal mit dem Trecker fahren.«

Er war groß, sogar noch größer als Rud. Dennoch legte Tobias den Kopf auf die Seite und blickte ihn sozusagen von unten an, als sei er klein und Rud groß. Er war unrasiert und schmutzig. Rud, der selbst vom Land kam, wunderte sich, denn an einem Sonntag putzten sich doch alle heraus, aber vielleicht nahm die Großtante es mit solchen Dingen nicht mehr so genau.

»Ich geh eben rein und hol die Bücher«, sagte er probehalber. »Dann ist es erledigt.«

»Reingehen?« sagte Tobias und sah plötzlich verschreckt aus. »Sie können nicht reingehen!«

»Ich kann die Küchentür nehmen«, sagte Rud. »Dann müssen Sie mir nicht aufschließen.«

»Ach so, da«, meinte Tobias und schien das Interesse zu verlieren. Er stand eine Weile herum, dann sagte er: »Ich wollte mich um den Zaun kümmern. Sie wird fuchsteufelswild, wenn ich nicht ... wenn nicht.«

Er drehte sich schnell um, ging mit großen Schritten über den Hof davon und verschwand zwischen den Wirtschaftsgebäuden.

Roland Rud sah ihm nach, dann ging er hinters Haus und versuchte es an der Küchentür. Sie war offen, wie er vermutet hatte. Er durchquerte die Küche, und dort war schon der Flur.

Er wußte nicht, wie Sivles ›Streik‹ aussah, aber Kondis hatte gemeint, daß es das Buch vermutlich in einer alten Ausgabe gab, Sivles ›Gesammelte Werke‹ oder etwas Ähnliches.

»Such nach den Klassiker-Buchrücken«, hatte Kondis gesagt. »Wenn sie es hat, dann steht es sicher neben Garborg und Kielland und so.«

Ganz ohne Grund war er außer Atem, sah sich um und gab sich Mühe, sich in den Regalen zu orientieren, es waren so viele Bücher.

»Ist ja nicht gerade mein Ding, bei den Büchern anderer Leute herumzuschnüffeln«, sagte er später mürrisch. »Schließlich hab ich seit der Schulzeit keine Romane mehr gelesen, und eigentlich nicht mal da.«

Er spürte, wie ihm die Zeit wie Sand zwischen den Fingern zerrann, während er zwischen vergilbten Büchern über Schafzucht und Kartoffelanbau herumsuchte. Es gab ausländisches Zeug, alte deutsche und französische Bände, irgendein Vorfahr hatte wohl viel gelesen. Da entdeckte er zumindest Henrik Ibsen. Er ging in die Hocke und nieste, es war staubig. Dann fand er Garborg, und daneben standen tatsächlich zwei Bände Sivle.

Er schaute in Richtung Tür, aber alles war ruhig. Dann versuchte er sie aus dem Regal zu ziehen, sie standen eng zusammengedrängt. Dabei entdeckte er, daß das zweite Buch folgte, wenn er das erste herauszog. Die beiden steifen Pappbände waren miteinander verbunden, Einband, Leder und Leim bildeten einen Hohlraum, ähnlich wie eine Zigarrenkiste. Und wo die Buchseiten hätten sein sollen, befanden sich zwei Videokassetten. Sie waren in je einem gelben Umschlag verpackt, kreuz und quer mit braunem Paketband zugeklebt, aber Rud hatte keinen Zweifel. Für Zweifel hatte er keine Zeit. Er zog die Umschläge heraus und stellte Sivle wieder an seinen Platz zurück. Dann preßte er das Päckchen in die Innentasche seiner Lederjacke und ging hinaus.

Schloß die Küchentür ordentlich hinter sich.

Ging um die Hausecke und hielt nach Tobias Ausschau.

Er war nirgends zu sehen, aber der Wind trug das Geräusch von Hammerschlägen herüber, und Rud ging hinaus auf den Hof. Das Scheunentor stand offen. Er schlenderte dorthin, um einen Blick hineinzuwerfen, da sah er wieder die Katze.

Sie saß mitten in einem Streifen Sonnenlicht und putzte sich.

Dahinter lag ein Paar Schuhe, er machte einen Schritt ins Halbdunkel hinein. Die Schuhe lagen auf der Seite, etwas verstreut, und als er näher trat, sah er, daß sie an einem Paar dünner Beine in braunen Wollstrümpfen saßen. Eine alte Frau lag dort, die Beine von sich gestreckt, den einen Arm nach vorn und den anderen abgewinkelt nach hinten.

Sie hatte weißes Haar und trug einen dunklen Wollmantel.

In der Hand hielt sie eine schwarze Tasche.

Der Schock hatte bei Roland Rud Ohrensausen und Herzklopfen verursacht. Er zog sich langsam zurück, blieb mit zitternden Knien im perlgrauen Regenlicht auf dem Hof stehen und sammelte sich. Die Hammerschläge ertönten noch immer, jetzt begriff er, daß sie unten vom Strand kamen. Vorsichtig blickte er über den Rand des steilen Abhangs hinunter zum Meer: Ganz richtig, Tobias Tufte reparierte einen Schafzaun. Er stand vornübergebeugt und mühte sich, den Draht hatte er in einer Rolle über der Schulter hängen.

Später dachte Rud immer, daß er hätte prüfen müssen, ob die Alte drinnen in der Scheune nur einen Kreislaufzusammenbruch erlitten hatte.

»Aber das hatte sie doch nicht«, pflegte Moss dann einzuwenden. »Sie war tot.«

»Trotzdem«, sagte Rud. »Das wußte ich doch nicht!«

Tobias Tufte war mit seiner Arbeit beschäftigt, es sah aus, als redete er mit sich selbst. Rud ging zurück über den Hof, durch die Gartenpforte und an Audhild Reiedals Haus vorbei.

»Hast du jemanden gesehen?« fragte Moss, als er zurückkam, aber er verneinte. Auf dem Weg zurück zum Mietwagen war er keiner Menschenseele begegnet.

Es war fünf vor eins, als er oben an der Landstraße war und die Nummer von Elfrids Handy wählte.

»Was?« Moss schien weit entfernt zu sein. »Synneva Tufte liegt in der Scheune?«

»Ja«, sagte Rud und sah unentwegt in den Rückspiegel.

»Aber«, fuhr Moss fort, »hast du denn nicht geschafft, nach dem Buch zu suchen?«

»Doch«, sagte Rud. »Es war ein Päckchen drin versteckt. Ich hab es hier. Es waren übrigens zwei. Zwei Bücher und zwei Kassetten.«

Plötzlich rauschte es ziemlich in der Leitung, und er hatte das Gefühl, daß viele zur gleichen Zeit etwas zu sagen versuchten.

»Kannst du sie nicht öffnen und nachsehen?« sagte Moss schließlich. »Und bleib bitte dran!«

Roland Rud fuhr weiter, während er sich an dem Päckchen, an seinem Taschenmesser und an den widerspenstigen Tesafilmstreifen zu schaffen machte. Endlich konnte er die gelben Umschläge öffnen. Er fuhr nur noch zwanzig, als er den Inhalt auf dem Beifahrersitz ausleerte.

»Es sind Videokassetten«, sagte er und hörte nur ein Johlen am anderen Ende, ehe er das Handy ausschaltete und sich wieder aufs Fahren konzentrierte.

Die Umschläge mit ihrem Inhalt schob er weit unter den Vordersitz.

Blickte in den Rückspiegel.

Er war auf dem Weg durch Tasta, als sein Handy klingelte.

Es war Margaret Moss.

»Wir müssen sie uns doch anschauen!«

»Was denn?«

»Die Kassetten!«

Darauf war Rud auch schon gekommen. Es gab allerdings

weder einen Fernseher noch einen Videorecorder in dem alten Arbeiterhäuschen.

»Wo bist du denn gerade?«

Rud bremste ab, schaute sich um und sah dann auf die Karte, die er auf dem Sitz neben sich liegen hatte. »Ich bin jedenfalls auf der E 39. Hier steht ein Hinweisschild zu einem Campingplatz, Mosvangen Camping.«

»Gut! Ich hatte befürchtet, du wärst schon weiter. Du mußt rechts Richtung Zentralkrankenhaus abbiegen.«

Sie gab ihm eine Adresse.

»Einer von Toms Kumpeln, Magnus aus seiner Band, jobbt am Wochenende immer in einer Videothek, ›Perrys Snack- & Videobar‹. Magnus weiß Bescheid, du kriegst ein Videogerät und einen Fernseher mit. Vergiß die Kabel nicht! Und beeil dich!«

Als Roland Rud endlich auf die Südspitze von Rennesøy zubrauste, war er vermutlich zufrieden mit sich selbst – hatte es möglicherweise aber auch gründlich satt, herumkommandiert zu werden.

Er trat die Autotür mit einem heftigen Knall zu und trug das Videogerät und den Fernseher die Treppe zum gelben Häuschen hinauf, von dem die Farbe abblätterte.

Sie zogen die Gardinen zu und nahmen um das kleine Gerät herum Platz. Moss hatte vor Anspannung einen ganz trokkenen Mund.

Tom wollte sich nicht hinsetzen.

Sein pickliges Gesicht war ganz blaß. Er lehnte am Türrahmen, über ihm stieg eine Spirale von Zigarettenrauch in die Luft.

Als die ersten Bilder über die Mattscheibe flackerten, war es mucksmäuschenstill in dem kleinen Zimmer.

Kolbein Vågevik war kein erfahrener Videofilmer gewesen, auf dem Fernsehschirm hüpfte und ruckelte es, und unmotivierte, hastige Kamerabewegungen ließen Personen und Landschaften herumsegeln, doch die Motive waren interessant – für denjenigen, der sie zu deuten wußte: Drei Männer gingen über einen regennassen Fährkai, Moss erkannte Rune Reiedal und Næsvik, den dritten hatte sie noch nie gesehen. Schwarzes Flimmern auf dem Bildschirm, dann zoomte die Kamera ein Schild mit dem Symbol einer Fähre und dem Schriftzug »Trelleborg – Saßnitz« heran. Unscharf waren ein paar Fahrzeuge zu erkennen, die ganz dicht vorbeifuhren. Moss dachte sich, daß Kolbein Vågevik vielleicht irgendwo in seinem Lastzug gesessen und gefilmt hatte. Dann folgte ein schneller Schnitt, und ein weißes Feld zeigte sich. »April 98« stand in Blockschrift auf kariertem Papier.

Moss erkannte den Skagenkai in Stavanger in grellem Sonnenlicht; ein Auto hielt, und ein Mann stieg aus. Es war der Kosovoalbaner. »Nico« stand auf einem weiteren karierten Blatt in denselben Großbuchstaben. Und eine Adresse in Oslo.

Zurück zum Skagenkai in demselben Licht: Olav Næsvik trat aus einer Tür und sah auf die Uhr. Der Mann, der Nico hieß, kam schräg ins Bild und übergab ihm einen Aktenkoffer, sagte irgendwas und ging wieder zum Auto zurück. »15. Mai 1998« stand auf einem eingeblendeten Notizzettel. Dann folgte ein unkommentiertes Bild von Breiavatnet mit Kleinkindern, die Enten fütterten. Schnitt, dann Torvet, ein geschäftiger Einkaufstag, und da spazierte Preben Østergaard entlang, zusammen mit Olav Næsvik und einem, den keiner von ihnen kannte. »16. Mai 98« stand auf dem karierten Blatt.

Dasselbe Datum: Ein großer Kabinenkreuzer legte am Kai an, zwei Männer stiegen aus. Kolbein mußte ein ganzes Stück entfernt gefilmt haben, denn die Männer sahen hin und wieder direkt in die Kamera, offenbar ohne zu wissen, daß sie gefilmt wurden. Plötzlich trat eine Frau schräg ins Bild, der Wind ließ ihren Mantel und die Enden des Tuchs, das sie sich um den Kopf gewickelt hatte, aufflattern. Sie begrüßte die Männer nicht, nahm nur ein kleines Päckchen in Empfang, drehte sich um und ging davon. Schaute jetzt direkt in die Kamera, dann verschwand sie aus dem Bild.

»Das war Audhild!« sagte Moss. »Audhild Reiedal!«

»Draußen am Schnellbootterminal«, sagte Harry.

Die Kamera zoomte die Registrierungsnummer des Schiffs heran. Sie schien nicht norwegisch zu sein.

So ging es beinahe zwei Stunden weiter, eine Serie von Bildern, Schnitten und unkommentierten Brüchen. Alles sorgfältig mit Daten versehen, ab und zu auch mit Namen, bisweilen auch Adressen. Irgendwo wurden Kisten verladen und woanders wieder ausgeladen, Fähren kamen und gingen, eine Straße in Kopenhagen, ein Platz in Kiel, Hirtshals im Sonnenlicht, Kristiansand im Schnee, und immer wieder Næsviks Lastzüge, an den verschiedensten Orten.

Es war eine Dokumentation von dem, was Kolbein selbst an Aufträgen ausgeführt hatte: der große Lastzug auf dem Weg zwischen verschiedenen Städten im Nordwesten Europas, auf dem Fahrersitz verstreute Papiere, die den Zielort und den Inhalt der Ladung angaben, Auftraggeber und Empfänger. Es waren Männer im Overall zu sehen, Männer im Anzug, Männer in Windjacke und Männer im Arbeitskittel, unbemerkt gefilmt, vielleicht aus einer versteckten Luke oder aus einer anderen Öffnung im Lastzug.

Alles war akribisch dokumentiert.

Die großen karierten Blätter mit der deutlichen Schrift folgten jeder Fährtour, jeder Person, die unwissentlich in das unsichtbare Auge der Kamera starrte.

Große Filmkunst war es nicht, aber definitiv etwas, das der Polizei gefallen würde.

Eine Sequenz interessierte Moss ganz besonders – Preben Østergaard und Ingema Reiedal auf dem Weg ins Hotel Atlantic. Hinter ihnen ging ein lächelnder Direktor Sandsgaard und noch einer, den Moss nicht kannte.

Harry klärte sie darüber auf, daß es sich um den Kulturreferenten von Stavanger handelte.

Am Ende hatte Kolbein Seite um Seite kariertes Papier fotografiert, das mit dicht geschriebener Blockschrift gefüllt war. Es war eine Geschichte über Rauschgiftschmuggel, Menschenschmuggel und Geldwäsche in großem Maßstab, voll von Namen und Daten.

Kolbein Vågevik war ein gründlicher Mann gewesen.

Die andere Kassette begann vollkommen anders, und als die ersten Bilder über den Bildschirm glitten, entfuhr Tom ein unwillkürlicher Ausruf.

Kolbein Vågevik war zu sehen, Moss erkannte ihn sofort, aber hier sah er aus leicht nachvollziehbaren Gründen anders aus als an dem Abend am Orrestrand.

Ein Mann mit kräftiger Nase, einem direkten Blick aus blauen Augen, dünnem Haar, hellbraunem, gepflegt gestutztem Bart, kleinkariertem Hemd mit offenem Kragen. Er stand neben einem Möbelstück, das aussah wie ein Küchenschrank, aus dem Fenster fiel starkes Sonnenlicht herein, und er sprach direkt in die Kamera.

»Es ist der 8. September«, begann er mit etwas unsicherer Stimme. Er räusperte sich und fing noch einmal an, diesmal lauter: »Hier spricht Kolbein Vågevik, es ist der 8. September 1999. Ich habe diese Dokumentation oder Beweiskette aufgezeichnet, und ich stehe zu den Auskünften, die ich gegeben habe. Jetzt werde ich darlegen, was ich in der letzten Zeit an Verbindungen zwischen Næsvik, Østergaard und seinen Leuten und der Leitung der Sandsgaardfabrik aufgedeckt habe.«

Es folgte eine Sequenz vom Tor der Sandsgaardfabrik.

Kolbein war inzwischen geschickter, er hielt die Kamera mit ruhiger Hand und schwenkte elegant von links nach rechts und bannte Häuser und Fabrikgebäude auf den Film, den großen Fabrikschlot, einen LKW auf dem Weg nach draußen, einen Mercedes auf dem Weg hinein.

Nahaufnahme: Preben Østergaard, der aus dem Fabriktor trat, in ein Gespräch vertieft mit einem Mann mit gelbem Schutzhelm und in blauem Hemd.

Dann wurde es schwarz.

Lange.

Es war einfach nichts mehr auf der Kassette.

Moss drückte den Aus-Knopf und sah Harry an. »Wer war der Typ mit dem Helm?«

»Ich weiß nicht, wie er heißt«, sagte Harry. »Er ist irgendwas in der Firma da, Ingenieur oder so.«

»Kolbein hatte vor, noch eine Kassette aufzunehmen«, sagte Moss. »Aber dann wurde es zu gefährlich, und da hat er sein Projekt nicht abgeschlossen. Aber verdammt, das meiste ist ja drauf!«

Sie sah sich um, ihr Blick war triumphierend.

Harry schüttelte den Kopf, dann lächelte er, und das Lächeln wurde immer breiter. Er puffte Kondis in die Seite. »Na«, sagte er. »War das nicht eine Landpartie wert?«

Kondis lachte, dann hustete sie und lachte weiter.

Moss betrachtete Rud. Er war so still gewesen, seit er aus Tufte zurückgekommen war, saß kippelnd auf einem Küchenstuhl und sah noch unergründlicher aus als sonst.

»Ich frag mich bloß, ob irgend jemand die alte Frau gefunden hat«, sagte er.

21

»Ich wäre so gern dein Tangokavalier
nur für ein paar Stunden,
bekäme einen Kuß und vielleicht noch ein paar mehr,
und was dann auch geschähe, säh ich dich niemals mehr.«

Sylvain/Söderblom

»Und jetzt«, sagte Moss und spürte, wie ihr das Adrenalin durch die Adern rauschte, »jetzt ruf ich im Atlantic an!«

»Østergaard wird doch nicht mehr dort wohnen«, wandte Harry ein. »Er ist sicher abgereist.«

»Warum das denn?« fragte Moss. »Er hat doch noch nicht gefunden, wonach er sucht.«

»Er wird merken, wer du bist«, sagte Roland Rud.

»Watch me«, sagte Moss, die sich nicht ganz so sicher fühlte, wie es den Anschein hatte. Aber wenn das die Voraussetzung zum Handeln war, dann würde ja nur wenig geschehen auf der Welt.

Sie wählte die Nummer.

Wartete.

Rud stand auf, ging in die Küche. Stuhlbeine scharrten, er hatte sich an den Küchentisch gesetzt.

»Radisson SAS Atlantic?«

»Ja, ich wollte mit Østergaard reden«, sagte Moss mit heller, junger Stimme. Oder zumindest so hell und jung, wie sie konnte.

»Da wollen wir mal sehen«, sagte eine Stimme am anderen Ende. »Einen Moment, bitte.«

Moss wartete und knabberte auf ihrer Unterlippe herum.

Der Wind frischte in Böen auf, die die See da draußen

weiß werden ließen. Die Fensterscheiben klirrten dort, wo der Kitt locker war.

»Hallo? Nein, er ist leider nicht da.«

»Ach so … ich hab nur ein Buch, das ich …«

Moss ließ den Satz in einem verschämten kleinen Räuspern ausklingen.

»Na ja, schauen wir mal, er hat das Zimmer bis morgen, steht hier. Da ist doch diese Sache im Sting heute abend.«

»Richtig«, sagte Moss. »Was war das noch?«

»Ich glaube, das ist eine Literaturlesung. Man kann bestimmt einfach hingehen.«

»Ach ja, vielen Dank dann«, sagte Moss.

Sie schaltete Elfrids Telefon aus und sah Kondis an. »Was ist das Sting?«

»Du, ich bin zu alt für so was. Aber ich hab in der Zeitung davon gelesen, ist eine Art Jazzcafé oder so. Oben auf dem Valberg.«

Moss kaute wieder an ihrer Lippe herum.

Østergaard würde sich also aus allem heraushalten und sich dem Buchvolk zeigen. Er würde ein Alibi haben. Die Bodybuilderhose und die anderen erledigten unterdessen die Arbeit.

Tom hatte eine Runde gedreht. Jetzt kam er wieder herein, durchgepustet und mit einer roten Nase. Sie warf ihm einen raschen Blick zu. »Was sagst du zu der ganzen Sache?«

»Dazu sag ich gar nix. Ich frag mich, wo meine Mutter ist, und ich frag mich, was diese Typen tun, wenn ich heute nicht zu Hause bin und nicht ans Telefon geh.«

»Don't call us, we'll call you«, sagte Moss. »Wir müssen unsere Karten auf den Tisch legen.«

Sie stand auf und ging ans Fenster. Beobachtete die Wellen, die an den Klippen entlangzischten. Østergaard würde morgen abhauen, davon war sie überzeugt. Die Polizei würde Næsvik und die Bodybuilderhose und den Teufel und seine Großmutter festnehmen, aber Østergaard würde über alle Berge sein. Das beste wäre vermutlich, der Polizei die Kassetten zu übergeben.

Und zwar sofort.

Aber wer wußte schon, wie es Arna dann ergehen würde? Hatte Tom eigentlich noch etwas zu verlieren? Wohl kaum.

Sie ging mit langen Schritten in die Küche.

»Ich werd verrückt.«

Sie ließ sich auf einen Küchenstuhl fallen.

Roland Rud betrachtete sie lange. »Warum gehst du nicht zur Polizei?«

»Die werden mir nicht glauben«, sagte sie mürrisch und starrte auf die Tischplatte.

»Du lügst«, sagte Rud ruhig. »Du bringst es nur nicht fertig aufzugeben.«

Eine Tür knallte.

Nebenan sagte Tom irgend etwas.

»Der Wind hat aufgefrischt«, sagte Moss und sah aus dem Fenster.

»Was ein Glück, daß wir nicht auf See müssen«, sagte Rud.

»Glaubst du, daß sie ermordet worden ist?« sagte Moss. »Synneva Tufte?«

»Ich weiß nicht«, sagte Rud müde. »Ich bin nur ein Amateur.«

Der Wind pfiff quer durchs verzogene Holzhaus.

Alle froren.

Moss hockte vor dem Ofen und versuchte ein Feuer zu machen. Harry hatte aufgegeben und war mit geröteten Augen und verrußt bis an die Ellbogen verschwunden.

»Verdammter Scheißofen!« sagte Moss und stand auf. »Das zieht doch die ganze Zeit nur rein!«

»Das liegt an der Windrichtung«, sagte Kondis. »Und an der Feuchtigkeit.«

»Ich versuch noch mal, Østergaard zu erreichen«, sagte

Moss, nahm Elfrids Telefon und trat ans Fenster. Drehte den anderen den Rücken zu, wählte die Nummer des Hotels Atlantic.

Diesmal war er da.

Damit hatte sie nicht gerechnet und war so baff, daß ihre Gedanken stillstanden, dann nahm sie sich zusammen, räusperte sich.

»Wir haben das, wonach Sie suchen«, sagte sie, rostig und unelegant.

Es dauerte nicht lange, das Gespräch war nach drei Minuten beendet. Østergaard war kurz, präzise, leise.

Ob sie etwas genauer sagen könne, was sie da habe?

Videoaufnahmen, ganz richtig. Mit Namen und Daten, exakt.

Und nach einer kurzen Pause: Was wolle Moss als Gegenleistung?

Die Aufnahmen im Austausch gegen Arna Vågevik.

Aha. Und in wessen Auftrag spreche sie?

Von Kolbein Vågeviks Sohn. Na ja, das war vielleicht etwas gewagt, aber trotzdem.

Und wo sollte der Austausch von Kassette und Frau Vågevik stattfinden? Im Sting? Nein, darauf wollte er sich nicht einlassen.

Dann würde also nichts aus dem Tausch? Nein.

Er wartete etwas, dann sagte er: »Können Sie mir Ihre Nummer geben? Dann rufe ich zurück.«

Moss überlegte, ob etwas dagegensprechen könnte, daß er Elfrids Nummer bekam, aber ihr fiel nichts ein. Sie gab sie ihm, beendete das Gespräch und sah auf die Uhr.

Roland Rud war hereingekommen und sagte: »Wirst du wirklich die Kassetten aus der Hand geben, wenn er auf deinen Vorschlag eingeht, sie gegen Toms Mutter auszutauschen?«

»Nur die eine«, sagte Moss. Das Blut rauschte ihr durch

die Adern, und sie spürte, daß sie ohne weiteres hätte abdrehen können, wenn sie ein entsprechender Typ gewesen wäre. »Wenn er sich die Ware ansehen will, dann zeigen wir ihm den Beginn der letzten Kassette. In aller Eile, sozusagen.«

»Was machen wir mit der anderen?« fragte Tom und schluckte, daß sein Adamsapfel auf dem dünnen Hals auf und ab sprang.

»Ich weiß es nicht«, sagte Moss. Sie sah sich im Kreis der erschöpften Mitverschworenen um.

»Wir packen sie ordentlich ein und adressieren sie an die Polizei, dann stecken wir sie in den erstbesten Briefkasten, den wir sehen«, sagte Kondis, die sich den Mantel angezogen und zusätzlich eine mottenzerfressene Decke umgelegt hatte, so sehr fror sie. »Es ist Sonntag, sie kriegen sie sicher nicht vor Dienstag. Und dann ist alles vorbei, nicht wahr?«

Sie sah Moss an.

»Ja«, sagte Moss, »dann ist wohl alles vorbei.«

Zehn Minuten später klingelte Elfrids Handy.

Moss nahm das Gespräch entgegen.

Es war Østergaard.

»Gut, das geht klar, dann sagen wir, Sie kommen ins Sting«, sagte er mit derselben leisen, ruhigen Stimme. »Mir wäre es am liebsten, wenn Sie warten würden, bis die Lesungen vorbei sind. Danach soll es noch Musik geben, ein bißchen Jazz, und die Leute werden herumschlendern, sich an die Bar stellen, um etwas zu trinken. Sie gehen in die Garderobe, allein, und ich warte dort mit Frau Vågevik. Um Viertel vor zehn.«

»Sind Sie dann auch allein, abgesehen von Arna?« fragte Moss und mochte es nicht so recht glauben.

»Allein genug«, sagte er, dann klickte es in der Leitung, und die Verbindung war unterbrochen.

»Verläßt du dich darauf, daß er wirklich mit ihr aufkreuzt? Bist du noch naiver, als ich immer geglaubt habe?« fragte Rud, als er erfuhr, was Østergaard gesagt hatte.

»Ich glaube nicht, daß er so viele Möglichkeiten hat«, sagte Moss. »Er will morgen abreisen. Das ist seine einzige Chance, und ich möchte wetten, daß er für etwas so Explosives wie das, was wir hier auf den Kassetten haben, alles tun würde.«

Es wurde still im Raum. Moss setzte sich auf die Armlehne des Sessels, auf dem Kondis saß.

Das Spiel war riskant.

Wenn ihr Plan sich nur nicht als harmloser Dummer-Jungen-Streich entpuppen würde.

Sie starrte auf ihre Stiefelspitzen, als geschähen dort spannende Dinge.

Wollte Rud nicht sehen.

Wußte, was er dachte.

»Das Problem ist«, sagte sie und räusperte sich etwas, um ihrer Stimme einen brauchbaren, entschlossenen Klang zu verleihen, »das Problem ist, die Videokassetten sicher aus dem Haus zu schaffen, einen Briefkasten für die eine zu finden und mit der anderen ins Sting zu gelangen, ohne aufgehalten zu werden.«

Harry sah sie an. »Hast du Angst vor der Polizei?«

»Vor der Polizei auch«, sagte sie, stand wieder auf und ging ans Fenster. Sah zum Weg hinauf.

»Du glaubst doch nicht ernsthaft, daß Østergaard und seine Leute so leichtgläubig sind, wie sie tun, oder?« sagte Rud.

»Nein«, sagte Moss.

Sie warteten, bis es sechs war.

Rud und Harry erkundeten im Schutz des Gebüschs an der Einfahrt die Lage. Die Regenschauer, die vom Meer heraufzogen, wurden vom Wind angepeitscht. Als die beiden wieder hereinkamen, schüttelten sie sich.

»Weiß der Teufel«, sagte Rud, »wenn hier jemand sein sollte, dann hat er sich gut versteckt. Oben an der Landstraße stehen jedenfalls keine Autos.«

Sie packten ihre Sachen.

Ließen die Lampen in der Küche und im Wohnzimmer angeschaltet.

Gingen leise hinaus und über den Vorplatz. Harry zog die Tür zu und sperrte ab. Dann schloß er sich den anderen, schon ziemlich nassen Mitverschworenen an.

Jetzt war nur das Geräusch vom Regen und Wind zu hören. Weit draußen auf dem Meer leuchtete ein Schiff unterwegs nach Norden.

Sie verteilten sich auf die beiden Autos. Dillinger und Elfrid fuhren mit dem Opel. Sie wollten die Fähre nehmen, Elfrid kam aus Tysvær, und ihre Mutter und die beiden Schwestern wohnten noch dort. Elfrid und Dillinger sollten als erste losfahren. Mit etwas Glück würde ein eventueller Verfolger nämlich dem Opel hinterherfahren. Zumindest für eine Weile.

Im Peugeot saß Roland Rud, der zehn quälend lange Minuten wartete, ehe er den Wagen startete und zur Straße fuhr. Harry, Tom, Kondis und Margaret Moss waren die Passagiere. Sie nahmen Kurs auf Stavanger.

»Ja, ja, so komme ich auch mal in einen Jazzclub«, sagte Harry und versuchte damit die angespannte Stimmung zu lösen. »Kondis und ich kommen einfach mit, was, Kondis?«

Moss konnte nicht sehen, ob Kondis nickte.

»Vielleicht können wir ja eine Runde tanzen«, sagte sie nur.

22

»You don't dress up in satin,
you don't wear diamond rings,
but I'm satisfied with you.«

Hank Williams/Rose

Sie fuhren auf Nebenstraßen.

Einmal mußten sie auf einem Hof wenden, Moss sah hinter den Gardinen Schatten hin und her huschen, offenbar befürchteten die Leute, sie bekämen unerwarteten Sonntagsbesuch, und räumten schnell ein wenig auf. Doch da knirschte der Peugeot schon wieder auf Kies und fuhr in entgegengesetzter Richtung weiter.

Harry gab den Kurs vor.

»Aus was für Büchern hast du das eigentlich?« sagte Moss, der allmählich schlecht wurde. »Die drei Fragezeichen, oder was?«

»Aus den Freitagskrimis im Fernsehen«, sagte Harry würdevoll. »Ich hab keine Lust, jung zu sterben. Man weiß ja nicht, wie viele es sind.«

Moss hatte fast keine Nagelhaut mehr.

Sie hielt Ausschau nach einem Briefkasten für den einen gelben Umschlag.

Vermutlich taten die anderen dasselbe, es war dort hinten so still.

Endlich fiel das Licht der Scheinwerfer auf den gesuchten roten Kasten. »Stop!« rief Moss, »Briefkasten!«

Das Porto reichte nicht. Immerhin hatte Harry zwei zusammenklebende Vierkronenmarken herausgefischt, von denen die eine zerriß, als er sie aufkleben wollte.

»Verdammt«, sagte Moss, die ihren Namen und ihre Osloer Adresse als Absender draufgeschrieben hatte. »Immer muß ich Strafporto zahlen!«

Es war nicht ganz einfach, das Päckchen durch den Schlitz zu pressen, aber dann war es geschafft. Bei dem Regen waren keine Autos unterwegs. Moss schlüpfte auf den Vordersitz. Sie war so erleichtert, daß sie die Augen schließen und eine ganze Weile ruhig durchatmen mußte, ehe sie ihrer Stimme wieder vertraute.

Auf dem Weg von Rennesøy hatte sie sich im übrigen noch Gedanken gemacht und war die Orte durchgegangen, wo sie sich verstecken und warten könnten, bis es Zeit war, sich zum Sting aufzumachen.

Doch ihr war nichts Gescheites eingefallen.

An Arnas Wohnung war nicht zu denken.

Harrys Haus stand unter Polizeiaufsicht.

Wenn sie in eine Kneipe gingen oder in Stavanger herumfuhren, liefen sie die ganze Zeit Gefahr, entweder von der Polizei oder von Østergaard, Næsvik & Co. entdeckt zu werden.

Sie mußten sich für ein paar Stunden der Öffentlichkeit entziehen.

»Was wird am Theater gespielt?« fragte sie laut.

»Vergiß es«, sagte Rud schnell. »Schlechte Idee!«

»Dann eben im Kino«, sagte sie hartnäckig.

»Es müßte eine Vorstellung sein, die um acht anfängt«, sagte Rud und sah auf die Uhr. Es war jetzt zehn vor halb acht.

»Daß um die Zeit grad was anfängt, ist nicht sicher«, sagte Tom, der endlich zum Leben erwacht war.

»Und was ist mit einer Sieben-Uhr-Vorstellung, einer, die nicht so gut besucht ist? Wir gehen rein und setzen uns ganz hinten hin«, eiferte Moss. »Wo sind die Kinos hier in der Stadt?«

»Auf dem Sølvberg«, sagte Tom. »Im Kulturhaus. Das ist ganz in der Nähe vom Sting.«

»So ein Mist«, sagte Moss.

»So nahe dran nun auch wieder nicht«, sagte Harry. »Das könnte gehen. Die Typen werden doch wohl nicht ausgerechnet im Kino hocken, oder? Und dort gibt es Toiletten.«

»Ich muß auch aufs Klo«, sagte Moss. »Und mich kämmen und so, ich sehe aus, als hätte ich im Freien übernachtet.«

»Das tun wir alle«, sagte Harry.

»Aber das geht nicht«, sagte Moss. »Dann fallen wir im Sting aus dem Rahmen.«

»Ist das so ein feines Lokal?« fragte Rud.

»Nein«, sagte Moss, »ganz sicher nicht, aber heute abend sind Kulturpersönlichkeiten da, weißt du. Bibliothekare! Die haben sich bestimmt zurechtgemacht! Ist ja der letzte Abend ihres Seminars!«

»Wir müssen uns auf dem Klo aufbrezeln«, sagte Harry und lachte rostig. »Ich hab jedenfalls einen Kamm dabei!«

Der Film wurde auf dem Plakat als »Actioncomedy« angekündigt.

Aber zunächst verteilten sie sich auf »Damen« und »Herren«.

Das Auto hatten sie unten an den Kais geparkt, gut versteckt, wie sie hofften, zwischen einem riesigen Lastzug und einem Bus.

Sie gingen stumm und im Gänsemarsch durch die schmalen Straßen, Moss in der Mitte, Harry an der Spitze, Rud zuletzt, Kondis und Tom hinter Moss. Sie versuchten den Eindruck zu erwecken, als gehörten sie nicht zusammen, und waren dankbar über die Dunkelheit.

Im großen Kulturhaus verschwanden sie wie gesagt auf die Toiletten.

Moss starrte ihr Spiegelbild an. Das Haar hing strähnig auf die Schultern, der Rollkragenpullover hatte auf der Brust Suppenflecken, und die dreiviertellange Damenjacke, die sie vom Theater geliehen hatte, war schon von vornherein nicht gerade schick gewesen. Die Jeans hatte an den Knien Rußflecken. Sie seufzte, dann leerte sie ihre Umhängetasche auf der Ablage aus.

Während Kondis sich die Hände wusch, die Brille putzte und die Schuhe mit Klopapier notdürftig säuberte, verwandelte sich Moss so schnell sie konnte in jemanden, der nicht an der Tür des Sting angehalten werden würde.

Sie streifte den Pullover ab und war dankbar für das schwarze Hemd aus Wolle und Seide, das sie darunter trug. Teure Unterwäsche macht sich bezahlt, sagte Tante Maisen immer. Mit der schwarzen Jacke darüber sah sie richtig nett aus. Sie bürstete die Haare stramm nach hinten, drehte sie zu einer Schnecke auf dem Hinterkopf zusammen und befestigte sie mit Haarnadeln. Legte mit raschen Fingern Make-up auf und schwärzte mit dem Kajalstift Augen und Brauen.

»Du meine Güte«, sagte Kondis beeindruckt.

Dunkelroter Lippenstift, selten gebraucht, er hatte sich im Futter der Tasche verhakt, aber Moss fand ihn schließlich.

Großer Amorbogen, kräftige Unterlippe.

»Willst du mal?« fragte sie und schob das Schminktäschchen zu Kondis rüber. Kondis schüttelte erschrocken den Kopf.

»Doch, nur ein bißchen«, sagte Moss entschlossen und legte zwischen den Falten von Kondis' Augenlidern Hellblau auf und Rot auf die Lippen. »Denk dran, daß du jetzt ins Kulturleben eintauchst, dreh mal deine Jacke um, die ist seitenverkehrt. Sag mal, soll ich deinen Rock zurechtzupfen? Wie schaffst du es nur, ihn so schief anzuziehen?«

»Ein echtes Talent«, sagte Kondis und warf einen raschen Blick in den Spiegel. »Weißt du was, ich hätte mir die Haare färben sollen.«

»Das schaffen wir leider nicht mehr«, bemerkte Moss.

Dann gingen sie ins Kino.

Und während Autos über die Leinwand jagten, die Helden auf die Nase fielen und die Schurken wenig elegant durch die Luft sausten, drehten sich Moss' Gedanken im Kreis.

Sie hatte bis hierher gedacht und nicht weiter.

Die Gedanken blieben stehen.

Østergaard sollte das eine Video bekommen, die Polizei würde das andere erhalten. Aber zuerst mußten sie Arna rausholen.

Hatte jemand Synneva Tufte umgebracht, und falls ja: wer? Audhild war auf Kolbeins Video zu sehen gewesen. Rune Reiedal hatte Süßwasser in der Lunge gehabt, mittlerweile war sich Moss beinahe ganz sicher, daß er auf Tufte umgebracht worden war – zusammengeschlagen und dann mit dem Kopf in den blauen Eimer getaucht. Warum waren Audhild und die Alte nicht vorausschauend genug gewesen, den Eimer mit Salzwasser zu füllen? Panik, vermutlich. Und was war, wenn Østergaard sie hereinlegte? Wo befand sich der Kosovoalbaner Nico gerade? Und hatte wirklich jemand Synneva Tufte umgebracht, oder hatte sie nur einen Kreislaufzusammenbruch erlitten, während sie auf dem Weg zur Kirche eine Runde durch den Stall drehte? Würde die Polizei ihr abnehmen, daß die Fingerabdrücke auf der Tatwaffe, mit der Gun ermordet worden war, absichtlich angebracht worden waren? Und wie würde Østergaard sicherstellen, daß es das richtige Video war und nicht ›Das Dschungelbuch‹? Hatten sie mit anderen Worten für ein Videogerät gesorgt?

Verdammt!

Sie drehte sich zu Roland Rud um. Flüsterte ihm aufgeregt ins Ohr.

»Harry hat das geklärt«, flüsterte er zurück. »Im Sting gibt's einen Fernseher und ein Videogerät. Er hat mit einem gesprochen, der da arbeitet. Die stehen irgendwo im hinteren Bereich. Vermutlich langweilen die sich auch ab und zu und wollen gern mal ein Fußballspiel gucken.«

»Oje«, sagte Margaret matt, lehnte sich im Sitz zurück und schloß die Augen.

Jetzt hast du die Sache nicht mehr im Griff, Moss!

Vom Hintereingang des Kulturhauses waren es nur ein paar Schritte zur Straße zum Valberg. Große Bäume schwankten im Wind, Äste schlugen hin und her, während sie langsam ein paar Nachzüglern durch die feuchte, windige Dunkelheit ins Sting folgten. Es roch nach vielen Parfümsorten gleichzeitig und nach Puder, es wurde aufgekratzt geplaudert, das Programm hatte vor einer halben Stunde begonnen, und die Garderobe war überfüllt, Damen- und Herrenmäntel hingen in mehreren Schichten übereinander.

»Hier trennen wir uns«, flüsterte Moss beinahe unhörbar zu den anderen und schlüpfte zwischen zwei Damen in engen Röcken und Lackpumps ins dunkle Lokal.

Es war gerappelt voll, und vorn unter dem Scheinwerfer stand ein dünner Mann mit vollem Haar und Bart. Er sprach Isländisch, ein Lyriker. Die Versammlung lauschte andächtig.

Moss hatte keinen Sitzplatz ergattern können, den bekam niemand, der so spät ins Sting kam. Über die Hälfte stand, so war das hier, sie standen und standen – die ganze Nacht durch, wenn es sein mußte – und lauschten einer Lesung. Im Zeitalter des Fernsehens ein echtes Phänomen.

Heute sollte es zum Glück (für Moss) nicht die ganze Nacht dauern. Es war der Abschluß des Seminars über das neue »Goldene Zeitalter« der skandinavischen Literatur, und viele, die es nicht geschafft hatten, sich vor Beginn der Veranstaltung etwas zu trinken zu besorgen, sahen mit langen Blicken zur Bar. Vom Isländischen verstand man jedes fünfte Wort, und zwischen den Gedichten klatschte man wohlwollend.

An einem kleinen Tisch direkt vor der Bühne saßen Preben Østergaard, Ingema Reiedal und der Mann, den Moss als den Kulturreferenten von Stavanger wiedererkannte. Jetzt erhob sich Østergaard und trat ans Mikrofon. Der Isländer blieb stehen und blinzelte ins Scheinwerferlicht.

Østergaard sprach über isländische Poesie und über die gemeinsamen Wurzeln der skandinavischen Sprachen.

Er sah nicht zu Moss hinüber, sie glaubte auch nicht, daß er sie entdeckt hatte, er blickte ebenfalls direkt ins Scheinwerferlicht.

Sie sah sich verstohlen um.

Waren die Bodybuilderhose und das Ferkel hier, als Kulturpersönlichkeiten getarnt?

Sie konnte sie nicht sehen. Auch nicht den Kosovoalbaner Nico, aber hier waren ja so viele Menschen. Sie konnten alle drei hiersein, auch Næsvik, ohne daß sie auch nur die geringste Chance hatte, sie zu entdecken.

Da sah sie Roland Rud, der an der Bar stand (natürlich, dachte sie neidisch) und kleine Schlucke eines großen Biers trank. Er sah aus, als gehöre er hierher. Hinter ihm stand Harry – sowohl die Elvistolle als auch seine alte Windjakke hätten besser ins Valen als ins Sting gepaßt, aber immerhin.

Tom konnte sie nicht entdecken.

Es wurde geklatscht. Der Isländer war offenbar fertig, Moss spürte einen Adrenalinschub und schluckte schnell, war es schon zehn?

Das war es nicht, es war Viertel nach neun.

Ihr Herz beruhigte sich wieder, sie blickte zu Østergaard hinüber, und da sah er sie auf einmal direkt an. Es ließ sich unmöglich sagen, ob er sie erkannte, sein Blick glitt einfach weiter. Dann sagte der Kulturreferent etwas, und Østergaard lächelte und schüttelte den Kopf. Er stand auf, ein dünnes, kleines Buch in der Hand, und den Zeigefinger hatte er zwischen die Seiten gesteckt. Wieder trat er in den Lichtkegel des Scheinwerfers und stellte eine weitere Schrifstellerin vor.

Färöisch.

Sie war klein und blond, trug ein schwarzes Kleid aus einem Material, das aussah wie Handschuhleder und das direkt unter dem Hintern endete. Sie war sehr jung, und niemand verstand, was sie sagte, aber das machte nichts.

Die Gläser klirrten leise, die meisten Frauen teilten sich eine Flasche Rotwein, zu dritt oder zu viert, sie nippten am Wein und lauschten. Hinten in der Dunkelheit herrschte eine ständige Bewegung, weil neue Gäste dazukamen und andere versuchten, zur Bar vorzudringen. Der Chef war diskret anwesend und diskret geschäftig, wie immer, in einem bunten Ethnohemd und mit dunkler Brille. Hatte Harry mit ihm über das Videogerät gesprochen?

Wieder wurde geklatscht. Die kleine Blonde verbeugte sich und lächelte. Dann las sie weiter.

Ganz vorn saß Ingema Reiedal, bleich und schön in einem tiefroten Kostüm, ohne Bluse, wie es schien – eine wiederentdeckte Mode aus den Fünfzigern, nach der an diesem Abend auch Moss gekleidet war, wenn auch notgedrungen. Sie schwitzte in der dicken Damenjacke, traute sich aber nicht, sie auszuziehen.

Wäre sie zwanzig gewesen, hätte sie das getan, natürlich.

Die natürliche Unschuld der Jugend, die viele für Schamlosigkeit hielten.

Es war bald halb zehn.

Vereinbart war, sich mit Østergaard an der Garderobe zu treffen, ihm einen Blick auf die Ware zu bieten (das Videogerät backstage), das Video gegen Arna zu tauschen – und dann?

Abhauen.

Schnell wie der Teufel.

Darauf setzen, daß er nicht begriff, daß die Kassette, die er bekommen hatte, nur am Anfang bespielt war, daß sie mit einem schwarzen Bild endete und daß das eigentliche Video sich in diesem Moment tief unten in einem Briefkasten in Randaberg oder wo auch immer befand. Moss konnte die Straßen nach all dem Herumfahren nicht mehr auseinanderhalten.

Das war Poker auf hohem Niveau. Alles hing davon ab, ob er sie für dumm hielt. Für eine dumme Amateurin. Dann konnte es sein, daß er ihr das eine Video abkaufte, im wörtlichen Sinne.

Plötzlich blickte sie direkt auf die Bodybuilderhose, Dagfinn Berg. Er trug einen hochgeschlossenen, schwarzen Pullover und schien sie nicht zu sehen. Sein Blick glitt durchs Lokal, er blieb nicht an ihr haften, Moss traute ihm nicht dasselbe Pokerface zu wie Østergaard.

Sie merkte sich, wo er stand: direkt am Ausgang zur Garderobe.

Sie nahmen ihre Plätze ein.

Positionierten sich.

Moss sah wieder auf die Uhr.

Da winkte Østergaard dem Wirt mit dem Ethnohemd zu, der quer durch den Raum zu seinem dänischen Gast kam und sich höflich zu ihm hinunterbeugte, nickte. Dann suchte er mit dem Blick nach Moss, hob die Augenbrauen: Ist sie das? Østergaard nickte, und das Ethnohemd kam ihr entgegen, schlängelte sich elegant durchs Gedränge.

»Hier soll ein Video angeguckt werden, heißt es?«

»Hat er das gesagt?« fragte Moss und bekam einen ganz trockenen Mund. Sie war jetzt am Zug.

»Hab ich da etwas mißverstanden?«

»Nein, nein«, sagte Moss schnell. »Jetzt?«

Er nickte. »Hier entlang. Ich glaube, er wollte Jon Fosse ohne Einführung auftreten lassen, der ist ja so bekannt.«

Und das war er, die Leute klatschten, als er sich erhob und nach vorne ging. Groß und blond stand er vorn, aus Hardanger und weltberühmt, auch das war ein Phänomen.

Moss folgte dem Wirt hinter den Tresen. Sie warf Rud noch einen panischen Blick zu, woraufhin dieser schnell sein Bier absetzte.

Die Schurken hatten das Treffen vorverlegt. Hatte das etwas zu bedeuten?

Jon Fosse las im Licht der Scheinwerfer.

23

»I'm just wild about Harry
and Harry is wild about me.«

Eubie Blake/Sissle

Als der Wirt sich zurückzog und dem dänischen Literaturwissenschaftler sein Videogerät überließ, waren sie zu viert im Raum: Preben Østergaard, Margaret Moss, Dagfinn Berg alias die Bodybuilderhose und der Kosovoalbaner Nico. Die beiden letzteren waren durch die zweite Tür hineingekommen, als der Sting-Wirt die erste schloß.

Moss schwitzte in ihrem Spitzenhemd.

Sie hatte sich auf den öffentlichen Raum verlassen, der heute abend durch das literarische Café Sting repräsentiert wurde, und auf Østergaards Promistatus in eben diesem öffentlichen Raum, auf die Anwesenheit der Bibliothekare, auf den Kulturreferenten von Stavanger.

Das hätte sie nicht tun sollen.

Østergaard verschwendete keine Zeit. Er machte eine Handbewegung, der Typ namens Nico trat zur Seite, und dort stand Arna Vågevik. Blaß, mit großen Augen, das Haar ungekämmt und die Bluse schief geknöpft.

Die Bodybuilderhose war schon damit beschäftigt, das Videogerät und den Fernseher einzuschalten.

Østergaard streckte die Hand aus.

Moss zögerte.

»Sie haben die Vereinbarung gebrochen«, sagte sie und räusperte sich. »Wir wollten uns später treffen, draußen in der Garderobe.«

Der Fernseher rauschte.

Østergaard machte eine ungeduldige Kopfbewegung.

Streckte noch immer die Hand aus.

Rück das Ding schon raus!

Moss öffnete die Tasche, zog den Umschlag heraus.

Zeigte das Video, das sich darin befand.

Østergaard hob vielsagend die Augenbrauen, und die Bodybuilderhose lehnte sich vor, um besser sehen zu können. In diesem Moment krachte es, und die Tür hinter Moss flog auf.

Harry Hesthaug kam hereingetorkelt, rückwärts, er stolperte über seine eigenen Beine und fiel mit einer Crashlandung gegen den Fernseher, der sofort auf Schwarz umschaltete.

»Scheiße!« sagte jemand an der Tür, der Junge, der an der Bar gestanden und gekellnert hatte. »Verdammter Säufer! Was hast du denn hier zu schaffen, du ... Tut mir wirklich leid«, unterbrach er sich und sah Østergaard an. »Er ist einfach an mir vorbeigerauscht!«

Harry lag auf dem Boden und murmelte unzusammenhängendes Zeug, dann packte er Østergaard am Hosenbein und versuchte aufzustehen. Als Østergaard ihn abschüttelte, ließ er den Kopf auf den Boden fallen, während er undefinierbare Brechgeräusche von sich gab.

»Nein, so eine Scheiße!« sagte der Barkeeper noch mal resigniert und rief dann über die Schulter: »Terje! Kannst du mal kurz herkommen? Hier ist die totale Krise, verdammt!«

Das Ethnohemd schaute herein. Hinter ihm sah Moss Audhild Reiedal Danielsens hohe Gestalt. Die eisblauen Augen über den hohen Wangenknochen glänzten im Halbdunkel wie zwei Lichter. Rasch schlüpfte sie ins Zimmer.

Die Bodybuilderhose beugte sich über Harry, Østergaard hatte sich für einen Moment umgedreht und war in ein heftiges Gespräch mit Nico verwickelt, der Arna Vågevik losgelassen hatte. Arna blinzelte, dreimal nacheinander, dann machte sie einen Schritt rückwärts und war Sekunden später im Flur. Moss nutzte die Gunst der Stunde, machte einen Schritt über Harry hinweg und folgte Arna durch die Tür nach draußen. Es dauerte nur eine Sekunde, dann verschwand auch Audhild.

Als Moss sah, daß Arna mit Tom auf den Fersen wie ein Hase Richtung Ausgang lief, packte sie Audhilds Handgelenk. Ein Griff, der einer Zirkusakrobatin würdig gewesen wäre.

»Kommen Sie!«

Audhild sah sie zweifelnd an, aber sie folgte Moss. Sie huschten durch die Menge und aus der Tür, auf der ›Sting – Nachtclub‹ stand, und schon bald schlug ihnen der Wind wie eine nasse Wand entgegen. Moss schnappte nach Luft, behielt aber Audhilds Handgelenk in ihrem eisernen Griff und zog sie mit sich, nicht den Hügel hinunter, sondern zu den schwankenden Bäumen ganz oben auf dem Valberg. Hinter ihnen, wo die offene Tür ein Lichtviereck bildete, erklangen laute Stimmen.

Die Rückseite des Hügels war steil. Sie stolperten fast, als sie durch die engen Gassen eilten, die zum Hafen hinunterführten.

Da kam ihnen jemand von unten entgegen, Moss zog Audhild an eine Hauswand, so schnell, daß sie beinahe gefallen wären.

Zwei ältere Damen kamen ihnen in langsamem Tempo entgegen.

Moss wartete mit angehaltenem Atem, bis sie vorbeigegangen waren. Dann öffnete sie den Mund, um etwas zu sagen, doch Audhild keuchte: »Ich habe Rune nicht umgebracht! Ich war es nicht!«

Sie hustete. Holte tief Luft, hustete noch einmal. Sie blickten beide zur Rückseite des Valbergs hinauf. Die Zweige der großen Bäume schlugen im Wind hin und her, aber es folgte ihnen niemand.

Noch nicht.

Moss packte Audhild und lief weiter bergab, gelangte zu einer schmalen Gasse, zog sie hinter sich her, blieb stehen. Audhild beugte sich vor, mit den Händen auf den Knien wie ein Sprinter, der gerade die Zielgerade erreicht hat.

»Sie müssen mir glauben!« sagte sie, ohne aufzublicken. »Ingema war es, die schreckt vor nichts zurück, und jetzt will sie abreisen, mich hier im Stich lassen, mit Preben Østergaard wegfahren, sie haben beschlossen, nach Westindien zu gehen!«

Sie richtete sich auf.

»Ich habe sie angerufen. An besagtem Tag, es war ein Mittwoch, sie hatte ... Hören Sie jemanden? Kommen sie da oben? Preben ist ja mit dem Programm noch nicht fertig, und ... Wieviel Uhr ist es? Man sieht ja rein gar nichts ... Also, ich habe die Frau von Rune angerufen. Von meinem Bruder. Ingema.«

Sie atmete wieder tief durch.

Moss sah nach oben. Nach wie vor kam niemand den Hügel herunter.

»Wir können hier nicht stehenbleiben«, sagte sie und zog die Jacke enger zu. »Kommen Sie!«

Audhild lief, daß der Mantel über den langen Kai flatterte.

Seitlich an einem Segelschiff vorbei, aus dessen Bullaugen Licht fiel. Ein Geruch von See und Hafenstadt und Wind schlug ihnen entgegen, weit draußen blinkten Lichter. Audhild hielt sich dicht hinter Moss, bis sie zu einem Haus kamen, das wie ein Lagergebäude aussah. Dort drückten sie sich in eine Toreinfahrt.

»Lassen Sie uns das Ganze mal etwas chronologisch angehen«, sagte Moss und versuchte ihrer Stimme soviel Autorität wie möglich zu verleihen. Jetzt glaubte Audhild offenbar auch, daß sie zur Polizei gehörte. Sollte sie doch. Sie sagte: »Sie haben also Ihre Schwägerin Ingema am letzten Mittwoch angerufen. Warum?«

»Ich war so empört! Sie hatten ... Rune hatte völlig den Kopf verloren und seine Schlächter, diese ... auf Kolbein Vågevik gehetzt. Kolbein hatte damit gedroht, alles offenzulegen, was Rune getrieben hatte, und Rune ist hingegangen und hat ... Ich wurde rasend vor Wut, als ich erfuhr, was sie getan haben! Ein solcher Mangel an Urteilsvermögen, so primitiv, und auch gefährlich. Ich sagte zu Ingema, sie müsse dafür sorgen, daß Rune sich am Riemen reißt, sonst würde alles auffliegen. Ja, ich weiß, daß ich auch in die Sache verwickelt bin, ziemlich verwickelt sogar, aber ich wollte nicht an einem Mord beteiligt sein. Ich habe nicht gedacht, daß ... Es war nur die Rede davon, etwas Geld zu verdienen. Sonst nichts! Zumindest was mich betraf.«

Sie packte Moss am einen Jackenaufschlag und starrte sie an.

»Ja«, sagte Moss. Sie sah diskret nach hinten.

Niemand.

Nur der Strom von Autos, die den Skagenkai entlangfuhren. Weit entfernt leuchtete das Schild zum Parkhaus Valberget.

»Sie haben etwas von Westindien erzählt«, sagte Moss und schmiedete das Eisen, solange es noch heiß war.

»Ja«, sagte Audhild. »Westindien. Das ist Preben Østergaards heimliches Fluchtziel, sein Plan, er hat eine riesige, verfallene Immobilie dort geerbt. Auf einer Insel, die St. Thomas heißt. Er will sich dorthin zurückziehen, für immer. Mit all seinen Büchern und all seinem Geld – und mit Ingema, das glaubt Ingema zumindest.«

»Haben sie ein Verhältnis?«

»Schon lange. Aber Rune wußte nichts davon oder wollte nichts wissen. Fast alles, was er besitzt, hat er aus steuerlichen Gründen auf sie überschrieben. Er hätte sie ganz sicher nicht sang- und klanglos gehen lassen, obwohl er Gott weiß keiner der Treuesten auf Erden gewesen ist. Ich glaube, es ist lange her, daß Ingema irgend etwas für ihn empfunden hat. Sie fand ihn kindisch, zu wild, sie fand, daß er unreife Beschlüsse faßte. Vielleicht war sie deshalb so angetan von Østergaard, er ist ein erwachsener Mann, könnte ihr Vater sein. Beinahe jedenfalls.«

Audhild starrte Moss aus ihren eisblauen Augen an und sah plötzlich aus, als sei sie ganz woanders. Dann lehnte sie den Kopf nach hinten gegen die rauhe Mauerwand. Das weißblonde Haar, das mit Kämmen aufgesteckt gewesen war, löste sich aus seinen Vertäuungen und flatterte im Wind.

»Sie haben gemeinsam Ihren Bruder ertränkt, nicht wahr?« sagte Moss.

»Nein! Nein, ich nicht!«

»Im blauen Plastikeimer Ihrer Großtante«, fuhr Moss fort.

»Ja! Aber nicht ich! Ich wollte nur, daß wir Familienrat halten. Das haben wir früher immer getan. Ich hatte mich entschlossen zu sagen, daß ich aus dem Geschäft aussteigen wollte, aus allen Geschäften, die Rune und Næsvik und Preben Østergaard zusammen trieben. Genug ist genug. Das habe ich auch gesagt. Da hat Ingema urplötzlich völlig den Kopf verloren, sie hat Rune ganz fürchterlich angefahren. Auch Rune hat sich aufgeregt. Wir haben in meiner Küche gesessen, und es war der reinste Alptraum. Plötzlich sagte Rune, er wisse sehr wohl, daß sie nach Westindien abhauen werde, sobald Østergaard sich aus dem Staub machte. ›Du kannst warten, bis du schwarz wirst, wenn du meinst, du würdest irgendwas mitnehmen können‹, sagte er und grinste. Ein richtiges Wolfsgrinsen. Ingema wurde ganz weiß im Gesicht. Sie hatte nicht geahnt, daß er sie durchschaut hatte. O Gott, was die sich gestritten haben! Wir hatten schon einiges an Wein getrunken, und sie tranken weiter, sie tranken und stritten, stritten und tranken. Schließlich habe ich bei Synneva angerufen und gesagt, daß Tobias rüberkommen und Rune abholen müsse, ehe sie sich gegenseitig die Augen auskratzen. Dann bin ich weggefahren.«

»Wohin?«

»Hierher. Nach Stavanger. Ich habe das Auto genommen und bin losgefahren, ich bin zu ... ich war bei einer Freundin. Ich konnte das einfach nicht länger ertragen. Da ist es also passiert, in dieser Nacht. Sie hat Rune umgebracht. Das hatte sie schon lange geplant, wie ich inzwischen weiß. Sie war sich nur noch nicht im klaren, wie sie es am besten anstellen sollte.«

Audhild zog den Mantel enger. Steckte den Kopf vor und sah hinüber zum Kai.

»Da oben sind sie jetzt fertig. Die suchen sicher nach uns.«

Zumindest nach mir, dachte Moss und hielt die Tasche mit der Videokassette fest umklammert.

Sie sagte: »Können Sie mir nicht erzählen, was passiert ist, nachdem Sie losgefahren sind?«

»Falls wir das noch schaffen«, sagte Audhild bleich. »Bevor es zu spät ist.«

24

»Faded love and winter roses
live and die in memory.«

Hank Williams/Rose

Es hatte an jenem Abend geregnet.

Ja, es regnete, und es war windig. Der Wind kam aus Nordwesten. Draußen in Tufte schlugen die Wellen schwarz gegen den Steinstrand.

Um die Landzunge herum schäumte die See, Strömung und Wind kamen aus derselben Richtung.

Ingema hatte wie gesagt einen Plan. Schon lange, aber in erster Linie als Wunschtraum. Jetzt schien er Wirklichkeit zu werden, aber es mußte in Tufte geschehen. Das würde am natürlichsten aussehen.

Rune war oft in Tufte, brachte eine Flasche oder auch drei mit, saß herum und redete wirres Zeug, und die alte Großtante ließ ihn wirres Zeug reden. Die Nachbarn wußten genug Geschichten vom nächtens herumtorkelnden Rune Reiedal zu erzählen.

Vor ein paar Jahren war er mal am Strand eingeschlafen, da hatte ihn der alte Martin Frøystad gefunden, der Bauer vom Hof nördlich von Tufte.

Während sie auf Tobias warteten, der erst noch die Stallarbeit erledigen mußte, waren Ingema und Rune sitzen geblieben. Sie hatten weitergetrunken, bei Audhild gab es genug.

Ingema hatte allmählich nur noch so getan, als trinke sie, wie sie Audhild hinterher erzählt hatte.

Rune dagegen wurde immer betrunkener und nuschelte unzusammenhängendes Zeug.

Als Tobias gekommen war und ihn gepackt hatte, um ihn durch Regen und Wind und die Thujenhecke nach Tufte zu transportieren, hatte Rune sich gewaltsam zur Wehr gesetzt. Im darauffolgenden Handgemenge war er über Audhilds Flickenteppich gestolpert und gegen ihren High-Tech-Tisch gefallen. Er hatte sich die Stirn ordentlich aufgeschlagen, was vermutlich nicht weiter gefährlich war, aber es floß fürchterlich viel Blut. Sein Blut war überall: auf dem Teppich, auf dem Küchenfußboden, auf dem Boden im Flur und draußen auf der Treppe.

Als sie ihn endlich aufgerichtet hatten, schleifte er die Beine hinter sich her und wußte nicht, wo er war.

Ingema bat die Großtante und Tobias, sich hinzulegen. Sie werde jetzt allein zurechtkommen, sagte sie. Würde warten, bis er aufwachte.

Sie hatte eine kleine Flasche Whisky mitgenommen, von der sie ihm noch einiges einflößen konnte, bevor er völlig weggetreten war.

Sie wartete, bis es im Haus ganz ruhig war. Dann ging sie in die Küche und füllte den größten Plastikeimer mit Wasser.

Er wehrte sich nicht, sank nur halbwegs vom Sofa, so daß sie seinen Körper mit ihrem eigenen abstützen mußte, aber sobald sie seinen Kopf in den Eimer gesteckt hatte, ging es schnell.

Ingema war stark, sie hatte ihr Leben lang Tennis gespielt, und außerdem war er vorher schon so gut wie bewußtlos gewesen.

Der Tod kommt rascher, wenn man in Süßwasser ertrinkt, als in Salzwasser. Das hat wohl etwas mit einem höheren osmotischen Druck des Salzwassers zu tun.

Es war also wie gesagt schnell gegangen.

Aber seine Wunde war aufgeplatzt, er hatte wieder zu bluten angefangen.

Sie hatte das blutige Wasser in den Ausguß gekippt und den Wasserhahn eine Weile laufen lassen. Später war ihr eingefallen, daß sie vergessen hatte, den Eimer auszuspülen.

Sie zog ihm den Mantel an, einen Schlips hatte er nicht umgehabt, und steckte ihm die halbleere Whiskyflasche in die Manteltasche.

Ihn nach draußen zu bugsieren war schwieriger gewesen. Nur wer schon einmal versucht hat, einen bewußtlosen Mann in eine Schubkarre zu zerren und ihn dann über Steine und durch Sumpfgebiet zu transportieren, weiß, wie schwer das ist.

Sie kämpfte mit zusammengebissenen Zähnen gegen Wind und Regen an, bis sie zur Landzunge auf der Südseite gekommen war.

In Synnevas schwarzen Gummistiefeln, die voller Stalldreck waren, und mit einem Mantel, der wie ein Segel im Wind hinter ihr flatterte, nahm sie Anlauf und schickte ihren Mann den steilen Abhang hinunter und in die zischenden Wellen hinaus.

Sie hatte überlegt, was sie sagen wollte, wenn sie gefragt würde: ihr Mann sei aufgewacht und durch die Tür nach draußen getorkelt. Sie habe ihn gehen lassen. Er sei oft so, würde sie sagen, und sie komme in solchen Situationen mit ihm nicht klar. Sie habe niemals geglaubt, daß er ins Meer stürzen werde.

Sie war nach Hause gefahren.

»Und was, wenn er bei mir angetrieben wäre?« hatte Audhild gefragt.

»Dann hättest du die Schuld bekommen«, hatte Ingema gesagt und sie direkt angeblickt. »Dann wäre es deine Sache und dein Problem gewesen.«

Strömungs- und Windverhältnisse waren an diesem Abend und am folgenden Tag jedoch so gewesen, daß er zunächst aufs Meer hinaustrieb und erst am Freitag an Land gespült wurde, und zwar in Hå.

Margaret Moss starrte Audhild Reiedal an.

Das war eine unglaubliche Geschichte. Sie dachte an Synneva Tuftes Blick an jenem Tag, als sie auf ihrer Treppe stand und Moss nicht hineinlassen wollte.

Synneva hatte sicher alles begriffen. Vielleicht hatte sie deshalb nicht schlafen können, aus Angst vor dem, was geschehen würde. Sie hatte wohl Angst gehabt, daß Tobias die Schuld bekommen würde.

»Und Sie haben Hausputz gemacht, als ich kam, obwohl Gun am darauffolgenden Tag kommen wollte«, sagte Moss. »Jetzt ist mir natürlich klar, weshalb.«

»Ja«, sagte Audhild. »Gun ist übrigens nicht gekommen.«

Moss fiel ein, daß Guns Name in den Zeitungen noch nicht genannt worden war. »Sie ist auf dem alten Friedhof von Varhaug erschossen worden«, sagte sie langsam. »Noch ein Opfer des Kampfes zwischen Østergaard und den Reiedals um höheren Verdienst. Sie wußte zuviel, meinten sie.«

Und die störende Schnüfflerin Moss konnten sie auf einen Schlag mit loswerden, dachte sie.

Audhild stand da wie angewurzelt.

»Wußten Sie nichts davon?« sagte Moss.

Sie hob den Kopf.

Durch das Schlagen der Wellen an das Fundament des Anlegers und das Brausen des Windes hörte sie Martinshörner.

»Das ist oben auf dem Valberg«, sagte Audhild und klapperte plötzlich mit den Zähnen.

Moss sah hinauf zu den steilen Gäßchen, duckte sich jedoch instinktiv, denn zwei Männer liefen ihnen entgegen. Doch dann kamen sie ihr irgendwie bekannt vor. Sie ging drei Schritte auf den Kai hinaus, so daß das Licht der Straßenlaterne auf sie fiel. Es war Roland Rud, und ihm folgte Harry Hesthaug.

Roland hatte Nasenbluten, und Harrys linker Arm schlenkerte an der Seite, er verzog das Gesicht vor Schmerz und packte den Arm mit der linken Hand.

Hielt ihn vor sich in die Höhe.

»Was ist denn das?« fragte Moss.

»Dort oben ist die Hölle los«, sagte Rud atemlos.

»Aber was ist passiert?«

»Ach«, sagte Roland Rud und lehnte sich an die Wand. Er preßte sich ein zusammengedrücktes Taschenbuch gegen die Nase. »Als du abgehauen bist, war es auf einmal nicht mehr so gemütlich.«

»Was?« sagte sie.

»Du hast das Video, oder?« sagte er. »Østergaard wollte dir die Bodybuilderhose und den Kosovoalbaner hinterherschicken. Aber sie sind nicht weit gekommen. Denn draußen auf der Straße war dein alter Chef, Moss. Er muß sich auch überall in den Vordergrund drängen.«

»Averøy? Ist Averøy hier?«

»Er ist zusammen mit der Polizei von Stavanger gekommen. Es hat sich herausgestellt, daß die Leute vom Dezernat für Wirtschaftskriminalität seit über einem Jahr Østergaard etwas nachzuweisen versuchen. Eine Kooperation zwischen Stavanger und Oslo.«

Moss sah ihn aufgebracht an: »Averøy behandelt mich wie ein kleines Kind!« sagte sie. »Nie erzählt er mir irgendwas!«

»Jetzt mach mal halblang«, sagte Rud müde und warf das blutige Taschentuch weg. »Du benimmst dich ja auch wie ein kleines Kind.«

Plötzlich hörten sie wieder die Martinshörner, gedämpft, sie kamen von mehreren Einsatzwagen, die sich mühsam ihren Weg durch das Labyrinth der kurvigen alten Straßen bahnten.

»Jetzt würde ich gern abhauen«, sagte Moss.

»Ja, ja, die andere hat sich ja schon aus dem Staub gemacht«, sagte Rud lakonisch.

Es stimmte, Audhild Reiedal war weg.

Moss betrachtete Harry. »Hast du dir den Arm gebrochen?« fragte sie.

»Kann sein«, sagte er und verzog das Gesicht.

»Habt ihr euch geprügelt?« fragte Moss.

»Wir haben uns nach draußen durchgeschlagen«, sagte Rud. »Es gab ein riesiges Menschenknäuel an der Tür. Als die Polizei reinwollte, wollten alle raus. Insbesondere Østergaard und das Ferkel.«

»Haben sie Østergaard erwischt?«

»Weiß nicht.«

Moss hatte plötzlich weiche Knie. Vielleicht lag es an Ruds Nasenbluten, beim Blut anderer Leute war Moss nicht gerade eine Heldin. Sie setzte sich rasch auf einen Poller. »Jetzt ist es zuviel«, sagte sie. »Eben jetzt ist es einfach zuviel.«

»Ach du meine Fresse«, sagte Harry plötzlich. Im Wind stand seine Elvistolle geradeaus nach vorn, und er sah aus wie ein Leningradcowboy. »Schaut mal da!«

Moss und Rud drehten sich um und starrten.

Im starken Wind, der das Wasser im Hafen an diesem Abend Ende Oktober zu Schaum und weißgrüner Gischt hochpeitschte, versuchte jemand in ein Boot zu steigen.

Es hatte ganz in der Nähe von Torvet angelegt.

In Anbetracht des Wetters war es nicht sonderlich groß, vielleicht fünfzehn Fuß, ein Kajütboot, das blauweiß im Scheinwerferlicht leuchtete und nur einen Fender ausgehängt hatte. Das war kein elegantes Fahrzeug, und es wippte wie verrückt auf und ab, während der Mann im Boot versuchte, es an der Kaimauer zu halten.

Zwei Menschen wollten an Bord, ein Mann mit Parka und eine Frau in einem Mantel. Sie hatte ein großes Kopftuch unter dem Kinn zusammengeknotet. Es wurden ein, zwei Taschen ins Boot geworfen, dann versuchte der Mann im Parka mit Hilfe des Mannes im Boot die Mantelfrau an

Bord zu hieven. Es war nicht leicht, sondern an der Grenze zum Unmöglichen, denn die Kaimauer war weit oben, das kleine Boot ganz unten, und es wurde überdies die ganze Zeit vom Kai weg- und wieder herangetrieben. Der Mann im Boot hatte zwar einen Bootshaken, mit dem er jedoch ständig den Halt am Kai verlor. Dann machte die Frau einen desperaten Sprung, landete auf Händen und Knien, und das Boot glitt ein ganzes Stück hinaus. Sie drehte sich um, und es sah aus, als riefe sie etwas. Bei dem brausenden Meer, dem Sausen des Windes und dem Verkehrslärm war nichts zu verstehen, aber sie rief wohl etwas.

»Verdammt«, sagte Moss schwach. »Das ist nicht Ingema, das ist Audhild!«

Und während der Mann, der mit ebenso großer Sicherheit Preben Østergaard war, an Bord zu steigen versuchte, waren hinter Moss und Rud und Harry Hesthaug quietschende Bremsen zu hören. Eine Autotür knallte, und eine wohlbekannte Stimme sagte: »Aha, Margaret Moss. Hier sitzt du also und genießt die Aussicht!«

Es war Polizeidirektor Ansgar Averøy höchstpersönlich, in der ihm eigenen sandfarbenen Aufmachung.

25

»You made me love you,
I didn't wanna do it,
I didn't wanna do it.«

McCarthy/Monaco

Es war die Hafenpolizei, die die beiden schließlich festnahm. Da hatte das Schiff beinahe eine halbe Stunde lang ein gutes Stück weit draußen in den Wellen geschaukelt.

Sowohl am Strandkai als auch am Skagenkai hatten sich Leute versammelt, Jugendliche aus der Stadt und zufällige Spaziergänger, die sich fragten, was hier wohl gerade vor sich ging. Die Blaulichter spiegelten sich im Wasser und in den Fenstern der Restaurants und der Kneipen in den alten Packhäusern, die in Reih und Glied am Hafen standen.

Margaret Moss und Roland Rud saßen auf der Rückbank eines Polizeiwagens, der vor dem alten Zollhaus parkte.

Harry war ins Krankenhaus gebracht worden, wo ihm der Arm eingegipst werden sollte.

Der Polizist, der am Steuer saß, hieß Madland. Er war stämmig und freundlich und ein alter Bekannter von Ansgar Averøy.

»Sonst wäre ich nicht hier«, sagte Averøy und beobachtete das kleine Plastikboot, das von der Hafenpolizei an Land bugsiert wurde. Über Polizeifunk war bestätigt worden, daß es sich um den dänischen Staatsbürger Preben Østergaard und um Audhild Reiedal aus Nærbø handelte. Der offensichtlich wenig kundige Skipper war das Ferkel gewesen.

»Sie haben wohl darauf gehofft, ungesehen aus dem Hafen zu gelangen«, sagte Madland und drehte die Lautstärke des Radios herunter. »Irgendwo da draußen liegt anscheinend ein größeres Schiff und wartet. Aber es war schon ziemlich blöd zu meinen, daß das gutgehen würde, in dieser kleinen Nußschale.«

»Was ich nicht verstehe«, sagte Moss und knöpfte die Jakke auf, denn es war warm im Auto, und die Scheiben beschlugen von innen. »Was ich nicht verstehe, ist, was Østergaard eigentlich für Geschäfte betrieben hat.«

»Ich hätte gedacht, du hast den vollen Überblick«, sagte Averøy trocken.

»Nicht ganz«, sagte Moss.

»Ja, dann mußt du Madland fragen«, sagte Averøy. »Er ist vom Dezernat für Wirtschaftskriminalität.«

Er kurbelte auf seiner Seite das Fenster herunter, und der Wind fuhr so heftig in den Wagen, daß seine rötlichgrauen Haarsträhnen in die Höhe standen. Madland sagte zunächst gar nichts, er startete das Auto, und sie rollten langsam am Skagenkai entlang zur Polizeiwache am Lagårdsvei.

Die anderen Einsatzfahrzeuge fuhren ebenfalls davon, und die Leute begannen sich zu zerstreuen.

Es gab nichts mehr zu sehen.

»Ich weiß, daß ich eine Aussage machen muß«, sagte Moss und räusperte sich. »Aber könnte ich erst mal eine kleine Orientierung bekommen, was Østergaard betrifft? Oder habe ich kein Recht darauf?«

»Recht«, sagte Averøy, schloß das Fenster wieder und strich sich die Haarsträhnen zurecht. »Wann fragst du schon nach Recht, Moss? Aber sie darf schon was hören, oder, Madland?«

»Das kommt ohnehin morgen in die Zeitung«, sagte Madland. »Ich hab gesehen, daß von den Zeitungen welche am Kai waren.«

Sie habe doch von der Sandsgaardfabrik gehört? Dem ehrenwerten Unternehmen in Stavanger, bald dem letzten der Stadt. Jetzt sollte es ans Ausland verkauft werden, davon war schon lange die Rede gewesen, aber das waren in erster Linie Gerüchte. Der Betriebsrat hatte die Gewerkschaft gewarnt, und es war bis an die Spitze des Gewerkschaftsbundes gedrungen, was Protestschreiben und Aufrufe und vereinzelte Meldungen der norwegischen Nachrichtenagentur zur Folge hatte. Aber der Vorstand der Sandsgaardfabrik hatte alles zurückgewiesen. Erst vor kurzem hatte man eingeräumt, daß ein dänisches Unternehmen Interesse an einer Übernahme habe. Aber es solle niemand entlassen werden, hieß es.

Zunächst.

Dann lud der Vorstandsvorsitzende zu einer Betriebsversammlung.

Dort bestätigte er die Übernahme durch die Dänen.

Der Betriebsrat meinte, er habe Beweise für die Annahme, daß die Fabrik nach dem Verkauf liquidiert werden solle – das dänische Unternehmen habe nur Interesse, sich eines Konkurrenten zu entledigen sowie einen Teil der Maschinen zu übernehmen. Nun ist das ja an sich noch nicht kriminell – man mag es Extremliberalismus oder Raubkapitalismus nennen, aber kriminell ist es nicht.

Was dagegen die Polizei aufmerken ließ, war ein Hinweis, daß mit den finanziellen Verhältnissen des Vorstands nicht alles in Ordnung sei. Denn als sich vereinzelte Journalisten für den alten Eckpfeiler des Unternehmens zu interessieren begannen, kamen Dinge zum Vorschein, bei denen es nicht nur um den Verlust von Arbeitsplätzen ging. Es roch nach Valutatransaktionen und Geldwäsche im großen Stil. Und mittendrin saß Direktor Sandsgaard höchstpersönlich, Chef des Unternehmens in vierter Generation, mit unzähligen prestigeträchtigen Vertrauensposten im gesamten norwegischen Finanzleben.

»Und Østergaard«, sagte Moss eifrig. Sie saß vornübergelehnt da und merkte nicht, daß sie Averøy in den Nacken pustete, was ihm nur mittelmäßig gefiel. »An welcher Stelle kommt der ins Spiel?«

»Na, der hat ja eine Art Schlüsselposition. Wir glauben, daß er im Auftrag von Sandsgaard und einigen Personen in seinem Vorstand Kontakte zum internationalen Geldbetrug hergestellt hat. Østergaard hat überall Kontakte gehabt, je mehr wir suchen, desto mehr finden wir: Singapur, Hongkong, New York – you name it, und Østergaard hat Verbindungen dorthin. Die Tatsache, daß der Mann Dozent für nordische Literatur oder so ist, sorgt für unglaublich feine Alibis!«

»Aber«, sagte Moss, »was ist mit dem Kulturreferenten?«

Madland brummte: »Ja, der Kulturreferent und der Bibliothekschef des Bezirks Rogaland, der Direktor vom Theater Rogaland und der Leiter der Reichskonzerte, die Organisatoren des Studentenvereins Folken, die Inhaber des Sting und wie sie alle heißen – alle kennen sie Østergaard! Er ist ein kulturinteressierter Mann. Das ist wirklich ein Zufall. Er ist der Dreh- und Angelpunkt, wie man so sagt. Bringt Dinge ins Rollen.«

»Das heißt, ihn werden viele vermissen«, sagte Moss mit schwacher Stimme.

»Ja, das kann gut sein!« Madland lachte und bog zur Polizeiwache ab.

Steifbeinig stieg Moss aus.

»Ich hab Hunger, Rud«, sagte sie leise. »Wer weiß, was wir hier kriegen. Kalten Kaffee, wenn ich die Polizei recht kenne.«

Rud hob die Augenbrauen und senkte sie wieder. Er war wohl derselben Auffassung.

Die Oktobernacht war noch immer windig, aber es regnete nicht mehr, als Moss und Rud endlich wieder herauskamen.

Es war zwei Uhr nachts.

»Ich hoffe, daß Harry gut nach Hause gekommen ist«, sagte Moss. »Und daß er was im Kühlschrank hat.«

»Du denkst immer nur ans Essen, Moss«, sagte Rud.

»Und an was zu trinken«, sagte Moss. »Jetzt ein Pils!«

»Ja, ja«, sagte Rud und machte große Schritte. »Die Alte in Tufte war jedenfalls nicht in die Sache verwickelt. Und ermordet war sie auch nicht. Herzstillstand. Aus sogenannten natürlichen Ursachen.«

»Ach herrje«, sagte Moss. »Das ist natürlich so eine Sache, wenn man mehr oder weniger Zeuge des Mordes an seinem eigenen Großneffen wird.«

»Sie hat sich wohl auch Sorgen um Tobias gemacht«, sagte Rud. »Ich frage mich, was jetzt aus ihm wird. Ob er in ein Heim gesteckt wird. Wenn er Glück hat und einen Platz bekommt.«

»Ja«, sagte Moss.

Sie nahm seinen Arm.

Ein Taxi hatten sie dankend abgelehnt, nach den Stunden auf der Polizeiwache brauchte Moss frische Luft.

»Ist es schön in Enebakk, Rud?« fragte sie und sah hinunter zum Breiavatnet, in dem sich die Fassade des Hotels Atlantic spiegelte.

»Man kann dort gut Krebse fangen«, sagte Rud.

»Vielleicht komme ich mal vorbei«, sagte Moss.

»Jetzt ist aber noch keine Saison«, sagte Rud.

»Besuchst du mich in Ullersmo, falls sie mich einlochen?«

»Klar«, sagte Rud. »Sieh zu, daß du die Haftstrafe bis nächsten August abgesessen hast.«

»Warum das?« fragte sie.

»Da beginnt die Krebssaison«, sagte Rud.

Jostein Gaarder im dtv

»Geboren zu werden bedeutet, daß wir die ganze Welt geschenkt bekommen.«
Jostein Gaarder

Das Kartengeheimnis
ISBN 3-423-**12500**-4
Die Geschichte einer dreifachen Reise: einer wirklichen nach Griechenland, einer phantastischen auf eine magische Insel und einer gedanklichen in die Philosophie.

Sofies Welt
Roman über die Geschichte der Philosophie
ISBN 3-423-**12555**-1
Mysteriöse Briefe mit Fragen wie: »Wer bist du?« oder »Woher kommt die Welt?« landen in Sofies Briefkasten ... Ein Roman über zwei ungleiche Mädchen und einen geheimnisvollen Briefeschreiber, ein Kriminal- und Abenteuerroman des Denkens, ein geistreiches und witziges Buch, ein großes Lesevergnügen und eine Geschichte der Philosophie von den Anfängen bis zur Gegenwart. Der Roman, mit dem Gaarder Weltruhm erlangte.

Das Leben ist kurz
Vita brevis
ISBN 3-423-**12711**-2
Die Geschichte einer unmöglichen Liebe: zwischen Floria und dem berühmten Kirchenvater Augustinus.

Der seltene Vogel
Erzählungen
ISBN 3-423-**12876**-3
Zehn Erzählungen auf der Grenze zwischen Realität und Traum, Zeit und Unendlichkeit, Leben und Tod.

Durch einen Spiegel, in einem dunklen Wort
ISBN 3-423-**12917**-4
Ein unendlicher Kosmos tut sich der kranken Cecilie auf, als der Engel Ariel an Weihnachten mit ihr über die Wunder der Schöpfung spricht.

Maya oder Das Wunder des Lebens
Roman
ISBN 3-423-**13002**-4
Meeresbiologe Frank Andersen trifft auf eine Frau, die Goyas »Maya« zum Verwechseln ähnlich sieht. Eine Laune der Natur? Oder ist es möglich, daß nicht nur eine Wirklichkeit, nicht nur eine Zeit, nicht nur ein Universum existieren?

Henning Mankell im dtv

»Groß ist die Zahl der Leser, die ganze Nächte mit Mankell verloren – bzw. gewonnen – haben.«
Martin Ebel im ›Rheinischen Merkur‹

Mörder ohne Gesicht
Roman
ISBN 3-423-20232-7
Wallanders erster Fall
Auf einem abgelegenen Bauernhof ist ein altes Ehepaar ermordet worden. »Ausländer, Ausländer!« waren die letzten Worte der sterbenden Frau. Schonen wird kurz darauf von einer Welle ausländerfeindlicher Gewalt überrollt…

Hunde von Riga
Roman
ISBN 3-423-20294-7
Wallanders zweiter Fall
Seine Ermittlungen führen Kommissar Wallander diesmal nach Osteuropa. Dort gerät er in ein kaum noch zu durchschauendes Komplott unsichtbarer Mächte, in dem er fast sein Leben läßt.

Die weiße Löwin
Roman
ISBN 3-423-20150-9
Wallanders dritter Fall
Alles beginnt mit dem spurlosen Verschwinden einer schwedischen Immobilienmaklerin – doch schon bald weisen immer mehr Details auf ein teuflisches Komplott von internationalen Dimensionen hin.

Der Mann, der lächelte
Roman
ISBN 3-423-20590-3
Wallanders vierter Fall
»Ich fürchte mich vor Nebel, dachte er. Dabei sollte ich eher den Mann fürchten, den ich eben auf Schloß Farnholm besucht habe.« Die Ermittlungen führen Kommissar Wallander diesmal in eine völlig neue Dimension internationalen Verbrechens.

Die falsche Fährte
Roman
ISBN 3-423-20420-6
Wallanders fünfter Fall
Der Selbstmord eines jungen Mädchens ist der Auftakt zu einer dramatischen Jagd nach einem Serienkiller. »Mankell beschreibt nicht nur die allmähliche Annäherung an eine kranke Täterseele – er legt gleich die ganze kaputte Gesellschaft mit auf die Couch.« (Der Spiegel)

Henning Mankell im dtv

Die fünfte Frau
Roman
ISBN 3-423-**20366**-8
Wallanders sechster Fall
Die Opfer dieser besonders grausamen Mordserie waren allesamt harmlose Bürger. Warum verfolgt der Mörder seine Opfer mit so brutaler Gewalt? »Faszinierend und unglaublich spannend.« (Brigitte)

Mittsommermord
Roman
ISBN 3-423-**20520**-2
Wallanders siebter Fall
Samstag, 22. Juni: Drei junge Leute um die Zwanzig feiern zusammen Mittsommer an einem geheimen Ort. Danach sind sie spurlos verschwunden. Wallander ist einem Mörder auf der Spur, der den Anblick junger, glücklicher Menschen nicht erträgt.

Der Chronist der Winde
Roman
ISBN 3-423-**12964**-6
Die bezaubernd-traurige Geschichte von Nelio, dem Straßenkind – dem Kleinen Prinzen Afrikas. »Dieser Roman hat einen besonderen Platz in meinem Herzen.« (Henning Mankell)

Die rote Antilope
Roman
ISBN 3-423-**13075**-X
Die Geschichte eines schwarzen Kindes, das im 19. Jahrhundert von einem wohlmeinenden Weißen nach Schweden gebracht wurde und sich dort nach seiner afrikanischen Heimat zu Tode sehnte. »Mit seinem poetischen Realismus vermittelt Henning Mankell mehr vom wahren Kern Afrikas als mehrere Wochen Tagesberichterstattung.« (Elmar Krekeler in der ›Welt‹)